新闻采访与写作

XINWEN CAIFANG YU XIEZUO

主　编　杨　洁
副主编　刘　娴　张　译
编　委　刘小红　徐　果　高　莉　赵君棋　李彦亿
王晓宇　张芮华　崔何利　孙子健丽
冉　凤　白嘉彬　周小凤　杨馥源

西南交通大学出版社
·成　都·

图书在版编目（C I P）数据

新闻采访与写作 / 杨洁主编. 一成都：西南交通大学出版社，2019.5（2024.1 重印）
（基于知识结构体系系列规划丛书
普通高等学校“十三五”应用型人才培养规划教材. 新闻传播学系列
ISBN 978-7-5643-6798-5

Ⅰ. ①新… Ⅱ. ①杨… Ⅲ. ①新闻采访－高等学校－教材②新闻写作－高等学校－教材 Ⅳ. ①G212

中国版本图书馆 CIP 数据核字（2019）第 054998 号

XINWEN CAIFANG YU XIEZUO
新闻采访与写作

主编　杨 洁

责任编辑　居碧娟
封面设计　原谋书装

出版发行　西南交通大学出版社
（四川省成都市金牛区二环路北一段 111 号
西南交通大学创新大厦 21 楼）
邮政编码　610031
营销部电话　028-87600564　028-87600533
官网　http://www.xnjdcbs.com
印刷　四川森林印务有限责任公司

成品尺寸　185 mm × 260 mm
印张　18.75
字数　468 千
版次　2019 年 5 月第 1 版
印次　2024 年 1 月第 4 次
定价　48.00 元
书号　ISBN 978-7-5643-6798-5

课件咨询电话：028-81435775
图书如有印装质量问题　本社负责退换

序

当今媒介融合发展如火如荼，互联网信息攻城略地，全媒体记者也已呼唤数年。我们作为新闻工作者，在这样充满挑战的媒体发展环境中追赶着时代的步伐。习近平总书记在全国宣传思想工作会议上，再次强调“四力”，为媒体打造自己的核心竞争力指明了方向。

“脚力、眼力、脑力、笔力”是做好新闻传播工作的重要基础。新时代的信息传播已经呈现出多媒介、多手段、多角度、大信息的多元化发展趋势，优秀的新闻稿件不仅是一种事实的再现，更是在网络时代的信息爆炸中寻求独立思想性的重要手段。这就需要新闻工作者以苦练“四力”为抓手，在对新闻规律系统把握的基础上，开阔视野，深入调查和采访，捕捉社会现象，提供解决问题的方法。

一篇好的新闻稿件，七分靠采访，三分靠写作。新闻工作者要走到基层，走到群众身边，拜群众当老师，才能用群众喜闻乐见的方法展示党的科学理论、方针政策、主流价值，更好地引导和服务群众，创作出让群众满意、感动和佩服的好节目。

1996 至 1998 三年间，我先后参与了当年在重庆引起空前反响的两大电视系列报道的摄制。132 集大型系列报道《渝疆万里行》，行程数万里，让观众深入了解重庆这个直辖市全新的人文地理面貌；75 集大型系列报道《走进贫困山区》，历时一年深入重庆 7 个国家级贫困县，直观地反映了重庆贫困山区干部群众脱贫攻坚的奋斗精神。节目播出时，许许多多的观众都准点守候在电视机旁，看得聚精会神、荡气回肠、泪流满面。2008 年汶川地震发生后的第二天，我们就联络到七大卡车的爱心救援物资运往灾区，同时联合了中国红十字基金会“大爱基金”《大爱中华行》及《拍案说法》两个优秀团队，在汶川、映秀、崇州、绵阳等重灾区，制作系列节目“我们一起承担”。继而还召集了全国第一个“赴灾区法律援助公益律师团”，60 余名重庆执业律师成功为受灾群众提供保险理赔、失踪人口债权债务证据材料收集固定、权利义务法律咨询等各类免费法律服务 3500 余件，发放相关法律咨询材料 16 000 份，受到灾区群众的交口称赞。我们也因此成为央媒的报道对象，《人民日报》进行了专版图文报道，中央电视台也及时跟进播发了多条新闻报道。

扎实的文字表达能力是新闻写作的基本功。文字是有力量的，能启迪大众，开启思想。将新闻素材提炼成新闻稿件的过程就是新闻写作，新闻写作不光是素材重组的过程，更是思想高度化的过程。新闻从诞生之日起就是有社会责任的，好的新闻稿件应该是以小见大，由新闻事件本身辐射到新闻思想，从而起到引领社会舆论的作用。“铁肩担道义，妙手做文章”，这句掷地有声的话语，激励着一代代新闻工作者砥砺奋进。

能为这本教材作序，我感到非常荣幸。主编杨洁老师有新闻传播学科班系统学习的背景，专业基本功扎实，实践经验丰富。这本教材能做到理论联系实际，图文并茂地介绍新闻采写基本技法。具体来说主要有如下特色：

1. 编写内容实用性强。该教材在介绍新闻基本规律的基础上，引用大量国内外案例，突出对理论知识的应用，加强针对性和实践性。

2. 编写体系有所创新。结合新闻传播学课程特色的教学理论和教学方法，该教材尝试探索一些新的教学方法，每章开篇引入案例式教学、结束时配合实训题目，旨在培养新闻采写技能和基本素养。

3. 内容结构编排合理。该教材着眼于新闻采写的操作步骤，突出介绍实际操作中的各种技法，重新梳理了新闻采写认知规律，深入浅出，更易于被初学者接受。

该教材的出版不仅进一步适应了高等教育实践性新闻教学需要，也为广大新闻宣传相关岗位从业者提供了更新更好的参考读物，相信定会得到广大读者的认同。

第十五届“长江韬奋奖”
2013 中国播音主持“金话筒奖”
重庆大学美视电影学院、西南大学新闻传播学院硕士生导师
重庆市电视艺术家协会副主席
重庆广播电视集团都市公共农村频道总监

前　言

我们所处的时代，是一个信息飞速传播的时代。随着社会的发展，现代化科学技术步伐的加快，新闻传播正在经历一场革命。新闻宣传不仅是信息传递的需要，更是构建社会主义核心价值观的需要。为了适应我国社会主义文化建设的需要，帮助学生在进入工作岗位前做好宣传素养的准备，结合高职教育的特点，我们编写了本书。本书编写的主要目的是通过直观形象的学习，帮助学习者建立新闻宣传意识，掌握新闻宣传基本知识和技能，及时发现身边的新闻线索，采访新闻稿件。

本书以新闻采访基本规律贯穿全书始末，第一章新闻采访与新闻写作，介绍了新闻采访的性质、特点及任务，新闻采访与写作的关系；第二章介绍新闻敏感、新闻价值、新闻线索、新闻选择等基础概念；第三章新闻报道策划的作用、类型及一般流程；第四章新闻采访的前期准备工作；第五章新闻采访中期活动；第六章新闻采访的基本方法介绍；第七章新闻采访后期活动；第八章新闻写作的特性；第九章介绍新闻结构的架构方法；第十章事件性新闻和非事件性新闻的消息写作；第十一章通讯的写作技巧；第十二章介绍记者与记者素养。全书以新闻采访与写作流程为基本立足点，图文并茂、文字简洁精练，可读性较强。

本书由重庆城市管理职业学院杨洁任主编并统稿，重庆城市管理职业学院刘娴、张译任副主编，重庆广播电视集团（总台）杨礼担任主审。参编有重庆渝北职教中心刘小红，重庆城市管理职业学院徐果、高莉、赵君棋、李彦亿、王晓宇、张芳华、崔何利、孙子健丽、冉凤、白嘉彬、周小凤、杨馥源。全书共分为十二章。其中，第一章至第十章由重庆城市管理职业学院杨洁编审；第十一章由重庆城市管理职业学院刘娴编审；第十二章由重庆城市管理职业学院杨洁、张译、徐果共同编审。

本书的编写得到了重庆城市管理职业学院领导的大力支持，同时受到了中央电视台、重庆广播电视集团（总台）、重庆日报社、重庆商报社、重庆工商大学、澳大利亚天鹅理工学院（Australia Swan TAFE Wa）等行业、企业、学校的大力帮助。本书借鉴和参考了大量国内外最新新闻采写案例和文献资料，也得到了国内外知名专家的关心和支持，在此一并感谢。

由于本书是探索和实践新的应用型教学模式，因此书中难免有错误和不当之处，敬请广大读者批评指正。

编　者

2018 年 12 月

目　录

第一章　新闻采访与新闻写作　/1
第一节　新闻的定义　/2
第二节　新闻采访的性质及特点　/3
第三节　新闻采访的任务　/7
第四节　新闻采访与新闻写作的关系　/10
第二章　新闻的发现与选择　/15
第一节　新闻敏感　/16
第二节　新闻价值　/21
第三节　新闻线索　/25
第四节　新闻选择　/31
第三章　新闻报道策划　/37
第一节　新闻报道策划的定义及类型　/38
第二节　新闻报道策划的原则和方法　/40
第三节　新闻报道策划的一般流程　/41
第四节　新闻报道策划的作用　/44
第四章　新闻采访前的准备活动　/47
第一节　明确报道思想和宣传政策　/48
第二节　新闻采访前的资料准备　/53
第三节　制订采访计划　/59
第四节　掌握提问技巧　/61
第五节　把握采访对象的心理　/65
第六节　创造良好的采访时机　/68
第七节　得体的记者风范　/72
第五章　新闻采访中期活动　/77
第一节　注重现场观察　/78
第二节　做好采访记录　/84
第三节　创造良好的采访条件　/87
第六章　新闻采访的基本方法　/94
第一节　现场观察　/96
第二节　开座谈会　/97
第三节　电话采访与网上采访　/98
第四节　隐蔽采访　/102
第五节　易地采访　/110

第六节　涉外采访 /111
第七节　体验式采访 /114
第七章　新闻采访后期活动 /120
第一节　补充深化采访内容 /121
第二节　新闻框架的建立 /129
第三节　整理剩余材料 /131
第八章　新闻写作的特性 /138
第一节　新闻体裁 /139
第二节　新闻写作基本要求 /141
第三节　新闻主题 /149
第四节　新闻材料 /151
第五节　新闻语言 /154
第九章　消息结构 /160
第一节　新闻结构 /161
第二节　消息标题的写作 /165
第三节　消息头 /177
第四节　消息导语的写作 /178
第五节　消息主体的写作 /190
第六节　消息的结尾 /200
第七节　消息的背景 /205
第十章　消息写作 /216
第一节　事件性新闻 /217
第二节　非事件性新闻 /220
第十一章　通讯写作 /229
第一节　通讯写作概述 /231
第二节　人物通讯 /242
第三节　事件通讯 /250
第四节　工作通讯 /257
第十二章　记者与记者素养 /264
第一节　记者的类型 /267
第二节　记者职责 /271
第三节　记者的修养 /278
第四节　著名记者成功之路 /280
第五节　中外名记者箴言 /287
参考文献 /291

第一章　新闻采访与新闻写作

【知识学习目标】

通过本章学习，掌握新闻采访的定义、性质、特点以及新闻采访与写作的关系。

【能力培养目标】

理解新闻采访的概念，了解新闻采访的重要性。

【教学重点】

1. 新闻采访的定义
2. 新闻采访的性质
3. 新闻采访的任务

【教学难点】

1. 理解新闻采访的概念
2. 新闻采访的特点
3. 新闻采访与写作的关系

【开篇引例】

长沙医生李良义深夜挨户敲门寻找救下昏迷夫妇

长沙晚报讯（记者彭放通讯员杨芳）“医生，我妻子晕倒了，快来!”前晚10时54分，长沙市第四医院急救站医生李良义，接到长沙市120急救中心转来的呼救信息：岳麓区王家湾桃花锦绣安置小区有患者出现意识障碍。可急救车赶到现场时，对方电话却无人接听。医生挨户敲门寻找，终于救下煤气中毒夫妇。

前晚，接到呼救信息后，李良义一边拨打呼救市民的电话，一边登车出发。对方手机信号不好，隐约听到一名男子说了两句话后，就挂断了。很快，急救车驶到小区楼下，李良义再次拨打对方电话时却无人接听。司机任艺拉响急救车警笛，也不见居民接应。

是有人故意骚扰120，还是患者病情好转，暂时不需要急救车了？有10多年院前急救经验的李良义分析：患者和家属可能遇上突发情况，导致无法接听电话。

“我们挨家挨户找!”凡是窗口亮灯的房间，李良义和任艺一家一户敲门询问。深夜，隔着防盗门，李良义和任艺一一说明来意后，居民纷纷开门并互相打听，但都说没打过120。

初冬的夜晚，下着雨，寒意逼人。李良义和任艺把整栋楼亮灯的房间问遍，仍没有消息。不愿放弃的两人在小区里商量对策，此时，他们突然发现西南角还有一个小房间亮着灯，走近后，隐约听到有电视传出的声响，敲门，无人应答。“莫非就是这一家？”李良义赶紧拨通那个呼救电话，屋里手机响了，却无人接听。

“没错，就是这一家!”李良义马上拨打110报警，民警迅速赶到现场。

门打开后，只见一男一女晕倒在床上，男子手里握着手机。急救车载上两人后，拉响警笛，直奔医院。昨日零时 10 分，急救车赶到医院急诊科。经医生检查，确诊杨军（化名）夫妻俩为一氧化碳中毒。

“幸亏医生没有放弃，挨家挨户寻找，否则后果难料！”杨军说。由于抢救及时，昨日下午，杨军和妻子均已脱离生命危险，转往该院中医科进行后续治疗。据了解，当晚杨军洗澡时没有开窗户，可能是煤气泄漏导致中毒。

对话李良义

记者：如果没找到患者，这么晚了，你们还会继续找吗？

李良义：一旦接报，决不言放弃，否则对不起自己的良心。

记者：院前急救工作很辛苦，有获得感吗？

李良义：我非常热爱这份工作，因为能够实实在在帮助到别人。每当有人在我手里获救，那种满足感是外人不能体会的。

（《长沙晚报》2016 年 11 月 17 日）

这则新闻在小事件中挖掘大背景，在社会上引起强烈反响，入选长沙市 2016“十大年度新闻事件”，被众多网站转载。新闻主人公“仁心医生”李良义也荣获全国五一劳动奖章和湖南省先进工作者荣誉称号，荣登 2017 年 1 月“中国好人榜”。本章我们将介绍新闻及新闻的采访与写作相关知识。

第一节　新闻的定义

新闻采访是新闻传播的起点，是采访者对客体事物的认知过程。采访者运用自己的新闻观点、知识积累和思维方式，经过思索而做出分析判断的过程。新闻采访要求采访者具有新闻敏感、应变能力和采访技巧，即能够在错综复杂的客观事物中敏锐地发现新闻，也能在稍纵即逝的机遇中迅速捕捉新闻，在各种困难的条件下巧妙地挖掘新闻。

我们通常理解“采”即采集，“访”即访问。“访”是“采”的重要方式和渠道。除了“访”以外，“采”还包括现场勘察、摄影摄像、文献检索等。采访两个字中，“访”是最有特点的。那么，采访的本质是什么呢？或者说，它的本质的规定性是怎样的呢？笔者认为，新闻采访是采访者与采访对象之间的一种信息互动行为，是特定主体的一种认知活动。

新闻采访作为全部新闻工作的基础和前提，是每个新闻工作者必须掌握的基本功，是新闻记者为了写作新闻报道，从相关的客观事实中进行采集，进而分析出对受众具有知悉意义信息的一种调查研究活动。新闻采访使处于原始状态的信息得到了搜集、整理、分析、综合。新闻采访是新闻活动的起点，是牵动一切新闻工作的龙头，是新闻传播活动中最基础、最关键的一环，采访是新闻写作的先决条件。新闻采访是为了传播的目的而进行的调查研究，具有新闻性、公众性、事新性、广泛性。

从目前的情况来看，新闻采访的定义大致可分为三类。

第一类是“素材搜集”说。国内多数学者都把新闻采访视作新闻素材的搜集活动，将它定义为“新闻工作者为搜集新闻素材所进行的活动中，记者通过各种方式寻找和采集新闻素材的活动”。这一类定义的优点是简单明了，便于初学者理解新闻采访的概念。但将新闻采访的主体仅限于新闻工作者（记者），尚可推敲。因为，非新闻工作者也能作为主体进行新闻采访（在自媒体时代就更是如此），普通受众将调查搜集到的具有新闻价值的信息提交相关媒体（如“读者来信”），由媒体刊登或播出，或者通过自媒体加以传播，应该说他们中的一些人也是进行了新闻采访的。因此，将新闻采访的主体仅限于新闻工作者有待商榷。而将新闻采访一般地界定为素材搜集，则略显宽泛，需斟酌。

第二类是“调查研究”说。蓝鸿文在 1984 年出版的《新闻采访学》中将新闻采访定义为一种特殊的调查研究，“是向客观事物进行调查研究的一种活动”。此说对后来的国内学者界定新闻采访概念有很大影响。这一类定义强调主体在采访过程中应理性地认识新闻现象，这是正确的。新闻采访确实是调查、搜集有新闻价值的新闻素材并对此加以审视、研究的一项工作。它和一般的调查研究既有相同之处，又有不同之处，可以说它是一种特殊的调查研究。对新闻素材的研究贯穿于采访、写作的整个过程，而且在写作时显得尤为重要；而采访则更注重调查和搜集素材。

第三类是“互动行为”说。近些年来，随着社会学对新闻学的渗透，国内学者渐渐倾向于从人际互动的角度来理解新闻采访，把新闻采访理解为一种对话、一种人际沟通、一种互动行为。国外学者对此早就有了相关界定，代表性的定义如下：“采访的定义，就是具有既定目标的对话。”（美国新闻学者威廉・梅茨）“新闻采访是一种人际间的交流，是被采访者与采访者之间面对面的一种思想和个性的交流。”（美国新闻学者沃伦・K. 艾吉）“新闻采访是新闻采访者在新闻场域内围绕新闻事实所作的一种透过信息的互动行为。”（王春泉《新闻采访技巧：理论与实践》）

“互动行为”说着眼于主体的行为和采访的动态过程，有比较好的视角，但这一定义不免宽泛。如把采访界定为一种有着既定目标的对话，那就难以将它与其他对话相区别，因为多数交谈如学术访谈、师生互动甚至两个人闲聊，也都是具有既定目标的对话。

从以上三类定义中，我们可得到诸多启示，但也有必要进行仔细斟酌。如果将新闻采访定义为一种互动行为，并不能以此概括新涌现出来的采访方式。第一类定义的概念是较为可取的，新闻采访是一种有目的的信息搜集活动，然而与刑侦、一般调研和采风等信息搜集活动不同的是，新闻采访所搜集的信息是具有新闻价值的信息，这些信息可能会受到特定人群的关注，与他们的生活息息相关。与此同时，这种信息鲜为人知，须通过新闻采访的方式将它们挖掘出来，经加工后通过一定的途径（新闻传媒或自媒体）传播出去。

综上所述，笔者认为：新闻采访是特定主体出于大众传播的目的，通过观察和访谈等手段，对可能受到广泛关注且鲜为人知的信息的搜集活动。

第二节　新闻采访的性质及特点

一、新闻采访的性质

从马克思主义的认识论看问题，采访的性质是主观认识客观并把握客观，是记者向客观事物“进行调查研究的活动”，但与一般的调查研究又有不同。采访是以新闻事实为对象、以新闻报道为目的的一种专业性极强的调查研究。

（一）从信息互动角度解读新闻采访

从宏观的层面来看，在大众传播的过程中，新闻采访与三种不同的传播方式有着密切的关系。首先，采访本身通常是一种人际传播，采访者从消息源那里获得信息的整个过程都属于人际传播的过程；其次，采访的结果通常作为大众传播中的信息要素参与大众传播；最后，大众传播所获得的反馈会作为下一次采访的基础融入记者的脑海，成为记者采访前内向传播的一部分内容，从而对下一次采访发生作用。

从以上叙述内容来看，记者的采访行为过程非常复杂。但是，不管是人际传播、大众传播还是内向传播，记者的采访活动从本质上讲都是一种信息互动行为。

讨论信息互动，就不得不谈到社会学的符号互动理论。由社会学大师乔治·米德（George Herbert Mead）开创，经布鲁默（Herbert Blumer）、戈夫曼（Erving Goffman）、库恩（manford Kuhn）等后辈学者不断发展，符号互动理论今天已成为社会学和社会心理学中极有影响的理论流派，尽管在这一流派旗帜下的理论在观点上仍存在很大分歧。由于这一理论对人们认识新闻采访有着重要意义，因此有必要对社会互动理论中的有关内容做简要介绍。

米德认为，个体具有"在互动过程中将自己视为被评价的客体以此获得自我形象的能力"，也具有"感受并理解他人角色的能力"。他认为，当一个个体具备了"将自己放在他人地位上的能力"时，就"提高了合作性互动的可能性"。从米德的这些假设中孕育出了很多有趣的理论。在他的弟子布鲁默等人的研究中，符号的重要性得到了进一步提升，社会被视为相互作用的个人的集合体，而这种相互作用的中介物是符号。互动者会从群体和他人的视角考虑问题，并根据具体情境调整符号的运用，从而成功地彼此调适，达到交流的和谐。

由于新闻采访是一种信息互动形式，因此，在解释新闻采访这一行为本质时，符号互动理论能够给人以许多启发。采访者必须与采访对象进行互动。采访者是站在受众的角度，抱着与受众互动的目的来进行采访、写作的，这一点颇为重要。因为媒体通常以受众的需求为本。一个优秀的采访者通常能感受和理解受众的想法，通常具备将自己视为被受众评价的客体并以此作为采访指针的能力。许多采访者在采访前，会把自己放在普通受众的立场上，思考普通受众希望在采访对象那里了解什么，以他们的知识水平采访应到达什么样的深度，等等。这样做的结果往往使采访具有更明确的目的性，也更加贴近受众。

从采访本身的人际传播过程来看，采访是由采访者和采访对象共同维系的，也是由双方共同建构的。因此，有许多采访者将新闻报道看作寄存在采访对象那里的信息，只要找到采访对象，信息就唾手可得。这实在是采访中的一个误区。没有良好的信息互动能力，即使采访对象愿意将采访者所需的信息和盘托出，后者也未必能悉数获得。采访者与采访对象是采访过程中的一对矛盾。若是像某些西方记者那样，把采访对象视作"敌人"，采用进攻姿态甚至出口伤人，就很可能导致采访被解构；而若是单纯地相信采访对象所说的一切，简单地将一切采访对象都当作自己的朋友，其结果就可能是采访者成为某些别有企图的采访对象的传声筒。用符号互动理论的观点看问题，上述两种互动方式都是不正确的，找到正确的符号互动方式，对新闻采访来说极为重要。

（二）成功的新闻采访必须具备的条件

首先，采访应基于双方对语言符号和非语言符号的共同理解。没有这种理解，双方就无法沟通，新闻采访的互动也就无法顺利地进行下去。从语言符号的角度说，相当一部分采访对象在采访者涉及的报道领域往往具有一定的话语权。因此，是否与这些采访对象具有共同语言，对于采访来说非常重要。想要与采访对象具有共同语言，就必须对采访对象进行深入的了解，否则采访者就会失去对话的机会，或在采访中任人摆布。

从非语言符号的角度说，采访者必须了解采访对象未表达出来的一些潜台词，以使采访向着预想的方向前进。许多信息在很大程度上是通过非语言符号而不是语言符号表达出来的。有学者认为常见的非语言符号无处不在，它们诉诸人的视觉、听觉、味觉、嗅觉、时间感觉和综合感觉。语言符号所表现出来的内容可能经过了采访对象的修饰，而非语言符号往往能表现人的真实想法。一个善于解读采访对象非语言符号的采访者，能够分辨出对象对于所谈的话题到底是兴致勃勃还是兴趣索然，心情是紧张还是放松，对自己是有所戒备还是开诚布公。只有了解了这些非语言信息，采访者才能调整采访的方式方法，使采访更加有效。同时，采访者也应注意自身行为，包括语音、语调的使用等，以免自己的非语言信息引起采访对象的不快。

其次，采访者应当以“前台”的形象示人，并结合采访的具体情境采用合适的行为方式。由于人们通常对于采访者的社会角色有较高的心理期待，因此采访者的前台形象在一般采访对象心目中是比较高大的。这种高大的前台形象因为“晕轮效应”被推及采访者行为的方方面面，比如他们的穿着和外表，他们的言谈举止甚至他们使用的小物品。在一般情况下，如果一个记者穿着十分庄重，谈吐之间显示出知识渊博，对人很有礼貌，他就符合采访对象对他的预期，并且会给采访对象以好感，采访这一互动行为就可能进行得相当顺利。如果一个记者以一种完全出乎采访对象意料的形象出现，比如他的穿戴非常随意，谈吐间显出无知，而且对人很不礼貌，那么采访很可能难以为继。

最后，采访者应当学会换位思考，在认知和情感上去体验采访对象的心态。只有这样做，才能够对采访对象的生活有深入的理解，写出深刻和感人的新闻报道。

二、新闻采访的特点

（一）有着明确的目的性

与其他信息采集活动并不完全相同的是，新闻采访有着明确的目的：满足广大受众的新闻需求。新闻采访特别讲究目标受众的需求，强调以受众为中心，因此，新闻采访通常特别关注与目标受众利益息息相关的新闻事实，特别关注目标受众喜闻乐见的新闻事实。在这一方面，无论是学术调查研究还是刑事侦查，都没有类似的要求。尽管学术调查研究和刑事侦查的很多内容都有可能进入新闻记者的视野，但角度不同、目的不同。新闻信息的需求，是为了帮助受众了解每天世界上发生的各种事，新闻采访的主体致力发现社会生活中发生的重大事件。新闻记者要从采访目的出发，上至政要的重要活动，下至市井的家长里短，只要同时具备新闻价值和社会价值，而受众又有知情的需求，记者们就应当及时地、积极地搜集相关信息。

（二）采访对象是各色各样的人

记者的采访活动由于必须满足广大受众多方面的信息需求，所以记者较之人文社会科学研究工作者、艺术家和刑侦人员，往往会涉足更广泛的领域。因此，这是一种极具挑战性的信息搜集活动。采访者所遇到的对象不是同一级别、阶层的人，而往往是来自不同级别和阶层，具有不同性格脾气、不同专业背景和不同角色身份的人。对他们所处的情境，记者可能熟悉，也可能陌生。

约翰·布雷迪在《采访技巧》导言里说："采访就是云游四方，会晤三教九流，满足人们的好奇心。采访就是面对一位高深莫测的名媛，她安然而坐，说：'好，开始吧。请随便问。'采访就是碰上一位你从未听说过的人物，但你的编辑说：'找到他！'通过秘书的一个冷冰冰的电话告诉你，'某某先生今天太忙不能接见你，而且明天他就要去菲律宾。'总之，采访难以预料。"正因为新闻采访的对象会是各色人等，因此，记者就应学会与各种人打交道，在此过程中，获得自己想要获得的可以用于新闻写作的各种素材。

（三）以与人平等沟通为手段

新闻信息是客观存在的，但通过不同的采访方式所获得的关于同一件事的新闻信息往往有着很大的差异。新闻采访主体必须通过与采访对象的平等交流，才可能获得成功。

无论采访对象是国家领导人还是无业游民，对于一个记者来说，自己与他们都是平等的。新闻采访中不应当存在社会等级观念。对某些采访对象的敬畏和对某些采访对象的蔑视，会破坏新闻采访的纯洁性。采访从根本上说是采访者与采访对象在认知层面和情感层面的平等的相互沟通。有时，采访成功与否完全取决于这种沟通是否真正平等，取决于双方在认知层面上的和谐程度，取决于采访者与采访对象心理和情感上的贴近程度。只有在认知和情感方面顺利沟通，才能最大限度地将新闻素材挖掘出来。

1985 年，记者艾丰采访湖南省地矿局高级技术人员骆正常。骆正常因其重大发明，成为当时地矿部第一个万元重奖得主。艾丰估计了骆正常的年龄，于是就先从其年龄开始发问，果然发现对方和自己是同龄人，均于 1957 年考入大学。这种认知和情感上的拉近显然为后面的采访奠定了很好的基础。骆正常在以后的谈话中不断插入这样的话："××这事谁都不知道，别的记者我都没说过！""老艾，这事我们局长现在还不知道，头一次跟你说！"艾丰顺理成章地在这样的对话中获得了他所需要的材料。而几乎是同时，另一个记者也试图采访骆正常。此记者一开始就问："你的科研成果名字叫什么呀？"这使骆很不愉快。接着又问："请问，你的科研成果有什么经济价值啊？"骆回答说："关于经济价值，我也说不清楚。"那记者说："连你都说不清楚，我怎么进行报道呀？"骆说："你不报道就不报道吧。"结果是不欢而散。

后一位记者的采访之所以以失败告终，是因为他与采访对象之间未能实现平等互动。他没能认真研究骆正常的背景材料，采访前未做好相应功课，加上访谈中间对采访对象不够尊重，因此在认知层面和情感层面都无法与采访对象进行沟通。相反，艾丰的采访在这些方面就显得颇为成功。

采访者与采访对象的关系不是研究者与研究对象的关系，也不是采风过程中请教者与被请教者的关系，更不是刑事侦查中调查者与被调查者、审问者与被审问者之间的关系。如果采访者与采访对象之间是研究者与研究对象的关系，那就说明采访者对素材的新闻价值有所忽视，且与采访对象之间存在着一定的距离感；如果采访者与采访对象之间主要呈现为请教者与被请教者的关系，则说明采访者没有认真进行访前准备，无法与采访对象进行平等的对话（尽管有的时候向采访对象虚心请教是必要的）；如果采访者与采访对象之间构成的是审问者与被审问者的关系，则说明采访已经完全偏离正确的方向。

（四）发现和发掘事实的新闻价值

学术调研的要旨是关注相应对象的学术价值，而艺术采风的要旨是关注相应对象的艺术价值和审美价值。与上述信息采集活动不同，新闻采访的要旨是关注事实的新闻价值。新闻采访活动是否成功，很大程度上取决于通过采访所获得的事实材料是否具有新闻价值。

新闻价值要素包括以下五项：重要度、有利度（广义）、相关度、异常度、趣味度。新闻事实若包含了上述某一要素，即具备了一定程度的新闻价值；包含多项要素，则其新闻价值更高。新闻价值高低，其衡量的最终标准是受众新闻需求得到满足的程度。在阅听了关于事实的报道以后，受众新闻需求的满足度高，则事实的新闻价值高；满足度低，则新闻价值低。重要度，无须赘述。有利度（广义），是指新闻事实经报道后给观众带来的益处达到什么程度。需要说明的是，这里所说的有利是广义的。直接带来经济利益是有利，阅听了报道而增长知识、扩大眼界、知情欲望得到满足同样是有利，免遭损失、纠正误识也属于有利的范畴。相关度，所衡量的是报道的新闻事实与受众是否有关系和相关的程度有多高。如果无人感到媒体所报道的事实与自己有任何关系，这样的事实难言新闻价值。异常度说的是生活中出现的事实须与人们习见常闻的不一样（或原先无，或以前虽有但刚刚出现了变化），才可以作为新闻加以报道。趣味度不赘述。记者在采访中的要务，就是致力发现符合上述要求的新闻事实，将它们的来龙去脉和相关细节全部了解清楚，并进行深度开掘。

当然，新闻采访不能仅仅关注事实的新闻价值。作为人类社会生活中的一个重要组成部分，新闻必须认真对待报道对象的社会价值问题。新闻采访必须在法律和道德的框架内运作。在这一方面，一些记者有时会有所疏忽。在许海峰拿到中国首枚奥运会金牌后，曾有一位记者对许海峰年轻时的成长经历做了描述，说他的枪法准是因为从小在山里打鸟练出来的。可能许海峰小时候在山里打鸟是件无可厚非的事，可是到了 20 世纪 80 年代中期，对许海峰这种行为的渲染显然不符合环境保护的要求，有可能产生某种误导作用。这位记者只注意了材料具有的新闻价值，而忽视了材料是否同时具有社会价值这个问题。

（五）有极高的时效性要求

新闻传播是一种对时效性有着极高要求的传播，因此新闻采访也是一种有时效性要求的采访。每遇重大突发事件发生，有关记者总是要在第一时间抵运第一现场，在现场展开调查采访。在这一方面，传统媒体时代就是如此；在自媒体时代，由于身在事发现场的“草根”就可以同步直播事件发展情况，因此对记者采访报道时效性的要求就更高。当下的新闻采访和新闻传播真的可以用争分夺秒来形容。而无论是一般调查研究还是艺术采风活动，都没有如此之高的时效性要求。

第三节　新闻采访的任务

一、调查事实真相

记者采访的出发点和归宿都是事实，事实的真实性是报道的生命。因此，在采访中，最重要的一项任务就是调查事实的真相，避免把假象和“不合理宣传性现象”当成事实。

2003 年 3 月 23 日，西安一位 17 岁的小伙子刘×在购买体育彩票时中了一辆宝马车，但是在兑奖前，体彩中心把这张票收了回去。几天后，这张票被确定为假票，到底是谁在造假，中奖者和体彩中心各执一词。为了证实自己的清白，刘×甚至爬上了高高的广告牌，准备以死相拼。新闻调查的策划人余仁山遇到这个选题后，认为里面充满了悬念，如果是刘×造假，可以质疑监管方面的漏洞；而如果是体彩中心造假，则可能揭开一个行业的黑幕。

在记者的采访过程中，一开始找不到突破口，因为很难直接证明谁是造假者，于是记者想到了从侧面了解真相。既然在刘×中奖前后还有三人中了宝马车，都是些什么人呢？他们中奖、领奖的过程是否顺利呢？这一了解，就发现了问题。三个中奖者均属子虚乌有，而体彩中心与宝马销售公司的销售合同却显示四辆宝马车只打了两辆车的车款，而且给宝马销售公司打款的账号是体彩中心，即开彩票销售主管杨××的私人账号！至此，虽然仍然没能证明是谁造假，但体彩中心的问题已经开始浮出水面。

最终司法介入调查后真相大白，是杨××多年承包即开型彩票的销售，他经常采用雇托中奖的方式将大奖收归己有，刘×其实是个"漏网之鱼"。为了达到将所有大奖都纳入囊中的目的，杨××栽赃刘×造假，没想到最后还是露了马脚。

这个案件成为2004年司法界的一个大案，也成了记者采访调查真相的经典之作。它也提示我们，记者所进行的采访过程中，真相并不容易探寻，它有可能被种种人为、非人为的因素遮蔽。作为记者，也许做不到完全把真相揭示出来，但也应尽自己的最大努力逼近真相。查找事实、探寻真相是记者对社会、对公众的最大责任。

二、发掘新闻价值

记者采访的核心任务是要获得有新闻价值的事实，因为任何一种调查研究都要求首先了解真相，得到真实的材料，只有记者采访才会要求发现真实事实的新价值，并把它们采集起来。

新闻价值是记者采访时选择事实的重要标准，当记者听到某个事实时，应该用新闻价值这杆秤衡量，确定其有价值之后，再深入采访、采集。也就是说，记者在所有事实中要选择那些有新闻价值的；在一个复杂的事实中，要选择那些具有新闻价值的部分。

为此，在记者采访过程中，要随时问自己几个问题：

这个事实对谁有新闻价值？

这个事实的哪方面对谁有新闻价值？

这个事实的哪方面对谁有什么样的新闻价值？

新闻价值就像矿藏一样，存在于某些事实之中，有时埋藏得还比较深，需要独具慧眼的记者把它识别出来，发现其所在并设法将它开采。采访的过程就是对有新闻价值的事实的发现与开采的过程。

一位记者看到汽车工业协会的一个公文上的数据分析，发现了问题：小排量车的销量越来越小。他觉得有点奇怪，于是跑到几个大的汽车销售市场去看，发现还真是没什么人看，也没什么人买。对经销商的采访也证实了小排量车不好卖。他又想，是否是汽车生产厂家有问题？会不会是厂家推新产品的速度慢，而销售商进货少？记者又去采访吉利公司，发现这家公司本来有个小排量车生产线，但因销量上不去干脆关停了。于是记者采访消费者，发现大家不买小排量车的主要原因是国家没什么优惠政策。记者联想起中国是个能源消耗大国的背景，又去查了国外的资料，发现日本对大排量车和小排量车的停车费、养路费、折旧年限等的政策都不同，向小排量车倾斜，于是就形成一个良性循环。记者在报道中还采访了有关专家，专家建议国家在政策上对小排量车倾斜，从而减少污染，节约能源。

这样，在采访中记者不光是发现了一个有价值的现象，还通过深挖分析了其表现和原因，得出了一个有价值的结论。采访所做的大量工作就是寻找有新闻价值的事实及其背后有新闻价值的事实。

三、迅速收集素材

记者在进行采访时必须尽量花费较少的时间，即了解事实的过程应该尽可能简短。就绝大多数采访来说，记者需要迅速了解已经发生的事实，选择适当的时机采集素材，有时甚至需要边采访边报道。而对于调查性报道这类看似时效性并不太强的采访也不能拖，像中央电视台《新闻调查》栏目，一个节目的运作周期通常是一个月，即记者必须在一个月内完成采访、写作等工作。一般来说，采访难度越大，时间花费就越多。有的调查性报道甚至要花一年甚至几年的时间去采访，然而一旦采访条件具备，开展起来就十分迅速。时间性是衡量这类特殊的调查采访质量的一个重要指标，采访必须在保证质量的前提下求速度，如果耽误时机，采访成果的价值会降低，以至于“报废”。

四、采访的分解任务——掌握几类事实

（一）全面情况

也就是概括性事实材料，这类材料能概述事物的面貌、反映事物的轮廓。全面情况是新闻报道的框架。在采访中，必须掌握最核心的情况，才能够提纲挈领地明确采访的主旨，如果在采访中缺少这类全面材料，采写的新闻报道就会显得零散繁杂。

（二）主要事实

主要事实是指主干材料，是构成新闻事实的各种要素，包含着丰富的信息量。比如看了《昆山农民可以“刷卡”看病了》这个标题，读者接下来就要问“怎么‘刷卡’看病？什么时候实施？覆盖范围有多大？农民的负担如何？”等问题。对这些问题的回答就是主要事实。

主要事实材料要具体准确，就像支柱和骨干一样支撑起“全面情况”概括出来的框架。比如“凭着这张 IC 卡，昆山的农村居民在该市的任何一个医保定点医疗单位都可以自由‘刷卡’就医。根据该市的具体实施办法农村居民每人每年只要缴纳 50 元，如果不幸遭遇大病，最高可以得到近 1100 倍的补偿，也就是说，最高可以报销到接近 55 000 元”，介绍了如何刷卡看病；“根据昆山的农村医保施行办法，筹资标准为每人每年 200 元，其中市镇两级财政各补贴 65 元，村集体补贴 20 元，农民自己支付 50 元，今年该市财政将拿出 6000 万元用于医保补贴”，介绍了如何交费投保；“据悉，昆山农村医保覆盖包括居住在农村的小城镇户口，其中 16 岁以下的儿童 4.3 万多人，17 岁到 60 岁的 18.9 万多人，60 岁以上老人 7.7 万多人。另外还有 6000 多名人均年收入在 2000 元以下的农村低保人口，均采取倾斜政策，不用缴纳 1 分钱，无门槛进入这个保障体系。为 60 岁以上的老人建立个人账户，由保险基金每年自动注入 150 元”则介绍了覆盖范围；等等。这些主要材料是采访中的重点，能让新闻进一步具体化。

（三）相关背景

新闻的发生。新闻人物的出现都不是偶然、孤立的现象，有它产生的环境和条件、发展变化的原因。在采访中，要注意收集那些能够帮助受众更好地理解报道、明白其意义的事实，这类原因、条件、对比、解释、说明等方面的事实就属于相关背景材料。

如上面的那个报道，“这个标准目前是全国最高的”——体现其先进性；“昆山的农村医保，除了筹资标准低于城镇职工，因而报销补偿的具体数额不一样外，在运作管理模式上已经与城镇职工的医保没什么两样，就连报销的医药范围和 5000 元报销起付线都是一样的”——与城镇职工保险对比让受众更容易明白。这些事实属于背景，帮助受众对“昆山农民能够刷卡看病”这一新闻事实的意义加深理解。采集这些背景并在新闻报道中加以适当运用，有助于阐述事物的特征和意义，丰富新闻报道的内容，增加报道的知识性和可读性。

（四）典型事例和细节

典型事例是指最有代表性、最能说明事物特点、揭示事物和实质的事实或个案，具有很强的感染力和说服力。在采访中，要采集到能够代表一般情况的典型例子来说明问题，往往能让受众直观清晰地感受新闻。

比如采访中一位 70 岁生涯中第一次“刷卡”看病的村民张××，她看病的过程能让受众感受到刷卡的方便与实惠。一个人的经历对表现新闻主旨起到了以少胜多、以一当十的作用，也让报道更加具体、生动。

细节指新闻事件中那些细微又含义深刻的小地方。在采访中要深入、细致地观察和采集与新闻事件相关的场面、环境、人物语言、动作等细小的内容。这些细节往往能使报道生动逼真，富有真实情感。

比如“一本墨绿色的《昆山市农村居民基本医疗保险证》”“收银处是一套崭新的电脑设备”“老太太开心得合不拢嘴，‘没想到政府为我们老百姓考虑得这么周到，送钱给我们看病！’”等处都属于细节描写，它们让报道的可读性更强了。

一次完整的采访一般要采集到以上四类事实，全面情况搭建报道的框架并奠定报道的基调，主要事实支撑起报道的骨干和主体，典型事例和细节主要是让报道更吸引人、更生动，而相关背景材料则让报道更容易理解。在采访中，如果这四类事实采集得都比较充分，就能够较好地完成报道的任务。

第四节　新闻采访与新闻写作的关系

新闻从何而来？新闻来自事实，由事实构成，是事实的记录与再现。发现和捕捉新闻事实，并以一定的再现形式传播于社会，这就是新闻采访与写作对实现新闻传播的特殊功能。新闻采访，旨在认识并把握新闻事实，主要起了解情况、弄清真相、收集素材的作用，为新闻的传播打下坚实的事实基础；而新闻写作则旨在反映并表现客观实际，主要根据采访得来的事实材料，经过分析、取舍和组织，采用恰当的体裁形式和表现方法使客观存在的事实成为可供传播的新闻作品。

新闻采访与写作既密切联系，又有区别，两者的关系是互为制约、相辅相成的，但两者的地位又不是对等的。

一、新闻采访决定新闻写作

在新闻传播的过程中，采访在先，写作在后。记者想要写一篇报道，首先要受到新闻事实是否发生的制约。好的新闻报道的前提是必须先有一个好的新闻事实。采访作为认识事实的手段，是新闻传播过程中与新闻事实直接接触的唯一联结点，只有清楚认识事实，才可能准确地反映事实，采访中对事实是怎样认识的，往往决定写作时对事实怎样反映。如果没有采访到足够的事实材料，笔下功夫再好也无能为力，毕竟是“巧妇难为无米之炊”。如果硬要写，往往是“米不够，水来凑”，甚至胡编乱造，许多假新闻就是这样制造出来的。同时，采访的深度和广度也直接关系到写作的深度和广度。要想通过新闻写作深刻而全面地反映客观事实，必须先做深入全面的采访。所谓的“深入成就深度”正是对采访与写作关系的最好注解。

新闻写作的基础在于采访，采访决定新闻写作，这符合人们对客观事实的认识和反映规律，也是成功的新闻采访写作实践的经验之谈。新闻界的经验是“七分采、三分写”，建议记者把更多的精力用在采访上。采访成功了，可以说新闻事实已经到手了，写作就是水到渠成的事了。

二、新闻写作对采访的能动作用

强调采访不是说写作就无足轻重，事实上，写作对采访有能动作用。写什么、怎么写、用什么样的体裁往往不是动笔时才开始考虑，而是根据写作的要求来进行采访。这一点在广播电视采访中体现得尤其突出。广播电视新闻当中，不仅被采访者回答问题时的有声语言可以直接展示在报道当中，而且新闻采访过程及细节的展示也都可以通过音像的形式用素材直接来完成。因此，采访中提到的音像素材将以不可改变的形式直接构成报道作品的一部分，后期的创作只能决定对素材的选择与使用，而很难对素材本身做出改变（通过物质手段有可能对画面和声音的部分内容进行突出、强调或遮蔽，但不能改变画面和声音的根本性质）。换句话说，作为新闻素材搜集过程的采访构成了新闻作品制作的有机组成部分，新闻报道的形式与新闻素材的获取方式即采访方式发生了密切的关联，前期采访与后期写作、制作的环节必须紧密衔接。因此，记者在进行广播电视采访前就应预见到即将采访的新闻会采用什么样的报道形式，是音响报道还是无音响报道？是现场报道还是无现场报道？不能等到采访结束时甚至到写作时才做决定。这种根据报道形式的需要采取相应的采访方式的做法，将给信息的传播带来很大的便利，同时能提高采访与写作的效率。新闻写作对于采访的能动作用还体现在有了好的内容，就需要好的写作形式与技巧来表现。同样的材料，写作水平的高低决定了报道质量的高低。就像有了活鱼鲜肉，还需要精心烹调，才能做出可口的佳肴一样，写作不当，则会让采访的内容得不到展现。总之，采访是写作的前提和基础，写作是采访的表现和结果，两者不可或缺。但从采访写作关系的实质看，是采访决定写作。

综观新闻采访写作编辑、发行等过程，采访的基础性和决定性作用实在不容低估。早在 1923 年，著名报人邵飘萍就在《实际应用新闻学》一书中指出：“在报纸的所有业务中，以采访为最重要”，“因为一张报纸的最重要原料即为新闻，而新闻之取得乃在采访”。西方新闻界普遍认为：采访者必定是一流的撰稿人。美国全国广播公司新闻部原主任弗兰克曾说：“采访是我们这一行的基本手段，没有它我们就无法生存。”采访的这种基础性决定性作用，主要应从采访与写作的关系上去认识。从新闻实践的角度看，两者的关系是既紧密相连又有先后、主次之分的。具体反映在四个方面：

一是反映在活动的程序上。从活动的程序上看，先有新闻采访，后有新闻写作。这一程序不能颠倒，否则就违反了新闻工作规律，就不叫新闻活动，变成闭门造车了。

二是反映在活动的内在联系上。从新闻报道的材料来源和形成过程看，事实是第一性的，反映事实的新闻报道是第二性的。先有事实，后有新闻，两者之间的媒介是采访。离开采访，写作就成了无米之炊。

三是反映在活动的性质上。新闻采访和写作的性质，一个是认识实际，一个是反映实际。只有正确认识实际，才能正确反映实际。从这个意义上说，采访决定写作。采访是写作的基础，写作则是采访的归宿。

四是反映在写作对采访的反作用上。实践证明，新闻写作常常反作用于新闻采访。记者从事新闻工作的时间长了，经验教训多了，常常在采访之前就能凭借具备的写作能力和丰富经验，清晰地知道如何采访才能更加有的放矢，如何才能有效地判别材料的真伪优劣和访问的深浅，可以避免不必要的失误和少走弯路。

长期以来，相当一部分新闻工作者存在重写作轻采访的倾向。这种倾向是值得警惕的。要做一名称职的记者，是得有一支能“生花”的“妙笔”，但是这支笔只有深深地扎在采访的土壤里，才会生出艳丽夺目、芳香扑鼻的花朵。否则，生出的只能是干瘪无生气的花，甚至可能是“妙笔生假”，生出诸如纸制、塑料制的一类假花。

在新闻实践中，必须坚持辩证唯物主义，反对唯心主义和形而上学，应当全面看待和正确处理新闻采访与写作的关系，确立新闻采访是新闻写作的基础这一观念。同时，熟练掌握新闻写作的“十八般武艺”，一切从实际出发，深入采访，精心写作，才能不断提高新闻报道的水准。

【本章小结】

1. 新闻采访是新闻工作的主要组成部分，是新闻写作的基础、前提和保证，任何想办好报纸、广播、电视、通讯社、网络等新闻媒体的新闻从业人员，无不从加强、健全新闻采访着手。

2. 有着明确的目的性、采访对象是各色各样的人、以与人平等沟通为手段、发现和发掘事实的新闻价值、有极高的时效性要求这五个方面体现了新闻采访的特点。

3. 记者掌握新闻事实材料需要包含全面情况、主要事实、相关背景、典型事例和细节。

4. 采访的任务主要是迅速地发现、了解利用和选择有新闻价值的、真实的事实。

5. 新闻采访任务主要包括调查事实真相、发掘新闻价值、迅速收集素材、采访的分解。

6. 新闻采访和写作反映了活动的程序、活动的内在联系、活动的性质、写作对采访的反作用。

【案例分析】

河北大学校园"飙车案"调查

本报记者 王克勤 实习生 冯军

2010年10月16日21时40分，在位于河北省保定市北市区的河北大学工商学院学生生活区，发生了目前社会广泛关注的"官二代"校园"飙车案"，导致两位女生一死一伤。

案情再现

"'嗖'的一下，车从我身边过去，速度特快！"

"超过我大概15米后，听到'砰'的一声，车撞人了，没减速，直接拐弯走了。"

"看见晓凤的脸惨白地躺在地上……看完之后我一直做噩梦。"

以上是几位学生目击者对当晚现场的回忆，经过多重努力，中国经济时报记者找到了11位事故现场目击者，试图还原现场。

河北大学新校区，即河北大学工商学院，位于保定市东部的北市区七一东路。学苑街将其一分为二，西边为教学区，东边为坤舆园生活区。从生活区的南门进入，全程约600米的一鸣路呈"S"形走向，先东西方向然后缓转弯向北延伸，并与兰芷道汇合于易百超市门口，再自西向东展开约300米，与兰皋道汇合于女生宿舍馨雅楼附近。一鸣路宽9米，水泥路面。

"10·16校园飙车案"事发地点就位于易百超市门口，一鸣路与兰芷道汇合的丁字路口以南约20米处，肇事车辆从生活区南门进入，回程逃逸时也是在南门被学生和门卫拦截。

10月16日21时35分左右，一辆黑色轿车从学生生活区南门进入，此时很多学生刚下课或者自习归来，也从西边教学区穿过学苑街由南门进入生活区。

黑色轿车行至女生宿舍厚望楼附近的丁字路口，距南门50米处，停了下来，从车里走出一女生。

三四分钟后，黑色轿车重新启动，沿着一鸣路继续行驶。

"我在前面走，听到汽车加速的声音，特别害怕。我同学提醒我上人行道。""感觉有风，速度特快。"位于一鸣路拐弯处的一个目击者事后回忆。

一鸣路前300米段有3道减速带，黑色轿车没有丝毫减速的迹象，反而加速行驶。在易百超市门口，拐弯的黑色轿车控制不住方向，跌跌撞撞地差点冲上右边的人行道。

一位刚从易百超市出来的目击者这样描述黑色轿车撞人前她所看到的，"那辆黑色的车摇摆不定，东倒西歪地驶来，当时它的状态是猛地冲向便道台阶……就这样摇摇晃晃几下，冲到我面前……当车直接向我冲来的时候我大脑一片空白。"

21时40分许，在快撞上这位目击者之前，黑色轿车突然急促地向左转，冲向左边车道。

这时，在黑色轿车前方的路中间有两个女生（一个穿着轮滑鞋练习轮滑、一个穿着粉红色的帆布鞋）。黑色轿车再次向左打方向，但不幸的是并没有避开，车辆右边直接撞上了前方两女生。

其中穿着轮滑鞋的女生被撞飞，落下时砸在黑色轿车副驾驶位置的挡风玻璃上；另外一个女生被车前右边反光镜撞倒。两女生"脚对着脚"地躺在地上，被撞飞的女生伤情严重，头部在流血。

黑色轿车撞倒两女生后，并没有停下，反而右拐继续沿着一鸣路后半段加速驶向女生宿舍馨雅楼。

那位差点被撞的目击者描述道："但是（黑色轿车）紧接着是加速开走，没有停车也没有下来看看伤者如何，这整个过程我都是僵硬的惊呆的。"

撞人两三分钟后，黑色轿车竟然沿着一鸣路原路返回，经过易百超市门口的事发地点时"没有减速，更没有停下来，就这么直接从躺在地下的两个奄奄一息的女孩身边驶过"。

黑色轿车再次经过事发地点时，被围观的同学们发现前方挡风玻璃破碎。一个男生高喊"追车去"，很多围观学生，特别是校武术协会的成员即追赶黑色肇事车。

在后面有学生追赶的情况下，肇事车加速逃逸，但最终因大门被同学及保安关闭，拦截在生活区南门。

河北大学新校区保卫处透露，当晚生活区南门的关门时间为：21 时 40 分 5 秒。

被拦截后，肇事司机待在车里足有四五分钟，一直不下车。门卫要求他熄火，并交出驾照、行驶证等证件进行登记。

几位目击者形容肇事司机当时很"嚣张"，下车时"一身酒气"，甚至和门卫"有说有笑"。一位在场的同学质问他："把人撞了还这么淡定？"

"碍你们什么事？"肇事司机回答。

肇事司机甚至说："看把我车刮的……我爸是李刚。"

几位目击者称，以上两句话肇事司机确实说过。

下车后，肇事司机拿着证件走进了南门的门卫室，肇事车辆停放在南门内 20 米处的路边。

21 时 48 分，河北大学新校区附近的北市区百楼派出所民警赶到，随后保定市交警支队二大队的交警也到达。

22 时 31 分，交警对肇事司机进行抽血检测，显示酒精含量为 151 毫克 / 毫升。之后，肇事司机和车辆被相继带离学校。

（《中国经济时报》2010 年 10 月 25 日）

记者从新闻事件本身出发，抓住飙车事件典型特征，展开深入调查访问，从细节处着眼，重新整合事件素材，写出这样一篇反映社会典型问题的稿件，引起了强烈的社会反响。

【课内实训】

1. 谈谈对新闻采访的认识。
2. 多看新闻采访报道，试着构思一个采访计划并实施。

【思考题】

1. 什么叫新闻采访？
2. 怎样全面、正确认识采访与写作的关系？
3. 新闻采访的性质上各有哪些具体方式？
4. 新闻采访有哪些具体的特点？
5. 新闻采访中记者应该掌握哪几个方面的材料？
6. 新闻采访应具备哪些条件？

第二章　新闻的发现与选择

【知识学习目标】

通过本章学习，掌握感知新闻敏感的方法、新闻价值的要素、获取新闻线索的途径以及新闻选择的标准。

【能力培养目标】

能够理解新闻从发现到选择需要经历的过程。

【教学重点】

1. 新闻敏感的培养途径
2. 构成新闻价值的要素
3. 获取新闻线索的重要渠道
4. 新闻选择的标准

【教学难点】

1. 新闻敏感
2. 新闻选择的过程

【开篇引例】

洪战辉是怎样被发现的？

卢宗旺和刘立君是怀化学院中文系的学生，两人同时还担任怀化学院校报的记者。2004年10月的一天，两人看到洪战辉带着个女孩子在操场上一会儿跑步，一会儿蹲在一边做作业。“这个学生做家教这么认真，还挺有方法的，咱们干脆采访他吧！”两个人上前一问，才知道小女孩是他的妹妹，并且还是捡来的妹妹。

对于这样一个意外的答案，这两个学生，立刻意识到这个事件的不同寻常。她们感到洪战辉背后的人格魅力是很值得同学们学习的，就把他作为一个新闻人物，通过细致的采访，写了一篇人物通讯，发表在了怀化学院的校报上，这便是洪战辉的事迹，第一次变成文字，为众人知晓。

（《潇湘晨报》2005年12月16日）

在这篇案例里，记者通过对细节上的不同寻常的发现、自己自身对新闻材料的敏感，对新闻事实的价值做出了一定的判断，他们通过对话搜集相应的新闻线索，从而将一起本来很寻常的事情以新闻的方式报道出来，供大家学习。要知道，大千世界，每天都要发生那么多事儿，到底哪一件有价值，哪一件能触动你的敏感神经，你该怎样将所有有用的新闻线索串联起来，你又该如何进行合理的选择，要从这些方面发现有价值的新闻事实，的确不是一件易事。本章介绍新闻的发现与选择的内容，有助于大家掌握科学的学习方式。

第一节 新闻敏感

一、新闻敏感的含义

新闻信息是一种无形的事物，对它的接触、接受及传播，记者需经历一个艰苦而又非凡的感知过程，需要一种超拔的认知能力。实践证明，在日常工作与生活中，怎样及时、敏锐地感知和判别新闻，是新闻采访活动中一个十分重要的问题，也是记者称职与否的起码条件。也可以说，这是记者工作的第一步，没有这一步，以后所有工序皆无从谈起。1881年4月14日，恩格斯在给爱德华·伯恩斯坦的信中写道："对于编辑报纸来说，学识渊博并不那样重要，重要的是善于从适当的方面迅速抓住问题。"著名记者李普也说得好："往往一条新闻的价值不在于文字上有多么优美，写作上有多么高明，而在于谁首先发现它、报道它。""自己发现新闻、抓新闻，对事物价值大小能有正确判断能力，这是成为一个新闻工作者的最起码的条件之一。"而要较好地解决这个问题，记者必须具有较强的新闻敏感能力，通俗地讲，即具有发现和判断新闻的"特异功能"。美国著名报人普利策早就指出："新闻记者是什么人？假使国家是一艘船，新闻记者就是站在船桥上的瞭望者。他要注意来往的船只，注视在地平线上出现的值得注意的小事。"

由此看出，新闻敏感对于新闻记者而言就是其独特的专业素养和特长，并且新闻敏感在一定程度上可能会直接决定采访的成败。于是那些缺乏新闻敏感的记者，就很难在新闻事业上有所建树。反之，一个具有高度新闻敏感的记者，能够在没有新闻的地方发现新闻。《人民日报》前总编辑范敬宜在当记者时，有一次与另一个记者下乡采访，晚上他们住在公社办公室，一夜没有接到一个告状报案的电话，清晨也没有一位来堵门要粮、要钱的社员。范敬宜问同伴："这一夜你发现新闻了吗？"同伴说："什么事也没发生，当然没有新闻。"范敬宜说："什么事也没发生就是新闻。"于是写出了《两家子公社干部睡上安稳觉 夜无电话声 早无堵门人》的消息。记者若缺乏新闻敏感度，很可能就会漏掉重大新闻。西方新闻史上有个经典的例子：有一位明星到某城市演出，《纽约时报》年轻记者蒂姆士·泰勒受报社指派，晚上到剧院采访这位大明星。谁知演出突然取消，泰勒便心安理得地回家睡觉了。清晨，泰勒被电话铃声惊醒，是编辑打来的。编辑气冲冲地告诉他，其他报纸的头版头条新闻是这位演员自杀。编辑说："像这样一个名演员首场演出被取消，本身就是新闻。它的背后可能有更大的新闻。记住：以后你的'鼻子'（指'嗅觉'）不要再感冒堵塞了！"

以上都是从人生经验来谈新闻敏感，如果从心理学的角度来看的话，新闻敏感则处于感觉这一心理活动阶段，但它又不是由单一感官形成的单一的感觉，而是一种直觉。所谓直觉，指的是"人脑对客观世界及其关系的一种非常迅速的识别和猜想……是从整体上做出的整体把握"。当具有高度新闻敏感的记者面对某一新闻线索时，往往在瞬间就能判断其新闻价值，判断它是否能引起本媒体和相关受众的兴趣，是否有进一步挖掘的必要。对事实的新闻价值尤其是事件性新闻的判断往往并不是记者成熟的理性思考的结果，而只是记者对于新闻线索的带有直觉判断性质的认定。一个面对新闻线索要进行长时间理性思考的记者通常被认为缺乏新闻敏感。

直觉被人称为"第六感"。我们认为，所谓的"第六感"是各种感官在大脑指挥下形成的合力，它指的是"人所具有的感受外界客观事物刺激的一种非身体感官的东西，它是人靠长期的经验积累形成的一种综合感觉能力”。虽然直觉常给人以神秘感，但实际上新闻敏感并不是一种神乎其神的东西。新闻敏感来自勤奋的工作和全身心的投入，也来自记者勤奋工作所积累的经验和教训。这就是为什么一个优秀的记者在片段式的新闻线索面前，能够不假思索地判断什么是新闻而什么不是新闻，什么是重大新闻而什么只是一般新闻的根本原因。

综上所述，所谓新闻敏感，即新闻工作者及时识别新闻价值的能力，也就是指新闻工作者的感官对新闻人物、新闻事件、新闻事实所蕴含的新闻价值的敏锐感知能力。这是新闻工作者必备的能力，是一种职业敏感，是长期从事新闻实践的经验和结晶。新闻工作者能不能在纷纭繁杂、浩如烟海的新闻事实中，及时发现与敏锐分辨有价值的新闻事实，靠的就是新闻敏感。西方新闻界通常称新闻敏感为新闻嗅觉，或称“新闻鼻”“新闻眼”。美国《纽约时报》记者泰勒曾指出：“没有新闻鼻、新闻眼，请走开。”

二、新闻敏感的主要内容

有人感叹新闻敏感是看不见、摸不着、神秘又玄乎的东西。其实，新闻敏感并非虚无缥缈之物，而是可感可触、有实在内容的。具体有以下五个方面的内容：

（一）迅速判断某一新闻事实对当前工作的指导意义

这通常称作记者的政治敏感，或叫政治洞察力。即当一个或数个新闻事实出现时，记者应马上将它们同党和政府的中心工作以及编辑部的报道意图联系起来考察，看其对推动当前工作和发展当前形势有何积极、重要意义。这是新闻敏感的主要内容。这是因为，新闻工作是一项政治性较强的工作，“新闻记者不是单纯的‘写稿匠’，他应该以一个政治家的眼光和态度去认识事物，并从中掘取能够解决社会矛盾、促进社会进步的‘珍宝’”。例如，在邓小平同志逝世到追悼会举行期间，几乎整个中国都沉浸在巨大的悲痛之中。但是，新华社记者贾永发现：与毛泽东、周恩来等领袖去世时不同的是，人民能够冷静而理智地面对这一无情的事实，默默地承受着悲痛，广大城乡秩序井然，生活如常，股市平稳。正如一位外国观察家分析的那样，中国人痛心但不担心，悲伤而不迷惘，中国人已经走向成熟和理性。正是凭着政治洞察力发现的这一事实，记者在采写通讯《挥泪承遗志，同心向未来》时，除了描述邓小平同志丰功伟绩和广大群众的沉痛哀悼外，把报道的重点集中在中国人民的信心上：一代伟人走了，但是，他留下了一套伟大的理论，留下了一条光辉的道路，留下了一个生机勃勃、继往开来的坚强的领导集体。因为“政治含量高”，该通讯被所有大报突出刊用。

（二）迅速判断某一新闻事实能否吸引较多受众

指记者面对新闻事实，要迅速估量出其对广大受众的吸引力。新闻是写给人看的，每则报道能否引起较多受众的兴趣，无疑是一个重要问题。西方记者和新闻学者很重视这一点。在他们看来，新闻敏感首要、主要之点，乃指记者判断某一事实能否引起受众兴趣。随着这些年来的新闻改革，我国新闻界对这一点也日益予以关注，“一报就响”，引起广大受众普遍兴趣的报道日益增多。但是，在新闻的趣味性问题上，我们与西方新闻界在认识上是有区别的，因为他们将趣味性看成衡量新闻价值的真正要素，因此，类似《60 岁老妇第五十八次结婚》《猫接受百万元遗产》等新闻占据大量版面，甚至更为低级、黄色的新闻也不时充斥版面。但我们所倡导的是健康、高尚的趣味，绝非污染社会及人的灵魂的庸俗、低级的趣味，要力求有趣不俗、有益无害，如《经济学家赶集》《副总理验锅》等新闻，写得既有情趣，又有积极意义，令人思索、回味。

（三）迅速透过一般现象挖掘出隐藏着的有价值的新事实

有价值的新闻事实往往被一般表象甚至假象遮盖着，如何凭借锐利的新闻眼，着力挖掘出这些有价值的新闻事实，是新闻敏感的又一内容。要做到这一点，记者就必须有相当的马列主义理论水平，要学会运用马列主义的立场、观点、方法去分析与解决问题，还应具有相当丰富的生活经验和较强的新闻追踪能力，同时，较好地发挥逆向思维也十分重要。实践证明，一个真正的记者必须具有突破表象、假象进而挖掘、追踪事物真相的能力。正如美国哥伦比亚大学新闻学教授梅尔文·门彻在《新闻报道与写作》一书中所说的那样："记者好像是一个勘探者，他要挖掘、钻探事实真相这个矿藏。没有人会满意那些表面的材料。""他自己的观察一般要比那些没有养成观察和倾听习惯的消息来源更为可靠。"

（四）迅速判断出在同一性质的诸多事实中最有价值的新闻事实

常有这样的情况，几个同一性质、同一题材且都有价值的事实摆在记者面前，能否从中判别、提取最有价值的新闻事实构成报道，往往决定了一切。新闻敏感弱的记者，或可能胡子眉毛一把抓，或可能捡了芝麻丢了西瓜；新闻敏感强的记者则善于将这些事实进行认真比较，从而从中鉴别出"含金量最高"的事实予以报道。

（五）迅速在对事件进展过程充分调查分析的基础上预见有可能出现的新闻

这是指记者对新闻事实的发展趋势和本质做出科学分析时所表现出的一种素质，是见微知著的能力。在许多情况下，有些新闻事实尚未成熟，在客观世界中一时还没有形成原型，但是，这些事实构成新闻的元素却是存在的，况且，事物一般都有因果联系和产生、发展的过程。记者不是凭空想象，而是在对事物进行充分调查分析的基础上，能在大脑中建立起因果联系和事物发展过程构成的事物环链的模型，并凭借自己以往的实践经验投入相关的智力。那么，当一个事实或事件初显端倪的时候，记者便可顺着这一环链，推测出事物的下一环，直至结局，从而有把握地对事物做出科学预见。这实质上是超前思维的体现。然而在西方，预测性新闻已成为日益时髦的新闻体裁，且预测的内容日趋庞杂，范围日趋广阔，受众的注意力与预测性新闻的关系也日趋息息相关。对于这个趋势，我国记者应当予以注意。

三、新闻敏感的培养途径

新闻敏感不靠天赋，不靠聪明人的偶发性反应，也不靠到什么新闻学校去速成，而是靠记者在平时的实践中，自觉训练、培养和对经验教训进行总结、积累。没有这种敏感，记者、通讯员就不能完成自己的使命。根据实践的总结，培养的具体途径主要有以下三个：

（一）懂得新闻价值，及时学习、掌握党的新政策、新精神，增强社会责任感

首先，记者的新闻观念如何、是不是懂得新闻价值，直接关系到能不能发现新闻。因为社会生活和自然界中存在种种事实，只有具有新闻价值的事实才能构成新闻。如果记者不懂新闻价值，就不能准确判断是否新闻，不能区分新闻的程度。

其次，对新闻价值有一定的了解后，还要及时学习、掌握党的新政策、新精神。如果一个记者心中没有明确的指导方向，那么即使懂得新闻价值，也不知道应该用在哪一条新闻上。党的新政策、新精神就是方向。记者心中只有明确这个方向，发现与判别新闻才有依据，否则，对有价值的新闻事实只能是视而不见或不问新闻事实有无价值，凭空乱抓一气，毫无章法。

最后，要增强社会责任感。社会责任感是记者对党、对国家、对人民负责的一种强烈情感，虽然其本身并不能去直接捕捉新闻，但是对记者捕捉新闻起着关键的作用。记者具有了高度的社会责任感，也就具备了勤于思考、善于发现、勇于创新、乐于奉献的精神支柱和动力源泉。记者只有对国家强弱、人民贫富怀着忧患意识，才会随时关注时下党的方针、政策、路线，才会对周围群众关心的事物保持高度的敏感，才能敏锐地发现那些震撼人心、感人肺腑的新闻事实，才能迅速用手中的笔记录下历史的瞬间。

（二）要有全局意识，深入生活，注重实践

常言道："心中有全局，眼力自然强。"记者只有立足全局，才能把某个单位的事实和问题置于全局范围进行考察、比较，从而才能敏锐地把有价值的新闻事实鉴别出来。不少长期在记者站和基层报道组的同志常遇到这种情况，手中掌握的材料不少，却觉得没什么好报道的，等到其他地区记者站或报道组采写的新闻发表了，才觉得有遗珠之憾："哎呀，这种典型我手头上也有啊！"显然，记者不仅要具有全局意识，还应该深入生活，用实践去证明。因为社会生活是新闻报道的源泉，也是通往"懂得新闻价值"的必由之路。只有广泛接触实际，把握社会实际情况，了解受众的思想动态，才有可能储备足够多的信息，扩大思维空间，产生创造性思维。有记者问中央电视台记者柴静："为什么一定要进 SARS 病房？为什么要去现场？"柴静说："我到新疆喀什地震现场，当我看到一个老人光着脚，在零下 12 °C 的黑夜里赶路，到救灾的卡车前领出一双北京大街上常见的比他的脚大一号的黄色皮鞋，套在脚上，颤巍巍地走时，我知道这就是赈灾。两个喀什的小女孩带着我到她们住的地方，房子全都垮了，她们就睡在地上，当我把手伸进她们的被窝里，感觉到里面的冰冷、潮湿时，我知道了什么是安顿灾民。"这也就是我们为什么要深入生活，用实践去证明的原因，没有什么比亲身体验的感觉来得更强烈。

（三）博学善学，不断增强知识修养，积累经验，并且要掌握科学的思考方式

新闻敏感的培养不是一蹴而就的，需要记者在细致烦琐的工作中点点滴滴地去积累、磨炼。记者的积累越丰富，思维的运转以及对外界事物的反应也就越灵敏，发现新闻的能力也就越强，而积累贫乏的记者，外界的信息再强烈、再珍贵，其思维的空间也是狭隘的，不容易产生联想，更难以产生创新思维。

四、判断新闻敏感的能力

新闻敏感是记者能够敏锐地发现和捕捉新闻的一种特有的素质。新闻敏感作为一种职业敏感，是一种顿悟性的思维活动。记者具有较强的新闻敏感，就能从错综复杂、五光十色的社会生活中，迅速而准确地判断出什么是新闻，从而抓住真正的新闻。

记者的新闻敏感通常包括以下四种判断能力：

（一）判断某个事实能否引起受众兴趣的能力

记者采访的新闻最终是向公众传播的，受众对所传播的新闻是否感兴趣，就成为判断这一事实能在多大程度上变成新闻的一个重要标志。但不可否认的是，受众感兴趣的事实不一定是对受众的实际生活有重要影响的信息。针对这一点，曾经获得普利策新闻奖的美国著名记者杰克·富勒说："重要性和兴趣都可以为某一事件或某条消息见报提供理由，两者提供的理由都很充分。不管有多么少的人对裁军会议缺少兴趣，但这些会议对地球上人类的未来所产生的深远意义常常使它具有较高的新闻价值。不管迈克尔·乔丹在一家二流棒球队中表演多久对美国的历史来说都不重要，但读者对此事的广泛兴趣使它完全有理由占据大块版面。"

因此，有新闻敏感的记者不能满足于跟在受众共同兴趣的背后亦步亦趋，而应该在选择新闻时，把重要性和共同兴趣标准有机结合，最大程度上引起受众的兴趣，从而使新闻发挥应有的导向作用。

（二）判断同一新闻事件的许多事实中哪个最重要、哪个次之的能力

如果我们把新闻事件比作一座矿床，把新闻价值比作矿藏的话，那么，正如矿藏在矿床中分布是不均匀的一样，新闻价值在新闻事件中的分布也是不均衡的。记者依靠新闻敏感，不但能够从大量纷繁复杂的事实中发现具有新闻价值的事，而且能够从同一新闻事件的许多事实中选择出最重要的事实，而不是眉毛胡子一把抓，捡到篮里都是菜。

（三）判断某一个线索是否可能导致重大新闻发现的能力

在复杂的大千世界中，重要的新闻事实常常被一些不大起眼的现象掩盖着。这些不大起眼的现象往往会露出新闻事实的种种蛛丝马迹。记者如果有比较强的新闻敏感，就能从这些蛛丝马迹中看出不平常的东西，从偶然中看出必然。

（四）判断已经发表的新闻是否具备进行二度报道的能力

已经发表的新闻也能够提供很多信息，这些信息有的还具备再度挖掘的价值。记者要善于找到这样的信息，在事物变动的较深层次上，从已经发表的报道中挖掘出更有价值的新闻，这是一种进行二度报道的能力，或者说寻找第二落点的能力。其他媒体报道过的内容其实并不是一次性消费的快餐，如果原报道未能很好地体现其新闻价值，或者二度报道能有新的元素或内容加入时，就可以再次报道。可以是对新闻事实的另一种发现，也可以是观点的推陈出新，但不管怎样，都必须与过去的报道有所不同，这也是第二落点的生命力所在。

五、新闻敏感与新闻工作责任感的关系

从总体上说，新闻敏感与新闻工作责任感都十分重要，但从根本上看问题，记者的新闻工作责任感是比新闻敏感还要重要的东西，也可以说，新闻敏感是新闻工作责任感派生出来的。有些记者发现不了新闻，首先缺少的恐怕不是"新闻鼻""新闻眼"之类，恰恰是工作责任感，即缺少那些与实际工作息息相关的感情和求"新"若渴的工作态度，因而对党和人民的利益、群众的疾苦无动于衷，对新闻工作抱"守株待兔"甚至是麻木不仁的态度。

第二节　新闻价值

一、新闻价值的定义

新闻价值理论是伴随着近现代新闻业的形成和发展而提出的。新闻价值这个概念最早形成于美国，1833 年 9 月 3 日美国大众化报纸《太阳报》创刊，推动了面向全社会的“便士报”的迅速发展。在报业竞争中，各报社老板和主编为扩大报纸发行量，十分重视对新闻事实的选择。美国著名报人 J. 普利策要求记者采访“与众不同的、有特色的、戏剧性的、浪漫的、动人心魄的、独一无二的、奇妙的、幽默的、别出心裁的”新闻，认为符合上述要求的，是有价值的新闻。20 世纪初，美国、日本的一些新闻学者，把新闻事实的选择标准统一到新闻价值这一概念上。1903 年出版的美国新闻学专著《实用新闻学》，提出“新闻必是以动社会全体之兴趣者，当注意新闻价值”。到 20 世纪 20 年代，美国和日本的新闻学著作对新闻价值已有较完整的论述。

刘建明在全面考察了新闻价值理论的来龙去脉之后，又进一步提出了“现代新闻价值”的说法，他认为：现代新闻价值理论应当回归价值的本义，体现对受众的有用性，对其内涵的阐述在哲理上符合认识逻辑。所谓现代新闻价值，是指受众在接受新闻活动中满足其需要所表现出的效应。新闻是价值的体现者，媒介是价值的载体，受众是价值的确定和受益者。受众与新闻的相互作用，使新闻这一客体按照主体的要求为其服务，表现出客体的有用性。所以，有用、有益、有效是新闻价值的三个要素。脱离受众的接受过程，任何价值都无法体现出来。对价值的“作用和意义”的界定，既不是脱离现实世界的抽象的“意义王国”，也不是把有用功效混为某些特性的东西。新闻事实的特性可能决定新闻价值，但它们是两种截然不同的对象。

在中国新闻界，新闻价值这一概念由徐宝璜从美国、邵飘萍从日本引进。1918 年，他们在北京大学新闻学研究会上各自论述了新闻价值问题。从 20 世纪 30 年代起，这一概念在中国新闻界得到普遍应用。1957 年，新闻价值曾被认为是资产阶级新闻学观点而遭到批判。1978 年中国共产党第十一届三中全会以后，中国新闻界重新讨论新闻价值问题，并确认按新闻价值来选择新闻事实是新闻工作的客观规律。

综上所述，所谓新闻敏感的定义，即指事实构成新闻诸因素的客观存在，是记者判断事实可否成为新闻的尺度。

二、新闻价值的要素

（一）重要性

指新闻事实具有震撼人心、能在某种程度和范围内产生较大影响的特质。一个事实所具有的重要性，同它发生作用的范围是大是小、产生影响的程度是深是浅成正比。换言之，某一事实与越多的人有关系，这种关系就越深越大，就越具备重要性。

重要性是新闻价值的核心要素。一切战争风云、政局变化、经济涨落、自然灾害等都是人们所关心的问题，比如“9・11”恐怖袭击，“伊拉克战争”爆发，香港、澳门回归祖国，汶川大地震，北京奥运会……都是关乎国际、国内民生的大事，触及社会问题的诸多方面，具有相当的震撼力。显然，这些报道是重要的，因而具有新闻价值。

可以说，重大事件发生的时候，就是产生优秀新闻作品的好时机。2001 年的“9・11”恐怖袭击事件和“阿富汗反恐战争”成为 2002 年度美国普利策新闻奖的绝对主题，在 14 个新闻奖项中，8 个奖项的作品都是有关“9・11 恐怖袭击”和“阿富汗战争”的文字报道或照片。2004 年度中国新闻奖获奖作品中有关 2003 年抗击“非典”的报道也占据了相当的比例，其中 31 篇一等奖作品中，与非典有关的作品就有 7 篇。

有些事件虽然具有重要性，但由于出现频率过高，其新闻价值往往会减弱。比如领导人深入普通群众司空见惯，一般很难出新闻，但是如果变换一下报道角度就会产生不同的传播效果。2003 年 10 月 24 日，在重庆云阳县考察三峡库区移民情况的温家宝在路过龙泉村时临时决定去看望一下村里的乡亲们。领导人到农家访贫问苦，这本是一件小事，但重庆电视台记者从小事情上做出了大文章。《总理为农民讨工钱》几乎成为爆炸性新闻而被其他媒体竞相转载。一个大人物和一个小人物的结合本身就是一个有价值的新闻，如果再加上一个很热门的话题，那么引发群众热议的可能性就会更大。这则报道将“总理、民工、打工钱”结合起来，使这则关乎民生的报道变得重要起来，增加了它的新闻价值。

（二）显著性

是指新闻人物和事件具有引人注目的特质。人物或事件越具有引人注目的特质，新闻价值就越大。这也就指出了新闻人物或新闻事件有非同寻常之处，即这些人所处的社会地位、所拥有的名气比一般人要高，这些事的性质及发生后的影响非一般事可比，否则就构不成新闻价值。曾在西方流行一时的“新闻数学公式”很能解释这一因素。这个公式基本形式是：

平常人+平常事=0

譬如以下水游泳为例，张三或是李四都是平常人，下水游泳也属平常事，就等于 0，构不成有价值的新闻。根据这个基本公式，可派生出下列公式：

不平常人+平常事=新闻

同样是下水或游泳，因下水者或游泳者的身份不一样，如毛泽东畅游长江、邓小平在北戴河下水，就构成了有价值的新闻。

当然，也不是说平民百姓就永远成不了新闻人物。上述基本公式还可派生出另一公式：

平常人+不平常事=新闻

例如某一武警战士、工人或农民，人虽普通，同样也是下水，但他们是下水救人，事件的意义非同寻常，因此就构成了有价值的新闻。

资产阶级新闻学通常把暴力、犯罪、两性、金钱等都看作显著性的内容，一味崇尚“名人即新闻”，这显然是我们不能全部接受的。我们对上述新闻题材，包括对党政要人、社会名流的重要言行，一般是以与国与民有无关联或对后者有无益处为前提才决定报道与否的。

（三）时新性

新闻是时间的“易碎品”，新闻贵在“新”，“新闻”的英文“news”就是“新”——“new”一词演变而来的。美国《纽约时报》前副总编辑罗伯特・赖斯特说：“最没有生命的事物莫过于几小时以前发生的新闻。”客观世界每时每刻都在发生变化，而新闻的价值往往就跟新闻作品反映这些新出现事物的速度有直接的关系。正是基于这一要旨，新闻既要求所反映的事实是新鲜的，同时又要求传播速度越快越好，因为只有“快”才能保“鲜”。所谓”抢新闻”就是为了缩短新闻事实发生与新闻报道之间的时间差，从而将信息迅速传达给受众，梅尔文·门彻说：“媒体是一种商业机构，以其将易碎品迅速传递给人们的能力为基础来出售时间和版面。市场奖励那些快速的信息传递者。虽然与电子媒体相比，报纸对速度不是那么强调，但是一份向读者提供老调重弹式新闻的报纸是生存不下去的，当电视俘获了大部分听众时，一直在为自己的葬礼做准备的广播也恢复了全天候、全新闻的电台。”新闻的魅力就在于它蓬勃的生机和新鲜感。

随着网络媒体的崛起，日趋激烈的媒体竞争又赋予“新闻是易碎品”以新的意义，重视新闻的时效性比以往显得更为必要而迫切。在新闻界，往往是快新闻淘汰慢新闻，而不是好新闻淘汰坏新闻。记者对某一问题认识较早，对某一事物的变动产生敏感较快，而且采写和发布又抢在别人前面，那么你的报道肯定在时效上就占了先机。新闻只有及时才会有效，所以，当记者或编辑判断一条新闻能否进入报道时，首先要问的一个问题是：“它是否及时？”一篇新闻之所以成为“新”闻，全在于认识、发现、采写和播发过程中的时效把握。

在新闻实践中，新鲜性是自在的，而时效性则是记者编辑自为的。我们的媒体总希望新闻的报道距离事件发生越近越好，但有些时候，新闻距离事件的发生时间虽然不算近，但通过记者、编辑对新闻报道角度进行选择和调整，同样也可以产生新鲜的传播效果。

时新性包括两层含义，即时间新、内容新。

时间新即事实应当是“新近发生的”。新闻报道，就是要以最快的速度把最新的事实告诉读者。美国新闻学学者希伯特说：“我们常说，没有比昨天的报纸更老的东西了。报纸的新闻只有一天的寿命。过了一天，新闻就要加上新的消息加以改写。”在新闻写作中，如果所报道的事实时过境迁，则要从新闻事件发展中努力挖掘全新的新闻依据。当然，不是随时报道都可以有新的新闻依据，要选择适当的时机。

“内容新”即事实应有新意。一件事情如果令人耳目一新，或者是亘古未有的，人们往往愿意了解，就会有好的传播效果。所以，有些时间上稍显陈旧的新闻事实，只要内容新，受众依然会有关注热情。

需要注意的是新闻的时效性不能以新闻的真实性为代价，不能为了追求及时性而违背新闻真实性的原则。2013 年北京时间 7 月 7 日凌晨，韩亚航空公司 214 航班波音 777 客机在旧金山机场发生事故，机上 307 人中 141 名是中国人，其中两名中国女学生当场罹难，此外尚有多人伤势严重。这一消息在国内成为媒体焦点，而此次空难中媒体的错误报道一时间也铺天盖地，形成了各执一词的“罗生门”。个人为了吸引他人注意利用微博发布消息，以及网络时代媒体面对突发事件抢时效的竞争成了大量失实报道的主要原因。由于事发地在旧金山，国内大部分媒体无法安排人员现场采访，即便有当地驻站记者，也无法深入机场的隔离区地带。很多媒体急于发声，导致新闻错误百出，如飞机型号不清，航空公司名称不清，妄论失事原因，而被错误传播最多的也是最早发生错误的事实就是某媒体称该飞机是从上海浦东飞往旧金山的航班，这仅仅是因为该媒体认为飞机上有很多乘客是中国人。

真实是新闻的生命，也是新闻的底线，不能让真实成为时效的牺牲品。当突发事件发生时，记者与编辑应该谨慎核实，在不能确定其真实性的情况下，宁可放慢传播。所以，一定要在确保真实的前提下来要求新闻的及时快捷。当然，新闻的时效性，对不同的新闻体裁而言，并不能一概而论。比如，相对来说，通讯、特写等体裁承受时间压力的能力较强。

（四）接近性

是指新闻事实具有令人关切的特质。这种接近主要是指地理、职业、年龄、心理及利害关系等方面的接近。一般情况下，离读者越近、与之关系越密切的事，就越为他们所关注，新闻价值也就越大。这是因为受众在接受新闻信息强度、对比差异、时新、趣味等因素的刺激外，求近心理也是一种重要心理定式。譬如，以往的网球决赛因为都是外国人争夺，故中国观众兴趣不大。2011 年 6 月 4 日晚上 9 点举行的法网女单决赛，因为中国姑娘李娜参与争夺，因而吸引了亿万中国观众。临近深夜，当李娜夺得冠军，五星红旗在法网赛场上冉冉升起时，亿万中国观众欢呼雀跃，北京上海等许多城市观众还燃放了烟花爆竹。这是何道理？是因为接近性在其中起作用。

早在 1931 年，毛泽东在《普遍地举办〈时事简报〉》一文中就根据受众的求近心理指出："登消息的次序，本乡的，本区的，本县的，本省的，本国的，外国的，由近及远看得很有味道。"

（五）趣味性

是指新闻事实具有引人喜闻乐见的特质，能够引起人们感情共鸣，富有人情味和生活情趣的事实。西方新闻界虽然对趣味性的含义有不同的理解，但是一般都把社会学所研究的内容，如犯罪、道德伦理、人口、人生、婚姻、家庭、人间真情、金钱和色情等作为趣味性的主要内容。因为这些内容具有浓郁的人情味，易于激起读者或欣喜、或愤慨、或悲哀、或惊讶等多种情感，从而唤起强烈的共鸣。

比如曾载于《北京青年报》的消息《法警背起生病被告》、载于《南方都市报》的《河南打工妹网恋铸就奇缘，新郎居然是波兰准总统》等富有人情味的新闻往往以感人的故事打动读者。西方记者更是善于捕捉新闻中有趣味性的细节，美联社记者在报道当年美国前总统里根遇刺事件时，写道："'……亲爱的，我忘了躲闪了。'当里根在担架车上被推进手术室时对他的夫人说。"这样的报道给新闻增添了趣味，使原本很严肃的重大事件，看起来比较轻松而富有可读性。

【案例 2-1】

成都司机"猜拳"定赔偿，不失为"有趣"个例

若符合法律规定，双方也认可，"石头剪刀布"不失为一种协商解决轻微事故的方式。近日，一则"猜拳定赔偿"的视频火了。

据报道，8 月 29 日下午，在成都科华中路和长荣路路口，一辆私家车与出租车发生擦剐，责任明确。在协商赔偿金额时，"擦剐责任很明显在自己"的私家车主提出赔 500 元，出租车司机要求赔 700 元。两人没有达成一致，怎么办？"干脆猜拳定胜负！"私家车车主划拳输了，认赔 700 元。

当晚，这条名为"史上最和谐事故处理方式"的视频在网上火了，在某短视频平台上，当晚就达到 170 多万次播放量，截至 8 月 30 日，点赞 14 万次。这样的事情引起公众关注，

首先是“物以稀为贵”：我们以往可能从没见过“石头剪刀布”的办法确定事故赔偿的。这种方式给原本引起不快的小事故带来了一些轻松和笑料。

我甚至觉得，这样的处置方式不仅与双方友善的处事态度有关，也与成都地方的习惯有关。正如网友说的：“成都人真的很有趣”“太萌了”“成都人就是天性乐观，不喜欢麻烦”。

不过我想说的是，这样的做法不仅有趣，而且这本身就符合法律规定。《道路交通安全法》第七十条第三款规定，“在道路上发生交通事故，仅造成轻微财产损失，并且基本事实清楚的，当事人应当先撤离现场再进行协商处理”。

成都的此次事故造成的后果比较轻微，且责任明确是在私家车一方，本就应该快速协商处理。而到底要赔500还是700，只要双方达成一致意见，相互认可结果就不违法。那这种做法能推而广之吗？这很难给出统一的结论。客观地说这次的事件有其特殊性，一来争议并不大，也就是200元的事；二来双方大约也都是好脾气，认可了猜拳定赔，这才有了后续的顺利解决。

由此可见，“石头剪刀布”不失为一种协商解决轻微事故的方式。但前提在于：一是事故本身要符合法律规定才能采取协商的办法处理；其次是协商的方法要双方认可。当然，如果协商一致，猜拳之后又反悔，这就难办了：到底是以猜拳为准，还是继续争议下去？恐怕连警方也不好判断了。但若是无伤大雅的小问题，何不“一拳泯恩仇”，当然这“拳”不是“出拳”而是“猜拳”。

（《新京报》2018年9月1日）

一起街头车辆发生擦剐事件，是日常生活中较为普遍的一件事，但是通过“接地气”的“剪刀石头布”方式来解决，这也就为生活增添了一丝趣味，也是该新闻的价值所在。

第三节　新闻线索

一、新闻线索的含义

新闻线索也称采访线索、报道线索，是指新近发生的事实的简明信息或信号。新闻线索不是新闻事实的全部，是有待证实、扩展和深化的信息，它只是新闻事实个别片段在记者头脑中的反映，记者通过新闻敏感捕捉到了事物中有价值的片段，就形成了新闻线索。

新闻线索一般比较简略，甚至只是一个片段，要素不全，但它昭示着新闻在哪里，为记者的采访提供了方向。有经验的记者会从这些零散片段中追寻根源，发掘出更重要的完整的新闻事实来。因此发现新闻线索要求记者有高度的新闻敏感与新闻价值观念，要求记者要有穷追不舍、追根溯源的专业素养和精神。

二、新闻线索的特点

（一）比较简略，不完整

相较于新闻事实，多数新闻线索显得较为简略，没有完整过程，没有具体细节，基本上不可能做到新闻五要素俱全。比如一个记者得到通报，得知某地发生了一起车祸。这是一个新闻线索，但是这起车祸是怎么发生的，造成了什么样的后果和影响以及事故的责任人是谁，记者在进行采访之前，对此是不甚清楚的。因此，新闻线索实际上是关于新闻事实的一个简单信号，记者必须在此基础上深入采访，才能使信息由零散变得完整，由简略变得详尽。当然，有时候新闻线索本身就已经比较详细，甚至还有细节，将别人已经报道的新闻事实作为自己采访的线索，可能会出现这种情况，但这种情况是不多见的。这样的线索一般来说已经有了良好的基础，会使采访进行得相对顺利。

（二）较为零碎，不具体

相较于新闻事实，新闻线索往往是比较零碎的。只有在特殊情况下，新闻线索才可能比较完整地展现在人们面前。在整个新闻事实的发生发展过程中，人与人之间的关系、事件的结果与原因等，存在着一定的逻辑联系。然而，在进行深入的实地采访之前，记者所掌握的只是关于事实的“信息碎片”。这些“碎片”，有的很明确地展现在世人面前，就像钓鱼时漂在水面上的浮标，构成了新闻线索；而有的却相当隐蔽，不费一定工夫无法将它挖掘出来。有人把新闻线索比作“冰山一角”，这是很贴切的。正是因为新闻线索通常都是事件发生、发展过程中的某些环节，往往不容易让人看出环节之间的逻辑联系，因此单单依靠新闻线索根本无法清晰地描述新闻事实。但是，正如浮标能够标示鱼儿上钩一样，新闻线索也能标示新闻事实的存在。顺着新闻线索逐步深入调查，新闻事实完整、准确地还原是完全可能的。

（三）稍纵即逝，不稳定

与新闻事实一样，新闻线索也具有很强的时效性。它往往在不经意间来到人们身边，又从人们身边很快消逝，且重复出现的可能性极小。一个具有新闻敏感的记者，能从被人忽视的转瞬即逝的线索中挖掘出好新闻；一个反应迟钝的记者，一个在思想上完全没有准备的记者，很有可能会屡屡失去抓住新闻线索的机会。

（四）不可预期

新闻线索的出现具有一定的偶然性。新闻事实的发生有其必然性，但也有一定的偶然性，作为新闻事实信号的新闻线索的闪现更具有偶然性。新闻线索可以在任何时间任何地点出现，但当人们希望它出现时，它往往消失得无影无踪，它的出现似乎无规律可循。“发现新闻线索，每每不期而遇，不经意间获得无价之宝；刻意为之反而一无所获。”

（五）真假混杂，不确定

新闻线索涉及较多的是表象，可能确有其事，也可能只是假象，或者是真假混杂，新闻线索的可靠程度有待进一步证实。如果轻信新闻线索或者过于相信自己的直觉就有可能导致虚假新闻。有时，随着采访的深入，新闻线索会得到不断修正。另外，同一种信号在不同的背景下可以有不同的解释，由于新闻线索是一种“信息的片段”，因此即使新闻线索是完全真实的，也应防止被错误地解读。

新闻线索的这一特点启示我们，对待新闻线索，既不能轻易放过，也不可轻易相信。因为记者的采访活动是从寻找新闻线索开始，然后依据线索提示找到知情人采访，在采访中弄清楚全部新闻事实。从采访的全过程来看，寻找新闻线索是采访的第一步。

三、新闻线索的重要作用

尽管新闻线索的完备程度还远远不能与新闻事实相提并论，甚至还不能称为新闻的雏形，但是新闻线索仍然有其不可忽视的作用。

（一）为记者发现新闻事实提供了可能性

在现实生活中，记者要努力发现新闻线索进而发现新闻事实，有时也需依靠社会公众从四面八方提供新闻线索。有了新闻线索，记者就有了抵达事实真相的大致方向和路径，就有了逼近事实真相的可能性。

（二）激发记者的新闻敏感，使之产生采访的欲望

新闻线索发出的信号，可能是一种简单的信息。这种信息作为触发新闻敏感的外因，正是记者发现新闻时所要捕捉的目标。如果没有线索，记者的敏感无法产生，即使是再有价值的新闻也会白白埋没了。2002 年夏天，足球界的黑哨事件牵扯出了众多的人物，孙××也是其中一个。当时由于情况复杂，外界并不知道孙××的行踪，关于他到底有没有被捕众说纷纭。《球报》记者为了调查事实真相，对相关单位进行了采访，但采访对象大都不愿意提供具体的情况，记者只好失望而归。路过传达室的时候，一位老头无意中说起记者来这儿找也没用，要到凤凰嘴看守所去找才行。这时记者立刻意识到这里面可能有“重大发现”，忙问孙××是不是和先前已经被捕的“黑哨”龚××一样被关在凤凰嘴看守所？老头略显厌烦地挥了挥手：“在，都在那儿!”这样，一个新闻线索被记者抓住了。在这家看守所，记者不但证实了孙××的确被捕了，还与龚××关在同一个看守所，记者由此写出一篇独家报道。记者在这次即将失败的采访活动中能绝处逢生，关键就是因为有热心人相助，再加上记者始终保持着高度的警觉，这样一触即发，顺着线索挖出了新闻。

（三）为记者的采访提示方向

新闻线索是关于新闻事实的不完整信息，想要清楚地了解事情的来龙去脉，没有线索是不行的，有人将根据新闻线索所做的采访比喻为“顺藤摸瓜”，这是非常贴切的。新闻线索具有一定的提示性，虽然它只是新闻事实的片段，但记者可以根据片段性的信息所提示的方向进行访前准备，邀约有关采访对象，并通过自己的采访完整地还原新闻事实。

在某些新闻采访过程中，新的新闻线索会不断涌现，这些不断涌现出来的新闻线索往往是极其宝贵的。它们有可能使记者将正在采访的新闻事件与其他的新闻事件或者新闻背景联系起来，使在扎实采访基础上写成的新闻报道更加深刻，或者使记者获得更多的新闻，这是一股不可小看的牵引力量。

带有假象性质的新闻线索也同样具有提示功能。记者通过自己的采访，通过不断地证实和证伪，可以借助假象性的新闻线索发现真实的新闻事实。但是，带有假象性质的新闻线索容易使人产生先入为主的印象，有些记者因此在采访过程中不能保持客观的态度，有可能导致采访内容部分失实。这种情况值得警惕。但是记者不能因为新闻线索可能产生误导作用而放弃对新闻线索的探究，因为离开了新闻线索，记者采访新闻就如同“大海捞针”，必将事倍功半。

（四）为媒体的报道活动提供决策依据

每一次新闻报道都相当于一次战役，而想在战役中取得关键性的胜利，就得依靠高质量的信息。好的新闻线索，无疑是媒体报道决策最需要的信息。记者掌握的线索越多，就意味着进行采访并获得成效的机会越多，做出正确报道决策的基础越厚实；相反，掌握的新闻线索越少，媒体做出高水准报道决策的可能性就越小。新闻线索信息量小，就会使媒体的报道决策陷入困境。今天，媒体之间的竞争越来越激烈，在同样获得新闻线索的情况下，获得信息更多的媒体就会在同类题材的报道竞争中占得先机，受到更多的关注。

四、获取新闻线索的主要渠道

新闻线索从何而来？从大的方面说，主要有三个：

1. 是来自政府机关发布的信息

政府是最权威的信息源，正因为如此，政府在第一时间发布的新闻信息会成为可靠的新闻线索。来自这个渠道的线索，具有较高的新闻价值和真实性。

2. 是来自基层通讯员和群众提供的线索

这是一条获得新闻线索的广泛渠道。记者的活动面、时间、精力都有限，如果仅凭记者自己去发现新闻线索，必然会使不少有价值的新闻线索遗漏。为此，各媒体和记者要加强同社会各方面的联系，培养通讯员，设立热线电话，使媒体的触角延伸到社会各个层面。这条渠道畅通了，新闻线索就会源源不断。

3. 是来自记者发现、寻找、挖掘

通过前两条渠道获得的新闻，是等来的新闻，如果记者只靠等别人送线索，工作就会很被动。寻找新闻线索从更大意义上说，是强调记者自己的发现，自己的寻找，自己的挖掘。例如：北京青年报 2000 年 12 月 30 日刊发的《上课能否晚点儿》就是根据一位家长对“现在的孩子上学太早”的抱怨——“早起孩子嚷嚷着要喝咖啡，说是可以提神”采写而成。而且记者寻找新闻线索的渠道很多，在新闻实践中比较常用的又可分为以下几种：

（1）利用互联网寻找新闻线索

网络的普及使得信息源更为多元化，网络成为记者寻找新闻线索的最便捷的渠道。特别是对刚入行的年轻记者，认识的人不多，对报道领域不熟悉，常苦于不知到哪里寻找新闻线索。但是，如果能够利用好互联网，还是能寻找到新闻线索的。

记者可以进入聊天室、BBS、博客、微博、微信等网络平台，看看最近网民都在关注什么，哪些点击率最高，跟帖评论最多，哪些内容是当前大家都在关心又还没有结论的。这些都可以看作新闻线索，只要发现有值得去挖掘的信息，就可以进一步进行采访、追踪，查个水落石出。网上还有各地的新闻报道，也可以提示某些信息，尽管信息可能不准确、不全面，但可以作为新闻线索，引导记者深入调查。一些突发新闻事件有可能最快在社区、微博等网络平台上传递，只要记者迅速做出反应，赶往现场采访，也不失为最便利的寻找新闻线索的方法。

互联网是强大的信息传播渠道，守住网络寻找线索应该成为现代记者的重要选择。在网络上，我们也越来越多地看到一些媒体的官方微博和记者个人微博发出的“征集新闻线索”的启事。

（2）从其他新闻媒体中发现新闻线索

其他媒体已有的报道也不失为一种可供选择的新闻线索。当然，把其他新闻传媒的报道看作是新闻线索，绝不是人云亦云、亦步亦趋，或是对别人的报道进行“摘编”，而是就别人的新闻题材继续深入地挖掘下去。这样，往往一条新闻会引出更多的新闻线索。职业特点要求记者必须高度关注同业竞争，因为关注同行常常意味着有可能发现别人错过的新闻线索。

现在有很多报纸媒体喜欢从网络上寻找新闻线索和新闻资料，然后对某一话题进行集中和深入的报道，以突出报纸在深度报道上的优势，这一做法被证明是颇受欢迎的。事实证明，利用其他新闻传媒的信息资源进行二度开发式新闻报道，是新闻采访、写作的一条很好的路径。

（3）新闻线人提供新闻线索

这是最有效也是最生动的新闻线索渠道。对于一个记者而言，线索、关系极其重要，所以一个记者从进入新闻这个行业的第一天起，就要有意识培养、构建自己的关系网。记者在社会上广泛地结交一些朋友，就好像把新闻的触角伸向社会的四面八方。这样，社会上一旦出现了新的动态，就能通过他人迅速传递给记者。所以，记者应当经常与一定数量的新闻线人保持联系，依靠他们的力量来弥补自身活动范围的不足，时刻与现实社会保持最短的距离，从而及时报道各行各业的重大新闻。

随着报业市场竞争的加剧，为求得在市场上生存，越来越多的媒体相继打出了“重奖征集新闻线索”的口号。于是也随之出现了一批以此为生的人，他们总是最先出现在事故的第一现场，他们总是事件的直接目击者，他们总是第一个打进新闻热线电话的人，他们就是距离新闻最近的人——新闻线人。为了更快地获取新闻资源，很多媒体用物质利益来吸引社会人员提供新闻线索，以期望在激烈的竞争中站稳脚跟。

新闻线人，或称“新闻报料人”，是指非新闻专业的从业人员有意识地去寻找、挖掘新闻线索以提供给新闻从业人员，从而获取媒体给予的相应报酬的一类人。新闻线人目前已遍布中国各主要城市。他们或者兼职，或者专职，每天为当地媒体“报料”。

以北京为例，为争夺新闻资源，几乎所有媒体都推出了“报料有奖”的活动。按照提供线索的价值高低，报社给这些“新闻线人”的奖金一般在每条 50 元到 2000 元不等，而《法制晚报》打出的口号更加诱人：“奖金上不封顶！”甚至新华社也加入了抢占新闻资源的行列，四处网罗线人。

（4）热线电话提供新闻线索

要重视热线电话、读者来信。因为这些都是媒体获取新闻线索、收集读者反馈、解决群众问题的直通渠道。这条渠道畅通，媒体的新闻线索就多，群众关注媒体的程度就高。

中央电视台的《焦点访谈》节目，大量的新闻线索来自群众反映。有通过寄信、打热线电话、发电子邮件等方式反映问题的，甚至有守在中央电视台门口反映情况的。《焦点访谈》根据群众反映的问题深入采访，做出的节目才更受群众关注。

五、发现新闻线索的方法

怎么才能及时发现新闻线索呢？事实上，许多新闻线索就藏在人们的生活中，藏在某个人的讲话中，藏在与朋友的闲聊中。只要我们对生活充满热情，对身边发生的事情都有浓厚的兴趣，不放过耳闻目睹的每一件新鲜事，就会找到新闻线索。

（一）在闲谈中捕捉

通过与读者、亲戚朋友的接触，在同他们的交谈中获取新闻线索，这是记者获取新闻线索的一个充满活力的源泉。与读者、亲戚朋友的接触会为记者发现新闻线索开拓崭新的空间。据说，抗日战争期间，著名的战地记者陆诒去重庆找周恩来，谈及新闻线索缺少时，周恩来对他说："当你在新闻线索实在贫乏之时，不妨到茶馆里去坐坐，听听群众在谈论什么，想些什么。"陆诒深受启发，立刻去访问几个擦皮鞋的儿童、嘉陵江渡口的船夫和公共汽车售票员，写了不少特写，受到读者欢迎。有时闲谈的事件也有可能成为一条有价值的新闻事实。每一个记者都应该养成无论什么地方、什么时候都能随时采访的习惯。有一句话说：我不在采访，就在采访的路上。这就是记者的职业心态和职业作为。

（二）在联想中发现

记者观察的视野要开阔，要善于从大的社会环境中观察捕捉事实，把单个新闻事件与整个社会生活联系起来进行考察。接着根据自身对社会整体状况的认知，展开联想，触类旁通，由此及彼，由表及里，根据事物内在特征找到与其他相关事物相联系的契合点，挖掘到新闻背后隐藏的更有价值的信息。通过一件不经意间的小事，在脑中灵光一现时就联想到另外一件与此可能有关联的事。

（三）在对比中探寻

发现新闻线索，一个常用的手段是把事实放在特定的环境中来观察。通过观察，许多相似的、相反的特点都会凸显出来，新闻是在新与旧的对比中产生的。新生事物层出不穷，记者判断事物的新旧，就得认真细致地比较，并及时准确地发现新闻线索。

（四）抓住细节

事实上，蕴含信息量最大、新闻价值最高的事实可能是最细小的、不起眼的"次要事实"，但不能低估它具有的令人震惊的作用。细节决定成败，作为一名新闻工作者，时常要牢记这一点。没有发现就没有新闻，优秀的新闻作品大多始于记者的发现，记者的生命力其实就是发现力。从这个意义上说，新闻记者的第一技能不是写作而是发现。

美国哥伦比亚大学教授梅尔文·门彻说："记者必须学会用孩童般的眼睛观察世界，他把每件事都看作是新鲜的、各具特色的。同时，他必须用聪明长者的眼光洞察世界，能够区分出有意义的东西和无意义的东西。"

六、运用新闻线索时的注意事项

由于新闻线索来得不易，加上感觉并不是感知，更不能代替对整个事物的认识。因此，对新闻线索应当务求正确处理、物尽其用。具体应注意以下几点：

1. 注重验证，不硬顺藤摸瓜

顾名思义，新闻线索毕竟只是线索，它只是新闻事实的简明信息和信号，绝对不是新闻事实本身。它能促使记者萌发顺藤摸瓜的欲望，但"藤"上究竟有"瓜"没"瓜"，或是有什么样的"瓜"，则要靠采访实践证实。记者或许摸到了只"好瓜"，但也许不能如愿，因为作为新闻事实简明信息和信号的新闻线索，常常仅是事物的表象和假象，或是因为记者采访迟了，新闻事实原先的信息和信号已经“变质”，以致被记者的采访实践所否定。因此，新闻线索只能是驱使记者去采访的引子或向导，能激发记者对采访活动产生注意、兴趣和需要心理，记者可以也应该以此去顺藤摸瓜。但究竟有“瓜”无“瓜”，是“好瓜”还是“坏瓜”，则一定要靠实践去验证，千万不可不管三七二十一，硬要摸出个“瓜”来。

2. 尊重规律，不要揠苗助长

有些记者一旦获取某个新闻线索，便急切希望摸出个“大瓜”来。这种愿望固然是好的，但新闻事实的产生与发展有其自身的过程和规律。记者如果不尊重这个规律，等不及这个过程，当新闻事实还处于不成熟、不丰满阶段时，或拔苗助长，或采用某种“催生术”，自欺欺人地将新闻线索当作新闻事实去报道，奉献给人们的只能是一个“生瓜”，甚至是“假瓜”。这方面的教训是不胜枚举的。

3. 讲究时宜，不要大材小用

有些新闻线索，即使只是事实的某个片段或概貌，但根据以往的经验可以看出，只要稍加采访，就可摸出个“大瓜”“好瓜”来。但新闻工作的规律告诉我们，即使是有价值的“大瓜”“好瓜”，也不是随便抛出去就可卖上大价钱的，得讲究时宜，即通常讲的，新闻报道要讲究“火候”，要密切配合形势，要符合人们的需要心理，等待最佳时机抛出去，让好瓜卖出好价钱。

4. 合理安排，不要齐头并进

作为记者，平时手头握有若干新闻线索，这固然是好事，但若处理不当，不顾自己的精力、能力限制，不善于对新闻线索分个轻重缓急，而是同时撒网、齐头并进，结果就可能顾此失彼、丢东落西。这是因为，人的注意力是有限的，在同时面对几个新闻线索时，记者必须根据它们的成熟难易程度，予以适当处置，或是先易后难，或是先近后远，或是先采写动态性新闻后采写非动态性新闻，否则便可能都是蜻蜓点水式的接触、肤浅模糊的认识，即使是重要的、有特别价值的新闻线索，也可能因为得不到合理的、特别的处理，产生不了清晰、深刻的认识，而作了一般化的报道。

总而言之，记者在明确报道思想的基础上，应当视野开阔，广泛获取新闻线索，然后正确处理，认真求实。美国新闻学家梅尔文·门彻曾指出：“消息来源是记者生命的血液。”作为一名记者，不应把脑袋瓜长在别人肩上，不应满足当“派工记者”，而应把生活及各项社会活动当靠山和源泉，从中不断获取新闻线索。

第四节　新闻选择

一、新闻选择的标准

新闻选择是指新闻记者确立新闻报道对象的过程，包括对新闻线索可能引出的新闻事实的价值判断，也包括对新闻报道采制及传播可行性的判断。新闻选择的标准也有它的一套理论，叫作“把关人”理论。

“把关人”理论是传播学的基本原理，又称为“守门人”理论，是由库尔特·卢因在《群体生活的渠道》一文中提出的。他认为在群体传播过程中存在着一些把关人，只有符合群体规范或把关人价值标准的信息才能进入传播渠道。1950 年，传播学者怀特将社会学中的这个概念引入新闻传播，认为在大众传播的新闻报道中，传媒组织成为实际中的“把关人”，由他们对新闻信息进行取舍，决定哪些内容最后能与受众见面，“把关人”起着决定继续或中止信息传递的作用。

新闻选择的主体是“把关人”，新闻选择是新闻把关人有意识的活动，是把关人根据新闻的品质加以比较、评价的过程。但是把关过程并非随心所欲、为所欲为，而是受到新闻媒介内外多种因素的约束与影响，按照已被内化为自己信念的标准和若干具有约束力的法规进行的。这些依据并非一成不变，是因媒介而异、随社会发展而发展的。对具体新闻媒介而言，新闻选择的主要标准有新闻价值标准、新闻政策标准和新闻机构自身的编辑方针与定位。

（一）新闻价值标准

我们根据日常生活经验可以知道，不同的新闻、不同的题材（内容）对新闻接受者的影响程度是有差别的。我们把能够构成新闻的信息中所含有的能引起受众普遍兴趣的各种素质的总和称为新闻价值。

新闻价值标准是衡量客观事实是否构成新闻的标准，最早形成于美国。在 19 世纪 30 年代的报业竞争中，各报社老板和主编为扩大报纸发行量，十分重视对新闻事实的选择。

新闻价值以受众的普遍兴趣为转移，是根据普通大众，而不是社会精英的看法形成的。把关人认为，那些涉及众人、影响一大批人、有关社会名流尤其是掌权者的新闻就是重大新闻。

就中西方新闻界和学术界的普遍意见而言，新闻价值的构成要素一般有以下五点：

（1）及时。新闻是“易碎品”，时效越强越有生命力。报纸上的新闻只有 24 小时的寿命，遇重大突发事件常常发行号外。在当今电子时代，广播电视网络的滚动发布保证新闻受众不会与新闻脱节 1 小时。

（2）接近。事件发生的地点离读者越近，新闻价值就越大。如今还包括心理接近。

（3）显赫。显要人物引起的注意高于非显要人物。

（4）重大。新闻事实对现实和未来的影响程度越大，新闻价值越大。

（5）趣味。新闻界普遍认为，“趣味是吸引读者的良方”。大多数受众对新奇、反常、带人情味的东西更有兴趣。

（二）新闻政策标准

新闻政策是指新闻报道政策界限的规定。新闻政策具体包括：能报道什么，不能报道什么，着重报道什么，一般报道什么，报道中应注意些什么，等等。新闻政策中外都有，只不过形式、内容有所不同罢了。新闻政策的某些重要内容若以法律形式加以规定，就成了新闻法。

新闻政策是对新闻事实进行选择的另一标准。这一选择起着决定性的作用，它关系到具有新闻价值的事实能否被公开报道。

新闻政策标准通常体现为：

1. 政治标准

记者在接触新闻线索时，通常会首先从政治上来衡量新闻事实，判断这个事实在政治上的利害关系怎样。在我国，新闻选择的政治标准应包括：坚持马克思主义新闻观，在政治上同党中央保持高度一致；遵守国家的宪法、法律、法令以及有关条例；合乎风俗人情、民族习惯和文化传统；维护社会主义共同理想和社会主义核心价值体系等。

2. 新闻宣传思想

新闻宣传思想是在一个时期，随着形势的发展变化，决定新闻传播要着重宣传什么、不能宣传什么的指导思想。新闻宣传思想的规定，是我们党和国家出于对全局利益的考虑和实际工作的需要，对新闻事业实行领导的一种手段、一种形式。随着形势的发展变化，新闻宣传思想会有不同的内容和要求。

一般说来，新闻政策是新闻选题能否被报道的必要条件，即符合新闻政策的选题不一定被报道，但不符合新闻政策的选题则不能报道。

（三）编辑方针

新闻机构自身的编辑方针是进行新闻选择的又一标准。我国的新闻机构在党和政府的统一领导下开展工作。由于各个新闻传播机构各有特色和优势，有着不同的受众对象、报道侧重点或地方特点，并且承担着不尽相同的工作任务，因此在具体的工作原则与编辑方针上，各个新闻机构又有一些不同的规定和做法。由于各个新闻传播机构的编辑方针不同，它们选择新闻的具体标准也是不同的。比如，对奥运会的报道，央视体育频道会以大篇幅进行充分报道，新闻频道可能只在几个新闻栏目有一些报道，而电影频道可能就只有很少的报道。同属一个报业集团，同样都是有新闻价值且符合新闻政策的选题，《南方都市报》和《南方周末》可能就会有不同的选择。因此，记者确定选题时，只有紧紧把握自己所服务的新闻传播机构的编辑方针，才能做到作品对路，提高效用。

二、新闻选择的过程

新闻选择的三个标准像三个筛子一样对大千世界纷纭繁杂的事物进行着选择，只有这三个筛子全部通过的选题才会进入下面的采访、报道进程中。

（一）综合衡量新闻价值要素

新闻价值的时新性、重要性、显著性、接近性、趣味性，某条新闻线索中以上要素具备得越多就越有价值。同时，这些要素也是互相联系的，而不是彼此割裂的。它们之间的相互作用可以使新闻产生增值的效果。因此，我们在判断某个事件的新闻价值时，不应当孤立地看待每个要素的作用，而是要综合地看待各个因素相互作用的结果。

（二）全面权衡是否符合新闻政策标准

由于新闻政策标准的内涵通常体现在多方面，我们判断某个事实是否符合新闻政策，就要从多方面联系起来进行权衡。全面权衡的过程实际上是对新闻不断筛选的过程。要看是否符合政治标准，是否对党和人民有利，这是最基本的一步，事关重大。只有符合政治标准的事实，才能成为新闻媒介公开传播的新闻。如果某个事实不符合政治标准，即使它的新闻价值再大，那也不能在媒体上刊播。另外，要看是否能体现当前新闻宣传思想，要看发表后将会产生怎样的社会效果，这是相当重要的一步。记者要做到这一步，既要对新闻宣传思想有比较深入的理解，又要对社会状态和受众心理有比较清楚的了解。只有社会效果是积极的，这才是我们所需要的新闻。

因此，记者平时应学习、掌握相关政策，并根据党的政策精神，认清当前经济政治和文化等方面的形势，这样才能在采访中深刻认识和把握新闻事实，准确地做出新闻选择，正确地发挥舆论导向的作用。

但这里面要注意，衡量是否符合新闻政策不应成为及时报道的绊脚石，有的时候由于有关部门习惯“一看，二慢，三通过”，使得报道失去了最佳的报道时机，这样反而不利于报道发挥积极的社会效果。

（三）精准贴合编辑方针

编辑方针与媒体宗旨密切关联，各种不同类型、不同层次的媒体要着眼于各自的受众对象，按不同的编辑方针取舍新闻。记者要精准贴合自身的编辑方针进行选题，在选题前应该对自己所在的媒体或版面、栏目进行分析和研究，这样才能有的放矢地选择新闻线索。

【本章小结】

1. 新闻敏感就是指新闻工作者的感官对新闻人物、新闻事件、新闻事实所蕴含的新闻价值的敏锐感知能力。

2. 新闻敏感有三种培养途径，分别是：要懂得新闻价值，及时学习、掌握党的新政策、新精神，增强社会责任感；要有全局意识，深入生活，注重实践；博学善学，不断增强知识修养，积累经验，并且要掌握科学的思考方式。

3. 构成新闻价值的五大要素：重要性、显著性、时新性、接近性、趣味性。

4. 新闻线索有五个特点：比较简略，不完整；较为零碎，不具体；稍纵即逝，不稳定；不可预期；真假混杂，不确定。

5. 新闻线索具有四个重要作用：为记者发现新闻事实提供了可能性；激发记者的新闻敏感，使之产生采访的欲望；为记者的采访提示方向；为媒体的报道活动提供决策依据。

6. 获取新闻线索的主要渠道：来自政府机关发布的信息；来自基层通讯员和受众提供的线索；来自记者的发现、寻找、挖掘。

7. 新闻选择的标准分别是：新闻价值标准；新闻政策标准；编辑方针。

【案例分析】

获得独家新闻资源靠的是友谊的积累

俞力培

记者，无论他是报纸、电视台、电台、网站的，无论是跑哪条线的，都要学会与各种各样的人打交道，从而获取新闻信息，了解社会关切。而与权威人士、社会名人的交往沟通，对媒体人来说既是幸运，也是对自身能力的考量。

名人或权威本身就是一座新闻资源的矿藏，他们是媒体时刻关注的新闻人物，也是社会脉动的中枢神经。记者如何与一些新闻人物相处，特别是如何与一些名人或权威相处，除了需要良好的业务素质，宽广的知识面，超常的沟通能力，更需要真诚的情感，持之以恒的耐心。

我当记者近三十年，先后从事过文化、政法、地方、时评、经济等多个领域的新闻报道，交游较广。体会更深的是与一些著名人士的交往。我担任文化报道记者时结识了大量的文化名人，他们中有作家有明星有歌唱家有作曲家指挥家等，如中国首个诺贝尔文学奖获得者莫言，中国著名作曲家王西麟，杰出的指挥家卞祖善，著名画家何水法，还有电影明星刘晓庆、林青霞，有老艺术家王昆、郭兰英，也有港台作家琼瑶、三毛；我从事深度报道和政法新闻时又结识了著名企业家如冯根生、鲁冠球，大律师曹星、秦国光，经济学家茅于轼、汪丁丁等等，有些还成为忘年之交。这些著名人士让我在新闻从业中取得巨大的收获，也为我所在的钱江晚报带来了巨大的影响力。

2012 年 10 月 11 日的央视《新闻联播》插播了一条重要新闻：中国作家莫言获得 2012 年诺贝尔文学奖，这是诺贝尔文学奖有史以来第一个获得该奖的中国籍作家，这也是央视《新闻联播》有史以来第一次为一个作家插播一条新闻，中国外交部也在新闻发布会上几次表示关切。此后全国的媒体蜂拥而上，欲采访莫言，但均未能如愿，一是莫言先生本来就十分低调，二是此时的他已无法应对，全球的媒体都在追逐他，他和他的家人只好关了手机。

这时钱江晚报总编辑李杲打电话给我，说一是希望我独家专访莫言，二是请莫言做钱江晚报举办的首届少年作文大赛的评委。本来是没有问题的，因为就在一个月前麦家和我就在杭州的读书节上接待过他。但在他获得诺贝尔文学奖这个爆炸性的新闻面前，此事可大了。

我当晚就联系，获知莫言一家已关机去了山东老家高密避开热闹。怎么办？我找了他的出版人（他是我的一个学生），让他转告莫言先生我们的想法。

20 日，莫言先生一回北京我们就飞过去，直接到他的家里。忙得不可开交中，莫言先生还是认真地接受了我们《钱江晚报》的专访，并接受了担任少年作文大赛评委的聘书，还特意为青少年写作者写了独特的“寄语”。

令人欣慰的是，我们是他在获得诺奖消息公布之后，第一个到他北京家里做客并采访的媒体记者。2012 年 10 月 20 日，著名作家莫言成为诺贝尔文学奖有史以来第一个获奖中国籍作家后，《钱江晚报》成为第一家到北京他家里做客采访的媒体，并写出了他获奖后的第一篇深度专访。这篇对中国第一个诺贝尔文学奖获得者的深度专访在《钱江晚报》10 月 25 日头条整版登出。看似从新闻时效来说已相隔十余天，但这是他获诺贝尔文学奖之后第一篇详尽深入的专访，并有不少此前没有透露过的全新信息，如莫言说自己祖上是从浙江龙泉县石马村迁移到山东高密的，还有关于演讲词和答谢词的内容等。当时全国有上百家媒体及网站等转载了这篇报道。12 月，《钱江晚报》又获得专程跟随莫言先生一家前往瑞典斯德哥尔摩参加诺贝尔奖颁奖盛典的机会，并发回大量现场报道。《钱江晚报》也是仅有的少数几家地方媒体之一。

（《传媒评论》2016 年 10 月 8 日，《媒体为什么要采访名人》）

这样的新闻人物新闻事件，看似人人可获，其实不然。作为一家地方媒体，没有任何优势，靠的是友情的积累、人脉的储存。机会永远只给有准备的人。名人之所以是名人，是因为他们有独特的感召力，这是一种特别的力量。

从记者采访莫言的这个案例来看，依靠积累的友谊是成功采访到莫言的一个途径，但更多的新闻采访是需要记者的专业素养（包括快速感知新闻的敏感，敏锐地判断新闻价值，积极地寻找新闻线索）和一些外部因素的推动作用。所有的新闻要素组合在一起才是一篇好的文章。

【课内实训】

1. 以 3 ~ 5 人为一组，观察所在学校的食堂或图书馆，寻找其中触动你的细节并记录下来，成员之间比较一下，看谁发现了更多更好的细节，并思考自己的不足之处。

2. 将你认为有价值的新闻线索提供给当地新闻媒体，看看是否会被采用。

【思考题】

1. 新闻敏感是一种什么能力？它有哪些具体内容？
2. 怎样正确认识新闻敏感与新闻工作责任感的关系？
3. 你认为新闻价值最重要的一个要素是什么？请说出理由。
4. 应当怎样正确看待新闻价值与新闻政策的关系？
5. 什么是新闻线索？它的获取渠道有哪些？
6. 你认为还有哪些方法可以发现新闻线索？

第三章　新闻报道策划

【知识学习目标】

通过本章的学习，使学生明确新闻报道策划的概念和范畴以及新闻报道策划的研究对象，对新闻报道策划的基本概念、基本知识、基本理论有全面的了解，并深入理解掌握，培养分析问题和解决问题的能力。

【能力培养目标】

能够理解新闻报道策划的基本内涵，明白新闻资源开发与新闻传播活动的关系，还有掌握新闻报道策划的本质与原则。

【教学重点】

1. 如何做好新闻报道选题策划
2. 新闻报道结构与方式设计
3. 新闻报道组织与调控基本模式
4. 新闻报道策划的对策

【教学难点】

1. 题材的选择
2. 新闻报道结构与方式设计
3. 突发性新闻事件应对措施

【开篇引例】

还剩 3 天，想买“爱心大蒜”抓紧啦

记者 苏冉

18 日，济南报业集团与红瑞集团联合主办的“情暖蒜农·情系湘西”助力湘西扶贫义卖活动正式拉开帷幕，截至 19 日下午，近 50 吨“爱心大蒜”被市民抢购一空。活动组织方提醒，义卖活动还剩 3 天，想购买大蒜的爱心市民一定记得扫描二维码查询红瑞门店地址和联系电话。

个头大、口感辣，市民点赞爱心大蒜

19 日，降雨挡不住部分市民购买爱心大蒜的脚步。遍布市区的红瑞各门店内随处可见排队购买大蒜的市民。“给我来三十块钱的，这蒜看上去真不错。”市民秦先生表示，家人有顿顿饭都吃蒜的习惯，尤其是这种红皮蒜，口感比较辣，很对他们胃口，所以一次性多买了些。“回去尝了下，非常好吃，这次打算多买一点。”市民秦女士表示，前一天买了五斤但感觉不够分的，这次特意再多买点回去和亲朋分享。

“市民的购买热情超出了预期。”活动组织方一位相关人士表示，这两天天气不好，本以为出门买蒜的人不会多，但没想到义卖活动仅两天就卖出了近50吨大蒜，济南市民的爱心和义举深深打动了他们。

据介绍，河北省大名县种植的这批大蒜品质品种优越，由白皮蒜逐渐转换为红皮蒜，具有个头大、大蒜素含量高、含水量低、耐储运等优势。红瑞集团相关负责人表示，他们为济南准备了200吨大蒜，货源充足，市民在活动期间可放心购买。

……

红瑞成立爱心志愿者协会，坚持多做少说

红瑞集团成立13年来，一直秉承“坚守善的循环，传递爱与快乐”的崇高使命，为“健康中国”而不懈奋斗。企业曾荣获“2015年中国社会公益盛典杰出贡献奖”、第七届中国公益节“2017年度责任品牌奖”等。

为了更好地发展公益事业，红瑞集团于2017年2月14日成立红瑞爱心志愿者协会，积极弘扬“奉献、友爱、互助、进步”的志愿精神，力求打造一个属于全国爱心人士自己的纯公益平台。

（《济南时报》2018年8月19日）

这一案例中，记者从市场调查分析、拟定宣传目标、策划新闻点等方面苦下功夫，从人民需求出发，策划出这则老百姓喜闻乐见的民生新闻。本章我们将介绍新闻报道策划的基本知识。

第一节　新闻报道策划的定义及类型

近些年来，新闻媒体不断增加和扩容使得有限的新闻资源由当初的“买方市场”转为“卖方市场”。然而随着社会透明度的不断提高，新闻资源共享性也随之提高，独享新闻资源已经变得越来越不可能。在这样一种形式下，新闻媒体之间的策划竞争也自然地由独享资源领域进入到共享资源同题竞争领域，即更多地看谁能有效利用和挖掘这些有限的共享资源，将共享变为“独享”。于是，一种全新的理念在新闻界悄然流行起来：策划制胜。

新闻策划能使已经发生的新闻事实更加深入仔细，向纵深延伸，甚至可以引导向正确方向发展。一系列报道能使新闻事件更加详尽，更加完整，有头有尾。《新民晚报》则提出了“编辑策划本位论”，认为编辑在新闻策划中的本位职能必须强化，改变过去重采轻编的现象，从而逐步走向以编辑策划为中心、记者采写为依托的联合运作机制。

准确地认识新闻报道策划的定义及其反映的内容的分类，是探索新闻转播领域中策划问题必须要解决的问题。在《哈佛企业管理通书》中对现代策划给出了明确的定义：“策划是一种程序，在本质上是种运用脑力的理性行为。基本上所有的策划都是关于未来的事物的，也就是说，策划是针对未来要发生的事情作出当前的决策。换言之，策划是找出事物的因果关系，衡度未来可采取的措施，作为目前决策之依据。即策划是事先决定做什么、何时做、谁来做。归结起来，其内涵有三层：其一，它是一项创造性的思维活动，是具有一定主观能动性的理性行为；其二，它是针对事物的未来发展所采取的先期性决策措施；

其三，它是一项综合运用多学科专业知识的系统工程。”现如今，策划在新闻报道中的作用越来越重要，但策划并不独立存在，只有与记者的现场采访内容结合起来，才能达到预期的报道效果。在一定程度上，能否处理好两者之间的关系甚至超过单方面强调策划或者采写。缺少策划或者策划不到位的采访体现不了报道的连续性，不能形成报道的独特风格。但是把握不好策划的“度”，处理不好策划与现场采访的关系，也往往会事倍功半，达不到预期的宣传效果。

综上所述，新闻报道策划是指新闻编辑为使某些选题达到预期的传播效果，对新闻活动进行规划和设计，并且在报道实施过程中不断接收反馈，修正原先设计的行为。新闻报道策划是在承认新闻是客观事物的反映这一前提下，按照新闻规律办事，实现新闻资源的最佳组合和配置，更好地发挥我们的主观能动性和创造性思维的一种体现。

据目前的情况来看，学术界对新闻报道策划的类型划分由于标准不统一，划分出来的类别也不尽相同。新闻报道策划有不同的分类、方法。综合各界人士的观点，一般将新闻报道策划分成以下几类：

1. 可预见性新闻报道策划

可预见性新闻报道策划是指可以预知的、有重大社会影响的活动和事件性或者非事件性新闻的报道策划。所谓事件性新闻，是指以某个独立的新闻事件为核心而展开的新闻报道，其事物变动的时态是突发性或跃进性的，如神舟十号的成功发射、港珠澳大桥的顺利建成等事件便是属于此类。非事件性新闻是指与事件性新闻相区别的新闻报道，即对一段时间或一定区域内发生的情况、经验或问题等的概貌性或阶段性反映，其时态往往是渐进性的，纪念恢复高考30周年、纪念改革开放40周年的报道都属于此类。

2. 突发事件新闻报道策划

突发事件一般是指那些不可预见的、有重大社会影响的事件。按其性质可将其分为自然事件和社会事件。前者如“5·12”汶川大地震，后者如一些突发打砸抢事件。无法预见的突发性事件往往具有很高的新闻价值，是各大媒体竞相报道的对象。但对突然发生的新闻事件不可能提前进行策划，对新闻报道的过程也无法进行预先控制，只能随新闻的发生、发展做出及时反映和调整，确保新闻报道的顺利开展。

3. 联动式新闻报道策划

联动式新闻报道策划一般是指报道策划与其他策划有关联，并相互发生作用。报道者本身兼报道者与当事人的双重角色，联动性报道策划是一种非独立存在的报道策划。这类新闻策划要求事前经过详细的调查研究，拟定总体的报道策划方案，强调在总体的报道思想上统一，在单个典型报道上具有鲜明的个性，在报道形式和角度方面充分结合各种新闻手段，只要策划得当，就很容易出独家新闻。

纵观以前的新闻报道策划，记者报道活动基本是停留在后馈式思维状态，即事实发生后记者才闻风而动，这本质上就是一种守株待兔式思维。在互联网和新媒体迅速发展的传播环境之下，传统媒体越来越遭受到新媒体的冲击。为了适应新的媒体环境，必须改变以前的思维方式，通过超前的思维方式来达到目标，挖掘更多有价值的新闻信息。例如越来越多的电视台选择拥抱互联网，实施“台网联动”战略。但是，从目前多数电视台的实践来看，电视策划方面依旧是沿袭传统的节目制作思路和方法，虽然人们对电视策划的重要性已经有了足够的认知，但其在策划思维和理念上却很少根据新战略而进行适应和调整。网络作为一种互动性强、非线性的传播媒介，与电视有着很大的不同，这也造成了遵循传统理念进行策划的电视新闻节目在新的传播环境下出现诸多的问题和不适应之处。值得强调的是，在如今，各大媒体所面对的信息资源几乎是相同的，弄不好便会出现媒体报道同质化现象。在现如今“独家新闻”较少的局面下，通过新闻策划来使得各大媒体有自己的“独家报道”，这正是我们需要追求的。

第二节　新闻报道策划的原则和方法

新闻传播中的“策划”本质上就是主客观相结合的产物，它既不能脱离客观存在的新闻事实而凭空产生，也不能摒弃报道主体的主观意识而运行。所以，新闻报道的策划不仅要在报道选题和方案设计上遵循创新性原则，还要在新闻事实策划的时间上遵循适宜性原则，在对新闻事实现象和本质的把握上要遵循合理性原则，在对新闻议题设定方面要遵循读者的可受性原则。在新闻策划中，应当重点遵循以下几个原则：

1. 统一性原则

新闻报道策划在选题上要注意新闻价值和社会效益的统一性原则。要选取那些具有广泛社会意义、具有局部指导意义，能从宏观和微观上解读政策、解疑释惑、引导舆论的选题。新闻价值和社会效益统一在贴近百姓、关注民生问题上，真正架起党、政府和人民群众的桥梁和纽带。

2. 持续性原则

新闻策划应该作为企业营销工作中的一项日常工作，持续不断地进行，才能真正起到作用。就像广告不能只做一次一样，新闻报道策划也不是做一次就一劳永逸了。否则随着时间的推移，第一策划所达到的宣传效果也会逐渐减弱，甚至被人完全忘记。因此要想扩大影响力，就需要有计划地推出下一次策划。

当然，广告策划的持续性比新闻报道策划的持续性简单得多。广告策划只要有足够的资金投入，连续推出广告策划是不受限制的。但是新闻报道策划就必须根据新闻事实的变化来把握机会。然而这种机会往往都是可遇而不可求的。所以，想要实现新闻报道策划的持续性，非常考验策划者的智慧和随机应变的能力。

3. 创新性原则

要充分发挥主观能动性，开拓采访报道思路，发掘新的新闻点。策划的作用主要在于确定主旨、规划采访，只是制定一套报道方案并不难，难在避免俗套，出奇出新，策划得有新意。内容靠形式体现，没有一个好的形式，选题再高明，也会被平常的形式所掩盖。是选择现场报道，还是新闻特写、新闻述评，还是连续报道、系列报道，都要经过仔细的考虑，同时还要注意选择独特新颖的报道角度作为切入点，达到真正的创新。

新闻报道策划的过程中不仅要遵循新闻报道策划的原则，还要运用一些新闻策划的方法，以此来达到预期的效果，使报道的新闻更具有看点。下面是在新闻报道策划中应该遵循的几点方法：

1. 宏观把握，做好重点报道选题策划

例如做企业新闻，大多一年到头都是围绕企业的生产经营唱“四季歌”。如果按部就班“等新闻”，就会觉得一年之中大部分时间都很平淡，没有什么好线索。要在这种平淡之中取胜，避免新闻同质化，让企业生产“四季歌”出新出彩，就需要做好新闻策划。在这种情况下，选择好的新闻题材就显得很重要了。

2. 紧盯重点，层层推进

重点工程、重大活动、重要事件往往是新闻题材的富矿，能为媒体带来很多出独家新闻的机会。但是，如果不事先对新闻事实进行精心的策划，就像打场无准备之仗，新闻素材会在我们手中白白浪费掉。由此可见，紧盯重点对于新闻报道策划的撰写是非常重要的。

3. 把握时机，适时推出

在策划新闻报道选题时“冷眼旁观”，先放一放再说，这种方式是绝对要杜绝的。新闻策划是新闻竞争得分的一个重要筹码，而正确的时机也会为我们的新闻策划提供有效的帮助，所以在报道策划的过程中选择合适的时间也是非常重要的。进一步完善策划机制，细化策划方案，力争通过周密的策划，讲好故事，将会收到意想不到的好效果。新闻报道策划要有一定的方式和方法，可以从多个角度进行分析策划，以实现新闻报道策划最优的效果。

第三节 新闻报道策划的一般流程

新闻报道的策划对于媒体来说是非常重要的，在生活中，并不缺乏符合新闻策划要求的“好苗子”，关键是看新闻策划者有没有具有洞察力的眼睛和善于分析问题的头脑。从这方面来说，新闻报道策划就是通过对社会的观察，把那些存在的“新闻点”找出来，并根据策划使这个“新闻点”成为一个有新闻价值的事件。

一、从媒介的角度看新闻报道策划

就媒介实践而言，新闻报道策划针对的主要还是新闻主题。新闻主题是指新闻报道的中心思想和基本观点，也就是记者对客观事实的看法、态度和通过事实的报道所表达的主观意图。主题在新闻中起主导作用，贯穿全文，支配写作，是新闻构思、选材、表达和运用语言的依据。主题的确立往往建立在掌握了各种资料和整合各种资源的基础上，是一篇消息的报道主旨，是新闻作品所体现的中心思想，所反映的主要事实或重要问题，是选择和组织材料的主要依据，也是贯穿新闻写作过程的主要线索。

1. 战役性报道

战役性报道是指对一定时期内发生并发展的具有重大意义的事物所进行的集中、持续的报道。战役性报道一般用于重大题材或正在发展过程中的重大事物，如国企改制、科技创新、奥运会等报道，是在记者长期采访和写作的基础上，不断反复酝酿形成的，以达到持续、集中、突出的宣传效果，形成强大的社会舆论。

2. 重大新闻事件报道

重大新闻事件报道是报道特别具有代表性的新闻。如果说非事件新闻是一种宏观报道，是“面”的报道，那么，重大新闻事件则是一种重点报道，是“点”的报道。这类报道一般要求写出事件发生、发展的具体过程、具体情况，以及必要的细节。这类报道由于影响大，要求高，牵涉面广，政策性强，必须认真、慎重策划。它的时效性比较强，鲜明地体现了新闻的各种特性，在新闻报道中占主体地位。有的事件是可预测的，有的事件又是不可预测的。但无论是否可以预测，对于重大新闻事件报道，都得进行必要的策划，突出新闻的看点。

3. 人物典型报道

人物典型报道是对某一个人的典型事迹或成功做法所做的比较全面或系统的报道。其作用是通过典型指导一般，带动全局。发挥榜样的作用，是列宁等无产阶级革命导师关于新闻学说的一个重要观点。列宁要求俄国十月革命胜利后的报刊用生活中生动的具体事例和人物的典型教育群众。毛泽东认为报纸把一个部门的经验传播出去，就可以推动其他部门的工作。由此可见，人物典型一般是多家媒体追逐报道的对象。如何体现自己的报道深度与特色，避免和其他媒介雷同，这就要求找准切入点，非细心策划不可。

二、从企业的角度看新闻报道策划

随着市场竞争的日益激烈，企业为谋求自身的发展，更加注重树立企业和产品形象，以促进企业发展。在这种情况下，各种营销手段应运而生，诸如企业新闻报道策划。但是企业新闻报道作为新闻事业的一个重要分支，它的独特性决定了企业新闻报道策划必须围绕企业生产经营热点、要闻去策划。企业新闻宣传部门应就企业新闻报道做出了积极探索，为经济改革做出了重要贡献。当然，策划企业新闻也是有方法可用的，策划者通过运用这些方法，能为我们策划出具有一定影响力的新闻报道。

（一）市场调查分析

作为一个新闻策划者，要想策划出大家喜闻乐见的新闻，必须深入一线，先对策划对象所在行业及相关情况有一个深入的了解，比如行业的历史、行业的现状、行业发展的新特点等。对所报道的对象了解得越详细，掌握的信息越多，就越有可能从中挖掘出有价值的新闻点。

（二）确定宣传目标

对于新闻报道策划来说，需要确定的主要是宣传的范围和宣传的目标人群。宣传目标影响着后面新闻点的策划、媒体的选择和预算的编制等步骤，如果宣传的对象只是针对某一个群体，那么策划的新闻事件就必须要吸引他们的关注。如果宣传的范围只是一个地方，那么就不一定要策划出影响全国的新闻事件。根据选择的目标来决定以什么样的方式进行宣传，资源的利用率会提高很多。

（三）策划“新闻点”

宣传的目标只要一确定，就需要结合一些社会热点或者企业事件来进行策划和提炼，以此达到宣传目标。策划者根据不同的事件，用不同的方法策划，以此来强化一则新闻。

但问题的关键并不在此，而是如何找到新闻点。寻找新闻点，一般来说都是采用“借势”和“造势”这两种方法。

1. 借势

借势是指及时抓住广受关注的社会新闻、事件以及人物的明星效应等，结合企业或产品在传播上欲达到的目的而展开的一系列相关活动。在传媒业发展迅速的今天，名人拥有很高的曝光率。借助知名度高的人来推广品牌，已经是一种常见的营销手段。这就是利用了新闻报道策划中“借势”这一方法。事实证明这一方法是可行的，借助热点事件或者名人热度来吸引公众是值得借鉴的。

2. 造势

造势是指制造声势。目前多是政府、企业、个人为了提高知名度、产品销量等目的而采取一些措施，从而达到吸引群众、消费者关注等的目的。每一个企业在自己的行业都有很多传播亮点值得挖掘，策划新闻的时候不妨从另一个方面去深度剖析，找到与众不同的新闻点，为新闻事件的报道丰富题材。企业在市场竞争中，只有占有优势，才可先声夺人。所以无势者需造势，无力造势者需借势，有势者需用势。

（四）选择媒体

新闻策划都是通过媒体的传播来完成的，因此媒体的选择非常重要，一般都是根据产品的特点和宣传目标来选择媒体。如果是大众产品，最好是选择大众媒体，这两种媒体相对于其他媒体来说更为大众所知；如果客户目标是女性，则应选择女性媒体，女性媒体对于女性来说更具有针对性；专业化的产品，应选择专业化的媒体，如果选择其他媒体，就会显得产品不够专业，杂七杂八一团糟；像计算机产品，最好选择计算机专业媒体和大众媒体中的计算机版面；而有全国市场的，则应选择全国性媒体，毕竟全国性媒体更有影响力，能够推动这一新闻为全国人民所知。

（五）编制预算

新闻报道策划都是需要做宣传的，宣传需要经费的投入，因此需要提前做预算，既不能入不敷出，也不能过于拮据。新闻报道策划主要是采用“目标任务法”来做预算。所谓“目标任务法”，就是先确定一个新闻策划的目标，然后估算出要达到这目标所需的费用，包括新闻事件实施费用和新闻发布费用。这两项费用相加就是一次新闻策划的总费用。

（六）策划的实施和控制

策划的实施和控制是新闻报道策划中一个重要的环节。在新闻报道策划中，不仅策划是一个很重要的环节，媒体的配合也是非常重要的。如果媒体不配合传达，策划得再完美的新闻报道也是一页废纸。现在不少媒体已经出现了“排他性”倾向，这种现象一方面为新闻策划所需要实现的“大规模轰炸”效果制造了难度，另一方面也要求策划人员具有很强的媒体运作和控制能力。所以，策划的实施和控制在策划过程中也具有极为重要的作用。

（七）策划效果评估

策划效果评估是指对新闻报道策划实施之后，通过对新闻报道策划过程的分析、评价及效果反馈，检验新闻报道策划是否达到预期效果的行为。大家都知道，一个新闻报道策划策划得是否成功，主要还是看公众对这则新闻的关注度高不高，还有市场的反应以及刊登播出的质量。通过这些对比来对新闻报道策划的效果进行评估。

第四节　新闻报道策划的作用

新闻报道策划在新闻报道中具有很强的积极作用。由于报道策划是认识能动性的表现，所以是否进行报道策划，传播效果大不一样。实践证明，报道策划对于推动新闻工作具有十分重要的作用，具体如下：

1. 有利于发掘新闻价值，选择最佳信息资源

在如今信息爆炸的时代，各种信息每天如潮水般袭来。媒体必须从中选择出最有价值、最受大众欢迎的信息资源，然后进行优化组合、合理配置科学传播，避免优材劣用、大材小用。要达到这样的效果，就必须进行新闻报道策划，让更有价值的新闻出现在群众的眼前。

2. 有利于促进记者深入采访

新闻报道策划效果好坏，取决于策划者的“阅历”和丰富的生活底蕴。有价值的新闻是在深入生活、深入实际、深入群众的过程中找到的，绝不会是坐在办公室里拍脑袋想出来的。显然，新闻报道策划对增强记者素质修养、改变记者工作作风有很大的帮助。

3. 有利于深化报道主题，树立正确的新闻导向

新闻报道承担一定的宣传任务，这是由我国新闻媒体的职责所决定的。要做到这一点，新闻报道策划是必需的。需要进行报道策划的题材，往往是那些具有重大社会意义的事件、现象、问题。一般来讲，这些事件、现象、问题往往涉及方方面面，纷繁复杂。经过报道策划，新闻工作者就可以更好地认识其本质，把握其精神，从而深化报道主题，树立正确的新闻导向。

4. 有利于形成独家报道，推出新闻精品

在传媒文化迅猛发展的今天，新闻的竞争也日益激烈，只要有新闻事实发生，各大媒体就会派相关工作人员前去“抢新闻”。在这种形势下，新闻媒体不仅要向受众群体提供独家新闻，而且也要尽力推出具有看点的独家报道。怎样推出独家新闻，需要策划。如何形成一篇独家报道，更需要精心策划。报道策划在媒体推出独家新闻和独家报道方面具有极为重要的作用。

新闻报道策划是使新闻不断出新的重大举措，也是新闻传播实务理论和实践的新课题，还是我国计划经济走向市场经济过程中新闻报道的又一次成熟。新闻报道策划方式的不断成熟标志着新闻工作者主体意识和进取精神的又一次增强，也标志着新闻报道方式和记者、编辑思维方式对市场经济的进一步适应。

【本章小结】

1. 新闻报道策划是指新闻编辑为使某些选题获得预期的传播效果，对新闻活动进行规划和设计，并且在报道实施过程中不断接收反馈，修正原先设计的行为。

2. 新闻报道策划的原则有统一性原则、持续性原则、创新性原则。

【案例分析】

中央电视台对青海玉树地震的策划报道

2010年4月14日青海玉树抗震救灾报道中，中央电视台充分发挥自身的新闻策划能力，取得了较好的舆论引导和社会传播效果。由于中央电视台在西宁没有设立应急点，所以震灾开始后，迅速调配兰州、西安、成都3个应急点前往震区，同时协调部队记者站和当地电视台人员提供采访报道支持，并于4月14日派出5人时政新闻采访组随国务院副总理回良玉前往震区采访，安排9人报道组搭乘国家地震救援队专机赶往震区。4月14日夜，连夜成立了中央电视台抗震救灾报道前方总指挥部。4月18日中午，先后派出赵普、张泉灵、李小萌等主持人、记者在内的近百名报道人员。4月20日，第二梯队近50人的报道队伍抵达玉树。截至4月21日全国哀悼日，前方记者和工作人员总数已有160余人。

及时新闻报道:《新闻联播》播出的新闻特写《不懈努力努力营救》等;《焦点访谈》推出的《玉树，我们在一起》系列专题节目。

现场特写报道：4月16日中午，西藏、青岛消防在结古镇民族宾馆发现生命迹象，幸存者是一名13岁藏族小姑娘。新闻频道对营救过程做了全程直播。

故事性报道：从4月18日到19日，新闻频道从《朝闻天下》到《新闻联播》持续报道了香港义工黄福荣舍身救人的感人事迹，引起了良好反响。

思想性报道：小萌震区观察以每天一个“关键词”的形式，把一天来的核心信息和救灾报道感受进行提炼式展现。节目还侧重报道了灾难面前的深层次思考，进一步深化节目的思想内涵，提升了节目品质。

通过全方位的策划报道，中央电视台迅速将震区情况准确地传播出去，得到了各界各方的及时救助，将灾害损失降到最低，取得了较好的传播效果。

【课内实训】

2017年12月,《深圳商报》编委会经过精心策划，决定在重要版面刊登《寻找第一代打工妹》的系列报道。

系列报道选择了深圳最早的外商独资企业之一的凯达玩具厂为切入点，还原了第一代打工妹的深圳记忆，记录了她们在25年时间长路上的命运流转。最后,《深圳商报》通过艰辛努力，帮助这些分散国内外的第一代打工妹在深圳的蛇口再次相聚。从2017年12月21日发表的第一篇报道《25年前的打工姐妹你在哪》，到2017年1月15日刊登的最后一篇报道《第一代打工妹25年后相聚》，近一个月时间,《深圳商报》共发表稿件19篇，43 000字。此外还发表了60余幅照片，包括当年摄影师留下的珍贵画面和打工妹自己的旧照。报道的篇幅也相当大，大多数时候以整版强势推出，最后一天的报道则采用了跨版，对25年后的打工妹再相聚的盛况突出处理。《深圳商报》在很多报摊被抢购一空。这组报道触动了包括打工阶层在内的广大读者，包括已经移居海外的第一代打工者。他们通过面谈、电话、电邮、视频等各种方式向记者讲述自己的经历，媒体同行也对这一话题产生了兴趣，至少有8家报纸和电视媒介跟进了报道，中央电视台新闻节目也进行了报道。2017年4月，这组系列报道获得了深圳新闻奖一等奖。

结合新闻报道策划原理，试分析《深圳商报》对第一代打工妹的系列报道。

【思考题】

1. 新闻报道案例的定义是什么？
2. 新闻报道案例的流程是怎样的？

第四章　新闻采访前的准备活动

【知识学习目标】

通过本章学习，掌握新闻前充分准备的内容及其重要性、新闻采访中的技巧、记者的基本素养。

【能力培养目标】

能够自己拟定一份完整的采访计划，完成一次小型采访活动。

【教学重点】

1. 新闻采访前准备的内容
2. 新闻采访中的技巧
3. 记者在采访中怎样做到得体

【教学难点】

1. 寻找与被采访对象的心理契机
2. 明确报道思想和宣传政策
3. 掌握提问技巧

【开篇引例】

费雯丽让记者碰了个大钉子

英国著名影星费雯丽因扮演影片《乱世佳人》中的郝思佳一角而一举成名，获得奥斯卡金像奖。1961 年 3 月 8 日，她飞抵纽约，庆祝《乱世佳人》复映。一个记者去采访她。记者问："您在电影中扮演什么角色？"费雯丽反问道："你看过这部影片吗？你看过那部小说《飘》吗？"记者回答："都没有看过。"费雯丽说："那就不必多谈了。"她无意和一个如此无知的人交谈。当时在场的美联社记者目睹了这一记者的窘状，写了一篇特写，此事因此在新闻界传为笑柄。可见，采访前不认真准备，仓促上阵，结果往往是事倍功半，有时既影响了报道的时效，又给被采访者增加了麻烦，甚至可能造成采访的失败。所以，认真做好采访前的准备，是记者、通讯员不容忽视的一项工作。

准备工作有许多，从广义上讲，是一切知识、理论的储备；从狭义上，是对采访对象的起码的了解。像费雯丽这样赫赫有名的影星，电影《飘》又是重新放映，即使是普通观众也早应该耳熟能详，而这位记者居然连这点起码的知识都没有，难怪费雯丽要拿钉子给他碰了。美国记者麦克逊说："在我将要去谒见某一要人以前，我早已熟悉这位要人的一切了。"假如你要去采访某一个人，就要通过不同方式、不同渠道，事先了解他的经历、性格、嗜好、习惯、特长，等等，以便掌握尽可能多的情况。经验证明，准备越充分，采访中记者才会越主动。

（未成年人网）

第一节　明确报道思想和宣传政策

一、明确报道思想

所谓报道思想，指新闻报道的目的以及实现这一目的的范围、方法。它是编辑部依据党和政府在一定时期内宣传报道方针、政策、策略而定的新闻报道所要达到的目的，以及要达到目的的方式方法的大体框架，既包含了新闻从业人员以往科学实践的经验和盲目实践的教训，又在正确揭示客观事物各种规律的基础上，给采编人员指出了日后写新闻报道时如何克服盲目性、明确目的性的大致方向。

（一）新闻采访目的受报道思想制约并服务于报道思想

与动物相比，人不是消极地、被动地适应外界环境，而是根据自己的需要，有计划、有意识、有目的、积极地改变着客观现实。无数实践证明，人在从事某项活动之前，活动的结果实际已作为行动的目的、观念存在于头脑之中，并以此来指导自己的行动。

显然，记者在每次采访之前，明确该次采访的目的应成为整个采访活动的指南。然而，明确采访的目的必须受报道思想的制约。也就是说，记者不能游离于报道思想之外而随意确立采访目的。这是因为，报道思想是实践的科学总结，是对客观事物各种规律的揭示，是党和政府在一定时期内的方针、政策、策略在新闻报道中的体现和指导。因此，采访目的的确立若是偏离了这些约束，就容易导致活动的盲目性，就难免犯主观随意性和片面性、表面性的毛病。

采访目的的确立，既受报道思想的制约，同时，它又忠实服务于报道思想。确立的目的越明确、越妥当，报道思想也就越明确、越妥当，从而便越具社会效果，采访中便越能抓准典型和突出主题思想。采访目的的明确有助于报道思想在采写活动中的顺利兑现。否则，记者在采访活动中会表现出反应迟钝，或是对事物冷漠、消极，最终导致采访失败。湖北荆州有一年从地下挖出了一批极有价值的文物，包括从江陵望山 1 号楚国贵族墓出土的一件震惊世界的文物——越王勾践青铜剑，虽然在地下深埋了 2400 多年，但出土时仍完好如初，寒光逼人。荆州博物馆向湖北各有关新闻单位发出邀请，让记者先睹为快，尔后发新闻。一家在湖北很有影响的报社的一位记者，持请柬匆匆赶去博物馆，漫无目标、走马观花地草草看了一遍。当博物馆几位老先生围拢他问及观感时，只听他漫不经心地脱口便答："没啥意思，一堆破破烂烂！"几位老先生被弄得瞠目结舌。殊不知，有价值的文物，其价值或许正在"破破烂烂"中。当其他新闻单位都相继发了消息，盛赞这批出土文物的价值时，唯独这家有影响力的报纸没有声息。事后问询，这位记者并非无能，只是事先未能明确采访目的从而导致采访失败。

（二）报道思想要符合客观实际

采访目的要服务或服从报道思想，同样，报道思想又得符合客观实际。新闻报道必须注重实际，反映实际，这是根本的大前提，包括报道思想在内的所有新闻活动环节均不能违背。况且，报道思想毕竟是主观的东西，究竟有无道理，最终当受客观实际的检验。

有人把报道思想与主观"框框"看成是对立的东西，认为报道思想是客观实际的产物，而“框框”则是主观臆测的、唯心的、不可靠的东西。从问题的实质考察，这是一种误解。报道思想与主观“框框”实质上是一回事，只不过是一个问题的两种说法而已。从新闻工作规律来讲，采访之前，记者应当明确报道思想，脑子里应当设计“框框”，然后带着报道思想及“框框”深入实际。恐怕问题的焦点不在要不要带“框框”下去，而在于是将“框框”作为深入实际的指南和依据，并让它接受客观实际的检验，还是将“框框”看成一成不变的教条，硬让客观实际屈从于“框框”。

认识并理顺了报道思想同“框框”以及客观实际的关系，采访时则应当注意以下两点：

第一，报道思想和“框框”都是主观的产物，它能够引导记者更好入实际，有效地挖掘新闻事实，但这仅仅是就一般情况而言。有时，报道思想与“框框”同客观实际也有不符的时候，此时，记者应当修订或改变采访计划，要“入乡随俗”，要“框”而不死，断不可将“框框”当成教条去硬套客观实际，甚至看成现成的结论，带到客观实际中去按图索骥，那么势必违背事物的规律，失去报道思想和“框框”的存在意义，颠倒客观实际同报道思想和“框框”的主从关系，从而使采访活动无效，或者写出的报道只是一堆牵强附会的东西。

第二，报道思想和“框框”虽然是对以往实践的科学总结，是指导记者深入实际的指南和依据，但这毕竟总还是属于“上面的”。作为记者，对这“上面的”当然要重视，但相比较而言，记者则应当更重视“下面的”，即来自客观实际的第一手材料。记者只有理顺、摆正了“上”和“下”的关系，才能不把报道思想与“框框”当教条，才能在深入实际后，广泛接触各类采访对象，采集、挖掘丰富、扎实的第一手材料，并迅速加以分析研究，从而使“上面的”和“下面的”得以有机地沟通和统一，采写出既体现报道思想又符合群众意愿的新闻报道来。

二、宣传政策

（一）新闻政策的意义和作用

新闻事业在现代社会中具有不可估量的作用。它不仅对经济和社会生活，而且对政治、对人们的思想都会产生巨大影响。因此，任何社会制度的国家对新闻传播媒介都有自己的要求和规定，都要对新闻传播媒介的运作和活动进行直接或间接、或多或少的管理和控制。

凡是政党、政府主办的新闻传播机构，都有很明确的归属和强烈的社会使命。传播什么，怎样传播，宣传什么，如何宣传，政党或政府理所当然地要进行干预、引导或规定。

新闻政策是政党、政府对新闻传播媒介规定的活动准则的通称，是政党或政府掌握和管理新闻机构的重要手段和基本方法。由于社会制度和国情不同，不同政党和政府的新闻政策是各不相同的。因为历史条件和时代的变化，同一政党、政府在不同的历史时期，其新闻政策也会进行相应的调整。在没有新闻法的情况下，新闻政策在相当程度上起着新闻法的作用；在新闻法已经制定和实施的情况下，政党和政府仍然需要根据形势的发展制定某些新闻政策，对新闻法起到补充、完善的作用，以保证新闻传播媒介更有效地实现宣传宗旨。

从广义上讲，新闻政策既包括对新闻事业管理的规定，又包括新闻宣传报道的原则和方针，还有对新闻从业人员的规范和要求，等等。一般来说，新闻事业的主要职能是传播新闻，进行宣传，所以，我们这里重点研究探讨的新闻政策，主要还是关于我国新闻宣传报道的方针政策。

（二）新闻政策的指导思想和根本依据

中国的新闻事业是中国共产党领导的社会主义事业的重要组成部分。

我国新闻事业这一根本性质，决定了我国新闻工作首先是新闻宣传报道，必须坚定不移地为社会主义服务，全心全意地为人民服务。因此，为社会主义服务、为人民服务，是新闻工作必须遵循的基本方针，是我国新闻宣传报道政策的基本指导思想和根本依据。

党和政府领导新闻工作，指导新闻宣传报道，还有其他的方针、政策、原则和规定。但是，所有其他的方针政策、原则和规定，都是体现和服从党的基本路线和这一基本方针的。不仅现在，而且将来相当长的历史时期内，我们规定和执行新闻政策，都必须以党的基本路线和为社会主义服务、为人民服务的基本方针为基础、为指导。凡是体现党的基本路线和基本方针的新闻政策，就是正确的政策，否则，就是不正确的、错误的。

为社会主义服务，为人民服务，是新闻工作的根本宗旨，是新闻宣传报道的根本方向。社会主义代表了人民群众的最大利益，离开了社会主义，也就从根本上脱离了人民，违背了人民的最高利益。因此，为社会主义服务与为人民服务，是完全一致的，不可分割的。我们的新闻宣传，时时刻刻都要引导人民正确认识自己的利益，把人民群众动员和团结起来，并引导和组织人民为实现自己的共同利益而奋斗，为建设中国特色社会主义而奋斗。这就是我们制定和执行各项新闻政策所遵循的基本方向和基本思路。

（三）我国新闻政策的基本内容

我们新闻政策大致包括以下一些基本内容：

1. 新闻宣传在政治上必须同党中央保持一致

党报党刊一定要无条件地宣传党的纲领和主张。各级党报要这样，部门的和专业性的报纸也要这样。中央决定了的东西，党的组织决定了的东西，在没有改变以前，必须服从，必须按照党的决定发表意见，不允许对党中央的路线、方针、政策任意散布不信任、不满和反对的意见，不允许利用新闻舆论工具任意表达个人或小团体的主张、意志和情绪。新闻宣传在政治上同党中央保持一致，绝不是机械地简单地重复一些政治口号，而是站在党和人民的立场上，按照新闻工作的规律，采取多种多样的方式，把党的政治观点、方针政策，准确地生动地体现和贯注到新闻、通讯、言论、图片、标题、编排等各个方面。

2. 正确发挥新闻舆论在当代社会生活中的导向作用

新闻舆论对人们的思想和行动具有迅速、广泛而深刻的导向作用。一条新闻，可以启迪人民奋发进取，也可能混淆视听，涣散人心。因此，正确发挥新闻舆论的导向作用就更为重要了。新闻报道只有坚持以正面为主的方针，才能正确地充分地发挥引导社会舆论的作用，才能有助于大局的稳定和各种社会问题的解决。全面准确地宣传“一个中心，两个基本点”的党的基本路线，始终是新闻舆论工作的一个重大问题。有关党和国家方针政策的宣传，要保持稳定性和连续性。新闻引导社会舆论，要注意防止片面性。新闻宣传提倡什么、反对什么，旗帜要鲜明，但在具体掌握上要防止“刮风”。

3. 新闻报道必须坚持以正面宣传为主的方针

这是社会主义新闻事业必须遵循的一条极其重要的指导方针。正面为主，就是要着力宣传报道鼓舞和启迪人们发展社会生产力的东西，鼓舞和启迪人们坚持四项基本原则、坚持改革开放的东西，鼓舞和启迪人们加强社会主义民主和法制建设的东西，鼓舞和启迪人们推进社会主义精神文明建设的东西，鼓舞和启迪人们热爱伟大祖国和弘扬民族文化的东西、社会主义核心价值体系和社会主义核心价值观鼓舞和启迪人们维护国家统一和民族团结的东西、鼓舞和启迪人们为推动世界和平与发展而斗争的东西。总之，一切鼓舞和启迪人们为国家的富强、人民的幸福和社会的进步而奋斗的新闻舆论，都应当努力报道。

在整个新闻宣传中，批评与揭露性的报道只能占次要位置，并且要十分注意把握分寸。批评的东西太多、太集中，连篇累牍，效果肯定不好。我们的批评报道不是为了展示和渲染落后现象，而是为了改进工作，解决问题，密切党和群众的关系，增强人们前进的信心。对消极的东西要处理得当，以起到积极的作用。

4. 坚决维护新闻的真实性原则，讲求和提高新闻实效

新闻的生命在于真实。我们要像爱护眼睛一样，维护新闻的真实性原则，坚决防止和杜绝弄虚作假、任意拔高和凭空杜撰等不良现象，必须禁止“假、大、空”的恶劣作风。新闻的真实性，就是要在新闻工作中坚持党的一切从实际出发、实事求是的思想路线。新闻的真实性不仅要求每一篇具体报道的新闻要素必须真实准确，而且要求从新闻宣传整体的把握上做到真实、客观、全面。要防止搜奇猎异，防止捕风捉影，在保证新闻真实、准确的前提下，讲求时效。我们要从增强新闻的战斗力、吸引力、竞争力的高度来认识时效性问题，尽可能地提供大量人们迫切需要了解的信息，力求先声夺人；与此同时，也要注意掌握新闻报道的时机。讲求时效必须从维护国家、人民利益的需要出发，慎重考虑报道的时间、口径和效果。如遇到重大的突发事件，情况一时还不很清楚，就不能草率发稿，以免报道失实，危害党和人民的利益，影响安定团结的大局。我们追求的是符合党和人民根本利益的高时效，是服从党和政府有关规定的高时效，是准确、真实前提下的高时效。

发挥新闻舆论的监督作用，积极搞好批评报道。必须充分重视新闻舆论的监督作用，充分重视发挥新闻工作者在新闻舆论监督中的作用。新闻舆论的监督，实质上是人民群众通过新闻工具对党和政府的工作及其工作人员进行的监督，是党和人民通过新闻工具对社会进行的监督。正确地发挥新闻舆论的监督作用，应当把握好五条原则：第一，新闻工作者必须坚定地站在党和人民利益的立场上，反映广大人民群众的呼声、愿望和要求，这是舆论监督的根本前提和出发点。第二，新闻单位通过内部参考、内部简报向上反映问题，应力求准确，不得掺假，以免提供错误信息。第三，要充分发挥新闻的能动作用，选择那些人民群众普遍关心而又有条件解决的问题做公开报道。第四，党和政府要支持和善于利用舆论监督来改进和推动工作。

5. 新闻舆论监督必须在宪法和法律的范围内进行，新闻单位和新闻工作者也应接受党和人民的监督

批评报道是新闻舆论监督的一个重要方面，是党和人民用来开展批评的最尖锐的武器。新闻媒介的公开批评要实行“开、好、管”三字方针。“开”，就是要坚定不移地运用新闻传播工具开展批评与自我批评。不开展批评、害怕批评，压制批评，是不对的。“好”，就是要把新闻批评开展好。批评要正确，要对人民有利，不能乱批一阵。批评要有正确的方向和动机，精心选择批评内容和批评对象，采取正确的态度和方法，遵循正确的批评原则，注意批评的社会效果，不仅要注意问题的合理性，而且要注意问题解决的可能性。批评报道的事实一定要准确，对问题的分析要客观，要有实事求是的精神和与人为善的态度。“管”，

就是党委要把新闻批评管起来。凡涉及重大问题的批评报道，要同有关上级或主管部门联系，争取他们的指导和支持，并听取被批评者的意见，核查事实。

6. 增强新闻宣传的党性，遵守新闻宣传纪律

社会主义新闻宣传的党性，是无产阶级的阶级性和马克思主义的革命性、科学性的集中表现。这是区别于资产阶级新闻宣传的最显著的标志。它的主要内容是：公开声明自己站在党和人民的立场上说话，在政治上同党中央保持一致；坚持实事求是，说真话，不说假话；密切联系人民群众，真诚地和人民同呼吸、共甘苦、齐爱憎，正确地反映他们的愿望、呼声和要求；服从党的领导，遵守宣传纪律。坚持新闻宣传的党性，就是要旗帜鲜明地宣传真理，宣传现实生活中进步的、光明的、先进的、积极的东西。必须准确地、坚持不懈地向广大群众宣传党的基本路线，宣传建设中国特色社会主义理论，宣传党的方针、政策和法规。新闻报道必须注重社会效果，以社会效益为最高准则。决不允许发表违反宪法和法律的主张，决不允许发表诋毁、否定党的领导和社会主义制度的报道和言论；决不允许散布错误舆论，动摇人们对中国特色社会主义的信念；决不允许利用精神鸦片毒害人们的灵魂，不能因为新闻报道的失误而影响社会的稳定。

新闻工作者必须模范遵守宪法、法律和认真贯彻党的方针政策，必须宣传党的路线、方针、政策和决定。要加强保密观念，严格保密纪律，要注意内外有别，新闻从业人员在工作中了解的机密，绝不准向无关人员透露，更不得传播各种小道消息。新闻工作者必须遵循《中国新闻工作者职业道德准则》，加强职业道德修养，提高自己的职业道德素质。

7. 讲求宣传艺术，坚持新闻改革

提高宣传艺术，首先是内容问题。新闻报道要有引人注意的内容，报道的事实要有典型意义和深刻的内涵。有了好的内容，还必须讲究表现的方式方法，要努力做到内容与形式的统一，思想性与知识性、趣味性的统一。讲求宣传艺术，还必须把握不同新闻单位的特殊性，党报与专业报，中央报与地方报，以及不同的地方报、专业报之间，在报道的内容、方式、方法等方面都应当有所区别，发挥各自的优势，办出自己的特色。新闻必须适应社会主义现代化建设和改革开放的新形势，进行深刻的改革。新闻改革不是要不要的问题，而是怎样改革的问题。新闻改革必须坚持社会主义方向，必须有利于加强和改善党对新闻工作的领导，而不能用资产阶级新闻观对待新闻改革，更不能照搬西方的新闻体制和模式。我们社会主义新闻改革的目的，就是使新闻工作更加符合新闻的党性原则，更好地遵循新闻的规律，发挥现代化舆论工具的功能。

我们的新闻宣传报道，归根结底是为了国家的繁荣，社会的稳定，人民的幸福，是为了建设好中国特色社会主义。因此，我们的新闻宣传报道要处处注意维护党的领导和威信，维护国家的巩固和统一，维护大局的稳定和各兄弟民族的团结，要有利于促进中华民族精神素质和文化素质的提高。为了达到这样的目的，新闻宣传报道除了贯彻上述八个方面的新闻政策内容外，还要遵守有关民族、宗教等方面的宣传纪律规定，有关涉外宣传方面的纪律规定，有关维护无产阶级专政机关声誉的宣传规定，等等。这些带有具体方法性、措施性的政策规定，都是新闻政策的组成部分，是搞好新闻宣传报道的保证。

从形式上看，新闻政策对新闻宣传报道活动做了某些约束，提出了新闻宣传报道正确适时与否的某些界限和标准。但是，新闻政策的制定并非人们的主观臆造，而是我们新闻工作实践经验的科学总结，是我国新闻宣传活动规律的反映。正确的政策，总是以其具体

的、外在的、明确的原则规定，来显示客观规律的作用和力量。只要我们对社会主义新闻事业的性质有深刻的理解，那么在贯彻新闻政策方面就会更自觉，也就会更充分地发挥自己的聪明才智，把新闻宣传报道搞得生动活泼、丰富多彩、富有特色。

第二节　新闻采访前的资料准备

采访是一种信息传播的活动，在采访过程中，一个出色的记者不仅需要不断观察，不断处理各种即时的现场信息，准确把握主线，从容应对新的有价值的信息和在报道时恰当处理信息，更需要在采访前充分吸收信息并准备资料。正如新华社上海分社集体撰写的《采访问题》一文中指出的那样："事先有研究、有准备，是采访深入、效率高的关键。"

一、采访的准备

采访的准备既包括临时准备，又包括平时准备，即既要"临时抱佛脚"，又要"平时多烧香"，提倡"平战结合"，从而将采访活动推向最佳境地。

（一）平时准备

兵要用得好，得千日养之。采访活动要有效率，得依赖平时各方面的准备与积累，具体包括：

1. 理论的准备

记者要根据形势发展的需要，以马克思主义新闻观为指导，去研究实际问题，解决实际问题。缺乏理论素养是记者队伍普遍存在的问题，这一问题不重视，或不抓紧弥补，必将影响新闻报道质量。这是因为，记者若是个理论上的盲人，实践中必然是个瞎子，或是人云亦云，或是起点不高，问题看不透，只能写一些一般化的稿子，水准总是不见提高。新华社老记者郑伯亚说得好："提高记者采写水平的决定性环节是提高记者的理论水平。"复旦大学新闻系有一毕业生，在校学习数年间，对马列主义基本理论的学习几乎到了痴迷的程度，以至于有些同学不能理解："有必要吗？"该同学毕业后分到广西新闻单位当记者。几年下来，人们逐渐感觉到：同样的题材，同样的稿子，大家都写，总是他的报道更见深度、力度和厚度。后来，年仅 30 岁的他，被破格提升为一家大新闻单位的副总编。

2. 政策的准备

记者对党和政府的方针政策理应要比一般人学习得好一些，理解得透一些。作为一个新闻记者，除了熟悉党和政府的总方针、总政策外，对一个时期的现行政策，特别是自己分工负责报道的所在战线、行业的具体政策，更应学习、领会和掌握。否则，采访中就没有依据，容易失去方向，不但宣传不好党和政府的方针政策，甚至可能采写出违反方针政策的报道，造成不良影响。例如，一些外贸方面的报道，一家较有影响的报纸大稿"一家引进，遍地开花"，"引进、消化、推广"类似的报道，违反了知识产权法、专利法，使我国有关方面负责人费尽口舌，才得以打破谈判僵局。山东《大众日报》老记者庄云达认为："从熟悉党的方针政策这一点上看，大学生比不上记者和通讯员好使，大学新闻系要加强政策教学。”这一认识对改进大学新闻教学是有助益的。

3. 情况的准备

记者工作要搞“立体作业”。正如新华社上海分社记者吴复民所说：“在同一个时间里，记者应该既有正在写的稿件，又有若干报道线索正待采访，又要密切注意本行业新发生的情况。记者要留意与采访写作有关的各种情况：完整的，零碎的；正面的，反面的；上面的，下面的；本地的，外地的；自己经历的，别人介绍的；已经做了的，计划实行的；等等”。实践证明，积累、熟悉这些情况，采写新闻时能更好地了解过去，认识现在，预测将来，使新闻报道有新意、见深度、上水平。在新闻素材的准备方面，我们不妨学学蒲松龄的“摆茶摊”精神，他二十年如一日地在家门口设茶摊，免费向路人提供茶水，细心收集路人所述的各种故事，终于写就《聊斋志异》这样流芳百世的佳作。

4. 知识的准备

记者是博学多识还是知识贫乏，采访中往往会形成两种截然不同的效果。正如著名记者范长江在《怎样学做新闻记者》一文中所说：“新闻工作之所以可贵，是因为知识广博。”具体而言，平时的知识积累与准备充分，采访时会产生如下功效：

第一，有助于同采访对象进行迅速有效地交谈。记者与采访对象若要迅速有效地谈到一块，恐怕并不完全取决于采访的经验、方法之类，常常起关键作用的，是记者对采访对象的职业所涉及的知识是否有积累和准备。例如，美籍华裔著名学者杨振宁教授有一次到上海访问，上海某大报派了两位资深记者前往宾馆采访。没谈一会儿，采访就告吹了。是何原因？原来，两位记者对杨振宁所研究的领域太陌生，事先又未做认真准备，以致杨振宁尽量拣最基本的知识谈，而两位记者仍毫无反应。那就只好“话不投机半句多”了。两位记者吸取教训，马上驱车前往复旦大学，请教复旦大学同杨振宁研究同样课题的教授。在知识上做了一番认真准备后，两位记者再次约请杨振宁接受采访，谈着谈着，虽然说不上已熟谙杨的研究领域，但至少已谈在道上，令杨振宁顿生“士别三日，当刮目相看”之感，于是双方谈得很投机。

第二，有助于敏锐捕捉有价值的新闻事实。记者若知识功底扎实或准备充分，那么，采访对象所述的材料，哪些有价值，哪些无价值就不难做出判断。否则，就容易导致两种情况的出现：要么捡到篮里都是菜，要么同有价值的材料失之交臂。

第三，有助于深刻揭示新闻主题。欲使新闻主题得到深刻揭示，方法固然不少，但记者知识准备充分，看问题能达到一定的高度深度，深刻揭示新闻主题则显得更为有效。例如，两位实习记者有一次采写长沙市新建机械化养鸡场的报道。起先，他们对新闻主题是这样提的，即政府为了改善人民的生活，办起了这个规模颇大的养鸡场。这个主题过得去，但很难说深刻。后来，他们花了一整天时间查阅历史资料，终于找到并在报道中穿插了一段历史知识：唐明皇李隆基晚年昏庸，迷于声色，酷爱斗鸡，于是在两宫殿间筑起鸡坊，养雄鸡千数，选 500 名官兵教饲之。当时凡是善斗鸡和送鸡的人都得到唐明皇宠幸，耀武扬威。经过这一衬托，该报道主题顿时得以生动而又深刻地体现。

第四，有助于避免犯知识性错误。有些记者由于对相关知识掌握不够，又想当然地草率行事，因而常常在采访写作中出现常识性错误。某年全国“两会”期间，有一位年轻的女记者几经周折，约见了著名经济学家吴敬琏，一上来就问：“现在各地竞相发展重化工业，化工厂建多了，环境怎么办？”弄得吴老哭笑不得，向她“科普”了重化工业和化工工业的区别后转身而去。综上所述，采访绝不是一手执纸，一手执笔，然后一问一答一记而已，这仅仅是采访的表象。真正意义上的采访或谈话访问是采访双方知识的互换和情感的交流。

（二）临时准备

新闻采访作为一种复杂的活动，还包括记者头脑中对采访对象相关材料的收集、熟悉，采访活动计划的拟定等活动。不经历这一过程，采访的目的是难以实现的。再则，采访对象的情况是千差万别的，计划和方法是多种多样的，这些都要求记者做出全面的权衡，选择和制定对实现采访目的最为有利、最适宜的计划和方法。因此，除了重视并做好平时准备外，临时准备也必须认真施行。

临时准备又称专题准备或专项准备，具体有以下方面：

1. 收集新闻事件和人物的相关资料

毫无准备，仓促上阵，很可能陷入“盲人骑瞎马，夜半临深池”的尴尬、被动局面。相反，再艰巨的采访任务，精心准备了，相关材料收集了，便可完成得很好。

2. 熟悉和研究采访对象的基本情况，找准心理差

采访中常会出现这样的情形，某记者与其采访对象谈了半小时乃至一小时，费了好大口舌仍谈不到一块儿，甚至冷场，出现僵局，最后不得不结束交谈。其原因固然不止一个，但采访突破口未选准，是其中的重要原因之一。采访突破口能否选准，直接依赖记者对采访对象特定心理差异的准确判断，而这一判断又直接取决于记者对采访对象基本情况的熟悉和研究程度。采访对象的基本情况通常包括：性别、年龄、职业、经历、学历、特长、兴趣等。这方面的准备相当重要，记者对采访对象的基本情况了解得越充分、研究得越仔细，对其特有的心理差异的判断就越为准确，从而就可以因人因时因地制宜，调用适当的访问形式和技能，迅速在感情上与对方相通，最终打开采访通道。

3. 拟定采访计划和调查纲目

这是记者主观愿望与客观实际更趋向一致、实现采访目的的不可缺少的一步工作。因为活动意识、目的等只是人的主观心理状态，要使采访活动顺利进行并实现预定目的，就必须使记者主观愿望符合事物发展的客观规律。因此，在实现目的的之前，必须制定达到目的的行动步骤、途径和方法。这是新闻策划与准备中的重要一环。

所谓采访计划，指大体的活动方式，即确定要访问的部门、人员及其先后顺序，设想一下写什么体裁、多少字、采写周期等。所谓调查纲目，即所要提问的大纲细目。

要特别强调调查纲目的拟定问题，采访时若备有细致、周密的调查纲目，就可使记者的思维发展得到保证，使自己始终处于主动地位，不至于因采访中可能出现的干扰因素而使自己的心理活动产生紊乱。相反，当受访对象的叙述材料显得杂乱无章时，记者还可及时给予适当调节，以使采访活动顺利进展。值得提醒的是，有些记者缺乏良好的意志品质，单凭经验行事，采访前懒得下功夫去制定采访计划的调查纲目，采访时信马由缰，由于与活动规律相悖，必然实现不了采访目的，甚至弄得一塌糊涂。

既然下功夫拟定调查纲目，不妨拟得详细些、具体些，以免临时抓瞎。西方记者很注重这一点，他们认为，每采访一分钟，至少要准备十分钟的交谈内容，比例为十比一，“准

备过度胜于准备不足”。即使对方只同意谈几分钟，只要记者提问得体，也常常破例。例如，美联社记者莱昂斯有一次采访斯大林，事先有人告诉他，交谈时间为两分钟。莱昂斯回忆说：“两分钟过去了，我发现斯大林并不着急，而我却没有一个提问题的提纲。我在斯大林的办公室待了差不多两小时，但在这种令人兴奋的最佳环境中，我却没能提出意义重大的问题，对这一点我永远感到内疚。”

许多老记者在采访中之所以能审时度势、从容不迫，写作时能一气呵成且具有深度，均与事先拟好了调查纲目有关。新华社记者在采写非事件新闻时，一般都有先去资料室“泡”半小时的习惯，在本子上、脑子里填上一些要提问的大纲细目，然后再出门。

著名节目主持人杨澜在谈到采访之前做好“功课”时指出，人的天分是相差无几的，采访前的功课是很重要的。第一，只有做好“功课”，才能在有限的时间内采访到最有价值的新闻。第二，功课做得好，可以给受访者带来惊喜，从枯燥无味的采访中解脱出来，态度变消极为积极，使采访有所收获。第三，做好“功课”能给人以现场应变能力。因为，问题的顺序在实际采访中往往会被打乱，也有可能在对方回答问题时又延伸出新的问题。这新的问题又会成为一个新的切入点。她还谈到了对采访“问题”如何处理，她说：第一，要将问题罗列出来，不一定要全部一个个写出来，只要将问题归类、分层次。一个大问题中有几个小问题，切入点是什么？第一个应该提什么问题，同时要让对方兴奋起来，切入要点，使对方放松警惕。第二，问题要有层次感，由浅入深，层层深入。第三，在段落与段落之间要有转换。设计采访问题时，要考虑怎样布局才能达到最好的效果。第四，布局方面，软性问题与硬性问题要结合起来，“软硬兼施”。第五，要有细节，提问的问题“口子”越“窄”越好。细节会使采访生色。第六，问题布局时，可以安排一点有戏剧冲突的问题。

4. 检查相关硬件的完备情况

前述各项准备俗称“软件准备”，此物还有“硬件准备”。中外采访学著作都指出，采访前的准备还应包括行装、笔墨纸张等方面的准备。若是到偏僻的农村、连队、山区、矿区、牧区、林区采访，还要带上雨具、常用药物、点心等，甚至连鞋子也要多备上一双，以防万一。如果随身带相机、录音机、摄像机等，应先试一试机器是否完好，录音录像带、充电器、各类连接线等带足了没有，备用器具带上没有。这是因为，这些方面稍有疏忽或出现意外，就会干扰记者正常的采访活动，影响受访者的热情，最终影响采访目的的实现。据北京人民大会堂的有关工作人员介绍，在一些中外记者招待会上，他们常看到一些记者向他人借笔、借纸、借电池之类，令他们感到不可思议。

二、电视新闻谈话节目的采访准备

在做电视新闻谈话节目的采访前，主持人应做好充分的准备工作。

（一）选题准备

电视新闻谈话节目非常重视对社会意义的深度挖掘。我国当下社会生活中热点、难点和疑点问题以及其中活跃的新闻人物都应成为电视新闻谈话节目的选题对象。主持人应时刻关注国计民生，善于思考和挖掘具有普遍意义和社会价值的选题线索，勇于承担舆论监督引导的社会职责，随时随地搜集并不断积累自己的选题资源。

（二）资料准备

资料的有效搜集、整理和分析，决定了采访的成功，也在一定程度上直接影响到节目的品质。著名主持人白岩松将这种知识恶补比喻成海绵吸水，积累越多，临场发挥越好。常见的资料类型主要有政治思想资料、业务技能资料、知识资料和背景资料。

1. 政治思想资料

要想很好地把握一个新闻题材，提炼出具有时代感和深度的主题思想，并有效地进行舆论引导，充分的政治思想准备是必不可少的。主持人要经常学习政治理论知识，充分领会马列主义、毛泽东思想、邓小平理论、“三个代表”重要思想、科学发展观和习近平新时代中国特色社会主义思想，使之成为电视新闻谈话节目的指导思想。

2. 业务技能资料

主持人要熟悉和掌握自身负责的采访领域的基本情况和最新发展情况，经常积累新闻采写工作中的经验与教训，不断提升业务技能水平，这样才能少走弯路、岔路。同时，主持人也要有一定的文学造诣，在日常生活中多积累书面的优美文字素材和老百姓的生动语言，丰富自己的语言表达。

3. 知识资料

主持人不仅应是博览群书的“杂家”，还最好是某一报道领域的“专家”，以及不仅应了解文史、经哲等知识，还要经常学习和不断更新自己在专业领域的知识和新闻主持与采访领域的专业知识。主持人的知识水平不仅影响到新闻谈话的内容和质量，还直接影响到新闻谈话主题思想的深度。

4. 背景资料

针对某一新闻人物或新闻事件，其背景材料大致包括：补充性的历史资料和环境资料、相关数据信息、展示事物间相互关系的资料和人物经历等，收集并分析这些背景材料对电视新闻谈话采访的前期准备工作也是非常重要的，对主持人制定出切实可行的拍摄方案和采访计划并顺利实施都有推动作用。

（三）技术与设备准备

电视节目主持人应当熟练掌握电视的传播规律，学会运用电视多层次、立体化的传播语言对传播对象进行更为典型和形象化的展现。另外，由于电视采访涉及的工种较多，除了主持人、记者，还有摄像、灯光、录音等，有时还需要编导在现场调度，电视节目的采访和拍摄往往需要团队合作。因此，在前期准备中，人员的配置和设备的落实都成为基本的考虑因素。其中主要的设备包括：摄像机、照明器材、充电器、话筒、存储设备、三脚架、监视器、纸和笔等。

细致认真的硬件准备是顺利完成采访任务的物质条件。硬件的准备包含的内容很广，比如采访介绍信或名片带上没有？是否够用？笔的墨水够吗？采访记录本或录音器材是否装在旅行包里了？照相机带上了吗？存储卡是否够用？……采访中可能碰到各种各样的困难，这些都需要记者、通讯员有充分的思想准备，知难而上，勇敢地战胜困难，争取采访工作的成功。

三、采访前资料准备的重要性

访前资料的准备能使记者对采访对象有所了解。一位业内人士撰文说："在确定采访对象之后，对被采访者的生平至少要有一个大概的了解，形成访前资料准备。"这其实就是"功课"。

四、采访前资料准备能帮助记者获得采访所需的相关知识

知识素养是记者最重要的素养之一，但是有良好知识素养的记者在采访某个具体问题时也总会感到"书到用时方恨少"。面对这种情况，记者应该在访前准备中"备阵磨枪"，抓紧时间，突击学习。

五、采访前资料准备工作的内容

（1）了解采访对象的基本情况。采访对象的基本情况包括：年龄、籍贯、个人爱好、生活经历及业绩等。

（2）多多了解关于新闻事实的背景材料。既包括新闻事实的历史背景与国际背景，也包括新闻事实的专业知识背景。

（3）了解与采访有关的理论知识。记者还应了解一些相关的理论知识，使自己能站在专家的立场上，在相关专业视野中来看待新闻事实。这些知识来源通常有三个：一是查阅相关资料；二是检索相关媒体的报道；三是进行预采访。

六、坚持资料准备的"十比一"原则

经验丰富的记者一致认为，每采访一分钟至少要准备十分钟。也就是说，如果最后的采访要进行一个小时，那么记者就要做十个小时的访前准备。这充分表明了记者对这个问题的高度重视。其实，只要时间充裕，访前准备就应该尽可能细致和充分。当然，不同的记者在不同的采访中有着不同的情况，"十比一"原则不应当成为教条，而应根据具体情况对此进行灵活运用。美联社著名记者尤金·莱昂斯有过两次令他终生遗憾的采访经历。其中一次是他被获准采访伊朗国王，但只允许他提 5 个事先约定的问题。这些提问只进行了几分钟，伊朗国王对他的采访表示了好感，因此大度地微笑着，让莱昂斯再多提些问题。莱昂斯事后痛心地说："就在那儿，国王的工作室里，我庄严立誓，我暗下决心，从今以后如果再来到世界上的大人物面前，一定事先认真拟好几十个问题，准备进行一两个小时的采访——即使安排只许谈几分钟。"

七、新闻采访前准备和新闻采访成功之间的关系

（一）新闻采访的准备工作是保证新闻采访顺利进行的关键

新闻采访的主要目的是为了获取新鲜的新闻信息。要是没有做好采访前的准备工作，就会导致采访不能深入，停留在表面，无法真正将新闻事件挖掘出来。只有全面了解被访者的基本材料，并且列好提纲，才能保证整个采访有针对性地进行，保证采访顺利进行，才能将新闻中有价值的新闻信息挖掘出来，防止提问的随意性。同时，和谐的采访氛围是保证采访顺利进行的关键，有助于达到采访的目的，同时会使受访者满意。可以看出，做

好新闻采访前的准备工作对新闻报道的成功有着最直接的影响。

（二）新闻采访前的准备工作关系到新闻采访主题是否明确

每一次新闻采访必然有主题作为支撑，而如何围绕这个主题开展采访就需要新闻记者在采访前做好前期的准备工作，保证采访的问题和受访者始终紧密相连。因为在采访过程中，采访的时间是十分有限的，想要在有限的时间内获得主题下的全部内容，就要看采访前新闻记者准备工作是否充分了。随着新闻传播途径和平台的增多，是否有一个鲜明的新闻主题已经成为新闻是否具有吸引力的关键。在互联网媒体的冲击之下，传统媒体要想赢得竞争，提高新闻报道的成功率，就需要记者做好新闻采访前的准备工作。

八、提高采访成功率

机会是留给有准备的人的，新闻采访也是一样。做好充分的采访前准备工作，才能够保证新闻采访的成功率。新闻采访前的准备工作涉及很多方面的内容，但是总结起来，也就是做好对受访对象的了解工作，然后列好详细的采访计划。

（一）在采访前对采访对象的情景资料进行深入了解

在做人物采访的过程中，如果想要保证采访的成功率，首先应该对采访对象进行深入的分析和了解，分析好人物的背景材料。这样在实际的采访过程中，整个采访流程才能顺利。如果没有做好准备工作，直接去采访，那么记者提出的问题可能就会比较浅显，不具有针对性，在采访过程中甚至会出现采访不下去的尴尬场景。中央电视台主持人董卿每次到一个地方录制《欢乐中国行》前，总会拿着一大堆当地的背景材料，将自己关在房间内去阅读材料。所以我们才能看到董卿在舞台上从容不迫的主持和采访。

（二）制定详细的采访提纲

在对采访对象的基本情况进行深入了解之后，就需要制定比较完善和详细的采访提纲，并且采访提纲应该以采访目的为依据。采访提纲制定应该在有条不紊的前提下进行，而不是让记者临场发挥。同时，记者还要掌握采访的主动权，一个合理的、详细的提纲在制定过程中应该具备以下几方面的特点：首先，采访目的明确。只有全面明确采访目的，才能有针对性地提出问题。其次，采访内容要有逻辑性。采访要具备一定的层次，可以由小到大，由浅到深，深化采访内容，在一定的时间和空间上懂得制造问题。最后，提纲在制定过程中应该把握换位思考的原则。在采访过程中一定要注意被访者的感受，避免影响采访的成功率。

新闻采访是一项实践活动。采访前是不是一定要做准备，准备工作的充分与否对采访有无影响，这一切最终要到新闻采访的实践中寻求答案。采访前的准备有助于记者进一步明确采访的目的和重点，有助于记者缩短与采访对象的距离，有助于记者有计划、有步骤地进行采访，提高工作效率。

第三节　制订采访计划

有了采访计划可以避免忙乱，使采访有步骤、有条理地进行，尤其是采访范围广、问题复杂、人物多、时间长的综合报道、典型报道，更需要有一个周密的采访计划。采访计划的内容包括报道目的与要求、报道指导思想、采访地区与范围、采访对象、初步选题、报道形式与角度、采访步骤与时间安排、提问，等等。制订采访计划应根据具体的采访任务来制订。

在采访之前，最重要的准备工作就是为即将来临的采访活动制订一份切实可行的计划。如果说新闻策划所做的决策将会对新闻报道的采、写、编、播产生全面影响的话，那么采访计划的作用就是对采访的整个过程进行全面规划。

一、确立采访活动的意图目标

（1）新闻采访需要有明确的意图目标。

（2）记者在确立采访意图目标时必须考虑的问题：首先，采访意图、目标要符合社会的主流价值观。其次，采访意图、目标要与受众的兴趣相一致。最后，采访意图、目标要与媒体的报道思想和风格相一致。

（3）确立采访意图、目标，不同于“主题先行”。

二、制订行之有效的采访计划

（一）采访计划是对整个采访过程的规划

在进行采访之前，要先根据采访意图列出采访计划。采访计划是为了保证采访活动有目标有步骤地开展，是采访前准备工作的前提和基础。

（二）采访计划的主要内容

1. 确定采访的对象

2. 顺序和活动安排

（1）确定采访地点。

（2）确定采访时间。

（3）确定自己的形象。

（4）确定采访的次数。

（5）确定采访的方式。

3. 确定采访的主要方法

4. 确定采访的主要问题及提问的顺序

（1）明确采访的主要内容。

（2）确定进入主题的方式。

（3）确定提问的形式。

（4）确定提问的顺序。

（5）确定提问的态度。

（6）拟定采访的开头、过渡及结尾的方式。

三、确定完整的采访计划内容

（1）本次采访报道思想。
（2）本次采访的目的、要求。
（3）确定采访的地区、范围、部门、重点对象名单及先后顺序。
（4）设计采访实施方案，或个别访问，或开座谈会，或到现场观察。
（5）确定报道形式、角度和初步选题。
（6）拟订具体的访问提纲。

四、访问提纲应包含的几类问题

（1）基本问题，包括数量、规模、过程等概况性的问题。
（2）引导性问题，为了把对方的思想和谈话由一个方面引向另一方面而设定的一个或一组问题。
（3）尖锐性问题，即指向实质或可能使对方一时难以回答的问题。
（4）过渡性问题，指为缓和气氛而设置的问题。
（5）开放式问题，允许采访对象充分发挥，常用在采访开始和中期。
（6）闭合式问题，只要求得到一个简短、明确、具体的答案，配合开放式问题使用。

第四节　掌握提问技巧

新闻采访不是学问，而是关于采访提问技巧的学问。美国《塔尔萨论坛报》的记者鲍勃·福尔斯曼说："笔下的功夫不强，照样能当一名出色的记者，但不善于进行采访是绝对当不好记者的。"这便是我们常讲的"七分采访三分写作"。

一、充分准备，不同凡响的开场

每年两会闭幕后举行的总理回答中外记者问，都是记者会的压轴戏，李克强如何回应尖锐问题？面对主持人"请李克强总理讲几句话"的提议，总理只说了 45 个字，除了对大家参加记者会的欢迎和对采访"两会"记者的感谢，有 10 个字是提出的要求："时间有限，就单刀直入吧"。总理让"单刀直入"，记者们当然不会客气。路透社记者甩出第一个"飞刀"："您认为中国的金融市场目前面临哪些主要问题和挑战？对金融市场未来的发展和加强监管有什么计划？近期的市场波动会不会影响改革的进度？"问题可谓尖锐。总理直接亮牌，并解释了为什么会这样亮牌：金融首要任务还是要支持实体经济的发展，实体经济不发展是金融最大的风险。要推进市场化、法治化的改革，政府要瞪大眼睛，练就一双加强监管的"火眼金睛"。

外国记者的"刀"不好接，国内记者出"刀"的角度和力度也不含糊。比如中国新闻社记者的提问："据了解，现在有些地方的养老金发放已经出现困难，一些市县在靠贷款发放养老金。请问总理，中央政府是坐视不管还是准备为他们买单？"这问题引发了在场记者的小声议论。李克强也认为"这个问题的确很尖锐"。总理对这个尖锐的民生问题回答得坦诚实在：确实有个别地方发生了养老金发放困难的问题，但这是一地之难、一时之急。只要地方政府尽力了，中央政府是会给予补助的。总理当场发布“安民告示”：从全面长期来看，中国政府对中国公民保证养老金发放是没有问题的。没问题的底气是：养老保险收支累计节余 3.4 万多亿元，还有社会保障基金储备 1.6 亿元没有动，同时还能够划拨国有资产来充实养老基金。“所以可以肯定地说，老有所养不会、也绝不能是一句空话!”

在采访过程中，简单直接的方式虽然不够委婉，但是针对某些采访却很击中要害。

二、既予又取，巧妙处理矛盾

采访是一场探讨事实真相的战争。探寻真相的过程是不断解决秘密与透明这对矛盾的过程。矛盾冲突在法拉奇的采访中随处可见，构成她采访提问中的锋芒。当那些政坛要员出于某种动机不愿讲明真相或闪烁其词时，法拉奇总能使之无法绕过问题。在采访基辛格时，她没有放过“基辛格是尼克松的助手，几乎比总统更出名”这一事实。她先是抛出这一事实，即“予”，抛砖引玉，使得基辛格虚荣心膨胀，说出自己“总是单枪匹马地行事”的话来。另一方面，法拉奇总是带着她的立场和感情投入采访，她与采访对象之间经常出现思想观念的矛盾，但她的可贵之处在于不回避矛盾。

三、巧设机关，分解问题“请君入瓮”

当采访对象正面拒绝时，要采用迂回法，由远及近，引人落入圈套。比如《焦点访谈》记者有一次采访棉花掺假事件，一位采购员在明知棉花有假的情况下，收受对方两万元的贿赂，让自己所在的企业买了假棉花，从而造成了企业的损失。记者在采访他时，他却反复说自己对棉花掺假并不知情、纯属受骗上当，接着就表明自己为了给厂里买棉花东奔西走如何辛苦。于是记者就采用了迂回的办法顺着他的话说:“那现在棉花好买吗？”““不好买。”“是一般不好买还是非常难买?”“非常难买，没有一定的路子根本买不到。”也就是说买棉花完全是卖方市场了。”“对，现在哪有棉花都好多家抢……”记者突然回到正题：“既然这样、你作为买方应该你求他才对，他怎么会倒给你两万块钱呢？”“这我就不知道了。”这个解释显然很不合理，但现众对此事已经能做出自己的判断了。

四、提问要具体明确，切忌大而空

一般来说，在新闻现场采访人物多为即兴谈话，记者提问是否准确清楚是做好广播新闻报道的关键。故此，采访提问时应尽量从具体问题入手，避免大而空的提问，不要提那些过于笼统，使对方无法捉摸和无从回答的问题。例如“请你介绍一下你们如何搞好小康村建设的”“请你谈谈你们这里的情况”等类似的问题，除非对方早有准备，否则会使对方不知从何谈起，即使回答，也是啰啰唆唆一大堆，达不到记者的目标。因此，记者要想了解一个比较大的问题，最好的办法是化整为零，从与主题密切相关的具体问题下手，做到提问小而具体，简练明确。这就要求记者能够从采访中获得的大量的新闻背景、新闻事实中理清头绪，抓住中心，选取最能体现新闻主题的某件事、某个人进行采访，在看似简短的采访中，把大量的信息传给听众。

五、提问要讲究方式，注意平等性和尖锐性

记者在采访活动中，应抱以怎样的态度和情绪往往影响思路的拓展和对有效信息的获

取。笔者认为，采访者与被采访对象的关系是一种平等的关系。如果新闻采访带着主观色彩，势必会造成采访对象的抵触情绪，从受众的收听效果来看也显得高高在上、没有根基。有记者两年前在对“巨能钙产品含有双氧水”的采访中，发现一些药店负责人因为担心销售巨能钙产品影响药店的声誉始终对其了解的情况闭口不答，在记者向他讲明新闻报道的公正客观性，并声明会保护当事人的合法权益后，他坦然接受了记者的采访，摆脱了最初的不安。提倡平等性并不等于对任何事情持中庸态度，面对重大、棘手的事件，有些提问必须一针见血，它的尖锐性要得到体现。一次记者在采访沧州某医院虚高定价，多收取患者医疗费时，该院的一位领导竟然说不知道此事。记者随即问道：“物价部门审批的价格已经下发到医院而为什么没有执行？”他哑口无言。由于记者在事前做了详尽了解和资料搜集，所以提问时问到了要害之处，一问一答就可以让听众明了问题到底出现在哪里。

平等性和尖锐性体现出采访者和被采访对象的关系以及新闻事件本身错综复杂的内在联系，二者之间并非通常所说的对立统一关系，而是两种不同的提问风格。

六、提问要把握主线，并注意选择好谈话场合

一般的采访目的性很强，由于时间和环境的限制，采访者和被采访对象之间不可能像拍摄纪录片和采制人物通讯那样可以长时间的共同生活、工作，所以要抓住关键问题，一旦采访对象的谈话偏离了主题，一定要及时将他拉回到主线上来，切勿跑题。同时要紧紧抓住稍纵即逝的最重要的瞬间。因为，对于广播记者而言，非语言的交流极其重要。能不能把握这一瞬间的表达就在于善不善于用眼睛采访，当然用眼睛采访是配合“口”提问的，不然，如果只用眼睛就能窥探到采访对象的全部，采访艺术也就不存在了。“口”“眼”并用意在强调观察得深、观察得细，力求生动、逼真地反映出事物的本质来。另外还要注意选择好谈话场合。场合能激发人的谈兴，也能抑制人的谈兴，采录人物谈话要选择适合谈话人临场发挥的场合。比如采录某教授的谈话，在其书房里或实验室中，效果就可能好些，因为这样的场合与他自身的学业、经历、成就、苦乐紧密相连，他与记者交谈起来，易于打开思路，而且会富于感情。

除此之外，记者提问还应注意以下几点：一是记者与采访对象的交谈不应有过多的应答，如“啊、嗯”之类的声音；二是问题要长度适当；三是提问内容不要超越被采访对象所熟悉的范围；四是一般不假设提问，对棘手问题更是如此，特别是对身居高位者，他们会拒绝回答；五是提问中不要包含答案，重要事实、意见要让对方自己说出来。

七、细致准确，挖掘价值“抓住闪光点”

记者在准备采访问题时，不光要细致入微，仅仅是细致不解决问题，细致准备的目的是挖掘材料中最有价值，最有冲击力，最能打动对方的闪光点，这样的闪光点不在多，而在于精致，准确，真正能够闪耀光芒，能够真正起到沟通桥梁的作用。如果有好的闪光点，一个就足够了。问题太多洋洋洒洒，无轻无重，无先无后，很容易就把那些为数不多的闪光点给淹没了。因此，为了抓住为数不多的闪光点，在采访前应对问题进行层层筛选再进行排序。

例如央视主持人董卿采访如果需要准备 6 个问题，她一般先列出 20 个问题，第一步划掉问题中相对无价值、无营养的 6 个问题，第二步标记第一步剩下问题中价值不高，无闪

光点的 6 个问题。第三步圈出第二步中剩下问题中不够准确，冲击力不够，无法打动对方，不能够与被采访者建立起沟通桥梁的 2 个问题，第四步对剩下的问题进行反复修改，整理为最后的 6 个问题。

八、电视新闻谈话节目的采访技巧

娴熟的采访技巧能够深入挖掘新闻人物的思想，积极引发各方采访对象的观点碰撞，是成功采访的关键。

（一）分析难易，灵活安排采访顺序

电视新闻谈话中的新闻人物并不一定都是从正面进行报道，当主持人的采访触及当事人不愿意展现的一面时，采访往往比较艰难，这就要求主持人不仅要做好充足的准备，具备深厚的采访功底，还要根据采访的难度和重要程度，恰当安排采访顺序。“在这其中，一个重要的采访技巧便是要先采访除了关键当事人以外的其他知情人，即第三人。拿到了大量的一手材料，找到其中的问题关键点和矛盾点以后，再根据采访难度和重要程度不同，反向安排采访顺序。”因为采访一般不涉及第三人的切身利益，所以往往会收获更多丰富的一手材料，这时，主持人已经掌握了事件的基本信息，再从中找出问题的关键点和矛盾点，就能更具针对性地应对当事人的答案。

（二）善于提问

1. 适时解释和总结

在电视新闻谈话节目中，无论是专家、嘉宾还是现场观众，其谈话均来自主持人恰当的提问和适当的引领。只有善于抛出专业、具有逻辑性、准确、清晰并引发大家兴趣的问题，才有可能得到深入的分析和精辟的言论。当被访者的言论逻辑不太清晰，或由于过于专业可能对观众的理解造成困难时，主持人需要适当总结谈话内容或对部分问题做出解释以明晰发言者的观点，突出节目主旨。

2. 问题简明，逻辑清晰

逻辑不清或是问题不明确的采访不仅会给后期编辑制作时寻找有效信息带来不便，也容易使被访者产生误解，无所适从。尤其是在电视采访中，主持人和被访者的问答交流中出现的细节信息很可能会被原封不动地被搬上电视银屏，为了保证采访现场能够采集到紧扣节目主题，富于表现力且言之有物的典型对话，主持人就要掌握谈话的主动权，随时调控现场的节奏和气氛，围绕主题，用明确和富有逻辑性的提问逐渐激发采访对象的谈话兴趣。

3. 由浅入深，敢于追问

电视新闻谈话中，主持人提出的一些问题会引起被访者的顾虑和躲闪，导致采访无法深入进行。这时，主持人应当具备追问的毅力和技巧，例如先转移话题，缓解气氛，再从另一角度旁敲侧击，追本溯源，引出未知的信息；或是从被访者的谈话中寻找漏洞，从漏洞中抓住要害攻克难关。

著名记者法拉奇在采访强势而富有经验的政治人物时，当暂时不能达到目的时，她则采用连环追击的方式，将对方步步紧逼到不得不面对她的问题，并说出她想要的信息。在

法拉奇对阿拉法特的采访中，当面对对方明确的拒绝回答时，她不但没有放弃，反而还针对“巴勒斯坦是否对约旦宣战”和“巴勒斯坦的边境在哪里”等关键性问题，分别进行了多次反复的提问。最终迫使对方在无法回避的情况下就边境问题发表了见解。

（三）善于把控现场气氛与谈话情况

1. 先声“夺”人

一个好的开头不仅能够吸引观众的兴趣和注意力，还能够烘托出电视新闻谈话节目话题的新闻价值和访谈对象的重要性。主持人只有围绕主题，根据不同被访者和话题的特点灵活选择恰当的开场白，才能让观众在一开场就觉得亲切自然，并乐于继续观看。

2. 灵活调控现场气氛和谈话情况

电视新闻谈话中，主持人要随时根据现场气氛和嘉宾的谈话风格对节目的节奏和方向进行控制。如果嘉宾不善言谈或由于紧张而羞于表达使现场气氛略显沉闷，主持人应当立刻选取较为轻松的话题，并使用幽默和活泼的语言风格来缓解紧张的氛围，使嘉宾逐渐融入谈话的内容中；如果嘉宾对于一个问题口若悬河、说个不停，主持人应当采用巧妙的方式适当打断，如针对嘉宾的谈话发问以引入另一话题，或找空隙插入并接上嘉宾的话，简短总结其意思再引领嘉宾进入下一内容。一场节奏轻快、高潮迭起、耐人寻味且主旨鲜明的对话，需要主持人高超的现场调控能力和语言艺术。

（四）坚持真实和客观的立场

真实和客观是新闻工作者始终应维护的根本原则。在电视新闻谈话中，如果带有主观倾向进行提问，不仅会使本就敏感的被访者反感甚至敌视，而不配合采访，也违背了新闻工作者客观记录历史、真实反映现实的使命，是对被访者、观众和整个新闻职业的不尊重。

第五节 把握采访对象的心理

人的一切心理活动都是由内外刺激引起并通过一系列变化来实现以及在人的各种实践活动中表现出来的。对象接受记者采访就是接受一种外来的刺激，由此产生一系列心理活动，其中既有主体心理的外在表现，也有内在的心理感受。要使采访活动效率得到提高，记者就必须对受访对象在采访活动中表现出的各种心理特征和内心活动予以准确的把握并积极地引导。同时，受访者对自身的心理活动也要进行适时、必要的调节。

采访对象遍布社会各阶层，由于各自的生活经历、职业需要、所处环境知识水平、道德修养、性格习惯、兴趣爱好等不同，因此，不同对象的心理活动也不尽相同。在有限的采访时间里，记者很难对其进行全面的探索与掌握（当然也没这个必要），只需要摘其主要的、共有的心理现象予以剖析，以便记者掌握对方的心理活动规律，在采访时做到知己知彼，把自己的心理活动与采访对象心理活动融为一体，使采访活动获得最佳效果。

一、掌握采访对象心理的必要性

记者掌握采访对象的心理，可把访问准备工作做得更有针对性、更完善。这是因为，如果不知道将要采访的对象的基本情况和被访问心理，只是按照一般程序做一般性的访前准备，这种准备在很大程度上就会带有盲目性，就可能导致事倍功半。有经验的记者应该都有这样的体会：调节、自控能力较强的采访对象所外露的表情动作等，并不能被完全、真实地当作其心理活动来认识。察言观色虽属必需，但也难免有失误。因此，要使访前准备更趋完善，采访者和被采访者双方能在真情实感之中进行一场有效采访，记者就不能不剖析并掌握采访对象的访前心理。

二、采访对象访前心理的分类

从性质内容上看，采访对象的访前心理可分为：

1. 先期性心理

指采访对象对新闻事业、新闻单位、新闻记者及新闻采访活动形成的观念。这一观念是构成采访对象访前心理活动的基础。先期性心理通常是由采访对象对新闻记者的信任、尊重、爱戴和对记者职业的神秘感、好奇心等组成的。社会主义制度给新闻工作造就了优越环境和条件，形成了记者与采访对象之间平等、互助、合作的关系。记者应该充分利用并积极发挥这一优势。

2. 临访性心理

指采访对象接受记者采访请求后的心理，通常也称作采访对象临访期间的原始心理。这一心理一般主要由采访对象对自己在某一新闻事件中所处的“新闻位置”（即中心人物、边缘人物、局内人物、局外人物、新闻素材提供人物、新闻素材佐证人物等）和临访心境组成。

三、采访活动效益表现形式

采访对象对“新闻位置”的认识如何，在采访中直接起着加剧或减弱其情绪程度、心理活动内容的广泛程度和接受采访意愿的积极程度等作用。采访对象由于工作、学习、生活、身体等因素引起的心境的好坏，会使其情绪分为顺境和逆境，会感染采访对象对一切的体验和活动，以至于直接影响采访活动效果。从表现形式上看，采访对象的访问心理可分为以下三类：

1. 积极配合型

即采访对象积极按照记者的要求提供素材，显得十分主动热情。究其动机，或出于对新闻事业和记者工作的支持，或出于本单位、本部门工作的需要，或感到个人能够实现自我，或纯粹为了交友求知的需要。

2. 一般协作型

即采访对象公事公办，不冷不热，采访活动平静无高潮。究其原因，或是认为记者要了解的事与己无关，出于礼貌与工作关系才接待；或是对记者的作风及做法有看法，但因是上级委派来的，不得不接待，故表现出敷衍、漫不经心的态度。

3. 蓄意应付型

即采访对象根本不愿意接待记者，态度冷漠生硬，拒不回答或故意讲错，甚至与记者唇枪舌剑，挖苦嘲讽记者。究其原因，或是怕记者批评揭露，故力图掩饰自己的错误、劣迹与违法乱纪行为，或与记者早有矛盾，成见颇深，因而拒不配合。

世界上有专门从事采访工作的记者，却没有专门以接受记者采访为职业的采访对象。因此，对于采访对象来说，记者总是一种突然闯入的因素，或多或少会影响与改变采访对象原有的心理状态与活动方式。虽然记者力图选择采访的最佳时机，采访中又千方百计地倾心相待，但也难以保证每次都能与采访对象和睦相处、谈到一块儿。为此，每次采访前和访问中，记者都要对采访对象的基本情况与访问心理做一番研究，以便采访时知己知彼、提高效率。这实在是一步必不可少的工作。

四、分析采访对象不同的心理活动

对采访对象心理的分析往往直接决定了采访的大体安排，也决定了记者采用何种采访方法以及提问的内容和方式。因此，这是一项不可忽略的准备工作。面对记者，采访对象的心理是比较复杂的。一般说来，某一特定的采访对象的心理结构可分为两个层面：一是较为稳定的个性心理层面，二是因事而异的社会心理层面。前者主要表现为采访对象在长期生活中形成的稳定的性格特征，而后者则主要表现为面对不同采访内容时的不同动机。

（一）从个性心理层面对采访对象所做的分析

1. 两个维度和四种类型

两个维度：一是偏于理性的还是偏于感性的；二是属于外向的还是属于内向的。

四种类型：一是理性外向型；二是感性外向型；三是理性内向型；四是感性内向型。

2. 在采访中顾及对象的个性心理

了解自己的采访对象到底具有什么样的个性心理，对于记者采用什么样的采访手段有着重要意义。然而需要提醒的是，记者本身的存在会改变采访对象原有的心理状态。为了缓解采访对象的紧张情绪，西方一些记者主张：在采访一开始，记者就像是一匹好马，跟着采访对象的缰绳走，而不是先入为主。有时候，一些采访对象因紧张而说不出话来，这时记者就得主动说话，但不能迫不及待地提问。记者樊云芳对武汉医学院附属第一医院的优秀护士朱桃英进行了采访。可是朱桃英很少接受采访，一时显得过度紧张。她涨红了脸，绞着双手，结结巴巴地说："请不要采访我，我没有先进事迹，我没有……"为了缓解她的紧张情绪，樊云芳表示只是随便聊聊。樊云芳找了一个对方熟悉的话题："我家有个病人，已经躺倒了两个月。听别人讲，三分医治，七分护理。我想了解一下，该怎样护理病人？"对于这个问题，朱桃英相当懂行，她终于打开了话匣子，采访由此而获得了成功。

（二）从社会心理层面对采访对象所做的分析

1. 正视社会因素对采访对象心理的影响。社会因素通常都会在不等程度上影响采访对象的心理。分析采访对象的个性心理固然重要，但也不可忽视某些耐人寻味的现象。

2. 采访对象受制于心理活动的不同表现：热情地配合记者的采访；消极地应付记者的采访；借故回避记者的采访；故意阻挠记者的采访。

第六节 创造良好的采访时机

所谓采访时机，是指具有时间性的有利于采访活动的客观条件。不少记者在实践中都有这样的体会：时机选好选准了，不仅为采访工作顺利展开创造了有利的条件，而且能在有限的时间里取得采访工作的最大收获。反之，时机选择不当或者是没有选择，会使采访工作较难进行，甚而造成采访的失败。可见，新闻采访要取得成功，选好选准时机是十分重要的。采访时选择什么时机好呢？实践经验中得到的回答是：要根据采访对方的具体情况和新闻报道的要求，具体分析，区别确定。

美联社的记者休·马利根曾经说过："假如让你选择访问的场所，要设法做到在后台约见演员，在车站约见侦探，在会议室约见法官，在室外竞选讲台约见政治家，在栏圈里约见野牛骑士，这样如果没有合适的话可以引用的话，你至少也可以从他所在的自然环境中找到主题。"

在当今时代，记者为了争取到采访机会，可以说是动足了脑筋，有人甚至如此评论这种行为："赢得采访机会的不确定性正是推动优秀记者不断前进的东西：追求的兴奋。"如果一个采访计划设计得很完美，但因为采访对象不配合而无法得到实施，那么一切努力都会付诸东流。没有采访的机会就绝不可能有采访的成功。因此，对于记者来说，不怕采访对象不好对付，就怕采访对象拒绝接受采访。

一、创造采访机会的方法

1. 在合适场合创造采访机会

创造合适的采访环境合适的场合包括两层含义：一是合适的采访环境，包括该地点特殊的自然和人文环境；二是合适的采访语境，主要是指在特定的谈话情景中找到双方都感兴趣的话题。

记者应当尽量谈论采访对象特别感兴趣的话题，以使采访对象兴奋起来。这就是创造合适的语境。

2. 在强硬交锋中创造采访机会

在许多场合，由于采访涉及的新闻事实会损害采访对象的利益，因此采访对象的敌意是明显的。面对这样的采访对象，一味退让是得不到采访机会的。相反，绵里藏针、态度强硬倒可能使记者获得采访的机会。

3. 在侧面迂回中创造采访机会

迂回战术有两个公认的好处：一是往往会使采访对象对记者的行动表示关注，最终答应记者的采访要求。二是如果记者始终无法见到庐山真面目，迂回战术也能使记者获得足够多的新闻素材，有时甚至比直接采访当事人得到的材料还要丰富，还要精彩。

4. 在多次接触中创造采访机会

第一种方法是在首次采访要求遭到拒绝后不轻言放弃，明确表示几天后自己还将登门拜访。第二种方法就是使用任何可以抓住的机会进行采访，必要时要付出一定代价创造机会。

5. 在转换身份后创造采访机会

在目前比较流行的暗访中，采访者常常由记者角色转换成了商人或者消费者角色。

访问地点应该考虑的问题：一是保证谈话采访不受干扰；二是选择采访对象熟悉亲切的环境。

调节较融洽的访问气氛，营造和谐的气氛，最常用的方法就是找一种“媒介”，主要是寻找一些共同点，并设计一些共同点，以架起情感交流的桥梁。寻找共同点：共同的劳动，共同的经历，共同的认知，共同的兴趣。

二、非事件性新闻和人物报道采访时机的选择

（一）事件性新闻的采访时机

事件性新闻的采访如何选择时机，又与突发性事件和一般性事件不同。所谓突发性事件，是指人们毫无预料或没有预报的情况下突然发生的事件。对这类事件，尤其是影响较大的突发性事件，要在事件发生时立即抓住时机进行采访。必要时还要在事件发展、变化的过程中抓住时机进行连续性报道。

对一般性事件的报道，虽然比突发性事件要求不那么争分夺秒，一般也要抓住事件发生的时机进行采访。如重要的会议开始、重大的工程开工、大型的厂矿投产、大型的商场开业，以及展览会、鉴定会、报告会等，都应抓住开始的时机进行采访。这类事件性新闻，一般在事件发生前抓住一切时机已经进行一些准备性采访。新闻界前辈穆青在 20 世纪 50 年代主持新华社上海分社工作就说过：“像展览会开幕、商店开张、轮船通航这些事件新闻，一般都是前一天就写好稿件，当天补充修改就发出的。还有如下两种情况，选择采访时机又有不同的要求：是预知性的重大事件，在正式开始前需要进行连续性报道时，应选择不同的时机进行采访。比如，在西班牙的巴塞罗那举行第 25 届夏季奥运会之前一个月二十天，《人民日报》《北京日报》《北京晚报》等新闻单位的记者便抓住时机采访我国参加奥运会的主要运动员、教练以及代表团的正副团长，报道我国参赛的准备情况和赛前的竞技状态，以满足读者对这方面欲知、未知的需求。穆青曾说：“一个记者去采访一个脑开刀手术，以什么时机最为合适呢？是在手术进行中，进行完了，或是在病人出院时呢？”他认为，这样采访无疑应该选择在病人出院时最为合适。因为只有在这时，才能深刻地说明医生手术是否成功，以及医生手术的高明程度如何。这说明，有些事情虽然发生了，还需要一定的时间才能判断或证明其是否正确、真实、可靠。所以，采访时机的选择也应掌握好这一点。如对某些科研成果或发明创造，要选择专家鉴定的时机进行采访为宜。对某些新产品也不能一生产出来就抢着报道，最好选择它投放市场后经顾客（用户）评定其质量（性能）优劣时再采访为妥。因此，这类采访就不能在事实发生时立即进行，而选择事后一个能说明问题的时机为宜。

（二）对非事件性新闻的采访

对非事件性新闻的采访，选择时机更有讲究了。所谓非事件性新闻，是指事件性新闻以外的报道，它的特点是反映事实发展、变化的进程或阶段性，一般是报道实际工作、生产、经营、科研、教学和社会道德风尚等的进展情况以及取得的成就、经验、矛盾、问题。这类报道的内容不是突发性，又非一朝一夕获得或形成的。它的发生、发展和结局都有较

长的过程和时间。如采写这类新闻不善于寻找时机，势必缺乏“新闻味”，如同算“陈年老账”，失去新鲜感。我们经常在报上看一些消息开头写道：“今年以来”“近×年来”“建厂以来”“开业以来”“引进外资以来”如何如何，然后叙述报道的事实。可以说，这样老一套的报道，就是记者或通讯员采写时没有选择时机造成的。那么，对上述非事件性新闻的采访，选择哪些时机为好呢？从一些记者和通讯员的采访经验中可以寻找出这样一些时机：

其一，从事实渐进性的变动中，捕捉到一个阶段性的最新变动，以此为时机进行采访可以写出有新意的稿件。

其二，在时间发展的过程中，抓住报道事实的最有意义的时机进行采访，写出的稿件可增强新意，也会顺理成章。邓颖超同志病逝时，新华社一个记者了解到 70 多年前她曾在北京第一实验小学任教，又是该校第一位女教师。她生前依然关注着这个学校的每一步发展，时常把学校领导请到家中千叮咛万嘱咐。每当驱车路过学校时，她总是掀开车窗帘看上一眼，有时趁星期天不惊动任何人到校流连忘返。新校址奠基时，她又铲下了第一锹土……实验一小的领导找到邓大姐，请她为 80 周年校庆题词。当时，邓大姐已经住进医院，不顾工作人员的劝阻，执意要为实验一小再尽一份心力，以第一位女教师的名义写一封长达 800 多字的贺信。可是，这封写好的信一直放在秘书手里。对邓颖超同志生前几十年关怀北京实验一小的事迹，什么时机进行报道为最合适呢？这个记者抓住该校庆祝建校 80 周年这个时机，采写出《邓大姐的最后一封特别书信》一篇通讯，配合校庆消息同时发表，首都各报都在显著位置上刊登，受到读者的好评。

其三，在事物发展的过程中，在有利于宣传成就的重大节日前，也是采访成就性报道的一个好时机。例如，每年“三八”节前，是采访各行各业妇女取得成就以及贯彻执行《妇女权益保障法》等的好时机；“五一”节前，是采访工业生产成就和报道劳动模范和优秀工人们为现代化建设作贡献的好时机；“六一”节前，是采访少年儿童健康成长和辛勤培育孩子的“园丁”们的好时机；“七一”前，是采访党的建设和党组织以及优秀党员发挥作用的好时机；“八一”建军节前，又是采访部队现代化建设和军队在改革开放中“保驾护航”的好时机。

其四，利用有关的会议，是采访专题报道的好时机。

对非事件性新闻的报道，还可寻找到更多更好的采访时机，这就需要记者和通讯员善于随机应变，见缝插针。同时还应认识到，对非事件性新闻的采访，如能巧妙地选择到最佳的时机，不单为采访顺利进行创造了条件，并为新闻写作找到了“新闻由头”，使非事件性新闻做到常写常新。

（三）人物报道的采访时机

一些记者的经验告诉我们：一般地说，采访人物报道选择对方认为方便的时机最好。如果记者（通讯员）不考虑对方的工作、生产、经营、科研、学习和生活习惯等情况，贸然闯去采访，除非有特殊的紧急采访任务之外，从采访时机来说是不适宜的。在这种情况下，尽管多数采访对象为党的新闻宣传工作着想，宁肯放下手中的工作、生产、经营、科研和学习来接受采访，应当看到这是采访对象对党的新闻工作一种支持和尊重的表现，但是，作为记者和通讯员只顾自己去完成采访任务，毫不考虑到采访的时机对采访对方是否方便，有时也会碰壁的。

有一次，一个记者去采访早年从事革命活动的老作家李六如，进门便被李老的家人婉言谢绝，并说明李老正在书房写作，最好不要去打搅，约个时间改天再来。可是，这个记者还是不肯走，李老这才勉强出来，没等他说明来意就一口回绝了采访。

此记者失望地走出大门，深感老作家的脾气有点倔，殊不知他采访时机不适合。事隔不久，这个记者在一次活动中偶然又见到李老，想起那次登门采访遭到“冷遇”的情况，不免有些尴尬。不料，李老却非常热情，满面笑容地对这个记者主动谈起前些天采访未成的事，并抱着歉意地说：“那天真对不起，我有个怪脾气，写东西的时候就怕别人打乱我的构思。”这个事例生动地说明，选择对方认为方便的时机进行采访是多么重要。当然也有例外。有些采访任务比较急，而采访对象又十分忙碌，在这种特殊的情况下，记者（通讯员）又要善于见缝插针，机动灵活地寻找采访的时机。选择采访时机，全靠记者掌握采访对象的活动规律随机而定，还要有采访的主动性，而不是处于被动的地位。这里要特别谈到，当记者（通讯员）的，常常会了解到各行各业中都有许许多多的人物值得宣传报道，但是为什么采访这个人，不采访那个人？又为什么先采访这个人，后采访那个人？这里的原因虽然很多，其中一个重要的因素，便是采访时机起的作用。它能增强人物报道的思想性、针对性和新闻性，既适合报纸一个时期宣传重点和报道中心的需要，又能引起广大读者的关注。

巧妙地选择采访时机，对提高报道的质量和顺利完成采访任务有重要的关系。在准备采访的人物出现下述情况时，不宜进行采访：

（1）采访对象正在专心致志地投入“战斗”的时候。比如，运动员进入赛场，即将参加重大比赛之时；演员参加重要演出，即将登台表演之时；中学生参加高考，即将进入考场之时……在这样紧张的时刻，运动员正聚精会神地准备创出好的记录；演员已经进入角色；学生一心想考出优秀的成绩，此时此刻他们最怕别人来打扰。前面讲到那个记者采访正在埋头写作的老作家李六如吃了“闭门羹”，也说明了这一点。特别是在战斗中，战士已进入前沿阵地，正准备冲锋杀敌的时候，记者贸然去采访显然不是时机。

（2）采访对象正进行连续性很强的活动或工作的时候。比如，科学家正在实验室里进行连续性实验时；医生正在手术室里为病人动手术时；领导干部正主持一个重要的会议，并准备发言时……在这样的时候，记者都不宜去采访。

（3）在采访对象的思想情绪或精神状态出现严重异常的时候。比如，准备报道的人物突然遇到重大的事故而受到刺激，或心烦意乱，或神志恍惚，或顾虑重重，或疼痛难忍……在这样过于烦恼，过于痛苦的时候，自然也不是采访的时机。实践表明，不论在上述哪个时候，记者（通讯员）如果硬去采访，往往产生的后果有二：一是受到对方的“轻抗”，言不由衷地应付几句了事；二是遭到对方的“硬顶”，直言拒绝接待。

这样的教训也告诉我们，记者和通讯员进行采访选择时机的时候，切不可随心所欲，只想自己如何完成报道任务，而不设身处地替采访对象想一想。倘若采访某人因种种原因不肯接待或采访时机不当，作为记者或通讯员应予同情和谅解，不应强其所难。我们应了解到，社会主义新闻事业虽然赋予记者以某种采访的权力，但是选择采访时机的时候也应考虑到采访对象的处境、心态等，这又涉及社会主义新闻工作应有的工作原则和职业道德。由此说来，善于选准选好采访的时机确有“学问”。

第七节　得体的记者风范

礼仪作为现代文明的标志之一，既是吸引他人进入社交状态的重要因素，又是新闻记者取得采访对象认同的一个前提。所以，记者应在提高综合素质的同时，应把礼仪作为新闻实践活动的一大课题，努力树立良好的礼仪风范，获取最佳采访效应。

一个记者整洁端庄的仪容仪表，不仅是稳健、坦诚、平易和自信的表现，而且对强化采访对象的认知效应具有不小的作用。因为，人与人首次见面的第一感受和印象，在心理学上称为首因效应。这种首因效应作为外表特征留给对方的反映，首先是通过容貌、穿戴、气度等引发产生的。首因效应好，能引起对方的交往愿望；首因效应不佳，就会造成情感认知障碍，直接影响双方的接触、交流。对新闻记者来说，良好的仪容仪表既是自身个性特征、审美情趣、知识底蕴和文化修养等方面的彰显，又是与被采访者建立融洽合作关系的基础。为了更多地获取采访对象的认知，有经验的记者会因采访对象、时间、地点、场合不同，而有所区别地“包装自己。如走进会场或军营时，就要着装严整，仪容庄重；走到田间或车间时，则要整洁朴素，表情随和；采访外宾，则要衣着整齐，干净卫生，要是领带歪斜，皮鞋蒙尘衣着不合时宜，很容易引起对方反感。这就是要研究不同采访对象在不同环境中所具有的审美情趣、心理状态与情感认同点，并以此来调整和修正自我“包装”，进而有效地强化采访活动中的认知效应。

一、注重言行修养，赢得采访对象的尊重

言行彬彬有礼，既是一个人道德素质的反映，也显示着新闻记者的品质修养。特别在采访活动中，记者的一言一行直接影响着采访对象的情绪，这就要求记者有礼有节，亲切大方，尽量通过对话中的情感交流，拉近双方的距离。对此，一要讲究提问艺术，多用商讨式的祈使句，如“请您谈谈好吗？”“能说说您的看法吗？”，这在有助于解除对方紧张、局促、防范的心理意识的同时，能尽快赢得采访对象的配合。如果语气过于尖锐泼辣，甚至生硬、尖厉、粗暴，不但不能使采访对象敞开心扉，还会使其产生抵触情绪；二要平易近人，平等对话，让对方感到你是知音，是值得进行交流的人；三要察言观色，随机应变，在采访对象高兴时可乘兴追问，疲惫时要适可而止，悲痛时予以安慰，拒谈时暂不强求；四要尊重隐私，对采访对象的收入支出、年龄大小、恋爱婚姻、信仰政见不宜主动询问，如确须了解，也要讲究提问方式与场合。要做到以上几点，记者首先要具备良好的素质，并在采访前认真做好准备，以保证提问准确及时，思维清醒敏捷。如果提问语无伦次、词不达意，或出语肤浅，信口开河，不仅使对方难以配合，也会失去信任与尊重在此基础上，记者还要注重把握体姿，通过能使对方产生良好印象的站立、就座姿势，以及目光手势表情等非语言符号的情感因素，向对方传达一种知书识礼、具有一定文化修养的礼仪信息，赢得对方好感。但是，保持体姿也要适度，太过分了会给人矫揉造作之感。

二、时时处处礼貌待人，取得采访对象的合作

据载，某报记者采访在我国工作多年的一位美国女专家时，因路上堵车比约定时间晚

到２０分钟，尽管其一个劲地道歉，这位女专家还是直言不讳地指出："你对我这个老太太失约，恐怕不合适吧。"她认为，遵时守约是国际礼仪中最基本的原则，自觉兑现许诺，是一个现代文明人所应具备的优良品质。这位女专家话虽不多，但包含着一个礼仪也要与国际接轨的大问题。如遵时守约、女士优先、不妨碍他人等，否则，就容易妨碍国际交流，影响双方的沟通与合作。同时，记者在采访前还要尽力了解采访对象的经历、职业、年龄、专长、习惯等，以便在采访中心中有数，防止言语失误。尤其采访工作较忙的政界领导、企业经理及知名人士时，要事先有约。如对方因连续工作而身心疲惫，或将参加重要活动，记者要主动将采访时间后延，非采访不可的，也要征得对方同意。当然，在前往采访时，对知名人士献上一束鲜花，给前辈长者捎去一些水果，也不失为礼貌待人、表达感情的有效方式。有一次，某记者采访日照市莒县一位民间画家时，了解到老人身体欠佳，就特意带去一些水果，使老人格外高兴，交谈之余还播放了自己书画作品的录像带，使采访进行得十分顺利。总之，记者在讲求礼仪礼貌方面需做到的还有很多，如不在公共场合大声喧哗，不在重要会议上打开手机等，这些看似"小节"的礼仪，其实体现着记者的综合素质，是采访艺术中不可忽视的重要因素。

三、在新闻业务中体现礼仪风范

（1）同被采访者保持一定距离。社交礼仪认为，人际距离在某种情况下也是一种无声的语言，分为私人距离、社交距离，礼仪距离、公共距离。美国心理学硕士邓肯说过："1到2米是人与人之间的安全距离，除非是你特别信任熟悉或者亲近的人，否则无论是说话还是其他的社交，逾越了这个距离，都会让你产生不安全的感觉，"

（2）注意对方的身份，提问得体。对于一些敏感的、涉及他人隐私的话题，突如其来的问题会让对方措手不及，有个性一点的采访对象干脆会拒绝回答，所以更要尊重采访对象，在征求对方意见，再以对方所能接受的方式提出。著名主持人杨澜说，采访美国前总统克林顿之前，克林顿的新闻秘书要求她不能问有关莱温斯基的问题。为了赢得这个采访，杨澜只是含糊地说，自己会把重点放在其他方面。到了采访时，杨澜认为如果自己不提到莱温斯基，就是作为记者的失职，她是怎样切入的呢？在阿肯色州的小石城，克林顿建立了一所以自己名字命名的图书馆，叫克林顿总统图书馆，开辟了一个专区，叫莱温斯基展区，保存和展示与这一事件有关的历史资料。杨澜问："听说你在以自己名字命名的图书馆里设置了一个特殊的展区，怎么会做这样的安排，这是你自己的主意吗？为何要把负面东西放进去？"这样的提问方式，没有提到莱温斯基的名字，却成功地问出了记者想问的问题，杨澜后来说："最终我还是问到了我想要的内容，但是因为我是从具体的细节入手，而且问的又是绵里藏针式的问题，没有太过难堪的克林顿，因此给了我想要的答案。"

（3）注意仪容和服饰，记者得体的仪容和服饰会给采访对象留下一个较好的第一印象，这个第一印象就是心理学上所说的"首因效应"，是人与人第一次交往中给人留下的印象，是在对方的头脑中形成并占据主导地位的效应。第一印象作用最强，持续的时间也长，比以后得到的信息对于事物整个印象产生的作用更强。对新闻记者来说，良好的仪容仪表既是自身个性特征、审美情趣、知识底蕴和文化修养等方面的彰显，又是与被采访者建立融洽合作关系的基础。为了更多地获取采访对象的认知，有经验的记者会因采访对象、时间、地点、场合的不同而穿戴不同的服饰。

四、新闻采访中普遍存在的礼仪失范问题

人的仪表其实也是一种语言，记者得体的仪表可以创造出一个和谐融洽的采访氛围，缩短彼此间的心理距离，构架起一座沟通的桥梁，使采访对象迅速进入采访情景，从另外一个角度来看，这也是记者感受环境体验生活、增强新闻报道可读性和深刻性的一个重要方面。

采访中容易出现的礼仪失范主要有以下几方面：

（1）不注意倾听，有些记者在采访过程中只注意提问，不注意倾听，一旦认为一被采访对象已经回答了自己的提问，就马上打断对方的话，提出下一个问题，个别记者根本不顾及被采访者的谈兴和情绪，一个问题接一个问题，用“连珠炮”式的采访，让采访对象承受很大的心理压力。这样被采访者往往被搞得兴趣索然，以致采访难以深入下去。个别记者在采访过程中东张西望，心不在焉、打呵欠或玩手上的笔，或是手机响后不征求对方同意就旁若无人地接听，这些行为都会引起对方的不满。记者一定要学会倾听，倾听，是记者争取采访对象配合采访的最好方式。因为只有对方认为你时他的谈话感兴趣，他才会滔滔不绝地向你讲述。一般来说，只要时间允许．就不要轻易打断采访对象的思路。有些一时没听清的问题，可以待采访对象讲完后再提出自己的疑惑，向对方求证和核实。

（2）不注意具体的风俗习惯。俗话说：“十里不同风，百里不同俗”，很多记者在开展新闻业务工作时，不遵守当地的习俗，导致自己的新闻业务工作寸步难行。

（3）不注意提问方式。很多记者在提问时，眼睛里只看到自己想要挖掘的事实，而没有采访对象。一位业内人士说过，新闻是人的新闻，失去了对人的尊重，任何新闻价值都将在新闻纸上沦陷。

16 岁的叶诗文游泳技能世界一流，但在 2012 年伦敦奥运会的新闻发布会上，无论记者提出怎样的问题，她的回答总是只有这样几个词“很激动、很兴奋、训练很苦”，以至于有记者最终提出一个问题：你是只会训练、比赛和拿牌的机器人吗？叶诗文，一个刚满 16 岁的孩子，人生第一次上记者会面临媒体的长枪短炮，她内心紧张、惶恐和害怕出错的心态实属正常。记者却不合礼仪地抛出了“拿金牌的机器人”这一称谓，恐怕叶诗文刚刚要对媒体打开的心扉，也会瞬间关闭。

五、解决新闻社交礼仪失范问题的对策

（1）提高个人礼仪意识，增强个人礼仪素质。记者应该在思想上高度重视礼仪问题，在提高综合素质的同时，把礼仪作为新闻实践活动的一大课题，切实提高自己的礼仪素养，努力树立良好的礼仪风范，以获取最佳的采访效应。在新闻采访活动中，记者礼仪是记者留给采访对象的最直接“第一印象”。这一“印象”往往影响着采访对象的情绪，波及采访效应，良好的记者礼仪是采访活动的绿色通道，记者要讲求仪容仪表，获取采访对象的认知；要注重言行修养，赢得采访对象的尊重；要时时处处礼貌待人，取得采访对象的合作。

（2）设计较得体的仪表风度。记者衣着打扮不仅应符合自己的年龄、身份、爱好，而且还要根据采访任务的性质、现场环境以及采访对象的不同而有所讲究同时，记者对采访对象服饰的悉心观察和细微刻画，有利于揭示被访人的性格特征，更全面地展现被访人的精神风貌。

【本章小结】

1. 采访的准备，既包括临时准备，又包括平时准备，即既要“临时抱佛脚”，又要“平时多烧香”，提倡“平战结合”，从而将采访活动推向最佳境地。

2. 新闻采访的准备工作是保证新闻采访顺利进行的关键。

3. 从性质内容上看，采访对象的访前心理可分为先期性心理和临访性心理。

4. 新闻采访目的受报道思想制约并服务于报道思想。

5. 娴熟的采访技巧能够帮助主持人深入挖掘新闻人物的思想，积极引发各方采访对象的观点碰撞，是成功采访的关键。

6. 注重言行修养，赢得采访对象的尊重，时时处处礼貌待人，取得采访对象的合作。

【案例分析】

杨澜7分钟准备50个问题

2009年2月22日美国国务卿希拉里来华访问引起了一阵媒体旋风，她把唯一的电视专访机会给了一位女性——东方卫视《杨澜访谈录》制作人杨澜。当时希拉里一身藏蓝色西服、配着别致的饰品，在众多随从官员的陪伴下出现在摄制组的视野中，现场的人体会到一种朝气勃发。为了平衡中外媒体的采访要求，希拉里的新闻官给《杨澜访谈录》安排了7分钟的采访时间。7分钟，这意味着采访的一切都必须以秒计时。为了这七分钟的采访，杨澜第一稿就准备了50个问题，在采访之前杨澜又把问题浓缩到20个，然后又在这些问题重新排序。

这是杨澜第一次采访希拉里，但并不是第一次见到希拉里。与1998年她作为第一夫人跟从肯林顿总统访华的时期相比，今天的希拉里显得更加轻松，这恐怕是自信程度的不同吧！当杨澜见到她本人向她提到这一印象时，希拉里爽朗的笑笑说：“也许是因为我够老了吧！”

刚一坐下来杨澜就跟希拉里说，因为我的时间太少了，所以希望您给我直接的简短的回答，她非常理解地点点头说“I will do my best（我一定尽力而为）。”要知道有的时候一个非常有技巧的被采访者如果想回避一些敏感问题的话，他可以把一些问题回答得非常冗长，很快就把你的采访时间耗掉，然后他就可以站起来就走。不过希拉里没有这么做，现场谈话的气氛很好。采访中杨澜就“巧实力”如何在体现中亚之行、定位两国关系的词汇、如何设立可实现的工作目标、是否增持美国国债等问题进行了采访，在希拉里谈兴正浓的时候，杨澜看见她的新闻官站在她背后频频做着“抹脖子”的手势示意我时间已到，而希拉里却对他摆摆手说：“不，我愿意回答这些问题。” 就这样，在希拉里的帮助下，采访时间从7分钟延长到10多分钟。

（根据《青年周末》采访稿整理）

这样的采访无疑是成功的，采访前充分又细致的准备，亲切简单的切入的方式既给希拉里留下了好的印象又为接下来的采访营造良好的采访氛围，有技巧的提问和有高度的问题使得希拉里愿意回答问题并延长了本次采访的时间。在杨澜接受青年周末采访时被问到有没有你特别想问但没来得及问的？杨澜回答道：“其实我本来准备的最后一个问题是‘你现在还有总统梦吗’。这个问题我觉得也是带有刺激性的一个问题，但最后一方面是由于时间实在是不够，另一方面我也有了一点犹豫，因为在谈完两国关系的时候，突然问这个问题，其实是比较唐突的。”这无疑又展现了杨澜作为一个采访者应有的风范，杨澜的眼睛里并不只看到自己想要挖掘的事实，也有对采访对象的尊重。

【课内实训】

1. 如果你是一名记者，得知第 23 届中国国际教育巡回展将会在近期在你所在城市展出，你决定进行采访，你认为应该怎样拟定采访内容？

2. 以 5 人为一个采编分队，采访在校老师对于当代大学生出国留学的看法，准备一次完整的采访。

3. 当你面对一个过度紧张的采访对象说不出话时，你怎么办？

【思考题】

1. 怎样理解准备对采访的意义？
2. 采访前应做哪些准备工作？
3. 何谓新闻报道思想？报道思想对新闻采访有什么作用？

第五章　新闻采访中期活动

【知识学习目标】

通过本章学习，了解采访中期的基本步骤、现场观察的内容及重要性、采访记录的基本要点和如何营造良好的采访氛围。

【能力培养目标】

能够观察采访现场，在做好记录的同时能控制好谈话的氛围。

【教学重点】

1. 采访中期的注意事项
2. 现场观察在采访中的具体功能

【教学难点】

1. 现场观察的重要性
2. 记录的注意事项
3. 如何营造一个好的采访氛围

【开篇引例】

幽默像走路，讲笑话像翻更斗

“阿拉伯数字 0，在逛街，迎面遇到也在逛街的阿拉伯数字 8，擦肩而过的时候，数字 0 忍不住哼了一声说：“胖就胖嘛，干吗把腰带系那么紧!”。

这个笑话，是小戈很喜欢的笑话，每次说的时候，在座的人也都会笑。如果，小戈说完这个笑话的时候，另外有人接着说：“真的耶，我们上学期的生物老师，真的很爱把腰带勒在大肚子的正中间哦……”

如果谈话这样发展，那小戈说的这个笑话，就算是发挥了带动话题的功能，可是，很多笑话并不能带动话题喔。不但不能带动话题，有时还会停止话题。不信的话，你下次试试看在热络的谈话中，硬生生插进去一个笑话，看看会不会中断热络的气氛。

比方说，大家正在讨论奥斯卡典礼上，女明星谁穿得最漂亮，有人说卡麦隆·迪亚兹，有人说娜塔丽·波特曼，这时你忽然想起这个笑话，唯恐忘记，赶快开口：“我问你们，我问你们：“世界上，哪一种鸡，跑得最慢？”这时大家只好停下来，礼貌地猜几种鸡，配合一下，然后你宣布答案：“是妮可鸡，因为妮可·基曼！哈哈……”我想你应该有九成的机会，让原本热络的谈话，立刻冷却下来。

请试着了解：幽默感跟笑话，是两件事。有的人讲话很有趣，很吸引人，但却很少讲什么现成的笑话。就像很会煮菜的人，不会把罐头浓汤热一热就端给你喝，还期望你说“真好喝”。笑话不是万灵丹，谈话中一定需要万灵丹的话，好笑或有趣的故事，应该会比笑话有效果得多。

我朋友中有几位是台湾的原住民。他们常常讲起一些因为文化差异而造成的好笑的事，每次讲出来，都让谈话变得好活泼，比方他们说："原住民不免被平地人影响，学了些平地人的习俗"。有次，部落一位老人过世，学平地人的葬礼，在灵前点了两根白蜡烛，可是部落的小朋友没看过葬礼点蜡烛的，看到那两根白蜡烛现场的小朋友都赶快拍着手开始唱"祝你生日快乐……祝你生日快乐"。

这样的故事，会带动大家都讲些在葬礼中的糗事，或者是去异地做客时遇到的趣事，因为是生活中的故事，而不是大家都不知道怎么接话的罐头笑话，当然是比较能引起谈话众人参与的兴趣。

讲话幽默的人，就像走路好看的人，你跟她走在一起，会觉得很平常的走路也是赏心乐事。而讲笑话比较像翻跟斗，翻得好不好姑且不说，但其实很少人喜欢跟一个没事就翻跟斗的人一起走路的。

（蔡康永《说话之道》）

其实说话跟新闻采访是一个道理。首先，你要营造一个可以说话或者可以采访的氛围；接着，要和你说话或者要采访的对象有一定的交流对话过程；最后，你会在这个过程中得到你想要的一些信息。本文的这个案例通过对笑话与幽默的比较，得出调节气氛虽好，可不要过度。在采访新闻的过程中也是如此，不要刻意去展现你讲笑话或展现幽默感的能力，也许结果会是适得其反。

第一节　注重现场观察

一、现场观察的含义

早在 20 世纪 80 年代初期，国际新闻界就已把现场观察作为采访活动的主要手段与形式加以强调，日本等国的许多新闻学者都指出：现今的国际新闻界已到了现场研究者时代。美国一位学者指出：如果你想当一个一流记者，你就必须到现场去。特别是在形象化的电视新闻的压力下，多采写现场目击性报道，是报刊、通讯社等与之抗衡、竞争的重要手段。我国新闻界在这方面也早有认识和动作。1989 年 10 月，中共中央宣传部委托中国记协举办"现场短新闻"评奖活动，北京地区 22 家新闻单位参赛。随后，各地相继展开此类活动，中央到地方的报纸也纷纷开辟"视觉新闻""现场实录""目击录"等专栏。

新闻采访过程的基础工作是现场观察，而新闻工作者作为观察的主体，要在意许多事物，尤其是要看清楚事物之中错综复杂的关系。要想新闻采访有良好效果，只有进行正确的现场观察。

巴甫洛夫把"观察，观察，再观察"作为座右铭，这对新闻采访现场观察也是一个极大的启发。观察也是千差万别的，不是所有到了现场运用视觉的记者都能观察成功的，有的可能满载而归，有的可能空手而回，这与记者现场观察的能力和方法有着直接的关系。善于现场观察的记者，往往就能采写出生动的、有特色的"视觉新闻"；而不善于现场观察的记者，往往采写出的新闻只能停留在一般化的水平上。这就说明，观察并不是随心所欲的，也有自身的方法可言。

所谓观察，它是一种有目的、有计划的知觉行动，是人对现实感性认识的一种主动形式，是人们直接用肉眼或者借助于仪器获取信息的过程。所谓新闻采访的现场观察，是指记者的大脑及眼、耳、鼻、武感觉器官同时运作，以眼为主，从而使主观认识与客观实际相一致的现场采访形式。通俗地讲，就是指记者用眼睛采访。显而易见，记者在进行现场观察时，如何强化视觉功能有其突出的意义。难怪美国著名盲人女作家海伦·凯勒说过："'如果我是个大学校长，我就要设置一门必修课：怎样利用你的眼睛。'那里的教授必须指导学生怎样认真地观察从他们眼前经过而不被注意的景物来丰富他们的生活。"

二、现场观察的重要性

强调现场观察即是强化视觉功能。以往谈及用眼睛采访的重要性，总离不开"耳听为虚，眼见为实"及"看比听真切"一类的道理。这些话没错，只是道理浅显了一些。从有关原理出发，我们应当这样认识这个问题：

第一，人的一切认识活动都必须靠感觉。离开感觉，人的一切认识活动都无法进行。记者的采访活动，究其实质是认识客观实际的活动，因此，也必须从感觉开始。

其二，感觉是由人的感觉器官与客观实际相联系的反映。例如，闭上眼睛，用手触摸物体，碰上纸，知道是纸，碰上木头，可分辨是桌子或椅子。

其三，视觉是最灵敏的感觉器官。比较其他的感官视觉是认识事物最灵敏的感官，因而也是最主要的感官。从客观现实中接收的信息，约 85%是由眼睛完成的。因此，在采访活动中，记者应当自觉强化视觉功能。

三、现场观察在采访中的具体功能

（一）能核实新闻事实的真伪增强新的可信性

《吕氏春秋·察传》中指出："闻而审，则为福矣；闻而不审，不若无闻矣。"许多新闻报道失实，或是人们感到可信度不高，其主要原因之一，是记者仅凭采访对象的口头介绍或摘编文字简报进行报道，记者没有到现场去看个究竟，心里就不实在。心里不实在，笔下就不实在，故报道的可信度难免不高。若是听了之后再去新闻事件发生的实地看个究竟，事实的真伪就容易验证，笔下出来的新闻报道就能具体、实在且具有真情实感，人们也就信服了。例如，美国社会曾一度传闻纽约伯勒克威尔岛精神病院存在虐待患者的严重不法行为，简直到了骇人听闻的地步。但由于精神病院对外控制十分严格，事实真相难以搞清楚，故人们对此传闻将信将疑。女记者勒丽·蓓蕾精心装扮成精神病患者，让人送入了这个精神病院。在入院的近 4 个月的日子里，她经历了一次又一次令人难以忍受的虐待，目睹了病患的非人生活。当她把一切真相都核实清楚后，便又设法逃离了出去。因为所有事实皆出于记者的亲身体验，可信度就极高，故一经报道，就引起社会的强烈反响，勒丽·蓓蕾也一举成名。

（二）能激发鲜明、生动地表达事物的灵感，增强思维的敏捷性

许多记者都常有这样的感受：有的时候，一般的材料有了，主题也较明确，但苦于找不到鲜明、生动的表现形式，若是细心观察，或许一个很平常的现象，也会触动心灵，使

大脑豁然开朗，迅速把全部材料有机地组织起来，使观点、材料得到深刻而又新颖的表现。

这一现象涉及人的思维心理活动过程中的豁朗期问题。人在认识事物的活动中，最后必然要进入一个高级思维阶段，这个阶段又具体分为准备、酝酿、豁朗和验证四个时期。苦苦思索某个问题时，说明思维尚处在酝酿期。心灵受到触动，头脑感到豁然开朗，则说明思维已进入豁朗期，灵感活动已出现。所谓灵感，是指人们对长期思考着的问题突然受到某种启示从而促使解决时所产生的心理，属于感觉之一。所谓灵感活动，指思维者由于对问题经过了充分的酝酿后，常常因一个细小的事物、场景或一句平常的话语等所触发，产生牵一发而动全身的效应，使原先苦苦思索的问题突然得到解决，大有豁然开朗的感觉。

（三）能加深对主题的理解，增强新闻的深刻性

人们对客观事物的认识过程，实质是从现象到本质、由感性到理性的不断深化、飞跃的心理活动过程。较好地发挥视觉功能，正是促进这一心理活动正常进行，从而使人的认识深化、飞跃的一个必要条件。如某报记者柏生，在采写《韧性的战斗》一文时，原先她也知道科普作家高士其一生意志顽强，虽早已瘫痪在床，但晚年仍坚持向秘书口授作品而著书立说。这固然是韧性的体现，但柏生总感觉不甚具体、深刻。原因是她没有通过自己的感觉器官去亲身感受主题。于是，柏生改变采访方式，走进高士其老人家里，用眼观察，终于目击了一系列足以使主题深化、认识飞跃的细节。如高士其老人每天在病床上都要与一小女孩做来回抛送彩球的活动，每抛送一次，他都得费很大的气力，显得十分痛苦。老人为何要如此自找苦吃呢？因为他知道，一旦自己动弹不了，也许就永远不能活动了，创作活动也就停止了。所以，他以极大的毅力，每天有意识地进行这种手臂腿脚的锻炼。由此，柏生对高士其老人的“韧性”有了深切的感受，报道的主题也就揭示得入木三分。

（四）能为通俗地解释事物提供前提，增强新闻的可读性

记者在采访活动中常会遇到一些难以介绍、叙述的事物，特别是采写科技、经济、军事等方面的活动报道，因涉及的专业技术术语较多，若是记者置身新闻事件发生的现场，通过视觉去感受一番，就容易理解、认识，并容易产生形象思维，将报道写得通俗易懂。

（五）能使采访对象触景生情，增强认知的可能性

采访时，记者不但要强化自己的视觉功能，同时也应注意调用采访对象的视觉功能，这样，便可加速采访目的的实现。譬如，采访中，一些采访对象吞吞吐吐、欲言又止，往往是一种假象，其主要原因，是事情发生已久，一时难以回忆。若记者能果断、准确地做出判断，有意识地将采访对象约请到新闻事件原来发生的现场，则往往能促使对方触景生情，迅速产生认知。记者只需稍加启发，甚至不用开口，对方的话匣子就能打开。例如上海某医药仓库某日发生火灾，一青年工人在扑灭火灾、抢救财物的战斗中表现尤为勇敢、突出，当记者约他到仓库主任办公室采访时，该青年或是吞吞吐吐，或是讲几句“这是应该的”“没啥可讲的”之类的话。记者判断该青年不愿谈只是一种假象，于是，请他到火灾现场接受采访。一到当时新闻事件发生的现场，该青年便滔滔不绝地讲开了。

四、提高现场观察能力的方法

新闻记者在进行现场观察的过程中，必须依照新闻采访的固有规律以及自身特点，结

合新闻报道的特定任务要求，来现场发掘活动或事件中存在的新闻价值。只有这样才可能写出一篇精彩的新闻报道。要想提高新闻报道的质量和水平，记者就必须提高新闻现场的观察能力。提高现场观察能力要做到以下几点：

1. 保持浓厚的好奇心，特别是对新鲜事物

新闻记者必须首先具有好奇心，否则在这个行业上永远也入不了门。对一个记者来说，应该 24 小时进行新闻现场观察。记者无论在平时工作中还是采访时，都应该时刻注意观察，要对周围的每一个事物保持一颗好奇心，只有这样才能获得珍贵的写作素材。

2. 在采访过程中应确保目的的明确性

在观察的时候带有目的性，才能发现一个有效的新闻线索，而记者在进行采访时的采访目的与任务的明确性，对一个新闻的采访效果也有至关重要的作用。记者在采访的过程中，要时刻考虑到新闻采访的主题、受众特点以及新闻写作的体裁。不同的新闻主题对记者有不同的观察要求，记者在采访时必须根据特定的主题，有针对性地进行观察。在采访的时候同样也要考虑一则新闻的体裁，比如在一个特写的题材中，进行采访的记者必须牢牢抓住每一个精彩的瞬间，并且，集中精力捕捉尽可能多的细节，这样才能写出生动鲜活的新闻作品。

3. 在新闻采访过程中应占据合适的位置和时机

记者要想对某一事物进行观察，就应该认清自己所处的位置，在这个过程中应结合一定的科学原理来进行精心选择。角度能否成功选择，会直接影响观察效果，甚至会影响到采访的成败。因为观察角度的不同会导致其对事物的认识程度存在不同，所以记者应选择那些能够体现主体主要特征的角度，以此来进行观察，同时在观察的过程中也应确保选取时机最有利。记者在进行现场观察时，应根据采访任务的需要来选择合适的观察时机。新闻事件是一个不断发展的过程，这个过程有时可能会比较长，所以应该在最有利的时间段进行现场观察。比方说记者在进行人物的专访时，应选择该者最关心的问题，同时也应在采访对象感受最强烈、最深刻的时候对其进行观察和采访。

4. 在新闻采访过程中实现思维和视觉的有机结合

观察并非只是进行一种无意识的机械录像，观察主要是在一定的报道思想和新闻主题的指导下来进行一种思维活动。新闻记者在观察时需要对视觉功能加以使用，但又会受到一定的思维限制。大脑思维活动和眼睛视觉观察是密切联系的，并且是相互牵制的，通过视觉的观察可以引起一定的大脑思维，而大脑思维又能作用到视觉观察。也就是说，大脑思维活动对视觉活动具有能动的反作用，其能够调整和指引视觉活动。首先，人们可以通过现场观察来向思维提供粮食营养。相反，人们又能够通过思维活动来对所观察的现象加以分析、理解、判断，并及时对其加以整理加工。在这个基础上，对所见事物的发展变化脉络以及事物之间的因果联系加以分析，并对事物活动的主要目的和动机策略进行分析，也包括采用对比的观察方式来比较相关事物。发现不同事物的相同和相似之处，并从这些相似的事物中找出它们之间的主要差别。只有这样，我们才可以透过现象发现本质，从局部看到全局，从当前的事物中进行事物未来趋势和发展历史的分析。

五、现场观察的注意事项

不是所有到了现场运用视觉的记者都能观察成功的，有的可能慧眼识真金，满载而归；有的则可能两眼一抹黑，空手而回。关键取决于记者现场观察运用视觉时的技能掌握与否，具体的事项注意了没有。这些注意事项主要有：

1. 明目的

目的明确后，方可有效地把注意力集中起来，指向一定的观察目标。因此，每次到现场之前，记者一定得先用大脑思索一番：我这次是为了什么需要而观察？到现场后应重点观察哪些事物？……否则，毫无目的漫无目标地随便看看，一定没有观察效率可言。

2. 多请教

在现场观察中，记者应主动请教采访单位的行家或是熟悉情况的人，在可能的情况下，应尽可能请行家陪同观察。常言道：懂行的看门道，不懂行的看热闹。所谓门道，即人对事物的认识程度。记者观察事物当然不是看热闹，但因受行业及知识的局限，也不可能样样看出门道。譬如看一场京剧或越剧，某演员是师承哪家、什么流派、功底如何等，并不是每个记者都能一下子看明白、说清楚的。若是请位行家坐在身边，看不懂的地方，可以随时请教；说错了，也可当即得到行家指正。这样便可提高观察效率，保证对事物认识的准确性。

3. 抓特点

人们在思维过程中，应该将客观事物某些有特点的方面提取出来，然后与有关事物联系起来进行比较，并在此基础上抽出事物共同的、本质的特征进行概括，最后形成概念和产生认识。记者进行现场观察时应顺应这一思维过程，即在俯瞰全局的基础上，凭借锐利的“新闻眼”，突破全局烛幽探微，抓住富有个性特征的事物，继而达到认识、反映事物的目的。通俗讲，就是要顺应观察的程序，即先面后点，抓取特点。正如彭真同志所形象比喻的那样：“你看见过老鹰抓小鸡吗？老鹰不是瞎撞乱碰就能把小鸡抓住，而是先在天空盘旋飞翔，发现地面上的小鸡，看准了，就一下飞了下来，抓起小鸡，腾空而起。它成功了。老鹰盘旋飞翔是在做调查研究，看准目标，一下抓住……记者的工作方法，要学老鹰抓小鸡，先做好周密细致的调查研究工作，发现典型事情或问题就要深入下去，抓住不放，直到采写成功。”

4. 选地点

“横看成岭侧成峰，远近高低各不同。”记者在观察某一目标时，自己应置于何处，这并不是随便可以决定的，应依据一定的科学原理精心设置，否则将直接影响观察效率。观察点的选择与设置应注意两点：

（1）掌握一定的明度，获得较好的感受效应。所谓明度，即作用于观察目标表面的光线的反射系数，也即通常讲的能见度。所谓感受效应，即指刺激物的强度作用于肉眼所发生的效应。实验证明，人的视觉的产生，是因为一定量的刺激而产生的。刺激量过小，看东西则吃力、模糊，不能引起感觉；过大，看东西则刺眼、花眼，又影响视觉的感受效应。一般情况下，这一刺激主要由光的强度承担。实验又进一步证明，照在观察目标表面的光的强度如果是适中的，是在规定的电磁振荡的波长之间，那么，观察目标表面的反射系数就大，明度就强，人的视觉感受效应就好，所观察的目标也就清晰。在现场观察时，记者应这样掌握明度：若是在室内与采访对象交谈，则尽可能使双方坐在靠门、窗或灯光处，便于清晰地感受采访对象的音容笑貌和神情语态等；在观察某物体时，应尽可能使自己处在物体的感光面，即记者可以背光，而不能让物体或目标背光；在记者与观察目标之间以及目标的背后，不应让过强的光度出现在记者视线内，否则，将会影响视觉的感受效应，即通常所讲的“刺眼”现象。

（2）巧择适宜的视角，增强视觉的敏锐程度。所谓视角，即观察目标最边缘与眼球连线所成的角。所谓视角的敏锐程度，即指人眼分辨细小、遥远的物体以及物体细微部分的能力。视角决定视觉的敏锐程度。实验证明，物体在人的视网膜上所成影像的大小，与物体本身的大小及物体和眼球之间的距离有关。因此，记者在现场观察时，应这样选择视角：

第一，记者与观察目标应正面相对。例如，有经验的记者参加某一记者招待会时，只要不硬性限制，他们往往抢占与会议主持人正面相对的位置。实践证明，这一视角是最好的，若从侧面或背面目视会议主持人，视觉的敏锐程度则难免受到影响。这一认识已为越来越多的记者所认同。

第二，应尽量接近观察目标。一场篮球或足球赛，记者往往将篮架下、球门旁作为观察点，其目的就在于增强视觉对进球瞬间的敏锐程度。

第三，应避免听觉刺激对视觉的干扰。人的感觉神经都是紧密相连、互相作用的，听觉刺激过强，能够使视网膜发生变化，以致影响视觉敏锐度。因此，在可能的情况下，记者应尽量避开人声嘈杂的地点，置身较为安静之处静心观察。

第四，观察时还应当注意动观与静观相结合，既不能东游西荡无固定地点，也不能死守一地，应根据现场情况变化而机动灵活地调节。如 2011 年上海电视台记者夏进在采访全国“两会”期间，当众多记者在大会堂前将代表、委员团团围住之时，他或是攀上自备的小梯子，居高临下静静地拍摄，或是穿上他精心准备的滑雪衫，使出他以前在学校打篮球时练过的卡位战术，硬是挤到代表、委员面前近距离提问，动静、远近结合，显得十分自如。

5. 善用脑

有些记者身临实地采访，亲眼看了现场，却抓不到有价值的材料，症结何在？主要是看而不察所致，或者是不善用脑所致。看不同于察，看是指眼睛注视一定的对象，察则指分辨事物，要开动脑筋思索。司马迁说得很富有哲理：“不听之以耳，而听之以心；不观之以睛，而观之以心。”这就要求记者在强化视觉功能时，要同勤于善于用脑思考问题紧密结合起来。大脑是思维活动的主要器官，停止用脑也就等于停止了思维活动，因而视觉也就失去了效应。实践证明，脑勤方能眼尖，心明才能眼亮，那些只有在头脑中反复思考、渴望求之的事物，一旦出现在眼前的时候，记者才能及时感知、辨别和捕捉它们，并可预见它们的到来。有经验的记者在观察时抓新闻显得很敏感，看上去好像带有某种偶然性，其实，这正是他们勤于、善于用脑的必然结果。如果只是满足身体到现场和眼睛看到东西，而不用大脑积极进行思考，那么，有价值的新闻事实即使将要或已经出现在你的面前，你也可能视而不见，以致失之交臂。

第二节 做好采访记录

一、采访记录的方法

（一）心记

心记，就是记者和采访者在现场访问时，将所见、所闻的真人真事的材料强记心中。心记，又叫默记、诵记、脑记，心理学叫“有意识记”，适用于容易紧张的采访对象，或者拒绝记录的对象。

通过心记可以记录到一些较深刻的事实材料，心记虽然十分考验记录者的记忆力，但并不是没有方法的，我们可以通过以下方法进行学习：

（1）通过感知强烈的动机促进记忆。

（2）在平时中观察越细致，记忆力越强。

（3）做事情的时候注意力越集中，记忆力就越强。

（4）充分理解和领会采访对象的意义，可以增强记忆力。

（二）笔记

笔记是指记者在采访时，将所见所闻所感的真人真事的材料，通过手中的笔，记录在采访本中的一种记录方式。

笔记的记录形式主要有四种，分别是：详记、简记、缩记、略记。

1. 详记

有闻必录是 19 世纪 80 年代以后中国新闻界流行的一句口头禅。最早出自 1883 年 6 月 10 日上海《申报》的一则黑旗军获胜的新闻。文中写道：“此信不知自何而来，官场中亦多有传述。是真是伪，万里关河无从探悉，亦以符有闻必录之例云尔。”作为一种新闻思想，有闻必录在 19 世纪 70 年代的《申报》上已有所表述。它当时的主要含义是：只要是听到有人讲过的事实，报纸就可以报道，至于真伪如何，报馆不负责任。从此，这句口头禅作为报馆回敬外界各种指责的护身符、挡箭牌而流行起来。这句话的另一次要含义是：报馆所听到的重要新闻都应照样登载，不要因利害关系和其他主观因素决定取舍。这种观念在当时一直不占主要地位。有闻必录的说法与中国古代的御史制传统有关，是中西方传播观念融合的一种畸形产物。详记用一句话概括则为：听到什么，不管对不对，全都记录下来。

2. 简记

有针对性地在采访本上记一些重点的、有意义的、主要的事实和内容，或者记一些易忘的材料。还应记下富有新闻价值的信息（比如重要的新闻线索）、不能以其他语言代替的信息（比如材料、人名、地名、物名、要原文引用的来访对象的语言等）。存疑的内容也应记录，如记者记下采访的叙述与事先了解的情况不符的部分，以留待日后查询、核实。

3. 缩记

可使用一些自己创造的简便的符号代替繁杂的词句。

4. 略记

用最快的时间写出听到的内容，同时进行略写，可以很简单很直白地表达出你想表达的大致意思。不需要很多文字，只需要把你所听到、看到的、能够表达中心思想的词语写下来。

虽然笔记有四种记录的形式，但是无规矩不成方圆，它也有其一定的要求：

（1）因事因人而异。

（2）手记应该和心记结合运用。

（3）笔记可以和画记相结合运用。

（4）既要记得好，又要记得快。

（三）图像记录

包括新闻照片、新闻录像以及现场做的图画。其中记录图画的特点是：一快、二准、三形象，记录的图画主要是画出事物位置的方位图，画发展过程的方位图，画各种器物的草图，画人物相貌的速写等。

（四）录音记录

录音记录就是指用录音器材作采访，记录一些重要事件和人物，特别是人物专访常用录音记录。录音记录的长处和特点是：一快，二准。一些重要事件的采访以及人物专访，最好充分利用录音做记录。因为它记录得准确、真实，不但为新闻和其他写作提供可靠材料，而且在必要时还可作为证据材料。

二、记录内容的主要范围

记者虽已将大部分的注意力放在记录上，但因为注意力毕竟同时指向几个方面，加上注意力有转移性和分散性，况且，一支笔永远赶不上一张嘴，因此，在具体记录时，对所记内容也应有所侧重和选择。一般说来，记者应注意记以下几方面的内容：

1. 记要点

采访时，记者不可能也没必要记下采访对象所述的全部内容。因此，注意力首先应当放在记录要点上。所谓要点，即指新闻事实的关键材料或新闻事件发展过程中的关键之处，其中包括：事件的起因、转折及产生的后果，人物及其活动的典型细节，工作的主要经验与教训，重要的背景材料等。

2. 记易忘点

易忘点一般包括时间地点、人名、数字及各类业务的专用术语等。这些材料不太容易长时记忆，也容易搞错，因此应当场笔录。

3.记疑问点

由于多种原因，造成采访对象所述的事实与客观实际不符，或与记者掌握的、旁人介绍的有出入，会使记者产生某些疑问。对这些疑问，记者应及时笔录，可以在所记材料旁，用自己熟悉的符号或简短文字注明，等对方谈话告一段落时，再请对方补充说明，或向知情者核实。

4. 记采访对象的思想和有个性的语言

即指记录采访对象思想的“闪光点”和能反映其心声、体现其个性特征的话语。思想是新闻人物从事活动的原动力，语言是新闻人物思维心理活动的生动体现形式。新闻报道在某个关键时候，若能展示一下新闻人物特定的思想“闪光点”，或恰到好处地引用一两句人物有个性的原话，一来能展现人物的思想特征与风貌，二来能增强报道的亲切感和可信性。

有些记者直到写作时，尚不能把握人物的思想，只是习惯于用一个模式去处理人物的思想，去塑造“高、大、全”的“机器人”。由于没有在采访中注意记录采访对象有个性的原话，因而写作时只得自己站出来从模式里倒出几句“闪光语言”，来代替人物空喊高叫几声。结果，势必让人感到记者笔下出来的人物，千人一面，千人一腔，虽可敬，但不可近不可信，更不可学。例如，当年上海媒体有关青年女工陈燕飞下水救人的报道很能说明问题。自她在奋不顾身地下水救人后，许多新闻单位都争相进行了报道。应当说，有关报道的作者本意是好的，但由于采访不深，报道时没能交代陈燕飞本来就会游泳这一事实，也没有展示陈燕飞向所有记者陈述的她之所以敢下水救人的原始思想和原话，而只是过多地用人为拔高的思想和人们司空见惯的豪言壮语强加在她身上，结果，陈燕飞的形象反而不能令人信服，陈燕飞本人也自感压力很大，有苦难言。几天后，作为姗姗来迟的上海《青年报》记者何建华所采写的《陈燕飞谈救人前后》一文却获得意外成功。该文如实地援引了陈燕飞的思想和话语：“我敢下河救人，也是有一定把握的，我小学四年级就学会了游泳，读中学时受过训练，进工厂后又当过两年救生员……事后我跟好多记者都谈过我会游泳，可不知怎的，他们都没写出来。”

“现在我做了一件好事，人们把我说成英雄，其实我还是我，一个普通的女工。”朴实无华的语言，真挚感人的思想，使一个令人可敬可亲又可信的人物形象站立到人们眼前。难怪不少读者看了这篇报道后连连感叹：这才是真正的陈燕飞，这才是生活中的先进人物。

应当提醒的是，人物的思想和有个性的话语，应当真实地记录，不能因经过记录而走样。

5. 记观察所得

著名作家刘白羽曾经说过，访问人家，也不是光记，对方的表情、言谈笑貌、特征，房屋的陈设，都应在对方不知不觉中观察得清清楚楚。首先是记采访对象的谈话，仅次于此的则是捕捉、记录对方的神情、装束及环境布置等，如手势、相貌、动作变化、服饰、环境布置、陈设及天气等。这对新闻报道生动感人、有立体感，对揭示新闻主题、刻画人物个性常常起到独特的作用。例如，著名记者格洛里亚·斯塔纳姆对世界著名演员迈克尔·凯恩的报道有如下成功的描述：“他有 20 副眼镜（可能是他用胶布粘一副破眼镜时学聪明的），但是戴着的这副，镜片上却满是指纹。六尺二的身躯看来颇为高贵，只是头发蓬乱，领带歪斜。当他呷着咖啡又点上一支吉坦烟的时候，没有金色烟盒和打火机的闪光，只看见一些书型火柴和一个压扁了的小纸盒。”寥寥几笔，入木三分地刻画了大演员不拘小节、不修边幅的个性。

6. 记录记者的联想

在听采访对象叙述时，记者常会产生一些联想，如这个材料好，可修订或充实原已选定的新闻主题；那个材料虽不错，只是浅了些，还需要深挖，等等。这些联想可能稍纵即逝，因此，记者必须及时记录在所记的同类材料旁。这实质也是个边采访、边构思和由浅入深、由此及彼的思维过程，采访一结束，稍加整理，便可进入写作阶段。

外国新闻学家普遍认为，所谓记者，不仅是个问者、听者、观者，要是个“记”者，不管采访设备如何先进，记好笔记永远是记者的一项重要技能。在西方，许多记者认为，如果你不能做笔记，就不必干记者这一行。即使是在十分困难或对方不让做笔记的情况下，许多记者也要想方设法做笔记。例如，美国记者约翰·根室常在妻子的帮助下暗中做笔记，在东京的一次宴会上，根室感到周围的谈话十分精彩、迷人，就起身道了歉，走进男厕所，迅速在一张信封的背面把内容记了下来。有些记者出席宴会则带一张报纸，掌中藏一支短铅笔，一遇有价值的材料，就偷偷以膝盖当台子，利用广告空白处记录。即使是在录音器材普及的今天，记者采访仍然应以笔记为主。因为录音器材虽能较准确地录下对方的全部谈话内容，但在写作前要重新播放整理，这就等于再进行一次笔记。同时，对新闻的生动性、时效性尤为不利，正如美国新闻学教授阿伦森所说的那样：“一部电子装置不断冷酷无情地转动着，录下了你的被访者的每一句话，如果他意识到这一点，他讲起话来可能不那么自然了，就会开始做起不是你所需要的讲演来。”

三、记录的注意事项

究竟应如何做笔记没有定律，应当因时因地因人而异，全靠记者在实践中摸索。有两个事项要注意。

第一，行与行之间的空白要留得宽一些。这便于记者随时补充和改正同类材料，还可插入记者的思索联想和认识。若是行与行之间搞得密不透风无“立锥之地”，那么，有关方面的材料就很插入，假如另辟一页记录上述材料，无疑又增加了最后整理笔记的难度。

第二，字迹应尽可能工整。在快速的前提下，记者做笔记时的字迹尽量工整清晰，特别是涉及人名、时间数字、符号等关键字眼，应当一笔一笔地记清楚。若是乱涂乱画，当时记录可能明白，事后整理笔记时，恐怕就难以辨认了。此方面的教训，举不胜举。

第三节　创造良好的采访条件

在采访活动即将进入或已进入执行阶段时，除了一些必要的采访方法、技能、技巧要掌握外，应特别注意创造一系列必不可少的、良好的辅助条件，这是采访活动有效率的重要保证。

创造良好的采访条件需注意以下几方面问题：

（一）商定适宜的访问时机

新闻界至今有个倾向，即单方面、一厢情愿地由记者决定采访时间，如或是打电话通知对方，或是带口信告诉对方，甚至“不宣而战”，这就于活动效率很不利。由于采访对象所从事的职业、所处的社会环境不同，工作、生活规律也就不尽相同，所以，记者很难在访问时机上作出统一的规定。根据有关原理，结合因人、因时、因地制宜的原则，适宜访问时机的选择有两个环节应掌握：一是让采访对象自己约时间；二是与采访对象一起工作或生活片刻。

一些记者通常很注重访问时机的商定。在他们看来，贸然打电话给采访对象，让人家马上给你半小时或更多的时间，这是不明智的举动。他们特别认为，事先约定采访的时间，能便于采访对象有时间做思考准备。例如，美国记者马克斯·冈瑟有一次采写关于儿童自杀的报道，他拜访了一家精神病医院的院长，约定 3 天后正式采访。院长对他说："欢迎你来找我，可我实在觉得不能给你多大帮助。"然而当 3 天之后再次造访时，院长满面春风，露出成功的笑容。冈瑟说："3 天之中，他与其他医生进行了交谈，为我搜集了齐全的采访对象名单，不仅如此，他甚至还为我跑了图书馆。他递给我一张纸条，上面开列着刊载儿童自杀病例的医学杂志的参考目录。"

（二）设计得体的仪表风度

首因效应或第一感觉、第一印象，是关于对外表特性的效应、感觉和印象，主要包括容貌、穿戴、气质等。外表的魅力虽与容貌等"爹妈给的"先天因素有关，但主要因素不在这里，在其中，人的服饰打扮起着十分重要的作用。

一般说来，记者的服饰打扮有个原则，即得体、大方，同采访的场合与采访对象的服饰习惯要相吻合。正如有些记者所说的那样：做记者的在穿戴上最没有个性可言，记者应当是什么衣服都能穿的人。具体而言，记者的服饰打扮应从两个方面予以设计：

若到机场、会场、剧场、宾馆等场合采访外宾、领导、专家、演员等，不妨着意修饰、装扮一番，面料、款式、品牌应有所讲究，甚至连擦去皮鞋灰尘、抹点鞋油等细节也不应忽略。

若到车间、大田、连队、矿井、牧区等场合采访普通群众，则尽可能朴素平常，若是修饰过头，则恐难在情感上与普通群众沟通。

（三）讲究文明的言谈举止

在采访中，记者稍有不慎，或是一句话，或是一个动作，便可能导致双方正常交流受阻。这通常是因为这句话或这个动作刺伤了对方的自尊心，使采访对象感到受信任程度突然削弱，以至于做出改变交往方式和信息编码的反应。实际上，此时双方的相互需要并没有减弱，只是采访对象的情感心理发生了较大变化，以致感到受辱、困惑，因而报之以气，或报之以怨。

（四）营造融洽的访问气氛

人们从事任何活动都会产生一种情感，而且，什么样的情感便能导致什么样的活动气氛与效率。情感通常表现为两极性，即肯定或否定、积极或消极、热情或冷漠、紧张或轻松等对立性质。同样是对待记者采访，有些采访对象表现得热情和轻松，有些则表现得冷漠和紧张。

情感的两极性可以在一定的条件下互相转化，即消极可以变积极，冷漠可以变热情，紧张可以变轻松，反之也一样。转化的条件便是使用得体的调节技能。老记者习惯称这一做法为"拆墙"，即拆掉堵在记者与采访对象之间情感上的"墙"，从而使沉闷的采访气氛变融洽。

通常情况下，采访对象对记者来访表现消极、冷漠的只是少数，表现较多的是紧张，特别是一些基层群众，一见记者来访，往往紧张、拘谨得不知所措，甚至见记者镜头对准、录音笔开始录音，连原先早已背得滚瓜烂熟的话语也说不出来。据有关实验测定，这类采访对象由于受紧张情感的支配，视觉和听觉会在相当程度上出现呆滞、失灵，连正常的呼吸比例也严重失调——吸得短而呼得长，甚至出现呼吸暂时停止的“屏息”现象。由此造成的沉闷气氛，对记者顺利打开采访局面十分不利。此时，记者若是不按照科学规律行事，还是站在那里向采访对象谈一大通有关采访的来意、要求之类，或是连叫“别紧张”“放松”之类，那么，事情只能越弄越糟。一是采访对象被紧张的情绪缠绕，一般已听不进或听不全记者所说的内容；二是只能加剧采访对象的紧张程度。此时，记者应在情感上对对方进行调节。

调节应遵循原则与步骤有序地进行。原则是先避开正题，拣对方最熟悉、最感兴趣、最易回答的事物和问题为话题，与对方闲聊片刻。步骤一般分为三步：一是只需简单表明身份和来意，如“我是《光明日报》记者，来采访的”，然后自己找个地方坐下来。因为双方如果都站着，只会加剧紧张。一方坐下来，可以暂时缓解紧张气氛。二是趁落座之机，迅速用眼光扫视一下室内环境的布置和装饰，然后将视线停留在某件物体上，如墙上挂的全家合影照片，或是一幅山水画，或是茶几上放的一只花瓶等。三是以这一事物为话题，与对方闲聊片刻。正如美国一位新闻学者所说的那样：“谈些无关宏旨而可能引起对方兴趣的事，让他忘掉这是采访。除了那些大忙人以外，对于所有的采访对象来说，谈论琐事都可以顺利地打破僵局。”待对方紧张情感消除后，气氛融洽了，记者再相机行事，转入正题。所谓磨刀不误砍柴工，说的正是这个道理。

在采访重要事件和重要人物时，有些记者也常会表现出紧张。要战胜别人，首先要战胜自己。此时记者也必须进行调节。调节的原则与方法同对采访对象的调节基本相同。正如美国一位学者建议的那样：“在走进他的房间之前，舒展一下身躯，作几次长长的深呼吸。某些不安和紧张的心情就会消失。在走进去的时候，面露微笑，不要匆匆忙忙言归正传。不妨闲聊几句——即使谈谈天气也好。”一位美国记者有一次采访美国前总统艾森豪威尔的夫人时，显得有些紧张，于是记者沉住气，挑总统夫人的宝贝小孙子为话题先闲聊起来，结果，夫人高兴得无话不说，气氛十分融洽。

（五）摆正合理的相互关系

采访中，记者与采访对象之间的关系怎么处理，往往也是关系到采访效果的一个重要条件。而在这个问题上，记者的态度端正与否则是关键。记者应当自尊与尊重采访对象。只有自尊，才能产生提高自身修养的需要；只有尊重对方，才能有深化交往、发展关系的基础。

应当特别强调记者要尊重采访对象，因为这是对对方的自我价值的肯定行为。采访对象如果感觉到记者对自己不尊重，那他就会因自己的自我价值未得到记者承认而感到委屈和不快，随即便会对记者产生厌恶情绪，以致原有的需要心理减弱和转移，使采访受到影响。而相互尊重则给人的心理以强化作用，使交往双方因对方对自己的肯定行为而提高了与对方交往的需要。例如，范长江新闻奖、全国十佳新闻摄影记者“金眼奖”获得者、中国《法制日报》摄影部主任居杨，去监狱拍摄《重刑犯》组照，拍摄对象都是重罪在身，杀人、抢劫、贩毒等，应有尽有，根本没人愿意接受居杨的采访和拍摄。从第一次到监室起，居杨就尽力调整自己的心态和态度，尽可能以平和的语调、语气与他们聊天。她认为，犯人也是人，也应受到尊重。在一个多月的时间里，经过一次又一次的交心，这些重刑犯终于去掉了敌意和戒备，愿意接受采访和拍摄。居杨这才端起相机，顺利地完成了组照的拍摄。特别值得一提的是，出于对这些重刑犯人格的尊重，居杨尽量避免拍摄面部，为了不惊扰他们，也没用闪光灯，就靠窗户透进来的那一缕光。《重刑犯》组照后来在平遥国际摄影节上展出时，深得国内外同行赞赏。

综上所述，记者处理自己的态度和摆正与采访对象的关系的总原则应当是：不卑不亢，谦虚庄重，对任何采访对象都应扫除等级观念，除少数敌对者外，均应以礼相见、以诚相待。具体可从两方面看此问题。

一是见了外宾、领导、名人、专家等采访对象，不要低三下四、阿谀奉承。自卑自贱和逢迎拍马者不会给对方留下好印象，反而会招致对方心理上对记者的厌恶和不信任感，以致做出不屑作谈的心理反馈。因为人家一般不会相信感情虚伪的记者能写出真实可信和有分量的新闻报道。无数实践证明，记者一旦失去了采访对象的信任和尊重，其采访结局一般都是糟糕的。

记者遇到上述采访对象，若是出现胆怯、气短等紧张心理，可以通过调节恢复正常。同时，可在脑子里强化这一意识，即自己是党、政府派往各地的新闻工作者，是人民的记者，而不是到处求人施舍的乞丐。坐在你面前的采访对象，不管其级别、身份多高，多么有钱有势，从某种意义上说，都是同志或朋友。这样，记者便会感到理直气壮了。记者的自信力一强，对方的心理便会受到感染，不会讨厌你，更不敢轻视你，从而开诚布公地倾心交谈。退一步讲，为了愉说对方或活跃气氛，记者即便要夸赞、恭维对方几句，也要掌握原则，即对事不对人。譬如："哟！周教授，我觉得您真了不起，知识渊博，著作压身。"——糟糕，要坏事。"周教授，您最近出的新闻写作教材，我正在看第二遍，听说新华书店这本书早已卖完了。"——这样说对方容易接受。

二是见了基层普通群众，也不要眼睛朝天、盛气凌人。在这类采访对象面前，记者越是以"无冕之王"自居，对方的自尊心就越受损害，一旦形成心理反馈后，就越不买你的账。在普通群众面前，记者应该讲究"自己人效应"，尽量以普通人姿态与他们交往，努力淡化角色差异，从而使采访对象将记者看作自己人，那么相互关系自然就和谐、融洽了。我国许多老记者、名记者下乡采访时，不坐小汽车，脚蹬自行车，不住宾馆，跟老乡睡一个炕，这种精神是应当继承和发扬的。

中国近代著名记者邵飘萍生前留下这样一句名言："谦恭不流于谄媚，庄严不流于傲慢。"这是他在采访对象面前处理自己形象与态度的座右铭。应当说，此话至今仍是新闻界的至理名言。

（六）穿插丰富的形态语言

记者与采访对象交谈时，并非只是通过言语形式作为唯一交流手段，只要留意观察，同时展开交流的还有一种形态语言手段，通常也叫作"非言语手段"，新闻界有人称之为"无声谈话"。实践与实验都证明，在采访所获得的信息中，来自语言的大概有七八成，剩下的二三成则基本靠形态语言手段。人是通过自己的整个身体表达信息的，采访者在这方面也要充分地调动五官去感受。采访的妙不可言之处正在这里。这种语言主要由表情手段构成，具体有以下几方面：

一是面部表情。这是人类最主要的表情动作，在采访活动中起着重要作用。该表情主要集中在眉间、眼睛和嘴这个三角区内，而以眼睛表情最为丰富。心理学家确认，女记者与采访对象交换目光更频繁，因而所得的答复与材料更多，男记者从采访对象那儿所获材料相对少些。

二是体态表情。人的站、坐姿态和举手投足等，均可表达一定的信息。

三是手势。这是人们在交谈中用以加强言语效果的表情动作，恰到好处的手势既可传递信息，又可产生强烈的感染力。

在采访中，记者不应只顾埋头记录，恰当地运用形态语言，常常可以收到口头言语难以达到的效果。譬如，在采访交谈初期，有些采访对象愿意提供材料，但不知道什么是有价值的和记者需要的，故虽谈兴很浓，却有一种不安的心理流露出来。正如古人所云："有思于内，必形于外。"流露的形式便是形态语言：或是眼睛直盯盯地看着记者，或是用手下意识地拉拉衣领，忙乱地交叉着手指等。"言"下之意不外乎是：记者，虽然我在谈，但不知道谈得对路不对路。此时，记者应及时、适当地通过形态语言给对方以信息：若是觉得对方谈得对路，那么，可以目不转睛地全神注视对方，或是送上一个会心的微笑、肯定的点头，也可做一个肯定的手势，或俯下身去，在笔记本上快记几笔，都会立即增强对方的谈话信心。若是觉得对方谈得不在路上，那么，一个皱眉、咂嘴，一个漫不经心的眼神，或是一个示意停止的手势，再不就推开采访本、直起身子等，对方的谈兴便顿时会落下去。趁此机会，记者则可用婉转的口吻重新提问和引导，将对方的说话思路调整到记者需要的轨道上来。顺便强调一个理念，即做笔记绝不是负担，而是记者有效采访的一张王牌。

总之，在交谈中，记者切忌表情呆板，态度不能过于严肃，不能停留在"公事公办"的神情上，应注重情感的双向交流及与谈话的有机结合。可以断言，记者若是一副泥塑木雕般的面孔，是不可能获取较好的谈话效果的。

（七）掌握灵活的注意转换

心理学一般把注意分为两种：一种叫有意注意，即有自觉目的和通过一定努力、自制产生的注意，如采访对象绞尽脑汁、搜肠刮肚地向记者叙述材料就属这种注意。另一种叫无意注意，即那种自然发生，不需要任何努力、自制而产生的注意，如记者与采访对象正在交谈时一个外来的声音，或一个人推门进来询问等，皆会立即引起交谈双方的自然关注，从而分散、转移了原先的注意力，这种现象就属无意注意。在一定的条件下，这两种注意对采访活动都会发生积极或消极的效果，且两种注意能随时转换。记者若能在采访中灵活机动地处理，则能提高采访活动效益。具体做法如下：

一是趁采访记者与采访对象刚见面，采访对象的注意力还没有转入有意注意状态时，记者可反复强调这次采访的意义，促使对方明确活动的目的和自身需要的满足程度，因为目的和需要是引起及保持有意注意的主要条件，目的和需要越明确，采访对象对采访活动的愿望才会越强烈，注意力才会越集中。

二是约束神情语态。当采访对象注意力高度集中、谈兴正浓且对路时，记者的表情不宜过于丰富，动作不过多，能忍则尽可能忍耐一下，因为这些都可能使采访对象产生无意注意，从而影响活动效益。

三是排除外来干扰。记者与采访对象交谈时，常可能发生外来干扰。譬如，记者在某公司采访某经理，忽然秘书推门而入请示、汇报某件事，或是突然来个电话，等等，使采访对象产生分心而不知所云或停止谈话。遇上这类情况，记者干脆搞些无意注意，如借机倒茶、点烟等，过片刻后，可用慢节奏语调启发对方，如"刚才我们谈到哪里啦？噢，谈到……好，请接着谈吧”。这样，就可促使对方有效地进入回忆状态。在这里，倒茶等动作属无意注意，而慢节奏语调的启发和引起的回忆心理状态则属有意注意，两种注意经如此转换使用，原先分散、转移的注意力，即可重新转换、集中到原来的话题上来。

四是变换活动方式。靠有意注意维持的活动，经实验和实践证明，一般不能维持太久，通常在一两个小时之内。因为这种注意是靠紧张自制的努力维持的，过了一定的时间限度，人们便会产生疲劳，引起系列功能性紊乱，从而降低活动效益。若要克服、消除疲劳，此时则应适当调用无意注意，双方放松一下，并根据需要和客观条件的许可，变换活动方式，就可立即生效。如记者可当机立断地宣布休息，站起来走走，舒展一下身子，或是变原来在室内坐着谈的形式为室外走着谈的形式。只要这么做了，双方都会顿时感觉轻松，那么，接下去的采访活动效果又可得到保证。

上面涉及的诸多条件，一般都是客观物质的东西，但均要靠主观努力去创造。因此，要使一系列良好的访问条件得以具备，记者除了必须掌握采访学、心理学、社会学、人际关系学等基本原理外，主观能动性的发挥更是决定因素。

【本章小结】

1. 新闻采访常常与各种人打交道，记者提问质量的高低直接决定着采访工作的成败。因此，对于记者来说，提问就是一块“试金石”，最能考验出记者的水平。

2. 新闻采访需要创造性，是双方以对话的形式来交换信息，并不是简单的我问你答，而是沟通和交流，使双方都可以在谈话的过程中有所收获，只有这样的采访才有可能深入。

3. 在采访中要追求人性化和戏剧化的成分，那样才能获得独一无二的新闻。

4. 新闻采访现场观察是记者在新闻事件发生地点，依据一定的采访任务，通过眼睛、大脑等感官，对新闻事件和新闻人物的外部现场与联系的综合反映而进行新闻采访的一种活动，也就是记者在新闻现场依靠自身特有观察力，对所采访的人物、事件及其环境、气氛，进行认真、细致、深入的看和思。有效的现场观察对新闻报道具有极其重要的理论意义和现实意义。

5. 记者在采访中要善于察言观色、审时度势、随机应变，准确把握采访对象的心理特点，通过对各种有利因素的合理利用，搞好相互间的情感交流和沟通，营造一个保证采访顺利进行的融洽的访谈氛围。

6. 除了平时要注重提高自身综合素质、能力外，还应该在日常的采访工作中总结归纳提问技巧和艺术，不断在采访实践中运用、创新和提高。

【案例分析】

轻松也是有利于自由交谈的气氛要素，它的前提是平等、无压力

中央电视台主持人崔永元是一个很会“拆墙”的人。有一次“六一”儿童节，从早上荧屏上就充斥着鲜花、笑脸、歌声、气球，五颜六色，颜色都饱和了。在这种气氛中采访，很容易形成“表演式”提问、“语录式”回答。著名主持人敬一丹是这样介绍崔永元的这次采访的：

崔永元出来是这样的：出来一看，所有的座位全部被小孩占据了，包括他坐的位子，他事先就和工作人员说好：不许和小孩说任何规矩。这就是崔永元。这是和小孩打交道的

一种思路。小孩进来之后根本没人管，放松！崔永元就站在沙发后面。一个小孩坐在沙发的扶手上，无限信赖地靠着崔永元。这得有什么样的信赖啊，这可是第一次见面哪！

而我们可爱的崔永元同志，就站在那儿被一个小孩无限信赖地靠着。然后他这样开口了，让人大感意外："我们来认识一下啊，像我这样做一下自我介绍。我叫崔永元，绰号孩子头儿。"接下来那个小孩愣了一下，看了他一眼："我叫李小龙，来自湖北，外号九头鸟。"接下来，"我叫……绰号……"

这些小孩都是什么人呢？在北京参加全国少年先锋队全国大会的代表，都是各地选出来的。他们原本准备的开场白是这样的，面对镜头这样做自我介绍。比如湖北那个吧：我来自湖北大别山区。这块土地是用烈士们的鲜血染成的。我代表多少多少少先队员向全国的儿童们祝贺"六一"。

可是，崔永元就轻轻一句"我叫崔永元，绰号孩子头"，谁还能说那些背诵的词儿？你觉得这是不是一种特殊的沟通能力啊？平视啊，谈话气氛啊，都在里面了。

（南方传媒书院）

在一个较为轻松的环境里，被采访对象的心理是比较放松的，而愉快的氛围是采访成功的一个关键。崔永元把自己放在小孩子的立场上，又说一些和这个年龄相关的语言，就和这些孩子打成一片，是一种有效缓解采访氛围的方式。

【课内实训】

1. 学生模拟现场采访。这种方法是利用图片、音像为学生营造采访环境，如在电子屏幕上打出一个汽车正在燃烧的图片，让学生假设自己身处火灾现场来做火灾事故的新闻报道。这种教学模式是以模拟情境呈现采访现场，以现场报道的方式培养、训练学生的采访能力。

2. 请来嘉宾，学生采访。讲授人物采访时，可以将课堂虚拟成某类谈话节目现场，请一个有代表性的教师或其他有关人士作为嘉宾，让学生做主持人亲身感受采访氛围。学生主持人亲自拟定访问话题，访谈结束后教师有针对性地对采访中出现的一些问题进行点评。

3. 不受地域限制，灵活变换新闻采访课"课堂"。这是教学实训上一次大胆的尝试，让课堂走出教室，让学生走入现场。尽管这种方式在实施上有一定的难度，但是它是新闻采访教学最直观的形式。

【思考题】

1. 现场观察的具体作用是什么？
2. 现场观察时需要注意什么？
3. 新闻采访记录时应该记录哪些重点？
4. 我们如何去营造一个好的采访氛围？
5. 在采访谈话时我们应该注意什么？

第六章　新闻采访的基本方法

【知识学习目标】

通过本章学习，掌握新闻采访的基本方法，理解各种采访方法的特点和要求。

【能力培养目标】

充分掌握发挥各种采访方法的优势和特点，以此为基础完成稿件。

【教学重点】

1. 新闻采访的基本方式
2. 隐蔽采访的含义
3. 体验式采访的含义

【教学难点】

1. 新闻采访基本方式的特点
2. 电话采访与网络采访的区别
3. 隐蔽采访的利弊
4. 涉外采访的特点、应注意的问题
5. 体验式采访的运用

【开篇引例】

记者历时4个月卧底海底捞：老鼠爬进食品柜　火锅漏勺掏下水道

老鼠在后厨地上乱窜、打扫卫生的簸箕和餐具同池混洗、用顾客使用的火锅漏勺掏下水道……海底捞作为一家在各地拥有百余家直营餐厅的大型跨省餐饮品牌火锅店，《法制晚报》"看法新闻"记者在海底捞两家门店暗访近4个月看到的却是如上情形。

暗访海底捞劲松店
后厨老鼠爬进装食品柜子

今年5月初，记者通过面试和入职培训后进入海底捞劲松店。入职第一天，记者就在后厨的洗杯间发现了老鼠的踪迹。接下来的几天里，记者陆续在海底捞劲松店后厨的配料房、上菜房、水果房、洗碗间、洗杯间等各处均发现了老鼠的踪迹。有的老鼠会爬进装着食物的柜子里。

在海底捞劲松店暗访近2个月的时间里，海底捞劲松店请除鼠公司清理过一次老鼠，但没过几天，又有老鼠出现。

扫帚簸箕抹布与餐具一同清洗

当洗碗间工作并不是特别繁忙的时候，工作人员会一边打扫卫生，一边洗碗。用来清扫地面、墙壁和下水道的扫帚和簸箕，还会用作清理洗碗机和储物柜。

清扫工作完成后，员工簸箕和抹布会被放入洗碗池内清洗，扫帚会被放在洗碗机传送带上面沥水。

当记者认为此举不妥，向洗碗间工作人员时建议不要把工具和餐具混在一起的时候，工作人员这样告诉记者："做好你自己的事情就好。"

洗碗机内部一层油污

海底捞劲松店的洗碗机清洗餐盘采用高温消毒，洗碗机虽然每天都会打开清洗，但是只是清洗表层，内部的油污并没有祛除。"你看那上面沾的油，又清洗不了，能把人给臭死，你爬在里面闻，味儿可大了。"正在清理洗碗机表面的工作人员对记者抱怨道。

记者想更深入地观察洗碗机内部，于2017年6月18日早7点打开了洗碗机的机箱盖，可以看到传送带一侧沾满了油渍，并散发出阵阵腐烂的恶臭。洗碗机内壁上沾满了油渍和腐烂的食物残渣，洗碗机内的蓄水池满是黄色的污水。记者把洗碗机蓄水池里的水排净后发现，蓄水池内壁上沾满了的油脂，用手可以刮下厚厚的一层。蓄水池内还可以清晰地看到一些掉落的碗盘，上面早已沾满了油脂。

暗访海底捞太阳宫店
火锅漏勺用作掏下水道垃圾的工具

记者于2017年7月底进入海底捞太阳宫店工作，该店的洗碗流程与海底捞劲松店大体相同，满是油渍的转移箱并不清洗，与洗碗池清洗过的餐盘一起放入洗碗机内。洗碗机传出的餐盘上有清晰的黄色水渍。洗碗机内部大清洗，大概两三个月才会有一次。

临近下班，后堂各组成员开始打扫卫生做收尾工作。后堂下水管道堵塞，配料房的工作人员打开了下水管道的挡板，清理堵塞的垃圾杂物。

他们所使用的清理工具正是供顾客吃火锅使用的漏勺，这些漏勺是从顾客刚食用过的火锅里拿出来的。配料房的工作人员还用漏勺剔除粘在挡板底部的垃圾杂物。后堂过道处人来人往，没有一个员工站出来表示不满，就连后堂经理也只是看了一眼随后转身离开。记者与旁边的员工交谈被告知，这件事没什么好大惊小怪的。

这些漏勺使用完毕后，会被放入装餐具的锅中一起清洗。

相关法规

根据《中华人民共和国食品安全法》第四章规定，食品生产经营应当符合食品安全标准，具有与生产经营的食品品种、数量相适应的食品原料处理和食品加工、包装、贮存等场所，保持该场所环境整洁，并与有毒、有害场所以及其他污染源保持规定的距离。

另据，第三十三条第二款规定，具有与生产经营的食品应有相应的消毒、盥洗、防尘、防蝇、防鼠、防虫、洗涤等，以及处理废水、存放垃圾和废弃物的设备或者设施。

（《法制晚报》2017年8月25日）

2017年8月25日，以上这则的新闻引起了热议。海底捞火锅因服务态度好又给人很干净卫生的印象，深受消费者喜爱。而记者 4 个月卧底暗访后厨得到的结果令人吃惊。这则新闻从实效性和冲击力来说是成功的，而记者采用隐蔽采访的方式，真实地记录了实际的情况，最大程度保证了真实性。隐蔽采访这种方法相较于正规的采访方法，一定程度上，它能够揭露社会的阴暗面，推动一些社会问题的解决进程及弘扬社会正义，同时也更容易卷入侵权纠纷中。因此，新闻采访因为具有特殊性，其活动方式方法也具有独特性和侧重点。

在随着新闻采访实践的不断发展过程中，新闻采访方法也多种多样，记者要根据采访的实际情况而定、因人因事而异、因地因时制宜。每一种采访方法都各有特点和功能，它们之间也存在相辅相成，互相补充的关系。本章将就现场观察、开座谈会、电话采访与网上采访、隐蔽采访、易地采访、涉外采访、体验式采访这七种新闻采访的基本采访方法进行分节论述。

第一节　现场观察

一、现场观察的含义

观察，属于有计划、有目的、有持久性的知觉活动，也是人们客观认识世界的一种视觉方法。现场观察又俗称“用眼睛采访”，利用眼睛认真观察，通过交流进行采访，从而搜集新闻资料。在新闻采访过程中，现场观察的地位相当重要，就是通过记者在新闻现场进行真实、即时的报道，获得第一手资料。对于专业素质较高的新闻记者来说，其具有较高的新闻采访现场观察能力。无论是采访新闻人物，还是采访新闻事件，对人、对事、对物、对现场环境的直接观察，对所观察的对象进行有重点、全方位以及合适时机的把握，以此获得较为全面、准确的感官认识，获得真切的具象的感受，得到真实、生动的新闻写作材料。这样的报道往往能以真挚的情感打动读者，感染读者，让读众真切地仿佛亲临新闻现场一般，使新闻报道具有真情实感。简单地说，就是记者根据所看到的现场情景来进行真实的报道。

二、现场观察的作用

（一）获取第一手资料，确保新闻报道的真实性及可信性

与文学作品不同，新闻更注重真实性，不能单凭想象杜撰捏造，新闻事实来自生活，且与实际相符。俗话说“百闻不如一见”，只有达到新闻现场，记者才能获知事实真相。如果仅仅依靠网络、电话等途径获取新闻材料，无法保证材料的真实性，取得的资料极可能为第二手资料，无法保证新闻的可信性。在现实生活中，大量假新闻往往都是道听途说的结论。若新闻记者采用现场观察的方法来报道新闻，便可以从一定程度上使人们信服。

（二）获取细节素材，增强新闻的深刻性和表现力

大量的细节能保证报道内容的丰满，使看似微不足道的场景变得极为关键，将读者拉入新闻现场，让人身临其境，真实感受到现场的氛围。现场观察对整个报道起到画龙点睛的作用，使观点、材料得到深刻而新颖的表现，深化主题，使新闻报道具有深刻性。

记者在新闻现场进行观察，实际上不只是用眼睛看，而是在大脑的支配下，各种感觉器官同时运作，是综合功能发挥的具体体现。记者亲临新闻现场进行观察，就更能促进感性认识向理性认识升华，从而采写出具有独到见解的报道。

（三）获得现场可视情况，使新闻报道具有可读性

在进行新闻各方有报道的时候，记者必须具有较高的职业素养，特别是对科技、经济以及军事等新闻活动的报道，由于所涉及的专业术语较多，不进行现场采访，新闻很可能显得枯燥乏味，让人难以理解，更可能与新闻事实背道而行。当记者亲临新闻事件现场时，视觉器官可以产生一定的感受，这样容易使思维发散，可以使新闻报道更容易被人接受。

（四）获得新的新闻线索和新闻素材

新闻素材客观存在于现实生活中，记者想要获得好新闻，善于进行观察采访是关键。这是因为：第一，记者在缺少新闻线索的情况下，通过细心观察能将很多生动的新闻线索挖掘出来。但是不善于观察采访的人，对同一事物却难以挖掘出有价值的新闻。第二，在新闻报道中，记者通过现场的细心观察采访，能够通过某一细小情节挖掘出新的新闻线索。在进行新闻报道时，经常会出现众多媒体单位争相报道同一则轰动新闻事件的情况，但内容却大同小异。新闻工作者在新闻报道中要想做到新闻的“新”，必须有超乎常人的新闻敏感和新闻发现力，才能发现别人不能发现的素材，吸引读者的关注。

第二节　开座谈会

一、开座谈会的含义

座谈会，又名调查会，即面对群体采访对象进行采访这种类型。区别于个别访问，开座谈会是记者宴请一些人，在同一时间、同一地点、就同一主题对参加座谈会的人进行采访。开座谈会也是记者常用的一种采访方法。

二、开座谈会的目的

（1）报道座谈会，其本身就构成新闻。
（2）通过座谈会了解情况，收集资料，不报道座谈会本身。

三、开座谈会的好处

（1）节省采访时间，提高采访效率。
（2）互相启发，开启采访对象的思路。
（3）互相争论，有助于记者辩证地认识事实。
（4）当面验证，提高材料的真实性。

四、主持座谈会所需技能

（1）事先通知对方座谈的内容。
（2）精心选择参加座谈的人员。
（3）控制参加座谈会的人数。
（4）善于引导，不轻易下结论。

（5）善于在座谈会上发现新的新闻线索。

第三节　电话采访与网上采访

一、电话采访

（一）电话采访的含义

电话采访是记者通过电话同采访对象对话，了解情况，采访新闻的采访方式。新闻的时效性是新闻的基本特点，也是其重要要求。新闻的时效性从很大程度上取决于新闻工作者采访手段，所以电话采访是当前应用比较广泛的采访方式。它突破了采访必须见到采访对象本人所带来的某些时空局限，能提高工作效率，赢得时间，是一种有效的采访手段。在美国，新闻界对电话采访有一个形象的比喻叫作“快餐式采访”。

（二）电话采访的优势

1. 打破了空间的限制

电话采访的显著特色就是能够跨越空间距离。新闻事件都是突发的，在新闻事件发生时，记者要获得有效的资料，有时候会受到时间和空间的限制，例如事件发生在偏远地区，或发生地不利于记者接近，或记者受其他工作的限制无法到达现场等。在这样的时候，电话采访就会发挥它的优势。电话采访能够和当事人在第一时间取得连线，能够明确了解新闻发生的过程。在新闻采访的实践中，电话采访已经取得了一些明显的优势。特别是在重大灾害的采访报道中，电话采访具有其他采访方式所不及的优势。

2. 具有时间上的自由性

新闻采访的难点就是获取资料的方式和实现内容的精彩程度。电话采访具有时间的优势。通过简短的对话，就能够了解对方所处的状态，能够明确事件的基本性质。电话采访可以使新闻记者兼顾多项工作。多件新闻事件如果同时发生，记者就可以通过电话采访进行多项采访，既节省准备时间，又创造了新的新闻价值。同时，采访对象的时间也具有自由性。被采访对象可以在繁忙的工作中，拿出适量时间接受访问，避免了面对面采访需要从时间上约定的方式。

3. 采访对象没有束缚

新闻采访具有统一性，也具有一定对立性。在新闻采访中，采访者和采访对象具有对立统一关系。对立容易造成被访者的逆反心理，而电话采访能有效规避这个矛盾。在电话采访中，被访者看不到记者的容貌，就会从根本上消除心理拒绝感，根据记者的提问自由回答。采访对象在平静的态度中，能更好地解答问题，并且还可以透露出更多的新闻内容，有利于记者更好地选择自己所需的材料。

（三）电话采访的弊端

1. 容易形成语言和语音误差

电话采访的媒介是电话线路，但是，电话线路受物理原因控制，例如线路老化、电话机质量较差、信号不好等。这些客观原因容易造成电话采访中语音无法正确识别，使采访者和被访者都处于焦虑状态。而且加上语言表达的习惯，采访者和被访者在没有语言环境的条件下，容易造成概念上的混淆，给采访主题带来不良影响。语言和语音的误差，会放大电话采访的劣势，使电话采访的误差增大，甚至造成采访者与被访者的矛盾。

2. 获取信息受对象控制

电话采访中，采访者和被访者处于电话的两端，二者之间的环境没有交叉。采访者和被访者都无法掌握对方的受控程度。例如采访者提问到关键的环节，如果处理不得当，对方可能会挂掉电话，中止访问，这对采访活动是极为不利的。在采访中，电话中断的现象是非常常见的，这是新闻事件采访中的重点和难点。采访受控对于采访过程具有一定挑战，采访对象的状态无法明确反馈给采访者，给电话采访提出了难题。

3. 无法实现画面同步

在信息传媒时代，语音与画面的同步才是新闻报道活跃性的体现。语音与画面的配合能够更好地展现出新闻的价值。电话采访中没有画面是客观原因造成的。在这种情况下，就只能靠语言打动观众，故受众群体得到的新闻信息是片面的、不完整的。

4. 记者中立、客观的态度容易受影响

采访对象多半没有受过专门的训练，且难免带有自己的情感色彩，因而在对事实的表述中往往不能自始至终地保持客观、中立的立场，会或多或少地加入自己看法和理解。在电话采访中，记者不能与采访对象见面，采访对象这种主观看法往往表现得尤为明显。记者由于不能亲自到事发现场进行调查研究，采访对象主观的看法和态度，也就在很大程度上影响记者的态度和对事实的把握，使记者对某些问题的报道有失偏颇。

（四）电话采访的注意事项

1. 对新闻的来源反复核实

当记者得到电话提供的线索时，一定要通过对该线索牵涉到的事、人的反复核实来对新闻来源的真实性做出判别。如采用电话反打就是确定被访者身份的一种方法。

2. 判断采访对象所表述的事情的真伪

这需要记者尽可能多地采访几个对事实知情的目击者或重要人物。在找不到其他知情者的情况下，要尽可能通过其他途径迂回核实事实，并根据常识和自己的经验对事实的真实度做出判断。

3. 以客观、中立的态度报道事实

记者在电话采访中，一定要始终保持清醒的头脑，不能被采访对象的态度和情绪所左右；在写作时，要尽可能用白描的方法客观地报道事实，如实交代消息来源，尽量隐藏自己的观点和感情色彩。

4. 精确记录，引导发问

记者应注意采访技巧，多提开放式问题，给采访对象广阔的思维空间。同时，还应启发采访对象多讲述一些事件的细节，并在得到核实后，真实、生动地将它们表现在报道中。

二、网上采访

（一）网上采访的含义

网络的出现使新闻记者大受其益，如外出采访成稿后可以通过电子邮件、聊天工具将稿件迅速传回。而随着网络的普及，记者在更多的时候，足不出户即可通过网络完成特定的采访，即所谓网上采访。网上采访主要是以互联网为媒介，依托网络环境，寻找新闻素材，完成对新闻事件的采访，并通过下载和编辑等方式整理、补充有关新闻要素，最终完成新闻文本。

（二）网上采访的类型

1. 电子邮件

这是目前应用最多的一种网上采访类型，比较适合对新闻事件当事人和相关人员进行采访，对新闻事件相关信息进行核实等。通过电子邮件进行采访，记者无法和受访人进行接触。记者需要做的就是把自己的问题提交给受访人，然后等待其回复。提交问题后无法交流，这是不足，同样也是一种优点。优点在于记者可事先对所要提交的问题进行仔细的考虑和斟酌，可避免出现面对面采访或电话采访等实时采访时可能发生的一些变数。其次是受访人会有足够的时间对所提的问题进行思考，然后准确进行回复，可避免实时采访时回答的不准确和其他一些误差。不足在于，当问题通过电子邮件提交后，记者和受访者之间无法开展更多的交流，如语气、眼神、肢体等。受访者有足够的时间对所提问的问题进行考虑，可能会趋利避害，导致不够真实、客观。另外，问题通过文字进行表述，可能会出现字面上的误差，导致采访有失准确。

2. 搜索引擎和网络数据库

搜索引擎是对互联网上的信息资源进行搜集整理，然后供用户查询的系统。它包括信息搜集、信息整理和用户查询三部分。其中，对于普通用户来说，我们执行的即用户查询。搜索引擎是一个系统，我们可以把它看成是一个对网络信息资源进行采集、整理的巨型数据库。

目前常用的搜索引擎有：

www.google.com（中英文全文搜索引擎）；

www.baidu.com（中文全文搜索引擎）；

www.yahoo.com（中英文目录搜索引擎）；

www.ask.com（英文自然语言全文搜索引擎）；等等。

常用网络数据库有《人民日报》图文电子版、新华社多媒体数据库、万方数据库，等等。

3. 即时通信工具

即时通信是一种可以让使用者在网络上建立某种私人聊天室的实时通信服务。通过即时通信工具，我们可以进行文字、图片和文件的传输等，实现了信息的实时交互。

4. 网络社区

网络社区是指包括论坛、公告栏、群组讨论、在线聊天、交友、个人空间、无线增值服务等形式在内的网上交流空间，同一主题的网络社区集中了具有共同兴趣的访问者。一般有如下几种类型：

（1）综合类社区：如西陆社区、猫扑、天涯社区、西祠胡同等包含多个板块，涉及多领域的综合类大型社区。

（2）门户类社区：如搜狐社区、新浪论坛等依托大型门户网站建立的社区。

（3）专业类社区：如一些文学社区、户外社区以及各高校论坛等，比较专注于某一领域或群体的社区。

网络社区的信息发布者以个人为主，虽然其信息的权威性和客观性等都值得怀疑，但作为一名眼光敏锐的记者，浏览网络社区无疑是寻找新闻线索或了解相关人员观点的好途径。

（三）网上采访的特点

1. 采访工具的数字化

没有网络即没有网上采访，所以网上采访的本质特点是采访工具的数字化。网上采访的网络工具主要包括硬件和软件，前者包括电脑和与其相连的其他使网络运行的硬件设施，软件包括文字、图像、音视频、表格的接收和处理软件，电子邮件、论坛、聊天工具以及搜索引擎等。在软硬件齐备的前提下，网络记者可以实现虚拟网络世界里人与新闻要素的接触，完成新闻线索的搜索、采集和对新闻事件及人物的采访，并在此基础上完成新闻稿件及其传输工作，从而彻底实现新闻采写的无纸化办公。采访工具的高度数字化要求网络记者必须熟悉网络环境，熟练掌握网络采访所必需的软件的应用。所以，网络记者除了像传统记者一样要有新闻敏感性和较高的写作能力外，还必须用网络“武装”自己，使自己在网络方面能有“一技之长”。

2. 网上采访空间空前扩大

网上采访的数字化使采访突破了空间限制，从理论上讲，网上采访可以使采访范围扩大到全球。事实上，很多媒体已经开始网上采访发生在全球角角落落的事件。这些采访有的是和朋友联系，有的是直接采访当事人，有的则是进入当地一些聊天室与当地人进行聊天式的采访。这种采访方式可以使记者在国内或者在办公室就可以了解、采访发生在某一处的特定的事件或人物。

3. 网上采访便捷而迅速

网上采访可以突破空间限制，这一特点除了使本来不可能实现的采访成为可能外，还使采访速度空前提高，使采访更加便捷。

（四）网上采访的优势

之所以说网上采访是一种新兴的采访方式，是因为网上采访与面对面访谈、电话采访不同，网上采访借助的是网络技术与网络手段，如电子邮件、视频采访、搜索引擎等。因此，网上采访与传统的采访方式相比，有以下优势：

1. 时效性强

网络传播减少了传播中信息的发送和接收时间，从而使信息的更新速度大大加快。

2. 成本低

由于互联网提供的是实时和交互式的音、像、图、文于一体的综合信息，以往采访活动中的许多市内交通、国际差旅等费用将降低到最低限度，由此可以节省大量的人力、时间和采访相关费用，并为整个社会减少能源消耗、环境污染，减轻交通拥挤。

3. 程度深

通过互联网可以实现资料检索和数据查询的全社会乃至全球共享，资料检索方便、及时，不受时间、地点和文本的限制，这将使记者、编辑在运用新闻背景资料等方面更及时、更高效，这是传统采访方式所难以企及的。

（五）网上采访的弊端

1. 网上采访现时的有限作用问题

虽然网上采访具有不少突出优点，但是由于网上采访对受访者有较高要求——能够较熟练地使用网络相关工具并且要有使用该工具的物质和经济基础，所以在目前情况下，网上采访只是传统采访方式的一种有益补充。

2. 网上采访的可信度问题

从速度、信息量、传播手段等多方面来说，网络是传统媒体原有优势的集大成者。而现在之所以还有一部分人对网络成为“媒体”持有疑义，关键即在于网上采访的可信度问题。

3. 网络法规问题

对记者来说，网上著作权的问题要引起注意。这个问题已多次引起纠纷。此外电子邮件、网络聊天记录是否具有法律上“证据”的效力尚存争议。因此一些重要的采访在网络上完成以后，最好电话核实一下，或者直接把写好的稿子传到对方手中，让对方审阅，以免引起不必要的麻烦。目前，国际社会已经注意到这些问题，国内也相应地出台了一些法规，如《国务院关于修改〈中华人民共和国计算机信息网络国际联网管理暂行规定〉的决定》《计算机信息网络国际联网安全保护管理办法》等。

4. 对记者和受访人提出了更高的要求

网络的发展、计算机技术的发展、软件功能的日益强大为采访提供了更多的可能，但也对记者和受访人提出了更高的要求，尤其是记者。这要求记者能熟练掌握各种数字化的设备，要求记者具备良好的网络应用能力和信息搜集、分析、处理、输出的能力。

第四节　隐蔽采访

一、隐蔽采访的含义

隐蔽采访又称秘密采访或暗访，是一种较为特殊的新闻采访方式，一般是指记者不公开身份、不暴露采访目的，通过偷拍、暗录等方式去观察和了解事物，以获取公开采访不易得到甚至不可能得到的新闻材料的采访方式，其目的在于减少采访障碍和干扰，获取有价值的新闻事实。

二、隐蔽采访的类别

1. 介入式采访

介入式采访是指记者不亮明身份，潜入采访对象的工作生活地，观察并参与采访对象的活动。美国记者勒丽·蓓蕾曾化装成一名精神病患者，打入一家精神病院，发现了该院虐待精神病患者的许多内幕，公之于世后引起社会很大震动，促使该院加以整改。这就是一次成功的介入式隐蔽采访。

2. 观察式采访

观察式采访是指记者隐瞒身份，偷偷观察新闻发展的过程，或隐蔽起来秘密摄录采访对象的行为。民国时期，《大公报》记者范长江曾化装成一名公司的职员，深入西蒙额济纳旗，刺探日军的动向，就是一次成功的观察式隐蔽采访。

三、隐蔽采访的意义

1. 隐蔽采访具有重要作用

许多成功的监督报道都离不开隐蔽采访。通过对新闻事件的曝光，让老百姓了解事件的真相，从而避免上当受骗，得到老百姓的支持，在社会中传播正能量，引领社会风气，营造积极向上的舆论氛围。

2. 隐蔽采访是记者履行自己的社会职责

舆论监督是新闻媒体的一项重要使命，隐蔽采访则是记者进行舆论监督的重要手段。记者的职业道德不仅要求其客观公正地报道新闻，而且要大胆地揭露黑暗、曝光丑陋，行使监督权。记者要遵守法律，恪守新闻职业道德，履行好自己的神圣职责，脚踏实地做好自己的本职工作。

四、隐蔽采访的优势及存在的问题

隐蔽采访是采访中特殊又颇具争议的一种采访类型。一方面，它在实践中被广泛使用；另一方面，它在理论上却始终存在着质疑，要想进行成功的隐蔽采访，就要了解这种采访方式的优势及存在的问题。

（一）隐蔽采访的优势

1. 提高舆论监督，拓展采访渠道，充分发挥媒体职能

2016 年 2 月 19 日，习近平总书记主持召开党的新闻舆论工作座谈会时强调：舆论监督与正面宣传是统一的。新闻媒体要直面工作中存在的问题，直面社会丑恶现象，激浊扬清、针砭时弊，同时发表批评性报道要事实准确、分析客观。隐蔽采访解决了很多显性采访不能解决的问题，是显性采访的有力补充，同时隐蔽采访的线索多来自群众，采访内容也是群众关心的、关乎群众利益的问题。隐蔽采访已成为实现舆论监督的重要手段，是人民群众伸张正义的有效方式，受到人们的信任，对充分发挥媒体职能起到了积极的促进作用。

2. 增强新闻的真实性，从而更有说服力

隐蔽采访的出其不意，能让记者获得更真实的画面、更准确的信息、更详细的证据。记者深入现场采访得到的信息有强烈的现场感、实证感，能确保新闻的真实性，增强新闻的可信度，满足了人们获取真实情况、了解事实真相的愿望和权利。

3. 提高媒体的自我竞争力

在如今的互联网时代，无论是传统媒体还是新媒体都希望得到更多的受众，而通过隐蔽采访得到的资料一般都是第一手资料，具有独家性，更能吸引受众的注意，从而使媒体拥有更多受众，在现代化浪潮中立于不败之地。

4. 揭露违法乱纪行为，获取第一手资料，储备确凿的证据

在我国，隐蔽采访主要用于对一些违法违纪事件及社会上不良现象、不道德行为的监督。曝光行为更能引起相关单位的重视，充分营造舆论氛围，发挥舆论作用，产生良好的社会效果。

（二）隐蔽采访存在的问题

1. 违反最基本的诚信原则

采访是一种人际交流和互动，而这种交流的前提是人与人的相互信任和了解。在隐蔽采访中，如果记者以其职业角色介入的话，是根本不可能达到采访目的的。因此记者会伪装身份，根据采访的需要扮演不同的社会角色。这种人际关系因此不得不建立在谎言之上。这样的做法对被采访者而言是一种伤害。

2. 容易引发记者的诱导行为

当记者以普通的社会角色介入采访的过程中时，这种获取独家新闻、制造“卖点”的心理势必会影响记者正常的角色，从而产生诸如“诱导”被采访者的行为。曾经就有电视台的记者故意将钱包丢在大街上，甚至让人装作不慎失足掉到水里，以观察路人的反应。这些做法虽然美其名曰为测试社会公德，事实上是对他人极大的不尊重。

3. 容易造成记者策划新闻

记者的任务本该是对已经发生的事实进行客观、真实的记录，而不是主动成为新闻事件的当事人，对事件的发展起到推波助澜的作用。但是，当记者乔装打扮，以普通的社会角色介入事件发展中时，如果不行使与其角色相应的行为模式，就很难取得采访对象尤其是一些不法分子的信任，也就难以实现采访目的。在这种情况下，策划新闻往往不可避免。但是，当记者操纵了事态的发展，新闻事件就成了记者自导自演的一出戏。

五、隐蔽采访应遵循的原则

在国内新闻学界，目前对于隐蔽采访的态度不一，支持、反对和保持中立者都有。但媒体在新闻实践中一直没有放弃这种采访方式，还有媒体试图在实践中摸索出套可行的规律。实际上，对于负责任的媒体来说，有些原则已经成为共识。通过对隐蔽采访的法律风险和道德困境的分析，我们可以归纳出以下几条可供参考的采访报道原则。

1. 遵纪守法原则

鉴于法律规定，记者的采访行为必须在法律允许的范围内进行。我国目前的法律没有明确允许或者禁止隐蔽采访的条款，但某些法律涉及报道的禁区，同样适用限制隐蔽采访的范围：

（1）不得涉及国家机密；

（2）不得涉及与公共利益无关的各种公民的隐私；

（3）不得违背保护未成年人和保障妇女权益方面的法律规定；

（4）不得涉及商业秘密。

所以，在不得不使用隐蔽采访时，记者要有较强的法律意识，并使自己的行动符合国家的法律法规、政府的规章制度和社会的一般道德。

2. 维护公众利益原则

全心全意为人民服务，为社会主义服务，处处维护人民大众的利益是新闻作者的最终目标，是工作的最高思想境界。2014 年的“3·15”晚会上，著名奶粉企业“贝因美”再次出现食品安全问题。整个事件是央视记者暗访发现并报道的，这使得针对不法企业和商家的调查过程和细节展示得更为彻底全面，曝光力度空前，受到了人民群众的高度关注。由此可见，危害公众利益的事件是群众关注的焦点，隐蔽采访能发挥舆论监督作用，为公众伸张正义。因此记者进行采访报道必须以公众利益为落脚点，满足广大人民群众的需求。但同时也应该注意，新闻当事人也是公民，记者在进行采访报道时，不能恶意伤害新闻当事人的合法权益。

3. 适度原则

适度原则首先是指不能滥用隐蔽采访，特别是在当今自媒体时代，每个人都能发出自己的声音，能不使用隐蔽采访就尽量不用。其次是记者在具体事件的采访中，应该紧紧围绕采访主题展开报道，以事实为根本，尽量不用与事实无关或关系不大的材料。应该注意的是，在介入式采访中，记者要把握好介入的分寸。在这类采访中，记者不仅仅是旁观者，也成了整个事件的参与者，因此记者不能引导事件的发展方向，而是要认清自己的位置，记住自己的任务。所以，隐蔽采访使用不宜过多，以传递正能量为主。

4. 遵循伦理道德原则

范长江说：“有了健全高尚的人格，才配做新闻记者。有了健全高尚的人格，才可以谈到其他各种技术的问题。新闻记者应当是社会所尊重的人物，如果在人格上有了根本的缺点，就不能算作新闻记者。”由此可见遵循职业道德对于一个记者的重要性。记者进行隐蔽采访时不能只重结果而不问手段，更不能忽视自己的道德操行，应对公众负责，对社会负责。

5. 客观真实原则

坚持新闻真实性原则就是实事求是，客观公正，不能带有个人感情，更不能做出错误的引导。记者采用隐蔽采访多是为了进行批评报道，尤其需要客观公正，不能故意设置圈套、陷阱。在暗访中，记者首先要把握自己的行为，如果不注意保持客观公正立场，容易带有主观偏见，这样就会造成新闻事件的不真实，引起错误的舆论导向。记者应作为一名客观记录者，真实地还原事实真相，用事实说话。

【案例 6-1】

南都记者卧底替考组织 此刻正在南昌参加高考

日前，南都记者卧底了一个高考（课程）替考组织，湖北个别高校多名大学生加入，试图通过充当“枪手”牟利。今天（7日）上午，包括南都记者在内的多名“枪手”正在江西南昌一些高考点参加考试。

南都记者调查发现，他们均持有由“上线”提供的具有本人照片的“身份证”“准考证”，部分证件户籍地显示为山东。与此同时，南都记者证实这些证件信息已存于江西教育考试院系统，照片为“枪手”本人。目前，南都记者已向当地警方报案。

南都记者调查发现，肉眼识别身份证、准考证有漏洞，呼吁对监考老师发放识别设备，考场内机器验证。

联系替考组织
记者卧底赴武汉与“上线”见面

2014年11月，南都记者与一名高考“枪手”组织成员接头，并通过网络、电话等方式长期保持联系，但一直因种种原因未能见面。其间，“枪手”提出发展记者为其“下线”，参加2015年高考。为调查这个团伙的运作情况，南都记者同意，并提供了一张本人真实照片和虚假身份信息（包括姓名，籍贯，年龄，学历和专业等），成为其“下线”。此后，双方就以“上下线”关系联络。

当月（2014年11月），“上线”提供了一个南都记者在替考组织的内部编号，随后又向南都记者确认是考文科还是理科，“上线”解释称理科替考收入高，记者便选择了理科。2015年4月，“上线”通知团队出发时间。5月，“上线”要求南都记者补拍了一张身份证相片，要求与第一次提交的相片存在差别。

自始至终，该替考组织未与南都记者签署任何协议，记者也没有与“上线”见面，迟迟无法确认该替考组织是否存在。按照“上线”的要求，在高考前几天，南都记者赴武汉，与“上线”接头，双方第一次见面，但“上线”没有提供高考准考证。

抵达江西南昌
拿到用于高考的“身份证”和“准考证”

前日（6月5日）晚上，南都记者随同“上线”等十余人，从武汉坐火车抵达江西南昌。南都记者证实，这些人多为湖北武汉几所知名高校的大学生。

一路上大家言语不多，无人主动提及替考一事。抵达南昌火车站后，一行人在接应人员的带领下，分乘三辆车离开，被送到位于青云谱区的海军招待所。招待所也有人接应，大家未登记身份证信息便直接拿房卡入住。落脚后，有陌生男子请吃夜宵，并与其中一名替考组织的“中层”交代考试事宜，包括承诺定金和尾款会如期发放不用担心，但没有透露具体数额。这名男子还叮嘱大家，若在考场遇到同校或认识的人，一定要装作不认识或刻意回避，免得以后被对方举报。

替考者入住江西南昌市青云谱区的海军招待所，昨日下午，一名中年男子领着几名替考生前往另一考点附近的宾馆。

昨日（6日）下午，也就是开考前一日，部分“枪手”被分散到其他宾馆住宿，以便离各自的考点更近。约6人被分散到东湖区的中晟宾馆，“枪手”均登记真实身份证信息后入住。昨日18时，一名男子来到宾馆，向6人发放高考使用的“身份证”和“准考证”，考点均为南昌十中。这名男子要求大家自称是南昌二中的学生，并表示若有人问及班级信息，可在高三（8）至（13）班间任挑。随后，大家住下，开始复习“上级”之前发的各种备考材料。

南都记者昨日下午也拿到了高考用的“身份证”和“准考证”，上面的照片均为本人此前提供，但户籍地被“设定”为山东。记者大为吃惊。

证件出处成谜
组织者称证件真实考场查不出来

在卧底过程中，南都记者获得了该组织给一名“枪手”发放的高考“身份证”和“准考证”，此“枪手”曾发展多名下线。

身份证显示，其参加考试的姓名为李某其，生于1997年，住址在山东巨野县某镇，并有一个明确的身份证号。准考证信息则显示，此“枪手”将在两天半的时间里，参加江西省2015年普通高考文化统一考试（理工本科兼报高职类）。其中，身份证相片为“枪手”本人真实相片，但南都记者发现，该身份证的出生日期与身份证号码有出入，月份有误。

“枪手”的高考“身份证”和“准考证”是如何办出来的？据一名“枪手”组织成员最初介绍，“替考组织声称可以凭空造一个不存在的人的完整信息，包括学籍、身份证、准考证等。”其称，“上线”告诉他，由于系统内信息和“枪手”面孔、所出示证件一致，考场查不出来。

这名成员的“上线”还告诉他，等将考分卖出去后，买家就可偷梁换柱——把“枪手”对应的考生照片替换，买家直接用这个考生的名字上大学，并由此更名改姓。

不过，有教育界人士对该说法存疑，认为这么操作的难度极大，真实性尚需警方调查，或许有其他的可能性。

昨日（6日）下午，替考组织的头目前来通知，今年替考方式有变，风险加大。发放的准考证均为学生的真实信息，他们提前出钱买分、找人替考，只是将身份证、准考证的相片换成了替考者的相片。

分数明码标价
“考上河南一本院校可收入2.5万元”

一名“枪手”告诉南都记者，据他了解，他所在学校就有多名“枪手”，而他们参加这种违法行为的原因，除了挣钱，还有些人是“图个刺激，去玩一下”，也有人“就是脑子有病”。

这名“枪手”表示，起初他被“上线”找到，是因为对方误以为他很缺钱。他答应后一度反悔，结果遭到恐吓——“你不能说不去就不去啊，提交了资料之后，已经在制作身份证、准考证了，整个链条的成本极大，临时退出你赔不起！”

开考前数日，这名“枪手”向南都记者提供备考资料的同时，还展示了他与“上线”的聊天记录。记录显示，若这名“枪手”考上河南一本院校可收入2.5万元、二本2万元，山东一本院校2万元、二本1.2万元。该“枪手”称，他再给“下线”付酬时就可自己定价了，当然是在前述价位上先扣掉自己要拿的钱数。

该“枪手”强调，三本的分数基本卖不出去，所以参加考试前一定要多做高考模拟题，找回感觉，“否则成绩一出来，一看就知道你有问题。这名“枪手”还透露，考上一本的分数也分为三个档次，最高档是985高校，其次是非985的211高校，再次则是非211一本高校。

“985顶级院校，我听他们说最高卖过几百万（元），能买的家长也不缺钱。”这名“枪手”告诉南都记者，他所在的替考组织，目前最佳战绩是北京一所理工类高校，卖了一个天文数字。像武汉一些985+211高校，考上的话，最低层级的“枪手”也能拿到七八万元到十几万元报酬。

替考如何成功
肉眼识别身份证准考证有漏洞

“枪手”替考何以能成功？目前，南都记者还在调查。

从以往报道看，首先直指考务人员监管不力。在去年河南替考案发生后，教育部便通报，据河南省相关部门调查，这起事件是一起中介人员与个别考务工作人员串通进行替考作弊的案件，事后除了对相关责任人进行处理，被替考考生的家长也受到了处理。此外，在很多地方，监考人员识别身份证和准考证主要靠肉眼，这给了替考者钻空子的机会。

有“枪手”反映，在本次替考人员中，不乏拥有多年替考经验者。前述使用李某某身份证参加本次高考的“枪手”就表示，自己从大一就开始替考，如今大四已是第四次参加。家庭环境并不宽裕的他，据称三年来已挣到十万余元，同时还发展了不少“下线”。

南都记者确认替考组织真实存在后，已经向警方报案。南都记者呼吁正在参与替考的学生主动报警，接受调查，并呼吁教育部门对其“身份证”信息使用机器识别，堵塞肉眼识别的漏洞。

此外，南都记者呼吁各重点高校排查高考期间大学生离校情况，及时甄别学生是否外出参加替考。

追问
替考者照片为何能进入江西教育考试院系统？
替考者李××究竟是谁？

在卧底的过程中，南都记者获得了替考组织给一名“枪手”发放的高考“身份证”和“准考证”，此“枪手”曾发展多名下线。“身份证”显示，其参加考试的姓名为李××，生于1997年，住址系山东巨野县某镇，并有一个明确的身份证号。

昨晚（6月6日晚），南都记者登录江西省教育考试院官网，输入该“枪手”的“考生号”和“身份证”号后四位，发现系统内有他的普通高等学校招生考生体检合格表。

其中，表格使用的是“枪手”本人相片，显示各项检查合格，最后南昌东湖区高等院校招生考试委员会办公室出具的意见是“同意报考”。表格还附有该办公室和南昌市第八人民医院医务科的公章，医院公章的落款时间为2015年4月27日。

而南都记者了解到的情况是，这名“枪手”从今年4月到开考前，并没有到过南昌，不可能在南昌参加体检。

今日上午8时30分许，南都另一路记者抵达山东省巨野县，来到李××家所在的巨野县田庄镇丁官屯行政村南隅村，村里多名认识李××的村民告诉记者，李××的老家确实在南隅村，但全家人都不住在这里，他父母亲均在上海做生意，家境富裕，“在上海有房子”，奶奶已经去世，爷爷和大伯住在一起，李××本人则在巨野县城一中上学，由姑姑照顾，他成绩不好，“很有钱”。

至少有6位村民在看到记者出示的身份证后，明确表示身份证头像绝对不是李××本人，李××“很胖很胖”，身份证头像照也比李士雨本人要老很多。村民说，李××出生于4月，绝不是身份证上的9月。

（《南方都市报》2015年6月7日）

此次南方都市报的“卧底替考”采访。暗访组事先将计划向公安机关进行了报备。暗访过程中也尽量做到客观记录而非主动推进，在进入考场后也未轻举妄动。仅在试卷上表明卧底替考的身份。并稍微提前一些离场报警。整个暗访过程，记者最明显的违法行为就是将自己照片提供给组织者协助伪造身份证、准考证等证件，并用假证进入考场。这当然有“破坏考试管理秩序”之嫌，但记者通过周密预案、已经将负面影响降到最低限度。而揭露了高考组织管理的漏洞，是保护了事关社会公共利益的“更高的法益”。所以，总的来说，尽管伴随着争议。这不失为一次成功的隐蔽采访。

六、成功进行隐蔽采访的策略

（一）因时因事选材

隐蔽采访在新闻报道中具有不可替代的作用，但并非所有事情都适用隐蔽采访，要因时因事而定。要明确隐蔽采访的六大禁区：国家秘密、司法秘密、商业秘密、个人隐私、未成年人以及法庭审判六个方面。记者在涉及这六个方面的暗访时要更加谨慎。

（二）隐性显性结合

隐蔽采访作为公开采访的补充形式，主要针对特殊人群的特殊活动使用。有些事件适合显性采访，有些事件适合隐蔽采访，还有些事件适合隐蔽、显性结合使用。务必明确隐蔽采访只是一种特殊的采访形式，弄清适用范围，真正将隐蔽采访与显性采访相结合，才更能发挥采访的有效性。

（三）要具备人文关怀精神

隐蔽采访在报道中要具备人文关怀精神，不同的问题可用不同的方式解决，尤其是对未成年人等弱势群体，要有意识地加以保护。电视记者要为每一个采访对象着想，即使是违法犯罪人员，记者都要为他们考虑，为他们以后重新做人保留机会。对一些违反公共道德的行为进行隐蔽采访，如翻越街道栏杆、躺在公园椅子上、乱扔果皮等，不要太近，别用正面角度拍摄，而应采用全景、远景、背面角度，以警醒为主要目的。

（四）做好合理的策划、准备

很多隐蔽采访具有相当的危险性，尤其是采访一些违法犯罪行为时。记者需要在采访前做好合理的策划和准备，包括身份的隐藏、设备的隐蔽性，合理的语言对答能力等，这样才不至于让自己身份暴露，引起不必要的麻烦，有利于隐蔽采访的顺利进行。

（五）做到法律许可、道德认同

采访是记者的权利，但不是权力，记者没有审判他人的权力，任何时候记者都是国家的公民，必须遵守国家法律，不能与现行的法律法规相冲突，这是记者在使用隐蔽采访时必须坚持的底线。同时，运用隐蔽采访时，记者可以与公安、工商、海关等部门相配合，记者的采访活动就会还原为新闻活动，而不会陷入代替政府去执法的困境。这样，一方面不至于背离隐蔽采访初衷，另一方面还可以得到一定的安全保护，保护自身安全，是隐蔽采访较好的处理方式。

第五节　易地采访

一、易地采访的含义

“易”有“变换、交换、互换”的意思。顾名思义，“易地”就是从一处至另一处。“易地采访”是电视新闻采访中的一种特殊形式，即一地记者超出其属地辖区范围，到其他地方进行采访的一种非常规采访活动。总体来说，易地采访会给采访活动带来一定的魅力，但同样会带来不适应。陌生的环境、陌生的题材、陌生的采访对象，尤其是要在有限的时间内完成突击采访，这对记者的业务水平和综合素质都是一个考验，也是加强地区之间、新闻单位之间和各地记者间横向联系、优势互补的有效方法。

二、易地采访的好处

（1）开拓记者眼界。

（2）帮助本地记者有效地发现新闻。

（3）促进各地记者互相学习、取长补短。

（4）舆论监督。

经过实践证明，易地采访逐渐成为舆论监督的新形式，当地媒体出于考虑而无法报道的，可通过易地采访的方法由外地媒体进行报道。

三、易地采访注意事项

1. 充分准备

在易地采访出发之前，要结合报道主题对该地区的相关概况有总体的了解，做好充分的资料准备，这样就能一定程度上避免采访时无法回答问题的尴尬。

2. 以专题采访为宜

易地采访应该充分考虑到易地采访的陌生性，策划不能贪多贪全。摊子铺得过大，会使被采访者觉得题目太大，没什么好谈的，而采访者也费力，采访半天都是空话。所以在选题上，易地采访往往都会选切入口小的，但主题涵盖的意义一定是大的。

3. 尊重他人，谦虚认真

易地采访中很容易碰到对方不合作、不接受采访的情况。此时不应扭头便走，而应冷静下来，认真分析一下被采访对象不接受采访的原因，及时采取对策，找到打破僵局的办法，这离不开谦虚认真的态度。要尊重他人，平等相待，切勿自视高明。

4. 平等求同

在采访活动中面对具体的采访对象时，记者要有平等的心态，刚开始接触采访对象时，最重要的是寻找共同点。易地采访要求记者在短时间里迅速进入被采访圈，这就必须要尽可能地寻找彼此的共同爱好，以引起话题打开“话匣子”，活跃气氛，拓展思路。

第六节　涉外采访

一、涉外采访的含义

“涉外”一词，顾名思义，可以理解为涉及国外的事物和有关的事件。随着全球一体化的加速和中国经济社会的发展，中国在世界上正受到前所未有的瞩目。涉外采访便成了一项非常重要的外事活动，越来越多的外国人来中国经商、学习、旅游等，并成为新闻采访对象中不可或缺的部分。在有限的时间里从他们那里获取有价值的新闻素材，做好相关报道，对于拓展报道题材、丰富采访内容具有重要意义。

二、涉外采访的注意事项

（一）有备而去

一般情况下，涉外采访之前，记者对外方采访对象的大体情况应有粗略的了解，如国籍、姓名、职务和其所在企业的总体背景及现状等等。需要对方在摄像机前现场回答问题的采访，应事先拟出采访提纲，必要时还要了解一些相应的政策规定，从而做到胸中有数，使采访时目的明确，并尽快进入实质性交流。

（二）着装得体

衣着要干净整齐、端庄大方，避免浓妆艳抹、奇装异服。尤其女记者，在衣着上应注意不过于暴露，不穿不适当的紧身衣裤。

（三）字斟句酌

“外事无小事。”记者现场采访要进行恰当的提问，既要做到反应机敏，又要避免随意性。解说词等文字稿更应做到经得起推敲、准确而不失实。

（四）动作干练

电视记者肩扛摄像机，在诸如重要的洽谈会、领导会见外宾等外事场合完成拍摄，应尽量做到动作利落、速战速决，力戒拖泥带水、或散漫地在人前晃来晃去。

（五）平等交流

无论是面对摄像机现场采访，还是在交谈中了解情况，记者在外籍被采访者面前都应学会外交艺术，做到谦虚严谨、自信大方、平等客观，在尊重与自尊的气氛中完成交流。即使语言不通需要借助于翻译，采访中双方还是能在表情和手势中感受到这种氛围。

（六）保证效率

被采访的外方人士大多是非常遵守时间、讲究效率的，类似于采访中途电池没电这样的意外，要杜绝在涉外采访中出现。万一发生这样的事，再怎么解释和表示歉意，所产生的损失也是难以挽回的。

（七）接触有度

记者在涉外采访中要以礼相待、以诚相处，保持必要的辨别力，不搞非正常交往，并且遵守国家有关保密规定，共餐时不过多饮酒。

三、涉外采访中的文化禁忌

（一）问候禁忌

中国人见面喜欢嘘寒问暖，比如，“你吃了吗？”“要去哪儿呀？”“你最近胖了！”“你多大了？”“你结婚了吗？”似乎越问得多越显得亲热、友好。但这些话在西方人听起来却觉得很别扭、不舒服。他们会认为这是对方在粗暴地干涉他们的隐私。他们认为，隐私是神圣不可侵犯的，隐私被侵犯就如同人格、尊严受到侮辱一样。一般来说，他们的隐私主要有年龄、财产、恋爱、婚姻、家庭、工资、收入、信仰等。

（二）数字禁忌

不同的国家，对数字有不同的理解。西方人对数字“13”就十分忌讳，住宿、选车号、电话号、手机号都不愿意选与 13 连着的号。西方人在生活中都极力避免与 13 发生关系，13 人不同桌就餐、开会、出游，高层建筑、旅馆等隐去 13 编号；医院更不敢设立 13 号病房和病床等。重要活动不安排在 13 日，约定时间不安排在 13 日，如果是 13 日，又适逢周五，那就更避之唯恐不及了。追根溯源，主要是耶稣受难前夜，和 12 个门徒共进晚餐，师徒 13 人中出了一个叛徒犹大。所以，基督教和信仰基督教的民族都认为“13”是一个不祥的预兆。同样，“4”因谐音“死”，也不太受中国人喜欢。

（三）颜色禁忌

不同文化背景的人对不同颜色存在不同的禁忌。比如中国人视红色为喜庆吉利的颜色，但红色在其他国家则可能有不同的含义。白色在一些国家代表纯洁，在另一些国家则代表其他意义。

（四）接触禁忌

不同的民族崇尚不同的接触文化，不同的文化又确定了它自己关于接触的定义。中国人遇到朋友，如果朋友带有小孩子，中国人为表达喜爱或者善意，常喜欢用手轻轻地抚摸小孩子的头。而对于泰国人来说，头部可是千万不能摸的，触及头部简直就是一种罪过。这在西方也被认为是一种失礼的行为，因为这种举动可能会给孩子造成一种不安全感。

四、做好涉外采访工作的策略

（一）针对不同国别，做到有的放矢

首先要明白涉外采访的对象是外国人，在国家、种族、民族、社会制度、风俗习惯、宗教信仰、职业等方面与我们中国人有着很大差别，不同国家各不相同。明白了这一点，才能做到有的放矢，针对不同国别的人，制定差异化的采访方案。只有增强采访的针对性和可操作性，才能取得理想的效果。

（二）熟悉国内外形势，避免外事误区

在涉外采访中，不仅要了解受访人所在国的时事变化，还要了解这个国家与我国及其他国家的外交关系变化，以免在不合适的场合提出不恰当的问题。做到了这一点，在准备采访提纲时和采访过程中就可以游刃有余。

（三）打有准备之仗，做到胸有成竹

“凡事预则立，不预则废。”要想在新闻采访中有所斩获，力求出新，就要提前做好准备工作。涉外采访的准备工作可以从案头准备和心理准备两个方面进行。美国记者维尔斯说过：“要采访一个人，尽可能先了解他，了解到像一个未见面的老朋友一样。等到见了面，又要有捷径，找到沟通双方思想的桥梁。”这就是说，对采访对象事先了解得越详细，越有助于我们进一步得出与众不同的东西。要想做到出奇制胜，案头准备工作至关重要。

案头准备，是对受访者了解、熟悉的过程，也是采访深入的前提和基础。通过查找资料、咨询采访对象身边或与之交往过的人，对其性别、年龄、性格、兴趣爱好、文化背景等情况加以了解，加深印象，从中找出对接下来的采访有帮助的东西。除了案头准备，记者的心理准备也不可小视。一般来说，面对名人、政要、专家和相对陌生的专业领域时，记者难免会犯怵，担心自己提的问题不够专业，受访者不好相处。这也要求记者平时要熟悉国家的大政方针，涉猎相关领域的知识并及时了解最新动态，勤于思考，增长见识，力求成为“杂家”。

同时，要调整好心态，做到不卑不亢，以平常心对待受访者。充足的案头工作和良好的心理状态，为下一步采访奠定了好的基础，而恰当的提问对于调动受访者的情绪十分有利。设计问题时，尽量以问号形式一一列出，围绕采访题目多角度考虑，设身处地站在对方的立场上感受、思考。

（四）掌握语言风俗，拉近双方距离

由于采访对象的特殊性，是否熟悉受访者的语言、了解当地的风俗习惯，对于采访能不能顺利开展具有决定性意义。涉外采访尤其是正式采访中，通常会有翻译协助，但采访本身是一个交流的过程，并不仅仅是“一问一答”的模式，实际上涉及采访双方的心理互动与情感交流。试想，谁会对一个素不相识的人讲出自己的心里话呢？所以，最好能在采访前有针对性地学习，学习一些受访者常用的社交口语，对其所在国的政治、经济、文化等方面有个大体了解。

（五）重视仪表举止，树立良好印象

涉外采访并非孤立的私人活动，代表了一个单位乃至一个国家的形象，恰当的服装仪表、得体的语言表达将给受访者留下好印象，毕竟人的第一印象十分重要。由于职业特点，不少记者养成了穿衣随性、不拘小节的习惯，一些人更是马甲随便一搭、T恤随意一套，就到现场采访。在非正式场合，像足球比赛、演唱会现场，这样的穿着无可厚非。而涉外采访时。讲究仪表与衣帽整洁是涉外礼仪的基本要求。

（六）做聪明听众，巧妙打开话匣

由于受访者来自不同国家，大多是首次见面，不同的受访者必然有很大差别。如何能在较短时间内贴近受访者，让受访者很快和自己熟络起来，使接下来的采访顺风顺水呢？这涉及一个心理适应的过程。尤其是电视采访，受访者面对镜头，一旦有了心理预期，想要达到什么样的效果，就很难心平气和地讲出自己的心里话。跟自己国家的受访者做采访时，不少人尚且紧张、慌乱，与平时闲聊时判若两人，更不用说受访者与我们有着语言和文化的差异了。如果受访者是健谈者，我们不愁打开局面；而对于不善言辞者，可以通过套近乎、拉家常等方式，以“共同语言”去接近和引导受访者。所谓共同语言，应该是双方共同关心尤其是受访者感兴趣的事物、话题等。

第七节　体验式采访

一、体验式采访的含义

体验式采访，是指记者依照采访对象的职业、身份、地位，亲身从事相同的工作活动，直接观察对方的生活环境，验证对方身心感受的采访活动。体验式采访是近年来兴起的一种新闻报道形式，这种报道形式生动活泼，能让观众有一种身临其境的观感，传播效果突出。这种报道真实、自然、亲切，现场感强，让观众如见其人、如闻其声。相较于其他新闻报道形式而言体验式采访的优势明显。

二、体验式采访的类型

（一）观察式

新闻事实本身是客观存在的，记者是观察者身份，出现在事件现场或者实际生活中，用记者的眼光观察一切，不动声色地拍摄新闻事件的发展过程，记者本身并没有加入事件当中。在这类体验式采访中，新闻事实按照自身的规律发生、发展、结束。记者的行为不对新闻事实产生影响，仅仅是以报道者的身份出现。在这类采访中，由于选材大多是受众陌生的事和物，这就有利于受众了解新鲜事物和更多的信息，满足受众的好奇心和求知欲。

（二）验证式

所谓验证指的就是经过检验得到证实。一般来说，新闻采访的验证先是有人投诉，要求媒体曝光，后由记者采访，去验证爆料人提供的新闻线索确凿与否。

（三）参与式

记者将欲采访的新闻事件有可能发生的若干情节进行事先策划，然后记者隐去真实身份，成为新闻事件中的行为主体，进行体验式采访。

三、体验式采访的优势

（一）更直观、真实地抓取到被访者的特征

体验式采访，是一种了解事件过程的有效方式，而亲身参与其中的体验式采访，则会使记者对整个过程有更加深入的了解，并且这种认识是一种从感性上的认识升华到理性上的认识。

（二）使记者对被访者的性质有更深的了解

由于亲临其境，记者因此有机会与被访者面对面。这种面对面的了解、接触，使得被访者的一言一行都被记者看在眼中。一般的新闻报道只需要寥寥的文字将实情道出。而要想寥寥文字打动读者的内心，则文字上就要表现出记者内心的波澜。要表现出记者内心的波澜，记者就需要有自己对整个事件的强烈感觉。这种感觉是属于自己的，采用体验式采访就可以更加客观和真实地反映事实。人们亲力亲为的事情，报道起来必然在语言和观点上更加生动，而不是机械化的模式。

（三）有利于发挥舆论监督作用，更好体现新闻的真实性

亲临其境的体验式采访有利于记者与被访者有更多的交流，参与到被访者的生活中，体验当时的情境，更加深入第获得一手资料。在某些情况下记者以明察暗访的形式参与问题、解决问题，在社会上产生了较好的效应。记者在体验式采访的过程中，如果用心地记录好采访中的所有重点和细节，仔细揣摩新闻事实背后的故事，一定会发掘出更多吸引人的新闻真相。很多时候，新闻记者对于报道主题的把握是有难度的，体验式采访就为新闻记者带来了益处。在新闻采访过程中，新闻报道的主题自然而然地就会出现，这就为新闻记者提供了很大的思考空间。新闻记者运用体验式采访方法，就不会出现写稿件时无话可说的情况，并且报道内容会丰富，事实充分，对新闻真相的描述更加具体形象，也就会更加吸引读者。较为典型的就是央视的《焦点访谈》，里面的采访大部分是记者亲自参与，了解民众所需，充分体现了新闻舆论监督的作用，保证了新闻的真实性。因此，若在一个采访策划中，想要更加深入了解民众，不妨亲身参与，用自己的经历获得最真实的资料。

（四）亲临现场，更加深入，给观众一种视觉上、听觉上的直观冲击

传统的“我问你答”的采访报道形式包含大量信息，但总让人感觉不太生动，也不够尽兴，很难满足观众的视觉需求。体验式采访可以与被采访者深入探讨报道所需要的问题，全方位多角度地观察、倾听、体会事件本身的真实情况。这时，新闻记者不再是采访的旁观者，而是采访的参与者。如果采访时间充裕，记者可以采访多个受访者，以便丰富新闻报道内容。体验式采访也为新闻写作创新提供了有效方法和途径，迎合了时代发展需要，这无疑是新闻记者应倡导的采访方式。

四、体验式采访的注意事项

体验式采访在报道形式上占优势，因此记者会经常选择这种形式进行报道，但要在同类型的报道中做到识别度高、让观众印象深刻并不容易。这不仅仅是报道方式的简单运用，更要做好一系列的思考、策划和应对工作，才能把所要采访的内容做深、做透、做精。

（一）做好选题策划

一篇报道能否成功，首先取决于选题优劣。体验式采访事先就已经确定了访问对象、范围以及采访的主题等，这是区别于一般采访的一个重要环节，因此，体验式采访必须充分做好选题策划。

体验式采访的选题要从“小题材”中发现“大特稿”，这是一种从一般题材中判断选题有没有社会重大价值的选题技巧，也就是当许多选题放在记者面前，能找到最具社会性、前导性的内容，同样能做到唯一性。新闻报道中如果一味地描述事件本身的小细节，而忽视其社会价值，就达不到较好的宣传效果。

体验式采访选题要把握好报道角度，做到指导性和可读性统一。体验式采访需要以小见大地突出报道主题，即要从小处着手反映报道内容。记者通过对政治、经济、文化、社会等问题的全方位掌握，认真确立报道方向和立意，既要客观公正地反映事实真相，又要不损害国家和集体、个人的利益，结合国家有关政策，以独到的角度报道易于发掘且能形成表达过程的事件。

体验式采访选题要聚焦社会热点问题。记者进行策划体验式采访，关注热点问题必然是选题中不可或缺的一部分。而新闻报道有没有吸引力，关键是看其是否将镜头投向了群众关注的社会问题。

（二）做好内容采访

体验式采访之前要做好充分的问题准备工作。采访前，记者要充分细致地了解采访对象的背景资料，做好采访提纲，准备好采访工具。最重要的是想好采访时如何向采访对象提问，记者要做到提出“好问题”，也就是提出有价值的采访问题。新闻记者并不是采访过程中的“导演”，采访过程也不是彩排好的“演出”。采访前新闻记者要策划好采访提问，为更好地达到采访目的、写出优质的新闻报道奠定基础。

记者要用标准的采访术语，理清采访步骤。有的记者在采访时采访思路很混乱，导致出现遗漏或采访不到位的情况。因此，记者要有清晰的采访思路和步骤，按照采访前的设计流程，按部就班地做到有的放矢。另外，能够熟练运用专业的采访术语也是衡量记者水平的尺子，不能对采访对象想问什么就问什么，这样会使采访对象产生厌倦或拒绝采访。新闻记者采用标准的采访术语是为了更加有效地与采访者沟通，赢得采访者的信任，最终达到新闻报道目的。

避开敏感话题。时刻关注被采访人的心理和情绪波动。体验式采访是否能成功很大程度上取决于采访对象是否配合此次采访活动。因此，记者要时刻关注采访对象的心理变化和情绪波动。一旦采访对象对记者所提出的问题存在反感或抵触情绪，采访就无法进行下去。记者此时就要引导采访者的情绪，挑选一些轻松的话题转移采访者的注意力，以便采访活动能够顺利完成。

（三）做好角色转换

在体验式采访中，记者应当学会转变传统的思维模式，只有意识到这点，采访才能顺利地完成。大多数采访模式，都是记者提问，受访者回答，但在体验式采访中，记者既充当提问的角色，又扮演受访者的角色。因此，采用这种采访方法，记者必须改变惯有的思维模式，也就是角色转换，设身处地地站在受访者的角度考虑问题，顾及他们的利益，在角色转换中认识到其职业属性和特征，以及其想法和内心活动等。这样，采访的内容才会贴近实际，更接地气，也能消除受访者的戒心。真正的体验采访是有目的的采访，记者必须“沉”下去，仔细研究采访对象，对他们的工作和生活要有真切体验，像采访对象一样生活、工作、学习。这样才能更准确地反映现实生活，揭示新闻事实的本质意义。

（四）掌握法律知识，把握道德界限

体验式采访包括明访与暗访两种方式。进行体验式采访的时候，记者要提前明确受访者和采访主题，从而确定采访的形式。一方面，进行暗访，记者需要隐藏自己的身份，在采访对象不知情的情况下进行报道，也不能事先与受访者沟通采访内容，可能会侵犯国家、集体或公民的合法权益，也可能关乎社会道德。所以，在采访中，记者要把握好自己的角色定位与采访的度，不能随意冒充国家机关工作人员，也不可用犯罪分子的身份获取犯罪信息而进行报道。因此，记者需要对法律条文相关规定以及道德知识有所了解，以免在采访中跨越法律道德的界限，这是成功进行体验式采访报道的关键。此外，对于某些丑陋的社会现象，记者一般会采取暗访的形式，在暗访中记者需要进行伪装，不能让别人看出任何端倪。但即使通过伪装，仍然常常不可避免地会卷入冲突中，甚至人身安全受到一定的威胁。这个时候，倘若记者拥有相应的法律和道德常识，则可以保护自己。

【本章小结】

1. 在追求独家新闻的今天，电话采访已成为媒体记者“抢”新闻的一种重要方式。电话采访具有方便及时、节约成本的优点，但是同样存在不能面对面等缺点。

2. 网络采访已经成了一些媒体时常用到的采访手段，通常用在采访那些远距离、国际上的采访对象。不过网络采访某种意义上来说还是具有局限性的，它的地位还不能超越传统采访。

3. 隐蔽采访任务重、责任大、难度大，一不小心就会吃官司，但对于抑恶扬善、鞭挞丑恶、维护正义意义重大。所以，记者应知难而进、迎难而上，做好隐蔽采访，搞好舆论监督，传播正能量，推动社会发展和进步。

4. 易地采访是电视新闻采访中的一种特殊形式。“易地采访”是相对于“属地采访”而言的。属地采访是记者在所属电视负责报道区域内进行的采访，是记者的常规性本职工作，而易地采访则是记者超出所属辖区范围，到其他地方进行采访，是非常规的采访活动。

5. 随着中国在全世界影响力的逐步提升，常驻中国或是来华访问的国际组织和政府官员、专家、企业家和文化团体等越来越多，涉外活动也越来越频繁，针对外籍人士的新闻采访报道已成为我国外宣报道和对外传播中不可或缺的一部分。

6. 体验式采访是近年来兴起的一种新闻报道形式，这种报道形式生动活泼，能让观众有一种身临其境的观感，传播效果突出。

【案例分析】

特写：干杯，世博建设者！

人民网上海1月20日电（记者包蹇）李英悠扬的口琴声响起，看到大屏幕上妻子认真吹奏自己最喜欢的《雨中飘荡的回忆》，熊国利既惊喜又感动。由东方早报主办、本报上海分社、新华社长三角新闻采编中心、上海建工集团联席主办的“干杯，世博建设者”活动今晚在国际会议中心上海厅举行，千名来自祖国各地的世博一线建设者共同举杯，接受申城的诚挚敬意。

这是远自云南大理市巍山县荒田村的琴声，面对东方早报记者的镜头，她对丈夫说“家里都好，孩子们学习也不错，家里有我在，你放心。”沈帮芹、于秀英夫妇，视频中担心儿子的鼻窦炎，于秀英几度抹眼泪。“我就是不能提起自己的孩子！”在晚宴现场，于秀英不好意思地说。两对因世博建设而将婚期一推再推的上海建工集团员工，千余名建设者在这里为他们补办了结婚仪式，见证这美好而有意义的一刻。

去年年底开始，东方早报记者远赴云南、重庆、山东、河南等全国六地拍摄世博建设者家庭，汇集成十分钟的短片在现场播放，引起了现场千位建设者的共鸣。不断循环播放的建设者照片，皆来自工地现场，农民工们与自己建设起来的中国馆、世博轴、演艺中心合影，以雄姿初显的宏伟建筑为背景，留下自己戴着安全帽、穿着工作服、衣衫上还有泥浆的身影。

明天是上海世博会开幕倒计时一百天。世博会的脚步日益临近，建设者们的重任也即将完成。现场 1 万多名世博园建设者将分批撤出。许多人甚至来不及看到完整开放的世博园就会返回家乡。

在世博园浦西片区担任安全员的刘宏军有个心愿，等世博工地建好，可以带家人来看看上海。数十位接受记者采访的建设者，不约而同表达憧憬：梦想着能再次进入园区，体验世博的精彩。

“他们奉献给上海一个令世界惊艳的建筑群，那我们能给他们什么？一顿丰富的晚餐，一张保证他们顺利回家过年的车票，还有一份记录着他们名字能够拿给父母看的报纸。”东方早报主编邱兵说。

东方早报作为活动主办方特意制作了 32 版《干杯，世博建设者》特刊，上面刊登了 26519 位世博建设者的名单。每位与会的建设者都拿到了这份明天将在上海街头面世的特刊。在现场，上海长途客运总站以及上海铁路局的领导皆表示，将为农民工开辟购票绿色通道，确保每名世博建设者都能够买到回乡的车票。

建工集团副总裁、集团世博工程建设指挥部指挥长钱培说，过去三年，无论刮风下雨、假期节日，世博园区的建设工作几乎未曾中断。众多建设者中，因工作而无法回家过春节的人数难以计数。眼下，他们将为最后“一百米”全力冲刺。钱培说，建设者已经下了决心，加紧施工不拖世博会的后腿，“毕竟一辈子可能只碰到一次世博工程，与每一个参与世博工程的建设者一样，我们感到很荣幸。”

（人民网）

作为第一次在发展中国家举办的世界博览会，上海世博会的新闻传播在渠道、内容等方面都有着不同以往的创新与特色。在众多报道中，体验式采访是本届世博会中采用最为广泛的采访方式，全方位地提供世博资讯，全面介绍世界各国各地区展馆及特色，生动报道世界各国文化特色，展现了国内媒体的世界格局和全球眼光。

【课内实训】

1. 找到你喜欢、关注的老师或校园内新闻事件当事人的联系方式，用本章所学习的方式说服他们接受采访。

2. 新闻发布会练习，请阅读下面的文字。

今日上午 11 时，本市发生一起重大交通事故，公交客车坠入江中，初步确认公交客车上共有驾乘人员 10 多人。事故发生后救援行动立即展开。

今日下午 5 时召开第一场新闻发布会，向媒体记者通报情况。

第一步：请任课老师选择四名同学扮演新闻发言人，其余同学扮演记者。

第二步：扮演新闻发言人的同学自行决定扮演什么具体角色，并商量发布内容。同学们可合理发挥想象，查阅相关报道内容，时间为 10 ~ 15 分钟。

第三步：召开新闻发布会，扮演主持人的同学向记者介绍发言人。宣布发布会开始，并控制发布会场面，选择记者提问，主发言人向记者通报情况，用时 5 分钟。

第四步：记者问答环节，记者向发言人提问，发言人回答，用时 10 分钟。

第五步：任课教师点评。

第六步：课后同学们根据新闻发布会内容，写一篇 200 字的稿件。

【思考题】

1. 现场观察的作用。
2. 网上采访会存在哪些弊端？
3. 什么叫隐蔽采访？
4. 如何做好涉外采访？
5. 易地采访的好处体现在哪些方面？
6. 体验式采访分为几种类型？
7. 新闻采访的基本方法分别为哪几种？

第七章 新闻采访后期活动

【知识学习目标】

通过本章学习，掌握新闻采访的后期的内容及其含义，掌握新闻采访主题的提炼及深化，明确新闻采访后期工作内容。

【能力培养目标】

能够熟练掌握深入采访的技巧，掌握材料验证的主要方法及其必要性，学习补充深化新闻采访内容的方法。

【教学重点】

1. 新闻采访后期的补充深化内容。
2. 提炼新闻采访主题。
3. 掌握新闻采访后期的资料收集和整理。

【教学难点】

1. 补充深化新闻采访内容。
2. 提炼新闻主题。
3. 整理积累资料。

【开篇引例】

奇迹时刻是专业在闪光

以同样的专注与专业，每个人都可以展现静水流深的力量，成就属于自己的奇迹时刻。

被网友称为“奇迹返航”的川航迫降还在引发更多的讨论。机长刘传健日前在接受采访时表示，自己飞过上百次该航线，对当时出现故障的飞机状况较有把握。中国民航局也为这位机长点赞，表彰他“高超的技术水平和职业素养”。一次化险为夷的航行让人看到，专业精神和专业能力，总能在关键时刻闪光。

据刘传健的妻子介绍，丈夫的每次飞行、每个动作，“回家后还会不断总结反思”；即使做了教员，还是经常看书翻手册做笔记；每天都坚持训练、认真学习操作，妻子住院的时候在飞行，孩子出生的时候也在飞行……透过种种细节不难发现，能够在生死一线之际成为英雄，正是因为在日常工作中保持了一丝不苟的专业精神、培养出精益求精的专业能力。

何为专业精神？这是严格甚至苛刻的自我要求，是追求每一个细节都执行到位、烂熟于心的职业习惯。何为专业能力？就是在专业精神的基础上，锤炼而成的能够迅速适应变化的环境、能够迅速处理突发的问题，确保自己所在的岗位、所做的工作万无一失的能力。重视专业能力，倡导专业精神，是社会主义核心价值观中“敬业”的体现，是托举行业进步乃至社会进步的一种重要文化因子、精神素养。

透过川航机长的日常工作生活可以发现，关键时刻的成功迫降，都来源于点滴的积累而成的专业素养。正如此次遇险后的成功返航，不仅需要专业的机长，全体机组人员在遇险时严格按照标准程序应急处置、地面救援人员的及时出动与妥善安排等，同样功不可没。另一方面，虽然事故原因尚在调查之中，但不管是哪个环节出了问题，都可能是不专业、不细致造成的风险隐患。

专业能力源于专业精神支撑之下的自我历练。日复一日的坚持，年复一年的专注，才能换来奇迹时刻的神来之笔。2014 年北京 APEC 峰会上，我国送给各国元首的国礼纯银丝巾果盘，让中国古老的錾刻工艺惊艳世界。錾刻师孟剑锋即使右手被烫出大泡，也不愿违背纯手工的诺言，从不同角度进行上百万次的錾刻敲击，雕刻出令人叹为观止的“丝巾”。正是因为不抄近路、不减物力的专业精神，才能让日常的积累最终绽放出灿烂的光华。老想投机取巧反而欲速不达，一意日积月累方可灵光乍现，“专业”二字背后，专注与浮躁的对比引人深思。

诚如郎平在女排再夺奥运金牌时所言，不管输赢，女排精神始终都在。这个精神里面，最不缺少日常的汗水与努力，最不缺少对实力、技术、心理、科学等专业能力的严苛追求。进入新时代，“高质量发展”成为经济社会发展的关键词，比以往任何时候都更需要专业精神和专业能力。平时的专注与专业成就了川航机长在关键时刻的力挽狂澜，以同样的专注与专业，每个人都可以在具体的工作领域展现静水流深的力量，成就属于自己的奇迹时刻。

“我不过是握紧了驾驶器而已。”影片《萨利机长》中的机长谈到成功迫降时如是说。沉下心来好好做事，才是推动我们前进的现实力量。“静而后能安，安而后能虑，虑而后能得”，力戒浮躁，砥砺志趣，拥有专业能力、职业道德、敬业精神，人生自会别有洞天。

（《人民日报》2018 年 5 月 23 日）

专业性是如何养成的？积累和整理材料有什么作用？

在各个行业都离不开后期的整理和总结，精益求精都是在不断的自我整理和总结出来的。物理学家王业宁曾说：“要创新需要一定的灵感，这灵感不是天生的，而是来自长时间的积累与全身心的投进。没有积累就不会有创新。”新闻采访也是如此，只有长时间的积累和总结，才不会在好的新闻素材面前无从下笔。

第一节　补充深化采访内容

记者要求得对事物全面、深刻的认识，必须经历一个由初步接触，获得浅显的感知，并由此及彼、由表及里、去粗取精、去伪存真的思维认识过程。因此，同采访前期、中期相比，采访后期的工作量看上去虽不算太大，但质量要求不低，因为它关系到对前阶段采访效果的巩固、扩展，又关系到下一阶段新闻写作的基础是否扎实、完备。因此，补充深化新闻采访是一个承上启下的关键阶段。

一、补充深化采访内容的方法

（一）善抓特点

思维的广阔性要求人们，要认识某一事物，既要善于抓住问题的广阔范围，进行创造性的思考，又要抓住个别的、具体的细节，因为这些个别的、具体的细节往往是事物本质和规律的鲜明体现，也即事物的特点所在。俗话说："世界上没有两片完全相同的叶子。"同一颗树上的银杏叶，其形状及大小都或多或少有些差异，叶子的纹理也是其特点所在。同属祖国的名山大川，华山多好峰，黄山多好松，庐山多好瀑，而衡山多好云，其景观的不同也就是其特点所在。凡事物都有自己的特点，即此一事物与彼一事物的相异之处。一个记者是否具有全面看问题的思维品质，既关系到采访时能否抓住事物的特点，也关系到新闻报道能否克服一般化的通病。

在深入采访中，记者应该从哪些方面抓住事物特点便是我们要学习的内容。我们应从以下三个方面抓住特点：

1. 善从形式抓特点

新闻宣传报道在每一个时期都有一个中心，这个中心就是当前党和政府的中心工作，也即当前形势。新闻工作者在采访中要善于抓取事物的特点，首先要站在这个全局上，围绕这个中心进行。新闻界通常也称形势和工作中心为报道的"火候"。记者只有看清并准确估量形势和中心，才能恰当地估量每个具体事物在这个形势和中心中的地位及意义，抓特点方能有准绳和有的放矢。

2. 善于比较抓特点

比较，是人们确定事物之间同异的思维心理活动过程。它在人们对客观事物的认识中具有重要的意义。换句话说，人们对客观事物的一切认识都是从比较开始，离开了事物与事物之间的比较，都难以进行。新闻采访也是一样，离开了对事物的比较，就难以产生认识，也难以抓取特点。况且，有些事物的特点显而易见，容易抓取，有些则较为隐蔽，需要记者下功夫鉴别。而要取得鉴别，则一定离不开比较。比较通常从以下两个方面进行：

其一，通过纵断面的比较，也即顺序比较法。即从历史的角度看问题，将一事物同它过去的同类事物相比较，只要在量和质上找出事物之间的相异之处，就是其特点所在。

其二，通过断横面的比较，也叫对照比较法。即把一事物置于同一时期的同类事物中比较，从而找出它们之间量和质等方面的区别，就是其特点所在。例如，这些年来，披露保姆、钟点工不端行为的报道较多，使公众对他们产生戒备心理，许多雇主甚至宁可自己多做些，辞退了保姆或钟点工。然而，上海媒体不久前联手推出了一个典型：65 岁的钟点工潘巧英阿姨，为东家工作 11 年，买菜、做家务，不仅工作勤勤恳恳，还为东家精打细算，将平时节省下来的 7320 元菜钱送还东家。潘阿姨这金子般的心深深地感动了雇主和广大受众，感到保姆和钟点工中还是好人多。

3. 选择角度抓特点

对大的、总的报道题材，选择一个最具特色的侧面、切入口，然后深入挖掘，以小见大，通过具体、新鲜的事实表现主题。这是因为，事物是由诸多因素构成的，看问题的角度不同，对事物的认识程度就有深浅。因此，要使新闻报道给人留下一读难忘的印象，记者就应选择最佳角度去反映事物的特点。例如，某年夏季，江苏、安徽等省发生特大洪灾，一段时间内，抗洪救灾成为新闻报道的热点，成百上千的报道应运而生，反映的主题都是共同的。而《高考史上的奇迹：江苏九万多考生特大洪涝灾害中无一缺考》（新华社 1991 年 7 月 1 日刊发）一文，在角度选择及深刻反映主题上则令人拍案叫绝。在正常年份，江苏高考往往有漏考的，而在特大洪水的情况下，却无一人缺考，从而有力地证明了党的力量和各级政府的工作。在特大洪水面前，九万多考生居然能静下心来考试，说明灾区群众情绪是十分稳定的，对党和政府是充分信赖的，从而更深刻地揭示了主题。可以说，通过这一角度的选择及其对新闻事实的挖掘，此文对新闻主题的揭示胜过千言万语。

在选择角度时，应当抓住三个字。

一是“比”。即要求记者在明确报道思想和详细占有材料的基础上，先多试选几个角度，然后逐一分析比较，看哪个最能体现特色和主题。

二是“小”。由一个点展开，不能贪大求全、面面俱到，只有这样，新闻报道才能集中突出，深刻具体，并能收取以小见大、一叶知秋之效。否则就空泛、浅薄。

三是“异”，即避免雷同、效仿，要精于避熟，要敢于独创、标新立异。只有这样，新闻的特点才能抓好、体现好。

（二）细抓本质

当今时代，新闻报道既要讲速度，也要讲深度，人们看、听新闻，不仅要知道“什么事”，也要探究“为什么”“怎么样”。这要求记者充分发挥思维的深刻性，深入到事物的本质中去，揭示事物现象的根本原因及其后果，增强新闻报道的力度、厚度、深度，以满足人们的需要。

要深入挖掘事物的本质，当注意两点：

一是对问题要想得宽一点、远一点，即者调查研究的面要宽广一点，思考问题要深远一点。没有广度，就难有深度。好比一位下棋高手，心中需装着一盘棋，走一步棋的同时，下一步、下两步棋该如何走也已成竹在胸。无数实践证明，记者如果只是看到、想到事物的某一个局部，手头只有一些零碎材料便急于动笔，而不再从更大范围和更深远处考虑问题，那么，新闻报道就反映不了事物的本质，就不能触及时弊，也容易陷入片面性的泥潭。从某种意义上说，采访的深入和本质的挖掘，主要是动脑筋的结果。例如，每逢毛主席为雷锋同志题词纪念日这天，许多城市的主要街头，几乎都设有为群众免费修理自行车、电视机等摊点，许多厂矿企业都派出“青年服务队”“学雷锋小组”为民服务。在热闹了一天之后，人们纷纷议论：雷锋精神为什么不能天天发扬光大，“雷锋叔叔”为什么每年只有一天 “探亲假”？总之，人们各种议论都有，主题只有一个，即希望学雷锋能落到实处，雷锋精神能扎下根来。某记者也在思索这一问题：在倡导发扬光大雷锋精神的同时，能否通过某些行之有效的形式和措施将这一活动固定下来，并持之以恒地开展下去。该记者心往这方面想了，第二天，他腿脚也自然朝这些地方迈。他来到团市委青工部，部长听了记者一番感想后，颇有同感地说：“我们算是想到一块了！”根据团市委提供的线索，记者来到了上海自行车三厂等单位，了解到：这些厂家或把有关街道待业青年请到厂里培训，或派有经验的工人师傅下街道里弄上课、传授有关修理技术，既走出了各厂“为您服务”的新路子，又扩大了为群众服务的队伍，还帮助广大待业青年学会了一技之长，收到了“ 一举三得”的效果。该记者当晚写出《青年服务队热心传技　一批待业青年加入修理服务队伍》一文。第二天，《解放日报》在一版头条位置予以报道，著名编辑、该报副总编辑陆炳麟还亲自为此文配发了短评《把青年服务队活动水平提高一步》。

二是对问题要钻得透一点、深一点。即记者对问题要钻研得透彻、深刻些，要在收集的大量新闻素材的基础上，经过感性认识到理性认识的多次反复，把假象的材料予以剔除，直到把问题的本质挖掘出来，而不是浅尝辄止、似懂非懂，让一知半解或误解代替认识。

某西方记者对此问题讲得既透彻又幽默：采访时当傻子并非蠢事。不要怕说我不懂，如果不懂装懂，日后可能会付出代价。带着满脑子问号回到编辑部，这才是他们可能干出的最蠢的事儿。许多老记者都指出，对事物和问题要钻研得深透，采访中不能轻易满足于所得材料，也不要轻易宣布采访结束。谈话提问时，不能一针见血的话，也要打破砂锅问到底。

（三）善抓典型

在选取典型人物和典型事迹之前，我们要先明白什么是典型。

典型是指具有代表性的人或事物、最典型的例子或代表。譬如：同样是交通事故，但平时我们看到，小型交通事故，一般在民事调解下解决，并没有媒体作特别报道。但在2018年重庆万州发生的重大交通事故便是交通事故中较为典型的交通事故案例。

【案例 7-1】

“10 · 28”重庆公交坠江事故

2018 年 10 月 28 日 10 时 08 分，重庆市万州区长江二桥发生重大交通事故，一辆大巴车在行驶中突然越过中心实线撞上一辆正常行驶的红色小轿车后坠江。据了解，发生事故的万州区长江二桥道路全宽 20 米，双向四车道，设有道路中心实线。

记者从重庆市公安部门获悉，从长江二桥冲下坠江的公交车已确定为一辆当地 22 路公交汽车。

2018 年 10 月 29 日 14 时 20 分，经公安机关走访调查并综合接报警情况，初步核实失联人员 15 人（含公交车驾驶员 1 人）；10 月 31 日 0 时 50 分，黑匣子打捞出水并交给当地公安部门；10 月 31 日 23 时 28 分，重庆万州长江二桥坠江公交车被打捞出水；11 月 1 日 15 时，已找到 13 名遇难者遗体，身份已全部确认，仍有 2 人失联。

2018 年 11 月 2 日，公交车坠江原因公布，据车内黑匣子监控视频显示，系乘客与司机激烈争执互殴致车辆失控。

（根据系列新闻报道整理）

这看似一场交通事故，但其中还包括了社会因素，因此是一例特殊的典型交通事故。

如何才能写好典型报道？如何挖掘身边的典型人物？这要求记者满怀激情、倾注情感、保持理性、与时俱进，讴歌时代英雄，在新闻事实中寻找为社会和大众所关心的典型事件及典型人物，进行去伪存真、由表及里、深入浅出的探究，并从中挖掘出有意义的事实加以报道。

首先，要深入采访就要掌握第一手资料，不能道听途说、随意编造，利用片面材料就开始着手写。一定要经过深入实地调查，多方走访了解典型人物或典型事件的具体事宜，并从中找到最为鲜明的特点归纳主题。在采访典型人物时，一般是作长篇通讯或者报告文学报道，所以，新闻工作者在进行调查和采访时，要对典型人物的个性进行全面的探索和深入描述。在此过程中，新闻调查者不能在采访过程中加入自己的主观意识，换句话说，不能将自己的想法强行赋予新闻人物。要感受人物本身的情感和内心，记者要对反映人物心理活动和个性特征的眼神、脸部表情、动作以及人物周围有新闻意义的物件、场面等进行细致的观察，这样才能使人如见其人、如闻其声，人物形象真实、生动、自然。在采访和写作过程中，新闻工作者要倾注自己的感情并感知典型人物的先进事迹和精神境界。

《人民日报》记者采访山西襄垣县王桥镇返底村党支书段爱平前，便一直在思考：究竟是什么促使她心甘情愿把百万家财全部用于村庄？是什么激励她在身患癌症的情况下依然为百姓奔波？带着这样的问题，新闻工作者与她推心置腹地交谈，详细了解了她出生以来整个成长过程，希望从中可以找到她精神的支撑点。通过耐心细致的采访，新闻工作者了解到她从小就失去父母，一个老奶奶收留了她。她 7 岁上山捡柴换钱，12 岁走街串巷卖煎饼维持生计。苦难的生活中，她感受到社会的温暖。她忘不了儿时乡亲们东家一口、西家一碗照顾她的恩情。她说："是善良淳朴的乡亲们把我养大的，现在是我回报的时候了。"她觉得必须为乡亲们做些事，自己才能安心。这就是她所有行为的出发点，也是她崇高精神的动力与源泉，找到这个点，所有的材料便有了灵性和活力，也为新闻工作者写好段爱平奠定了重要思想基础。

其次，在采访过程中要捕捉生动细节，以细节感染人。报道典型人物，要让其立起来、活起来，就需要深入采访，并从中深挖细节。我们初次接触典型人物，一般会有一个较为粗浅的印象。当你逐渐发现这个人物身上确实存在与社会、与时代有密切联系的有价值的东西时，必须深入采访，挖掘出他身上打动人的细节。可以说，情节、细节是典型人物形象的主要支撑。细微之处见精神，抓住一个好的细节就要把它写透、写细。一个动作、一个眼神、一句话，往往能有力地表现人物的内心世界及精神境界，对人物的心理描写也能起到意想不到的宣传效果。比如，段爱平在接受采访时，每当谈及丈夫，她的眼泪就忍不住流下来。她说，前些年自己一心为百姓忙碌，忽视了对丈夫的照顾，后来丈夫患上肺癌，独自在太原治疗，她却不得不在村里建敬老院。不久丈夫去世，这让她心痛又自责，她深知作为妻子欠丈夫太多。白天她风风火火工作，只有在夜深人静时分，才会面对丈夫离去的现实，常常把头埋进枕头哭泣。记者把这个细节写进通讯中，让读者感受到段爱平作为一名女性内心柔软的一面，人物形象也更真实可亲。

最后，写典型人物还要突出个性，忌脸谱化。我们看到许多典型人物报道都是"高大上"、工作狂人、拼命三郎，对家庭几乎不负责任，对不起妻儿老母，似乎只有这样，才叫典型人物。事实上，这样的人物让人敬而远之，打动不了人，也不可信，因此很难成为优秀的典型。特别是随着时代的发展，受众对所报道人物的个性化、可信度都要求很高，因此记者一定要深入采访，全面了解被采访者，特别是挖掘人物的内心与情感，掌握细节，通过细节来打动人，让典型人物形象丰满鲜活，可信可亲、可敬可爱，真正成为富有时代精神、为人民喜爱的典型。

（四）自觉克服深入采访的思想障碍

在深入采访中，记者还应以良好的意志品质，自觉地克服、排除深入采访的思想障碍。这些思想障碍具体有：

1. 盲目自满

明明只是接近了一些皮毛，获得了一些表层的材料，对事物的本质还没有取得真正的认识，就自以为差不多了，稿子可以凑合了。这就有碍记者深入挖掘本质的材料。美国哥伦比亚大学新闻学教授梅尔文·门彻在《新闻报道与写作》一书中说得好："记者好像是一个勘探者，他要挖掘、钻探事实真相这个矿藏。没有人会满意那些表面的材料。"

2. 追数量，忽略质量

这是单纯的任务观点在作怪，记者满脑子装的只是指标，只是满足于每月多上几篇稿子，而忽略了在一篇稿子的深度、质量上多花工夫，这样势必不求甚解、粗制滥造。

3. 怕苦畏难，不愿下基层

认为下基层、找群众挖掘材料，既费时又费力，事倍功半，还不如跑机关找干部、找简报省事。采访若只是浮在上层，深入二字就无从谈起。

4. 先入为主

采访只是硬套框框，不尊重客观实际，毫无灵活的思维可言。因此，眼界难免狭窄，材料难免单薄。

5. 重实践，轻理论

实践证明，记者的理论修养越好，深入实际就越易发现、提出和解释问题。若是仅凭经验办事，则往往产生想深入却不知道该如何深入的问题。因此，从深入采访的角度出发，记者更应重视平时的理论学习。

古人曾为我们概括了一条深刻的哲理："入之愈深，其进愈难，而其见愈奇。"中外许多著名记者也以他们的实践证实了这个道理。如 20 世纪 30 年代的名记者范长江，经历了两年的艰难采访，"脸被风沙吹打烂得连熟人都认不出"，才写下了 40 余万字的著名通讯而流传于后世；斯诺不把"脑袋瓜系在裤带上"深入延安采访，也写不出震撼世界的《西行漫记》。我们当以此为楷模。

（五）提炼深化主题

新闻主题是贯穿整个新闻的线索，可以将新闻事实和新闻素材串联起来告诉受众这篇新闻传递什么信息，反映什么问题，表达什么观点。

俗话说"主题好文一半"，所以提炼一个好的主题，是提高一篇新闻宣传质量的重要基础。提炼深化新闻主题除了掌握方法和基础之外，还需要了解新闻主题和新闻内容主题的辩证关系、新闻主题的表达方式和特点。

其中，提炼深化主题的内容包括以下五个方面：

1. 新闻主题源于新闻事实

新闻主题是一个新闻的灵魂，是新闻的统帅。有了灵魂，新闻工作者才能取舍材料、谋篇布局，遣词造句就有了依据。正如古人所说："文章成败在立意"，新闻素材是新闻、是新闻的血肉，是主题的支柱。没有主题的新闻犹如一盘散沙；没有新闻事实，主题就无所依托，两者相互依托、密不可分。新闻事实具有客观性，新闻主题源于新闻事件，是在对新闻事件的分析、总结、思考的基础上提炼出来的。应先有新闻事实才能提炼新闻主题，新闻事实才能确定新闻主题。但我们采写新闻不能乱贴标签，凭空捏造事实，也不能带有主观色彩。报道的新闻应该是真实的、客观的，也不能故意拔高新闻"主题"。

2. 新闻主题决定新闻导向

新闻主题是指新闻报道的中心思想和基本观点，也就是记者对客观事实的看法、态度和通过事实的报道所表达的主观意图。主题在新闻中起主导作用，贯穿全文、支配写作，是新闻构思、选材、表达和运用语言的依据。主题正确与否直接决定新闻导向正确与否，主题偏差就会导致舆论导向的重大失误。所以，提炼深化主题必须在尊重新闻客观事实的基础上，从政治的高度、全局的眼光把握主题的导向，坚持以正确的主题来引导舆论，绝不能以偏概全、一叶障目，只看现象不见本质。

在提炼和深化新闻主题时，首先必须把握以下四点：一要从讲政治、讲大局的高度出发，坚持以团结、稳定、鼓劲和正面宣传为主的方针，把好舆论导向。新闻主题必须符合党的路线、方针、政策和国家法律法规，符合科学发展观，紧紧围绕中心、主动服务大局；二要坚持以马克思主义新闻观和科学发展观为统领，遵循新闻规律和新闻真实性原则，在尊重新闻事实的基础上，同时选择新的角度、新的表现手法，突出新闻主题的新颖性、独特性；三要准确把握事物发展变化的规律，透过现象认识本质，去粗取精，去伪存真，挖掘有前瞻性、指导性的重大主题；四要坚持按照“三贴近”的要求，关注社会热点、焦点问题，深入基层、深入生活、深入群众，把干部群众及广大读者共同关注的结合点、共鸣点和兴奋点作为新闻报道的主题。

因为新闻主题的大小也决定了新闻价值的大小，所以作为一名记者要把好舆论导向，学会提炼深化主题，这是能否成为一个合格的新闻工作者的第一关。

3. 提炼深化新闻主题

新闻主题一般隐含在新闻事实的背后，提炼主题犹如沙里淘金。“吹尽黄沙始见金””，需从大量新闻素材中挖掘最有价值的新闻。记者不仅要深入采访、掌握实情，同时还必须认真思考：如何提炼深化新闻主题。以人为本，这是新闻记者在报道中经常关注的话题，但在新闻采访报道过程中如何做到以人为本，却常常被新闻工作者忽视。为了使新闻更有吸引力，记者往往在采访和写稿中，不顾被访者和报道对象的感受，从而引起被访对象的不满，或对报道产生不良的影响。人性化应该成为新闻工作者在新闻采访报道中恪守的一条重要原则。

新闻采访要注意“把握分寸”。在新闻采访中，记者需要得到采访对象的积极配合，才能使采访顺利进行。如果为获得最佳的新闻素材，在采访中毫不理会被采访对象的感受，甚至为达到采访目的不择手段，便可能使接受采访者产生抵触心理。因此，“分寸”的把握显得非常重要。分寸的把握应该以“人性化”为前提。有人认为，在新闻采访中，起码要做好以下两点：一要尊重采访对象，在采访过程中不至于对采访对象造成不良影响；二要巧选角度，筛选素材，精耕细作，这样才能准确地提炼新闻主题。

提炼深化主题主要有以下五种方法：

（1）追根溯源法

许多事物的本质，往往必须经过由此及彼、由表及里的深入分析；许多事件的发生皆有原因，需要弄清来龙去脉，就要剖析背后的原因。所以，许多新闻尤其是深度报道需要运用追根溯源法，需要追问几个为什么，才能提炼出新闻主题。如近年来楼市的变化较大，许多媒体深入分析了房价潮起潮落的原因，有的媒体曾对政府救市、房价虚高提出过质疑。这些关于楼市的深度报道，一般都是采取追根溯源来提炼主题的。

打破砂锅问到底不单是对知识的追求，对于寻求新闻根源也同样适用。只有对新闻事实刨根问底，进行多方面的询问和寻找线索，才能找到真正的新闻事实。

（2）归纳总结法

记者围绕一个问题、一件事采访搜集到大量素材后，需要经过认真分析思考，在写作时需要对素材进行筛选取舍、总结归纳，从个别现象中总结出一般性、普遍性的结论。运用归纳概括法提炼主题，必须善于用数字说话、用典型说话，概括提炼典型经验、重要意义，常见于新闻综述、典型报道、成就报道和分析性的深度报道等。

（3）对比联系法

有些事件孤立起来看很难发现其特殊意义，但如果将其放在历史与现实的宏观背景之下，通过今昔对比、左右联系，其新闻价值就会凸显出来。运用对比联系法提炼深化新闻主题，一般采取交代新闻背景、对比同源新闻、添加新闻链接等方式，这样既能突出新闻主题，又可丰富版面元素。

（4）见微知著法

在日常生活中，大多还是平凡的人、平凡的事，不可能经常碰到重大的新闻题材，这就要求记者能从平凡之中发现不平凡，在平凡中找到新闻的“闪光点”。

（5）逆向思维法

逆向思维也叫求异思维，它是对司空见惯及似乎已成定论的事物或观点反过来思考的一种思维方式。逆向思维是发现问题、分析问题和解决问题的重要手段，有助于克服思维定式的局限性。

4. 新闻主题的特点

只有把握新闻主题的特点，才能较好地掌握提炼主题的基本规律。一是新闻主题具有唯一性的特点。一般情况下，一篇新闻最好只有一个主题，也就是说只能以一个方面的思想、问题或事物为重点。二是新闻主题具有浓缩性的特点。三是新闻主题具有鲜明性的特点，所谓鲜明性，主要就是新闻主题这根线条，在全篇的新闻中非常清晰，使人看得见，摸得着。如获得 2008 年山东省电视新闻奖一等奖的《一辆重卡的两个芯片》就表现得非常突出，所以新闻的主题应以简洁明了为美。

一条好的新闻对新闻主题的要求非常高，对一些重大新闻往往要经过集体反复研究，最后确定主题。

5. 新闻主题的基本要求

（1）新闻主题要新颖

新的主题，犹如一块黑暗中的金子，它能引起人的注目，使其兴奋，产生一种不看一下不罢休的欲望。新颖的东西才能流芳千古，同时新颖的东西也是开拓新知识的“钥匙”。人类社会是在不断前进的，特定时期的新颖东西将为我们开拓新的知识打下基础，提供一把新的钥匙。值得注意的是，追求主题新颖创新还要受内容的制约，不能为新而新。马克思指出，陈旧的东西总是力图在新的形式中得到恢复和巩固。这就告诉我们，追求主题新颖，不是说只在旧事物上贴上一枚形式的标签，就算达到创新的目的了。其实主题新颖，是属于内容性质的东西，不能从形式上去判断。新闻主题要有价值，什么样的主题才有价值呢？首先，要把握主题价值的特定内涵，才能把握主题价值的尺度，使之有一根准绳。所谓新闻主题有价值，通常讲就是对受众有好处，好处愈大，其价值就愈大。其次，要把握有价值新闻主题的范畴，一般说来，凡是较为密切地联系国内外形势变化以及各行各业的人们日常工作、学习和生活中，比较重要的、为人们所关心的并迫切需要释疑解难的问题的新闻主题，大多属于有价值的新闻主题。当然，仅仅联系实际还是不够的，倘若是不为人们所关注的实际，或不能及时地、中肯地给予解答问题，那么，这样的新闻主题价值分量就轻，或者说就无价值。换句话说，新闻主题凡是于国于民有关、有利，它的价值就大，必然会产生连锁反应和巨大的反响。就是说，与时代合拍的新闻主题、与改革发展相适应的新闻主题，其价值就大。

（2）新闻主题要深刻

首先，深刻的新闻主题是新闻的生命。我们在有准备的新闻采访时，首要考虑是确定一个什么样的主题，其新闻主题是否有价值。深刻的新闻主题，需要我们真正去把握事物的本质和规律，从而揭示事物的本质和规律，就必须发扬沙里淘金的精神，下很大的功夫去“究”、去“掘”，只有这样才会到达金色的彼岸。

（3）新闻主题要突出

实践证明，作为新闻工作者要提炼一个好的新闻主题，就应有勤奋刻苦精神，没有勤奋刻苦的精神，就不会出高质量的新闻。真正有价值的主题并不是浮在表面，随手可拈的，而是掩藏在材料的深处。要挖出这其中的宝藏，必须舍得下功夫。从某种意义上说，好的新闻主题是用汗水“泡”出来的，俗话说：功到自然成。我们在下苦功夫时，还要坚持科学的态度，求实求效，真正把劲用到刀刃上。要提炼好新闻主题，还应树立科学的思想方法。在提炼新闻主题的过程中，只有坚持唯物辩证法思想，才能保证新闻主题的正确性、全面性和有效性。

第二节　新闻框架的建立

一、新闻框架的内涵

“框架”概念最早是由美国社会学家 E. 戈夫曼在《框架分析》一书中提出：“所谓框架，指的是人们用来阐释外在客观世界的心理模式；所有我们对于现实生活经验的归纳、结构与阐释都依赖于一定的框架；框架能使我们确定、理解、归纳、指称事件和信息。”新闻框架在新闻实践中是明确存在的，媒体很容易通过对新闻选题、话题和信息源的限定，确定记者采写新闻稿件的框架。根据这个理论，新闻写作的立场、视角构成一个新闻稿件的框架。这个框架就像一幅镜框里的照片，读者所能看得到的内容完全受限并取决于这个镜框所容纳的画面大小。而新闻框架，就是指媒体在报道某个事件时，基于某种特定的看法，通过反复使用特定的关键词、比喻、图片或论调，从某个固定的角度来说明问题。新闻框架的存在使事实的全体和背景简单化，容易引导受众只重视问题的一个方面，而忽视另一些方面。

二、新闻框架的类型

（一）叙事类框架

所谓新闻叙事框架，就是新闻生产者通过选择、强调或重组新闻事件、新闻话语及叙事手法等形成新闻叙事的框架，以此赋予新闻文本特定的意义，从而影响读者对新闻事件的解读和诠释。

（二）冲突类框架

为吸引受众关注，媒体在报道新闻时往往也要强调生动、多彩，通过精彩的故事、悬念、冲突，引发受众的阅读或接触欲望。它不是淡化冲突，而是充分放大和凸显矛盾。犯罪、贪污受贿、徇私舞弊的揭露报道多半采用这种冲突框架，或叫“好斗式框架”。但如果报道偏离真相或夸大其词，同样容易误导公众、误导舆论。

（三）趋势类框架

趋势框架，也叫预测框架、猜测框架、核实框架。财经新闻通常采用，即遵循基本的经济理论，客观反映经济趋势，一般不表现出明显的倾向，即使遇到重大的经济变化也能以比较理性、客观的笔调叙述和交代事件，以事实为第一位，以帮助读者消化和解释复杂的财经世界。

（四）解释类框架

科技、卫生类新闻通常放在“解释框架”内，具体有“解释过程框架”“趋势预测框架”“历史回顾框架”等类型。新医改方案历经 3 年酝酿、争论，终于在 2009 年 4 月 6 日正式公布。《中共中央国务院关于深化医药卫生体制改革的意见》提出了“有效减轻居民就医费用负担，切实缓解‘看病难、看病贵’”的近期目标，以及“建立健全覆盖城乡居民的基本医疗卫生制度，为群众提供安全、有效、方便、价廉的医疗卫生服务”的长远目标。2008 年 4 月 8 日，中央电视台《新闻 1+1》栏目播出《公立医院改革：难在何处？》，就医改方案中公立医院的改革进行了详细的解读、回顾与预测。对于公立医院来说，这次的医改方案主要解决：公立医院的管理体制、运行机制和监督机制，要逐步探索和完善政府的补偿机制，同时还要探索多元化的办医格局和如何设置公立医院的规模、布局。节目对这三个层面的改革一一剖析，并指出了最关键的改革——补偿机制改革。节目中提道：如何重新回归公益，如何确保公益的同时，兼顾医院自身的发展，并充分保障医务人员的价值体现，并不是一件容易的事。尽管困难重重，但无论如何，新医改已经开始负重启程。而未来，公立医院的公益性如何坚持？节目给出了自己的答案：通过信息化建设，为老百姓提供更多、更好、更廉价、更透明的服务，并把政府扶持引导到正确的方向上来。做得越好的医院，就应该得到越多的支持。

（五）背景类框架

为吸引受众关注，媒体在报道新闻时往往也要强调生动、多彩，通过精彩的故事背景，引发受众的阅读或接触欲望。

“孙福娟只觉得脑袋‘嗡’的一声，挨打的半边脸又胀又麻。她失去了痛感，血沿着她嘴角滴滴答答地流到棉袄上。一个山区姑娘的城市梦想，瞬间就被这四记重拳无情地击碎。她跌坐在乘务员的小凳子上，伤心地大哭起来。她不明白，农村姑娘来为城里人服务，为什么要这样横遭殴打。”这是《中国青年报》“冰点”专栏《202 有轨电车》这一篇文章的开头，文章与现实形成了强烈的反差，这使得受众产生相应的“阅读惯性”，拉着读者往下走。

认真看完，才发现这并非一个简单的故事：这些姑娘从农村进入城市仅仅一年，就饱尝了城里人对他们的蔑视甚至侮辱，有的姑娘在售票过程中，甚至被人打得口鼻出血。故事的背后揭示了深刻的社会现实，就如文章开头所说的：她不明白农村姑娘来为城里人服务，为什么要这样横遭殴打。同时，唤起了受众的思索：其实，这些为城市服务的人们，理应受到平等的尊重。

第三节 整理剩余材料

一、积累剩余材料的目的

记者亲自动手积累资料，首要目的是为采访报道服务。为采访报道服务，表现为以下五种情况：

1. 以备经常查阅

记者在进行采访报道时，不光要注意搜集活的材料，还要经常查阅一些资料，如某方面的政策资料、某方面的背景资料、某方面的知识资料，等等。记者积累的资料多了，到外地采访可以随身携带某些资料，在编辑部时需要某种资料又可信手拈来，使用方便，省去了到处找资料的时间。

2. 长期积累，用在一时

军事上有“养兵千日，用兵一时”的名言，记者积累资料也有长期积累、用在一时的情况。比如记者在工作中看到某个问题重要，但报道的时机尚不成熟，就可慢慢积累素材。时机一旦成熟，即可报道。《苦聪人见了太阳》这篇通讯的产生便是一例。云南是个多民族聚居的省份，仅少数民族就有 22 个，还有尚未确定族别的苦聪人。中华人民共和国成立初期，生活在哀牢山密林深处的苦聪人，还停留在原始社会钻木取火、构木为巢、刀耕火种的水平。从 1953 年起党和人民政府派出一批又一批干部、解放军，深入哀牢山区，在茫茫原始森林中寻找苦聪人。到 1957 年终于把游猎在林中的 2000 多个苦聪人民找到了，并帮助他们走出深山老林，安了家，发展了生产。这是一个了不起的变化！新华社云南分社记者黄昌禄，从 1954 年起就注意苦聪人的变化，不断积累这方面的材料，到 1959 年中华人民共和国成立 10 周年的时候，时机成熟了，《苦聪人见了太阳》这通讯便应运而生。这篇通讯比较典型地反映了党的民族政策的成功，写作上也颇具特色，故受到好评。

3. “长期积累，偶然得之”

“长期积累，偶然得之”，这是周恩来同志对作家讲的话，指的是生活和创作的关系。记者在积累资料与新闻报道的关系上，也有“长期积累，偶然得之”的情况。这里说的“长期积累”，与前面说的那个“长期积累”不是一回事，那个“长期积累”的目的很明确，在积累资料时就考虑到将来某一天要写的东西。这里说的“长期积累”，是在积累某一资料时并没有具体的写作目标，只是把它储存起来。后来某种客观需要突然触动了记者，记者联想到何年何月积累过何种资料，于是产生了题目，而且积累的那些资料都派上了用场，这就是“偶然得之”。

4. 变“无用”为有用

由于种种原因，记者的某些稿件不能发表。对这些稿件，有心的记者把它当作资料保存起来。待到某一天，再访稿件写的那个地区或那个单位或那个人，原稿的某些事实往往成为重要的背景材料。另外，在写别的文章时需要广泛联系，那些“无用”的稿件，或提供某一种闪光思想，或提供某一典型事实，也成了有用的材料。

记者积累资料除了服务于采访报道这个目的外，还可为将来在某个时候写专著做准备。这一点容易被一些人忽略。不是每一个记者都打算写专著，写专著只能说明这个记者有抱负，有远见，想对社会多作贡献。当然，这不是说要求每个记者都写专著，因为那样要求是不切实际的。但应当鼓励那些有余力、有条件的记者在适当时候著书立说。

专著大体可以包括三个方面：第一，报道性的，这不是平常那种零星的报道，而是对某一重大事件、某一重大建设工程等做系统的报道。像斯诺的《西行漫记》《为亚洲而战》《漫长的革命》等，就属这一类。第二，研究性的，如对经济问题、科教问题、军事问题、国际问题等的专门研究。新闻学是记者的本行，更应在研究之列。第三，自传性的，回顾自己多年从事新闻工作的历程，总结这方面的经验教训。现在出自记者之手的专著已陆续有了一些，但还不是很多。要想多起来，也有一个树雄心、立壮志的问题。要写专著，就要注意积累资料，正如马克思所说：“研究必须充分地占有材料，分析它的各种发展形式，探寻这些形式的内在联系。”积累资料还可以增强记者的记忆力，丰富记者的知识，训练记者的科学研究能力，培养记者的踏实作风，是一举数得的事情。

二、迅速整理笔记

应当强调，每次采访活动告一段落后，记者不管有多么疲劳，都应当尽力克服，并毫不迟疑地立即整理采访笔记。这是因为人皆会产生遗忘现象。所谓遗忘就是指对识记的事物不能回忆。而人的大脑在自我保护的过程中会逐渐忘记一些不经常记忆的内容，这就是为什么我们一直反复强调学习过程中复习的重要性。你在整理笔记的过程相当于再一次复习和回忆，也便于下一次对相关材料的查找。遗忘的心理活动在进展上有个“曲线”规律——先快后慢，即在对事物识记后的短时间内就会出现遗忘现象，而且以较快速度进行，甚至几乎成垂直线。而经过一定时间后，遗忘则进展得较慢，几乎成水平线。至此，人们对原先识记的事物已遗忘许多，记忆的量已发生很大的变化。

值得一提的是，记忆的量发生很大变化的同时伴随记忆的质的变化，而记忆的质的变化恰恰又是构成遗忘的重要因素。一般来讲，人们对刚刚识记的事物，在记忆上属于一个整体，但是，随着时间的推移，记忆的内容就会逐渐分解成有很多裂缝的片段。而如果要把这些片段再回忆起来，就必须靠头脑中过去的经验来填补这些裂缝。心理学家通过复述故事的形式进行了专门试验：请某人向大家复述他几天前听过的某个故事，故事的重要情节他都还能记住。但为了使故事真实可信不走样，他就不可避免地要凭经验填补记忆内容的裂缝。结果，复述的故事越来越变质，越来越走样，故事的长度缩短或是加长；故事中的人名、地名、称号、头衔等部分或大部分变更或丧失；细微的情节越来越简单；故事中原有语言随复述者的语文水平和语言习惯而改变。

因此，记者应当自觉地在采访活动告一段落时，迅速将所得材料（其中既包括笔记材料，也包括心记材料）或是修订，或是补记，然后一并编码、归类。因为此时遗忘现象尚未产生，记者对所记材料容易产生回忆。否则，一过记忆上的这个“黄金时段”，遗忘现象便产生，而且会以较快速度、较大幅度进行。待到那时，记者再拍脑门，即使用几倍的努力去恢复已经遗忘的内容，恐怕也难以奏效，差错也将伴随而至。

怎样整理笔记并无定法。总结中外记者有关这方面的实践，大致可分以下几个步骤：

（1）通读笔记，回忆整个采访过程，将心记的内容迅速用文字插入同类的笔记材料旁，并纠正、修订难以清晰辨认的笔记内容。

（2）通读初步整理的笔记材料，标出页码，并在可能用到的材料旁作上自己熟悉的标记，如△、☆、√等。

（3）根据确定的新闻主题的需要，对材料分门别类，着力使笔记变为写作提纲。最好用不同墨水的笔，将材料根据其归属的部分，分别标出 1、2、3、4 或是甲、乙、丙、丁，或是 a、b、c、d。

应迅速整理笔记，不要等笔下的“飞龙走蛇”变成没有意义的“死龙僵蛇”，没有绝对不忘的东西。要趁早动笔，把精确、细致的采访素材写在纸上变成文章，越快越好。成功的采访十分宝贵，容不得耽搁。

三、仔细验证材料

依照解决问题的思维程序来看，前面所述采访的所有程序和环节，皆统属于提出假设阶段。由于客观事物的错综复杂，加上采访对象或多或少地受到心理情绪、表达能力、周围环境等各种主客观干扰因素的影响以及记者采访技能的不熟练程度等，都可能影响这种假设本身的正确程度以及假设实践过程中所取得的效果。因此，记者有必要将前阶段采访所得的有关材料再放入实践中进行验证，即进入解决问题的思维程序的检验假设阶段。

根据有关原理和实践，验证的方法主要有两种：

1. 以记者智力进行验证

在有些材料不能直接让采访对象验证时，就需要通过记者的逻辑推理，凭借以往积累的知识与经验，对有关材料做出合乎规律和实情的检验。譬如，记者对采访对象提供的某个数字认为过大或过小，对某个细节事实觉得不合情理或实际，此时，就可先在头脑里用以往的知识与经验来检验。这种检验方法虽只是一种辅助手段，但是该方法是可靠的，它并不排斥和否定实践是检验认识正确与否的标准，因为记者所凭借的知识与经验也完全是在人们的实践中产生并在实践中得以验证的。例如，《牛与西红柿结良缘培育出新生命》一文曾在我国不少报刊上热闹过好一阵子，稍有点生物常识和经验的人即可判断不可能。因为动、植物界之间的亲缘关系非常远，要使其细胞融为一体并产生一种新生命，目前的科学还做不到。尽管这是英国的《新科学家》杂志刊登在先的，我国有关摘录者也应鉴别其真伪。再则，英国《新科学家》杂志刊登此文是 4 月 1 日，这在国外是被称作“愚人节”的日子，报纸杂志常会杜撰一些新闻同人们开开玩笑，我国摘引者若有此知识，也不至于摘引了。事实上，像猴子牧猪、九旬老人长新牙、百岁老妇怀孕之类的新闻，记者凭借知识和经验也是能够鉴别其真伪的。

2. 直接通过采访实践进行验证

应当指出，此时的采访活动与一般的收集新闻素材有很大程度的区别，此阶段的采访是排除那些不实事实。换言之，这是记者为了验证到手的新闻素材而寻找、接近新闻源的采访实践。一般而言，只要找到新闻源和当事人，新闻材料就能够得到验证。但是，必须指出，即使找到了当事人，也并不等于接近或找到了新闻源。例如，有一年山东有位姑娘跳龙潭被人救起，一位自称救了她的青年向记者详细描述了当时的救人情景。稿子写好后，记者送给被救姑娘看，该姑娘也点头认可。但稿子刊登后，却引起了许多知情群众的不满。他们指出：该姑娘是另外四位青年一起救的，只是人家做好事不愿留名罢了。后来，记者再次去问被救姑娘，该姑娘也说不清，因她当时正处于昏迷状态，怎能说清被救详情。实践证明，在许多情况下，记者应将上述两种检验方法结合起来使用，方能最大限度地验证材料的真伪，最大可能地接近新闻源。再则，在验证材料时，记者一定要克服侥幸心理和主观主义，代之以客观的实事求是的科学分析态度。任何主观武断、先入为主或侥幸、惰性心理，都是验证材料的大敌，都可能造成报道的失实。

在验证材料的问题上，西方新闻界的认识同我们没有本质的差别。他们十分强调：要把事实差错消灭在采访阶段，要求记者在采访中始终保持高度的警觉并伴随以质疑的习惯、一种反复核对事实的愿望。在验证材料时，他们主张"三角定位法"，即如果要确定一个事实的真实、准确程度，要通过三个信息来源核准。譬如，记者若是采写一篇关于经济犯罪的报道，仅得到罪犯本人亲口承认的事实还不行，还得去找警察或检察、司法部门，要求他们提供第一手的侦察材料予以佐证。此外，记者还需要访问专门从事经济工作的人员，请他们协助验证这些犯罪事实的可能性和可信性。上述三个方面获取的事实若是一致的，这个经济犯罪事实方可予以确定，若是缺一只"角"，即缺一个信息来源，就不予确定。验证材料的工作属检验的性质，在采访中绝非可有可无，而是非有不可。没有这道"把关"工序，前面所付出的辛劳，都有可能因未剔除一个小差错而功亏一篑，甚至产生严重恶果。

四、积累资料的方法

资料工作是一门学问。在明确积累资料的目的之后，怎样积累资料的问题便摆在我们的面前。要注意资料的权威性和可靠性，要建立自己的资料库。建立自己的资料库，需要从两方面努力：

1. 长期坚持从点滴入手

一位老记者积累资料很有成绩，他曾讲过这么一段话："如果有人问我：你在积累资料方面有什么经验呢？我的答复很简单：我积累资料的主要经验是长期坚持。我为什么能长期坚持呢？因为我热爱我担负的工作，我也希望把我担负的这项工作长期做下去。因此，我很需要积累资料，逐渐丰富我的资料库，以便我根据工作的需要，随时选用。要想做积累资料的工作，就需要我有长期顽强坚持的精神才能产生好的效果。长期坚持，我已坚持了十年，也可以说十年如一日。今后，我还要把这一工作继续坚持下去，积累更多资料，很好地完成党交给我的工作。"这位记者谈的经验很重要。特别是他说的"我热爱我担负的工作，我也希望把我担负的这项工作长期做下去"这句话很有分量，正是这句话成为他能长期坚持积累资料的动力。

在积累资料的问题上，我们要提倡这位记者长期坚持不懈的精神，切忌“三天打鱼，两天晒网”。有些记者之所以“三天打鱼，两天晒网”，一个重要原因是没有合理安排时间，采访任务一忙就把积累资料的工作冲掉了。记者工作确实很忙，但只要合理安排时间，还是能挤出时间来积累资料的。在这方面要舍得付出，付出越多，回报越多，这几乎成了一条规律。长期坚持，要从点滴入手。“不积跬步，无以至千里；不积小流，无以成江海。”(《荀子·劝学》) 积累资料也是一个道理。要想使自己的资料库丰富起来，就得一点一滴地积累。急于求成，奢望一下做出很大成绩，是不现实的。

2. 方法多样，不拘一格

积累资料要讲究方法。方法可以多种多样，不拘一格。通常的方法有以下几种：

（1）用笔记本记录

文字记者采访离不开笔记本，电视记者采访用录音器材录音，也少不了用笔记本。笔记本是记者积累资料的重要工具。为了查起来方便，记者应有几种笔记本：

① 专门记采访所得的笔记本。记载采访记录有两种方法：一种记原始材料，采访对象谈什么就记什么；一种加上自己的观感。英国记者、作家费利克斯·格林第一次见到周恩来总理，是 1960 年为欢迎英国陆军元帅蒙哥马利举行的小型宴会上。他在笔记本上记的就是自己的观感：周恩来来了，我注视着他，被他的姿态以及他迅速变化的音容笑貌迷住了。他的面容极富表情，时而讥讽，时而诙谐，时而又仰天大笑；在发表意见时，马上又那样聚精会神。毫无疑问，这是现代历史上最杰出的人物之一。他从一开始就置身于现代历史的斗争中心，他是长征的一名指挥者。尽管当时曾有人悬赏二十五万美元收买他的首级，他却毫不介意地活动在农民中间。从这样的面部表情中可以看出什么呢？坚韧不拔，生气勃勃，而又足智多谋；一个完全献身于革命而毫不考虑自己的人；另外或许还可以加上客观、冷静、公正、博思等才能。这种记法，已不单是素材，而是文章的毛坯了。果然，它成了后来格林写回忆周恩来文章的重要组成部分。

② 专门记某一方面基本情况的笔记本。其基本情况包括记录基本数字、基本知识、重大典型等。不仅要有中国这一方面的基本情况，还应有外国这一方面的基本情况，这样便于比较。

③ 专门记党的方针政策、党的指示、党中央负责同志的讲话等方面内容的笔记本。这类笔记最好使用活页纸，按问题性质分类，装订成册时要编号，并在每册前面写一个目录索引，里面编好页码，以便查阅。不然，年头多了，笔记本越积越多，查阅起来费时费劲，极不方便。

（2）照片记录或画草图

记者积累资料除了笔记本以外，为了备忘，也可以辅之以照片记录或画草图。这两种办法的好处是可以再现场情景，保存现场资料。当过多年记者的爱泼斯坦先生在他写的《记者的笔记本》一文中这样说：“记录照片”可能根本不印出来，它是用来记录现场的，你不必考虑它的艺术质量。在你写消息时，你一见照片就能触景生情，回忆起当时的情景。拍这种照片的时候，你不必小心翼翼。它只是记录现场帮你记忆，节省你做笔记的时间，这也是一种做笔记的方法。有时我没带相机，我就画一张草图，它能唤醒我的记忆。1955 年国庆节，爱泼斯坦在拉萨采访布达拉宫前举行的群众大会，就曾采用画草图的办法。事隔多年，当他提笔写作时，这幅草图的帮助使他回忆起当时的情景，作了鲜明生动的而不是泛泛的描述。爱泼斯坦的经验，解决了一个文字记者如何更好地再现现场的问题。

（3）写采访日记

记者每天接触大量的新情况、新事物、新问题，可记的东西很多。怎么记？不同记者的答案可能不同。但有一点很清楚，这种日记不应该完全重复采访记录，而应该经过深入观察，选最重要的、感触最深的记下来。不必拘泥于天天写，要有感而发。养成写采访日记的习惯，不仅可以锻炼自己的观察能力和写作能力，而且在事隔多年后，翻翻这种日记，可以寻觅自己过去的足迹，看到时代风云的变迁。有的采访日记本身就是一本有价值的书。美国《纽约时报》，记者赛利·苏兹贝格写的长达 70 多万字的《七大洲风云四十年》就是这样的书。作者以日记体裁扼要地叙述了他 40 年新闻采访活动中的主要见闻，包括他同各国首脑交往的记述，为我们了解和研究现代国际关系提供了许多宝贵史料。

（4）剪报

记者的剪报工作和资料室的剪报工作应有所区别，资料室剪报面向整个编辑部，记者剪报则是根据自己工作的需要有一定范围，不必包罗万象。有以下几方面的内容就可以了：报纸上公布的党和政府的重要文件决定，党中央负责同志的重要报告讲话，重要的社论和文章，写得好的新闻、通讯、报告文学，有关知识性材料等。不同的剪报有不同的用途，有的是在报道时经常翻阅用的，有的是业务学习用的，有的是扩大知识面用的。剪的报要及时粘贴起来，也最好用活页纸，这样便于分类。装订成册时，也需要编号做索引。

（5）摘录

摘录就是把自己阅读报刊书籍时发现的重要材料摘录在笔记本上或卡片上。马克思很重视摘录材料，以对巴黎公社的研究为例：从公社诞生的第一天起，马克思就注视着各种报刊对公社的报道，并及时作摘录。他摘录的材料多达两册，涉及英、法报刊 30 多种。这是他为什么能在公社失败后的第三天，向国际工人协会总委员会宣读自己的著作《法兰西内战》的一个原因。在摘录材料方面，马克思那种勤奋精神为我们树立了榜样。

（6）利用电脑

现在有了电脑，这对记者储存资料提供了极大方便。但是有了电脑，像剪报一类工作是不是可以取消呢？电脑不能完全代替剪报，必要的剪报是不可少的。当然也不排斥把某些文章输入电脑。记者可以用电脑写作，把写成的文章作为资料储存起来，以便随时调阅。此外还要上网，通过互联网，搜索我们需要的资料。互联网是个巨大的资料库，我们要充分利用。

上面谈的几种方法，在付诸实践时，都要付出辛勤的劳动。像剪报这一类工作，是要有很大耐心才能做好的。许广平先生在回忆鲁迅怎样写作时，曾说："他所积累的各种材料，都是经过自己的一番熔化的。"记者在积累材料时也应注意到这一点。

五、积累资料的原则

资料分类的方法多种多样，主要根据自己的工作需要和习惯而定。有人将积累资料工作归纳为十个原则，虽然不完全准确，但颇值得参考。十个原则分别是：① 指向原则，即搜集资料应有明确的方向；② 优越原则，即要求对资料能够善于分析，去粗取精；③ 统筹原则，即对资料要从上下、纵横各个方面统筹兼顾；④ 价值原则，即搜集的资料要经得起时间考验；⑤ 及时原则，即发现有用的资料应立即做成卡片；⑥ 认真原则，即资料的精确性力求丝毫不差；⑦ 全面原则，即对某一问题应尽可能全面、系统地搜集；⑧ 求新原则，即注意收集新动向、新思想、新成就；⑨ 系统原则，即要系统整理，合理编码；⑩ 持久原则，即要做出长期艰苦的努力，持之以恒。

【本章小结】

1. 补充深化新闻采访内容的方法共有五个：善抓特点；细抓本质；善抓典型；自觉克服深入采访的思想障碍；提炼深化主题。

2. 自觉克服深入采访的五大障碍：盲目自满、追求数量；忽略质量；怕苦畏难；不愿下基层，先入为主；重实践，轻理论。

3. 新闻主题的基本要求有三个：主题要新颖；主题要深刻；主题要突出。

4. 新闻框架的类型一共有五种：叙事类，冲突类，趋势类，解释类，背景类。

5. 验证材料的两个方法：以记者智力进行验证；直接通过采访实践进行验证。

6. 积累资料的方法有两大类：长期坚持从点滴入手；方法多样，不拘一格。

【课内实训】

结合本章内容任选一个访谈类节目归纳整理节目内容要点，找出主人公的特点，并从挖掘主人公其他事迹或特点出发，另写一篇以叙事为框架的新闻报道。

【思考题】

1. 新闻框架有哪些？
2. 整理剩余材料的目的？
3. 资料收集整理的方法？
4. 深化采访内容包括哪几个方面？
5. 新闻主题的归纳方法有哪些？

第八章　新闻写作的特性

【知识学习目标】

通过本章学习，掌握新闻写作的基本要求、新闻的体裁、主题、材料、语言。

【能力培养目标】

了解新闻写作的基本要求及在新闻报道中的意义，建立新闻写作与新闻采访报道之间的思维方式。

【教学重点】

1. 新闻写作的含义
2. 新闻写作的作用
3. 新闻写作的选择及思维方式的运用

【教学难点】

1. 新闻的体裁
2. 新闻的主题
3. 新闻写作基本要求
4. 新闻的材料
5. 新闻的语言

【开篇引例】

大家关心事　坦诚作回应

——2018年全国人民代表大会首场“部长通道”现场直击

中国青年网北京3月6日电（人民政协报记者 高杨 郜晓文）3月5日，11时50分许，人民大会堂北大厅。十三届全国人大一次会议开幕会刚一结束，今年全国人民代表大会的首场“部长通道”随之开启。来自监察部、工信部、交通运输部、商务部、农业部、国台办的六位“一把手”走上通道，零距离面对媒体，不避尖锐问题，直面社会关切，发出权威声音。

针对舆论关切，杨晓渡表示，监察委员会不是一个超级的权力机构，做的大量工作是日常“拉拉袖子，提个醒”的工作，是监督的工作。杨晓渡透露，全国人大拟设立的国家监察委将来要和中央纪委合署办公，直接向党中央报告工作，接受党中央的领导、监督。国家监察委还要向全国人大报告工作，对全国人大负责。

杨晓渡表示，最高人民检察院反贪总局和全国检察院的反贪系统加入国家监察委以后，中央纪委和地方纪委、监察委机关总共增加了10%的人员。“增加过程中，职权范围有所扩大，职权方式基本和过去党的纪律检察工作、国家的行政监察工作相同。”

工信部部长苗圩就新能源汽车补贴等问题回答了记者提问。截至去年年底，我国累计推广的新能源汽车总量超过了180万辆。去年当年的产销量接近80万辆，比上年产销增长了50%以上，建成的公用桩已经超过了70万个，群众在使用新能源汽车方面感受到了更大的方便。

工业和信息化部也发现，去年有少部分汽车企业铤而走险，用各种办法骗取中央的财政补贴，政府对这件事情依法依规进行了处罚。苗圩说：“政府对支持新能源汽车发展的决心是不会改变的，对于骗补的这种行为也是‘零容忍’的。”

目前，我国农药使用量已经连续3年负增长，化肥使用量已实现零增长。农业部部长韩长赋表示，下一步将重点抓好重点品种、新型经营主体和科技创新三方面，继续推进化肥农药减量增效。

农村公路对农民致富、农业振兴、农村发展具有重要意义。谈到农村“断头路”问题时，交通运输部部长李小鹏表示，到2019年，要完成具备条件的乡镇和建制村通硬化路的目标。到2020年，具备条件的建制村要通客车。“我们要努力，小康路上绝不让任何一个地方因为交通而掉队。”李小鹏说。

去年，我国成为世界第一贸易大国说明中国的贸易大国地位更加巩固。着眼未来，商务部部长钟山说，“2018年，要打造中国品质、中国品牌的外贸新形象，努力推进外贸强国的建设。”

被问及两岸关系，国台办主任张志军表示，如果有人错判形势、执意推动“台独”分裂，包括台湾同胞在内的所有中国人绝不答应，整个中华民族也绝不会答应。“我们有坚定的意志，有充分的信心，更有足够的能力来遏制住各种形式的‘台独’分裂行径。”

通道上，一问一答间，现场充分展现了新时代的大国开放与自信。

尽管通道采访长达1个小时，12个问题紧锣密鼓，但中外记者仍不过瘾。面对频频追问的中外记者，现场工作人员表示，会将来不及作答的问题转交给部门新闻办，并以适当的方式回应。

（新华社2018年3月6日消息）

第一节 新闻体裁

“体裁”一词最初来自文学，指文章的类别和样式，是文学作品在体制、结构、语言等方面所形成的外部形态；泛指文学作品的表现形式。新闻体裁一般是指新闻媒体所传播的新闻作品的各类载体形式，是新闻内容与表现形式相统一的报道样式的通称，新闻体裁又被称为新闻写作中的“十八般武艺”。我们在选择确定新闻体裁上，必须根据受众的实际需求与新闻内容的要求而定。

一、新闻体裁的分类

新闻体裁作为新闻内容的表达方式，也是新闻内容最常用的分类方式，现如今新闻事业的快速发展，各类媒体带来的新闻报道种类增多，新闻体裁也有所发展和变化，导致新闻体裁的分类，目前尚无定论。但是，不同体裁的新闻作品还是有一定的区别：我们可以根据表达新闻材料的手法、口吻和组织材料结构的不同进行分类。从广义上，按表达的内容和方式等综合情况，可分为新闻报道类、新闻评论类和新闻附属类。

（一）新闻报道类

1. 消息

消息即狭义的新闻，是迅速简要报道客观新鲜事物的新闻体裁。从现实生活中选择最新鲜的事务，及时加以报道，文字简洁，主题突出，是新闻报道的主要形式。

2. 通讯

通讯是翔实、深入、真切、生动地报道新鲜事物的体裁。它由消息演变而来，但以详细告知来弥补消息的不足。其中详细告知的含义有三点：一是要告知新鲜事物的来龙去脉，要交代新鲜事物产生发展的“全过程”和历史地位；二要告知事物“怎么样”或“怎么做”，要将人物、事件的情景，包括环境氛围，真切形象地描述出来，让受众如临其境、如见其人；三是要告知新鲜事物是怎么回事，说明原委，回答“为什么”，要有深度。通讯一般以叙述和描写为主，兼用议论、抒情以及修辞等表达方式，及时报道现实生活中有影响的人物、事件、工作经验和地方风情等。

3. 新闻特写

新闻特写是截取新闻事实的横截面，即抓住富有典型意义的某个空间和时间，通过一个片段、一个场面、一个镜头，对事件、人物或景物做出形象化的报道，给人留下深刻、鲜明的印象，使人有身临其境的感觉。

4. 新闻专访

新闻专访是记者事先选定好采访对象，对某个特定的人物、文件、事件和风土人情等采用专题性现场访问的方式后所写的报道。新闻专访是集新闻性、思想性、知识性和趣味性于一体的一种可读性很强的新闻体裁。

（二）新闻评论类

1. 新闻评论

新闻评论是一种对最新发生的新闻提出的一定看法和意见的文章，是就当前具有普遍意义的新闻事件和重大问题发表议论、讲道理，有着鲜明的针对性和指导性的一种文体。

2. 社论

社论是最为重要的新闻评论和舆论工具，是报纸编辑部就重大问题发表的评论。其中包括三个要点：① 代表报社；② 评论对象是重大新闻事实和重大事件；③ 目的是引导舆论。

3. 述评

述评是带有夹叙夹议、边叙边评性质的新闻，它是以新闻为主。述评性新闻不同于评论，而以新闻事实为依据，反映社会热点或国内外重大事件或问题的新闻体裁。

4. 思想评论

思想评论是以思想现象为写作对象的一种评论文体，具有及时性、针对性、论辩性和平易性的特点。

（三）新闻附属类

新闻附属类包括散文、杂文、小品、诗歌、小说、剧本、报告稿、文学、回忆录、曲艺等。

所有这些与新闻有关的体裁，都是网络新闻资源系统中不可或缺的形式。各类新闻资源都有适应自身定位和表现内容需要的常用体裁，要从资源性质和体裁的固有联系出发，在把握体裁特点及其表现功能的基础上，紧紧围绕发挥多种体裁相互配合的互补效应，恰当调动、巧妙运用各种新闻体裁。

二、把握新闻体裁的特点

所谓新闻体裁，是指新闻写作的表达形式。我们常说：文无定式。在新闻写作时，由于表达主题手法不同、选择材料的角度不同、组织材料的结构不同等，呈现出的报道体裁是多种多样的。且新闻体裁不是一成不变，而是不断发展的。目前，我国报纸、电台和通讯社常用的新闻体裁，一般有消息、新闻特写、调查报告、记者来信、人物专访、工作研究、采访札记等。消息是新闻记者大量使用的“常规武器”，且消息有简讯、短消息、长消息之分。在写稿时要把握住体裁的特点，以适应报纸、电台、电视台的宣传需要。具体来讲，应注意以下三点：

1. 要做到“量体裁衣”

内容决定形式，写什么样的新闻就采用什么样的体裁。动笔之前，应当首先分析自己掌握的资料内容，再确定选用哪种新闻体裁。如果获取的资料只够写一条消息，却硬要写一篇长通讯，最终只能堆砌事例，添加空话、废话，这就是没有做到“量体裁衣”。许多有经验的通讯员的写作实践证明，一篇稿件要体裁得当，只有“量”得准，才能“裁”得巧。这里的“量”即确定报道主题和选择题材，而“裁”便是选用体裁。这就要求我们在选择新闻体裁时，要先在“量”上下功夫，再在“裁”上显本领。

2. 要抓住时机

在采写各类新闻及运用体裁的时候，要抓住报纸、电台、电视台，根据党中央一个时期宣传重点所提出的报道中心，就是所谓的抓住宣传时机。只有根据这个报道中心去采写稿子，选用恰当体裁，才能“适销对路”。可见，新闻写作时运用什么样的体裁为好，既要“量体裁衣”，又要抓住宣传时机，否则就难以取得最佳的宣传效果。

3. 要有针对性

一个报道题材要不要写成新闻，该写成什么样的新闻？既要考虑到报道的具体内容及其新闻价值，又要考虑到报纸、电台、电视台的不同需要以及应当宣传的范围。这样写出的稿子才能避免盲目性，做到有针对性、提高用稿率。

第二节　新闻写作基本要求

新闻是当今社会公众知情的一个重要渠道，因此做好新闻写作显得尤其重要。新闻的稿件有自身独特的写作规范与要求。对于新闻工作者来说，要想写好新闻稿，就要了解新闻写作坚持的基本标准、基本要求和基本规范，这样才能写好新闻稿。具体来说，新闻写作有以下三点基本要求：

（一）用事实说话

用事实说话是新闻写作的基本方法。这是新闻的本质属性所要求的。新闻是真实反映新鲜事物的报道，不是主观意见的发表。事实是构成新闻的基本内容。“事实”指的是新闻事实和背景事实，“说话”指的是隐含在事实中的意见、观念、思想。

用事实说话这种手法，其实在我国古代的纪实文学、历史著作中早已开始运用，如《左传》《史记》《汉书》等著作，常见的叙事中寓有褒贬，对比中可见善恶，这就是用事实说话的方法。

用事实说话既是新闻报道的基本要求之一，也是新闻写作的基本方法之一。也就是说，要实事求是地报道客观事物，或者说要客观地报道新鲜事物，也可以称为客观报道。这里所说的客观报道，就是要求记者将新鲜事物原原本本地写出来。实际上，我们的新闻工作历来强调实事求是。这是由新闻的真实性所决定的。我国古代史学家为捍卫历史的真实性，坚持实录精神，受到当时的人民及后人的称誉。新闻记者是时代的记录者，应该而且必须像古代史学家那样，坚持实录精神，做到不唯上、不唯风、不唯钱，只唯实。事实是怎么样的，就怎么样地如实报道，不能搞假、大、空，不能编造，不能添枝加叶。

根据不同的新闻报道内容，常见的用事实说话的方法有以小见大、对比衬托、归纳概括、再现场景、点面结合、来龙去脉、画龙点睛、借口说话、全面平衡等几种写法。

1. 以小见大

这是以小题材表现大主题的方法。生活中有些材料看起来似乎很平常，却包含着深刻的意义。只有透过现象发现本质，把小题材放在广阔的社会背景前面展开，并深入挖掘，就能收到“一滴水反映出太阳的光辉”的艺术效果。“大”与“小”是对立的统一。“小”中有“大”，“大”中有“小”。小是大的一部分，大是无数个小的集合体。当然，写作选材时，也并非随意捡来一件小事便可以表明一个大道理，这里还有一个深入挖掘和精心加工的问题，即要从本质上把握住“小事”与整个时代、社会和生活的内在联系。这就要求我们在新闻写作时从大处着眼，从小处着手，虽然处处描写“小”事，却要时时表现“大”道理。这样，才能“以一斑而窥全豹，见一叶而知秋”，使文章所要表达的深刻道理显得具体、亲切、感人，易于为人们所理解和接受。

以小见大是艺术创作的一种重要方法，也是新闻写作的一种重要方法。我们的祖先早在几千年前就发明了这种方法，所谓“其称名也小，其取类也大”就是这个意思。“小”指的是细小的、具体的新闻事实。“大”指的是大道理。

2. 对比衬托法

对比衬托法是文学、戏剧、新闻写作经常运用的一种方法。对比，可以纵向比较，也可以横向比较。作者通过这人与那人的比较、此物与彼物的比较、这事与那事的比较、此时与彼时的比较，好坏映照，美丑衬托，从中显示出深刻的道理。无须作者议论，道理不言自明。

3. 归纳概括法

归纳概括法是从众多的新闻事实中归纳概括出一个观点。这也是用事实说话的一种重要方法，多用于综合消息和通讯、评论中。

【案例 8-1】

首届中国国际智博会今日闭幕 全国媒体已刊发报道13 000余篇

华龙网 8 月 25 日 17 时 20 分讯（记者 日韵沁）今（25）日，首届中国国际智能产业博览会闭幕日。据智博会宣传中心、重报集团新闻研究所大数据监测不完全统计，23 日至 25 日 14 点，全国共刊发智博会稿件 13345 条。其中，23 日 5587 条，24 日 6468 条，25 日 14 点时 1290 条。

就全国媒体而言，3 天时间内发布稿件最多的媒体是百度客户端 681 条，其次是华龙网 673 条。中央媒体中发布稿件最多的是人民网，各频道发布稿件 283 条，其次为新华网 191 条。

重庆日报发版面 117 个版，重庆晚报 35 个版，重庆晨报 71 个版，重庆商报 35 个版，浓墨重彩报道了智博会亮点及党中央、国务院对首届智博会的高度重视和重要意义及习近平主席贺信引起的热烈反响。

就地域而言，从 6 月 26 日至 8 月 25 日 14 点，重庆地区发稿 7885 条，北京 7316 条。

就传播力而言，23 至 25 日智博会稿件中，传播力最广的稿件是《习近平向首届中国国际智能产业博览会致贺信》，被中央及地区主流媒体转载 459 次；其次是《首届中国国际智能产业博览会在重庆开幕韩正宣读习近平主席贺信并致辞》；排名第三的是《腾讯与武隆签署协议共同打造“一部手机游武隆”》。

重庆媒体方面，传播力最广的稿件是重庆晨报 25 日刊发的《重庆智能化产业水平如何？全国第 8 西部 NO.1》；其次是重庆日报 24 日刊发的《多项新产品和新技术亮相》；排名第三的是日报 24 日推出的《长安出行邀您预约体验 L4 级无人驾驶汽车》。

（华龙网）

4. 再现场景法

通过再现典型的新闻现场，来说明自己的观点。比如《解放军报》2003 年 10 月 17 日第 5 版的特写《目击杨利伟飞天归来》,《湖北日报》2003 年 6 月 2 日第 1 版发表的特写《三峡大坝昨下闸蓄水》,《中国青年报》2007 年 3 月 5 日两会特刊发表的《我给总理递条子》都是通过现场描写的手法来表现主题。

5. 点面结合法

点面结合法是将概述事实与具体事例相结合的方法，多用于综合消息。这种方法以面带点，以点托面，面上有广度，以总括全貌；点上有深度，以增强消息的影响力。这里的点面关系，不是观点加例子的关系，而是个别与一般的关系。值得注意的是，运用归纳概括的方法写面上的事物时，一定要做到概括准确、简洁；运用再现的方法写点，要做到典型突出，富有代表性，以启发读者联想到点以外的面，起到画龙点睛的效果，使消息有立体感。

6. 来龙去脉法

来龙去脉法是运用背景材料系统交代新闻事件的前因后果，用以说明某个观点，表明某种倾向。

【案例 8-2】

听取安全生产汇报，国务院督查组越听越不对劲

——工作汇报，两个县咋这么像？经查系修文照搬了息烽汇报材料

本报讯　贵阳市两个县政府向国务院安全生产百日督查第七组汇报安全生产工作，汇报材料竟然基本相同。经查，是修文县照搬了邻县汇报材料。据介绍，6 月 7 日，国务院安全生产督查组对贵阳市息烽县进行安全检查，该县政府向督查组做了相关工作汇报。让人意外的是，不久，督查组在邻县修文县也听到了内容基本雷同的工作汇报。

经调查了解，两县汇报材料结构一致，汇报内容层次基本相同，顺序不变，有 15 处段落雷同。仅在“强化基础，推动管理”一节中，四个分段近 600 字内容完全样，改动的仅是文中出现的数据。不仅如此，修文县政府在汇报材料中竟有一处称“全市烟花爆竹实行‘禁改限’”，督查组指出，此系照搬贵阳市有关材料所致。

对此，督查组负责人严肃地指出，地方政府要端正态度，认真对待百日安全督查专项行动，扎扎实实开展工作，绝不能应付敷衍安全生产工作。

（《贵州都市报》2008 年 6 月 17 日）

7. 画龙点睛法

“画龙”指的是叙述新闻事实；“点睛”指的是从新闻事实生发出来的议论。消息写作的基本方法是叙述事实，但有时，仅仅叙述事实不能充分达意，或者受众不易明了事实内涵的意义，就需要有点睛式的议论。不过，这种议论必须是从新闻事实中引发出来的，是新闻事实内涵意义的揭示，不能贴标签，不能离开事实任意发挥；必须十分精炼，不能空泛。例如 1979 年新华社《马寅初错案彻底平反》在叙述了党组织宣布为马寅初先生彻底平反的新闻事实后，写道：“二十多年的是非终于澄清，冤案终于平反。实践宣布了公允的裁判：真理在他一边。”“真理在他一边”就是这条消息的点睛之笔。

【案例 8-3】

改编自巴金经典之作　舞剧《家》亮相丝艺节舞台

西部网讯（记者　敬泽昊　赵昊）由四川省歌舞剧院改编自巴金同名小说的原创舞剧《家》，9 月 20 日和 21 日两天亮相第四届丝绸之路国际艺术节。

舞剧《家》以高家大少爷觉新的视角，讲述了发生在成都一个封建家庭的故事。该剧由两个婚礼、两个葬礼组成，共分为四幕——大少爷觉新的包办婚礼、丫鬟鸣凤的被逼出嫁、大家长高老爷的葬礼，以及少奶奶瑞珏的死亡。舞剧选用了高家生活中最为鲜活的这四个横截面，强化了美丽生命被封建制度摧残的主题，同时也一步步将三少爷觉慧推上了逃离封建桎梏，追寻自由的道路。

该剧的导演何川曾在接受媒体采访时表示，舞剧《家》在灯光、布景、道具、音乐、舞蹈动作、剧情上都做了一定的修改。比如在灯光上，灯光色彩更加丰富、明亮，让观众更加容易理解场景的变化。比如在服饰上，鸣凤的服饰一改往日偏灰的色调，出场一身明黄色的上衣，不仅能立刻锁定观众的眼球，也将鸣凤不卑不亢的人物个性更为凸显，让观

众对舞台上《家》中的人物认识更加明确。再比如在音乐上，则加入了川剧戏曲的配乐，让《家》的味道更加浓厚。而这些改变，也都是为了让观众更深刻地感受到了历史洪流中剧中人物跌宕起伏的命运。

（西部网）

事实上，一向强调客观报道，强调把报道与议论分开的西方新闻界，也并不是一概排斥新闻中的议论。相反，得体的议论，真正“画龙点睛”式的议论，即从确切的新闻事实中发出的精辟议论，在西方也是被肯定的。有人认为，西方记者的一些成功报道，往往是以细节和议论见长。

8. 借口说话法

这是一种借助他人所说的话，来表达记者想说的话的方法。由于其表现方式为引述，因而这种方法也被称为引述法。常见有两种情况：一是假托；二是实引。所谓假托，就是记者以他人的名义来说话。比如记者写道，有人认为某件事情意义重大、影响广泛，实际上是记者本人的想法。又比如西方记者常用“此间观察家”说什么。实际上，这个观察家就是记者自己。

所谓实引，就是实实在在地引述别人的话，但经过记者的选择，别人的观点也是记者想表达的观点。比如在中央决定全面改革我国经济体制和企业管理体制时，新华社发表了《四川一百个试点企业扩大了哪些权？》，文中用群众的话说，改革前的体制是“活人叫尿憋死的体制”。这是群众的观点，也是记者的观点。

9. 全面平衡法

在新闻报道中，必须坚持实事求是的态度，坚持两分法而且应当分清主流与支流，做到全面正确的平衡。我们正处在一个重大变革的时期，我们正在前进，我们取得了一个又一个重大成就，成绩是主要的。但是前进中也有困难、有问题、有阴暗面。因此，我们的报道既要坚持两分法，报喜又报忧，又要坚持正面报道为主。对西方国家，也要既看到好的一面，又看到其不好的一面。他们的技术、管理、产品等，有许多方面比我们好，值得我们借鉴、学习，应该报道，但是，他们不是天堂，也有许多丑陋的、阴暗的东西。全面平衡这种客观手法，不同的新闻媒体都可以运用，但蕴含在报道中的是非观、价值观则千差万别，甚至可能迥然对立。

（二）短小精悍

1. 一事一报

明末清初学者顾炎武说：“不简于事而简于文，斯所以病也。”如果写作时不把事件精简而要求把文章写得精练，那是难以做到的。所谓简于事，就是说写作时要精选新闻材料，不要眉毛胡子一把抓。要使新闻简短，一事一报是其中一个重要的方法。

一事一报，主要用于写消息、特写。它是写动态新闻的取材基本方法。只有一事一报，篇幅才能短小。如果一条消息中罗列几件事，必然要把消息写得冗长，失去短小的特点。例如，新华社 2009 年 8 月报道台风“莫拉克”对台湾的影响时就是采取的这种一事一报的方法。在 2009 年 8 月 13 日新华网主页的台湾频道中，最新报道共有 16 条消息，其中有三条：最新民调显示近 5 成民众不满当局救灾表现；台风致台湾阿里山交通全部中断，6500

人受困；澳门红十字会捐助海峡两岸受灾民众。这三条消息中，最长的只有 445 字，最短的仅有 181 字，从不同的角度报道了台风“莫拉克”造成的灾难及救援的情况。

2. 浓缩事实

写短新闻即使一事一报，如果不分事件过程的巨细，一一写来，也会很长。应该学习盆景艺人“移天缩地”“缩龙成寸”的手法，对新闻事实进行高度的浓缩，去粗取精。尤其是在写简讯以及消息和通讯中概述事实时，要注重运用浓缩的手法。

运用浓缩的手法，要注意准确性，不能把不同时间、不同地点、不同人物身上发生的事，集中在一时、一地、一人身上，只能就一件事浓缩。还要注意具体性，是事实的浓缩，不是概念化的浓缩。

3. 去粗取精（剖璞现玉）

新闻事实就像一块璞，有时候，一件复杂的事件中包含有几个问题，涉及诸多方面，然而，最新鲜、最有价值的往往只有一个，记者不能像卞和那样，带璞而献，而应当从众多事实中提取最重要、最精华的东西献给受众。

4. 典型材料

典型材料是围绕一个主题、一个中心思想，从众多新闻事实中选择最典型的、最能说明问题的材料，使这些典型材料在作品中起到以一当十的作用。例如，通讯《谁是最可爱的人》中写的三个故事，就是从采访到的几十个故事中筛选出来的，很好地反映了解放军的高尚精神；报道孔繁森的通讯《雪山公仆》的材料也是从众多的材料中精选出来的。

5. 取其一角

南宋画家马远是一位有独特风格的画家。他画山，常取一角；画水，常取一涯；画多种景物多是“半边”。因此，人们称他为“马一角”。马远画画的方法值得新闻写作者借鉴。所谓取其一角的方法，也就是以部分反映整体，以个别反映一般的方法。

6. 化整为零

有时候，新闻事件中包含着的几个问题、几个侧面、几个片段都很重要，将其概括浓缩会使之失于空泛；取其一角，又会失之偏颇；面面写来，则势必拉得太长，而且还会失去时效。解决这个问题较好的办法是化整为零。也就是把一个完整的事件分解成几个侧面、几个片段来报道。

化整为零的方式有两种：一种是纵向分解，即按事物发展的时间顺序分解成几个小的片段，做连续性的报道；另一种是横向分解，即按照空间顺序或逻辑顺序，或者按照几个侧面几个问题分解成若干条新闻，再组合成一个整体进行报道，使之既有声势，又使每条新闻的篇幅不至于太长。

7. 断裂行文

这是西方新闻写作广泛采用的方法。它的特点是根据新闻事实的内在逻辑顺序写作，各层次的意思独立成段，段与段之间没有过渡段，甚至连过渡词语都没有。这种行文的优点在于：

（1）省略了过渡性文字，更加凝练。

（2）段落比较短小。短小的段落给人一种明快感，容易读下去。

（3）形式比较自由、松散。段与段之间可以根据需要加进某些新的段落或者删除某些段落，而不损害新闻的完整统一。

（4）具有跳跃式的快速推进节奏，符合快节奏的时代要求。

8. 言简意赅法

清代文人刘大魁在《论文偶记》中写道："文贵简。凡文笔老则简，意真则简，辞切则简，理当则简，味淡则简，气蕴则简，品贵则简，神远而藏不尽则简，故简文为文章尽境。"这里说到"文笔老则简"，是因为文笔老的特点便是"意真""辞切""理当""味淡""气蕴""品贵""神远而藏不尽"。所以文笔需从练意和练句两方面入手修炼。言简意赅，篇幅自然就会短小。

（三）生动活泼

新闻的新鲜特性要求新闻必须生动、鲜活。在准确传达信息的基础上，把新闻写得生动些、活泼些，犹如市场上的新鲜蔬菜，有利于吸引受众，有利于实现以优秀的作品鼓舞人。受众者不仅喜欢生动活泼的文艺作品，而且喜欢生动活泼的新闻作品；不仅乐意观赏生动活泼的通讯、特写，更加乐意观赏生动活泼的消息。所有由此可见，生动活泼是媒介争取受众的需要，也是受众的期待。将新闻写得生动活泼，主要有以下八种方法：

1. 写细节

细节，是事物发展的具体情节，是新闻报道的血肉。新闻中缺乏细节，作品就会显得苍白。细节中往往蕴含着情趣、蕴含着主题。穆青曾说："有时，一个细节比千言万语生动得多、深刻得多、有力得多。"他提醒记者，要注意抓细节，将"抽象的东西用生动活泼的细节表现出来"。新华社记者李峰曾说过："没有纽节，就容易产生一般化和概念化。"一个好的细节，如同钉子钉在木板上那样结实有力。如果能恰当地选取几个细节，一个人物就生动起来了。精彩的细节往往令读者喜闻乐见，在读者的脑海中留下深刻的印象，产生良好的社会效果。

2. 写现场

现场是新闻发生的地点。新闻作品中写出现场情境来，能给人一种如临其境的感觉。即使是工作经验的报道，同样可以写出现场情境来。例如，《光明日报》1986 年 6 月 10 日刊登的消息《37/38 次列车执行〈食品卫生法〉措施严格》。消息写到记者走进餐车厨房，看到炊事人员对餐车旅客食用的碗筷如何进行消毒，餐车主任随手拿出几个碗碟，在上面涂上碘酒，碘酒不变色，"看，这种涂过的棉球还要进一步送去化验，比一般家庭消毒都严格"。消息还写到记者在餐车厨房看到生熟食品分开，加工生、熟食品的炊具互不混用的情境。写到炊事人员穿着整洁，并且按照规定佩戴了健康证，不留胡须、不叼烟等，使人有身临其境之感。消息末尾部分虽然也写了经验，但是写得简洁，干净利落，不会给读者带来厌烦的感觉。

3. 勾勒形象

形象比抽象生动感人。无论是人物形象，还是事件形象、物态形象，只要能再现于新闻作品，使人可感可触，就能增加新闻的感染力。

4. 描摹动态

动态，即事物运动生存的形态。它是社会生活中最为生动、最引人注目的形态。任何反映生活的作品都应注重动态描摹。艺术作品，包括雕塑、绘画、音乐、舞蹈、小说、散文等，无不用动态描写来表现生活。新闻作品也不例外，应当注重新闻事件、新闻人物、新闻环境的动态描写，使新闻作品富有动感，使被报道的对象活灵活现地展现在读者面前。

动词是传神、写照、表情达意最重要的词汇，能具体、明确、形象地描写事物或人物的动态、传达信息，所以我们在描写动态的时候要注意多用传神的动词。我国诗歌的源头——《诗经》中，动词运用得相当丰富。有人统计，《诗经》中仅表达手的动作，就有 50 多个词。在新闻写作中，多用恰到好处的动词，能使新闻作品生动起来。

5. 写出情感

情感体现作者对新闻事件、新闻人物的好恶程度。作者只有把自己融入新闻事件中才能在笔间流露出真情实感。《“亚洲有我，中国有我！”》一文就写出了田径队总教练和刘翔的真实情感，读起来十分感人。

请看以下这篇通过再现新闻现场场景来写情感的报道。

【案例 8-4】

中奥成功　北京“今夜无人入睡”

中新社北京 7 月 14 日（记者　夏宇华）烟花腾空，鞭炮声四起，今夜的北京沉浸在欢乐之中，人们用各种方式庆贺北京获得 2008 年的奥运会主办权，度过了一个不眠之夜。

中华世纪坛今晚人如海，歌如潮。来自祖国大陆、香港、台湾的体育明星、歌星、影星和各界群众欢聚一堂，泪水在掌声、欢呼声中尽情地流淌。中国领导人江泽民、李鹏、朱镕基、李瑞环、胡锦涛、尉健行等出现在欢乐的人群中，与人们共同分享胜利的喜悦。

天安门广场成了欢乐的海洋，数十万群众自发地聚集到这里。长长的车流经过广场时发出长鸣，但很快就被人群的欢呼声所淹没。数十面代表各高校的旗帜迎风招展，在震耳欲聋的威风锣鼓声中，人们齐声高呼：“北京!北京!北京!”

国家主席江泽民兴致勃勃地登上天安门城楼向人群挥手致意，并指挥民众同唱《歌唱祖国》，天安门城楼上下万众一心，同声高唱，场面感人至深，把自发的庆祝活动引向了高潮。

（中新社 2001 年 7 月 14 日消息）

6. 写出气氛

这里的气氛是指新闻现场气氛。适当地描写新闻现场气氛，能烘托主题，加强新闻报道的感染力。《纽约时报》1986 年 6 月 6 日报道肯尼迪总统的弟弟——参议员罗伯特·肯尼迪被刺身亡的消息时写道：“当肯尼迪的新闻秘书兰克曼凯维奇步履沉重地沿医院门前大街走向临时充当新闻发布场所的紊乱的体育馆时，人们已经预感到最后消息的恐怖。曼凯维奇咬若嘴唇，双肩低垂。他走向绿色的记分牌前的讲台。当电视灯光照射到身上时，他低着头，稍停了片刻……”记者并没有使用诸如“沉痛地说”“记者招待会笼罩着悲痛的气氛”等词句。他只是描写了曼凯维奇的“沉重”的步态，写他“咬着嘴唇，双肩低垂”，在电视灯光下“他低着头”的神态，便使读者充分感受到现场的气氛了。

7. 幽默讽刺

幽默是文学作品中重要的、老百姓喜闻乐见的表现手法之一。同样，幽默也是把新闻作品写活的有效方法。幽默既风趣又含蓄，引人发笑也使人产生联想，能给人留下深刻的印象，能产生深刻的效果。正如老舍先生所说：“幽默地去奇袭侧击，使人先笑几声，而后细一咂摸，脸就红起来。这要比正颜厉色地教训人效果要好得多。”写好幽默新闻关键在于记者能机智地捕捉到新闻事件中的幽默情节、幽默举动、幽默语言，巧妙自然地暗示一定的导向，写作时才能寓严肃于诙谐。

8. 写出起伏

这里所说的起伏，是指巧用伏笔，使新闻所报道的事件跌宕起伏。“文似看山不喜平”，文章写得跌宕起伏，能够有效地吸引受众。行文的起伏曲折，与行文中的伏笔、呼应、悬念设置往往密切相关，悬念有的设在主体行文中，也有的设在开篇、导语中，还有的设在标题中。

9. 形式多样

讲到生动活泼，就是要做到形式多样，运用多种新闻体裁来表现新鲜事物，尤其是对重大事件的报道应当如此。

第三节　新闻主题

新闻主题是指新闻报道的中心思想和基本观点，也就是记者对客观事实的看法、态度和通过事实的报道所表达的主观意图。主题在新闻中起主导作用，贯穿全文、支配写作，是新闻构思、选材、表达和运用语言的依据。主题是一篇消息的报道主旨，是新闻作品体现的中心思想，反映的主要事实或重要问题，是选择和组织材料的主要依据，也是贯穿新闻写作过程的主要线索。主题也是作者通过内容所表达出的某种看法或主张，是新闻事实体现的基本观点和中心思想，体现作者的见解、意图和倾向。

一、新闻主题的特征

新闻主题的客观性新闻主题是从新闻事实中提炼出来的，而不是凭空产生的，也不是附加的，我们所说的新闻主题的选择与提炼，并不只是说一篇报道的主题如何更贴近事实的本质，新闻事实不是一个可以随意打扮的小姑娘。新闻主题必须努力去把握新闻事实所提供的意义，而不是去歪曲它，一厢情愿地将外在内容强加事实。

新闻主题的主观性，即指新闻主题的确定会明显地受到记者的立场、观点、常识水平、生活经验和思维方式等主观因素的制约和影响。

新闻主题来自客观实际，而要下苦功，从复杂的新闻事实中去提炼，这就是主观性与客观性的统一。

苏东坡《琴诗》中的“若言琴上有琴声，放在匣中何不鸣”“若言声在指头上，何不于君指上听”可以说明新闻主题客观性与主观性的辩证统一。

新闻主题是明确性与隐蔽性的有机结合。

新闻主题的明确性，是与文学类作品主题的含蓄性相对而言的，它包括两层意思，即一是记者在新闻作品中要表达的写作意图是明确的，二是读者对新闻作者主题的把握是确定的。

再进一步论述，作者在新闻中想要表达的思想意图，和读者在作品中所读到的主题思想，基本上是叠合的，而不会像文学作品那样出现“一千个读者就有一千个哈姆雷特”的情况。

新闻主题的隐蔽性，则集中体现了新闻用事实说话这一规律，即新闻报道的主题是通过事实显示的，而不是通过贴在外壳的标题。

新闻主题的明确性与隐蔽性的结合是通过事实这一中介实现的。即新闻的主题隐藏在事实之中，但读者在接受新闻过程中，可以从事实这个中介里明确无误地获取到。

新闻主题是单一性的，而新闻事实意义是丰富多义的，新闻主题是从丰富中选择到的单一。

新闻记者的工作就是要从丰富的意义中选择最本质的一个，在新闻报道中加以表现，记者经验：“要有一个好主题”就包含了三层意思的经验。

二、新闻主题确立的原则

新闻主题确立的原则，就是要解决什么样的主题才算好的主题的问题，实践中这个问题要具体情况具体分析，但基本原则还是有的，而且必须有。

（1）必须能准确地提示出新闻事实的实质。新闻主题与所报道的事实相符合。这也是新闻真实性的一个最根本的要求，主题的确立不能脱离事实的实质，这样的报道是不利的。

（2）必须以正确的理论思想为指导，符合党的方针、政策。这是新闻主题的正确性的一个重要保障，也是报道行为和范式选择。

（3）要审时度势，在主题中努力体现时代特征，符合当前宣传的需要。新闻报道总有它的针对性，它必须考虑结合主题旋律和配合当前宣传的中心任务，把事实中具有的这些方面的意义挖掘出来。这样的新闻主题才具有生命力、感染力。

（4）确立新闻主题还要兼顾读者的阅读心理。要选择读者最为关心的内容和与读者最有利害关系或能引起读者共鸣的内容作为主题。

以上是确立新闻主题的四大基本原则，互相参透，不可分割。缺少其中之一，新闻主题就算不上好的主题。

三、新闻主题的评价和提炼

（一）如何评价新闻主题

要做好新闻主题的评价，我们要注意以下几点：

（1）主题是否符合新闻事实，事实是否足以成为记者所定主题的依据。

（2）主题是否具有社会人文意义上的针对性。

（3）主题是否鲜明、深刻、集中。

（二）新闻主题的提炼

一个记者思想水平越高，写作技巧越熟练，越感到提炼新闻主题的重要。新闻天天大量出现，除突发性的新闻外，必然出现不少新闻主题的重复或雷同。同一个新闻事实，不同记者写出的效果可能完全不同。古诗云："年年岁岁花相似，岁岁年年人不同。"同一个人在不同时间都存在着不同的状态，更何况是新人新事。因此，要做到提炼出一个好主题并不是轻而易举的事。因此，在新闻写作上一定要做到精心提炼主题，全力表现主题。一般来说，提炼主题宜小不宜大，要善于以小见大，达到一滴水见太阳的效果。选取新闻主题还要尽量新颖，给人以新意，使人得到启发。主题一经提炼、确定，就要选用有说服力的材料把主题表述得完整无缺，如同众星托月一般，让主题突出，使读者一看到主题就对你想要表达的思想了然于心。

提炼新闻主题，一般应注意两点：

（1）文学作品可以有副主题。新闻不同于文学作品，一条新闻只能有一个主题。否则，新闻的内容必然繁杂。篇幅越拉越长，或出现多主题的新闻，实际上就是成了无主题了，这是新闻报道之大忌。新闻的主题好似一条"红线"，必须贯穿始终。

（2）新闻主题一定要从新闻事实中挖掘、提炼出来，不能凭主观意愿先想好主题，然后再找事例硬套。提炼主题要以事实为依据，不能任意夸大。如果任意拔高造成失实，再好的主题也是白费。主题确定后，就要紧紧围绕这个主题进行写作，要一环扣一环，使每个段落、每个事实，甚至是一句话，都要为表现主题服务。这样，才能做到主题明确、观点鲜明、中心突出、宣传效果好。

总之，提炼新闻主题，要抓住事物的本质，使主题有深度，善于从现象中找出事物的本质。一篇好的新闻，其主题的提炼和确定都是很成功的。

四、新闻报道角度与新闻主题

报道角度又称新闻角度，是新闻工作者在采写新闻事实时的观察点和侧重点，它与新闻主题关系密切。对于事物的认识，由于认识主体所处的观察点不同，他们获得的认识结果也不同。苏东坡"横看成岭侧成峰，远近高低各不同"所描述的就是这一现象。观察点的差异直接影响我们把握事物的侧重点。当然，这里的观察点并非简单的、物理意义上的观察点，而更是心理意义上的观察点。

新闻工作者对新闻事实的把握，也因其观察角度的不同而有不同的结论，反映到新闻中，就会在新闻主题的确立上有所不同。实际上，报道角度的选择过程也就是新闻主题的确定过程。只要报道角度的问题一解决，新闻主题也就相应地得以确定。

正因为报道角度与新闻主题的关系如此密切，所以，寻找一个最为合适的角度来报道新闻事实往往成了新闻工作者们孜孜以求之物。一个合适的角度既能较好地展现报道对象的本质特征，也能满足新闻主题确立的原则。

第四节　新闻材料

新闻材料是新记者通过各种途径搜集的、用以认识和表述新闻事实的各种情况的资料的总称。新闻记者通过材料认识事实真相，也通过材料表述事实真相。并且新闻材料不仅指用于具体报道中的材料，同时也是指记者在写作前积累和搜集的材料。

一、新闻材料的选择

1. 围绕主题

新闻报道都有其特定的报道意图，也就是“主题”。实现报道意图，主要靠选择能够表现主题的材料。凡是和主题有关并能有力地说明、烘托、突出主题的材料，要取之；而和主题无关，不能说明、烘托、突出主题的材料，要弃之。

2. 真实准确

真实是新闻的生命，而新闻的真实要靠材料的真实。所以新闻选择要严把真实关，要鉴别材料的真实性，选择真实准确的材料。

3. 典型

由于新闻写作的基本方法是“用事实说话”，依靠的是事实的力量；也由于新闻写作受版面篇幅的限制，不能“包罗万象”，事实必须宁少不多。因此，新闻写作必须选择典型材料。

4. 有新闻价值

新闻写作的构思离不开新闻价值规律，写作中要设法突出那些新闻价值较大的内容，这就需要首先在选择材料时注意选择那些新闻价值较大的材料。

5. 新颖生动

材料新颖、生动才能表现出新鲜活泼的内容，才能吸引人、打动人。新颖的材料指独特的、与众不同的，而不是似曾相识的材料。生动的材料指形象的、感性的、戏剧性的、有色彩的材料。受众读了之后，可引发联想，调动情绪。

6. 符合政策

新闻选择受新闻价值和新闻政策两个标准的限制。新闻材料的选择，也要受这两个标准的限制。凡是与新闻政策相抵触的材料，一般不允许见诸媒体。

7. 不重复

在同一篇新闻作品中，使用的事例应有差别、各有角度、各有意义。说明同一问题、同一侧面的事实，列举一个即可，不必连续用几个意义相同的事例来强调。

二、新闻材料的分类

（一）从获取材料的方式分

新闻材料可分为间接材料和直接材料。

（1）间接材料是新闻报道中运用最多的材料，就是别人提供的材料。记者的报道实际上是转述别人提供的材料。从新闻事实到记者，中间经过一次转述者，叫第二手材料；经过两次转述者，叫第三手材料；经过三次转述者，叫第四手材料。以此类推。需要注意的是，转述的次数越多，失真的可能性就越大。因此，记者在运用间接材料时，要认真分析。

（2）直接材料是记者从新闻现场亲耳所闻、亲眼所见、亲身所感得来的，比起间接材料要真切得多，给读者的感觉也可信得多。直接材料在报道中常常成为最重要、最生动的材料。直接材料的优点是真实可信，生动形象，而且对间接材料还有订正作用。

（二）从材料性质分

新闻材料可分为言论性材料、新闻事实材料和背景事实材料三种。

（1）言论性材料，是指记者引述别人的言论来说明新闻意义、本质的材料。

（2）新闻事实材料，是新闻报道中的主体材料，也是新闻评论中的主要论据。构成新闻事实的具体材料包括事件的称谓、规模、形态、原因、结果，事件发生的时间、地点，事件中的人与物等。

（3）背景事实材料，是指记者在报道中引用一些与新闻事实有关的历史事实或现实生活中的相关事实来衬托新闻事实的材料。

三、新闻背景

所谓新闻背景，是指新闻事实发生的历史条件、现实环境，能对新闻事实起到说明、补充、衬托作用的历史条件或现实环境，又被称作“新闻背后的新闻”。

四、新闻背景材料包括哪些方面

背景材料必须对新闻事实起到映衬、说明、补充的作用，必须和新闻事实存着内在的联系。具体包括以下方面：

（1）有关新闻事实本身的历史状况，以便读者用现在同过去相比较。

（2）不仅要反映某一事物本身，还要从宏观范围中看出它的地位、作用、影响以及与其他方面的联系。

（3）与不同方法、不同形式的对比。如平均分配与按劳分配、联产与不联产的对比。

（4）事物产生、发展的多种因素的互相制约。如定产很低，是不是荒滩薄地；节约很多，是不是过去浪费太大；节约在什么水平上为宜，是否影响到生产；产量猛增，是否存在掠夺式经营或拼设备的现象；产值上升太快是否影响质量、有无积压等。对这些，都要做全面估量和分析。

（5）与周围事物的对比。如与国际上、其他地区、其他行业、其他工种相比，有些什么特点。

（6）有关事物的专门知识，有关某一问题的各种观点、看法以及各种学派、各种艺术流派和学术见解的介绍等。

（7）报道新产品、新技术、新发明等，要简要说明它的经济价值、科学价值以及性能特点。

（8）在人物介绍中交代有关身世、经历和在某一方面的成就等。

（9）有关某人、某事、某地的轶事、传闻和历史、地理、风俗习惯的介绍。

（10）必要时，在新闻中用了不为一般读者理解的名词、术语和专业用语，在这些地方需要加以简明而通俗的解释，方便读者阅读和理解。

上述新闻背景是消息中常见的一些内容，是构成新闻的一个有机组成部分。虽然它们中的大部分是过去的“旧闻”，但好的报道往往正是因为善于利用这些“旧闻”，用过去说明现在。许多报道如不使用背景材料，就会使人感到不全面、不深刻，因为它没有给读者提供必要的情况。背景的有无取决于消息主题的要求，并不是每篇消息都非有背景不可。有些小消息特别是短讯，非必要时就不必交代背景。

五、新闻背景材料的种类

1. 从材料的性质内容角度分

背景材料可分为政治背景材料、经济背景材料、文化背景材料、地理背景材料等；也可分为人物背景材料、事物背景材料等。

2. 从新闻背景与新闻事实的时间和空间距离分

背景材料可分为纵面背景材料与横面背景材料。纵面背景材料，也就是历史性背景材料；横面背景材料，就是现实背景材料。

第五节　新闻语言

新闻语言，是指通过新闻媒介，向受众报道新近发生的事实，传播具有新闻价值的信息时所使用的文字语言。

一、新闻语言的特征

（一）新闻语言要准确、简洁、鲜明、生动

新闻写作中所需要的语言，是传播信息的语言、报道事实的语言、解释问题的语言、快速交流的语言。因此，根据新闻写作的时效性（新鲜、快速、简短）与可读性（具体、生动、通俗），其语言不但要具有准确性，还要具有简洁、鲜明、生动的特色。

准确性包括以下含义：

（1）在时间、空间、形态、色彩等方面，语言与客观事物之间的高度吻合。

（2）对事物属性、特征——也就是“质”的判断尽可能没有偏差。

（3）对事物的数量、程度——也就是“量”的把握精确无误。

（4）排除主观臆断和以偏概全。

（5）慎用可能产生歧义的词语。

新闻语言的简洁、鲜明、生动具体体现为：

（1）受众多，必须满足快节奏现代社会中大量受众对信息的需求。

（2）必须使处于广泛、分散、隐匿状况中的受众，在解码时获得尽可能多和尽可能一致的结果。

（3）新闻传播的基本原则是“用事实说话”，即传播者的意图应该是相对隐蔽的，新闻语言还要做到在解码时不致使受众产生被人强迫的感觉而加以拒斥。

（二）新闻语言要有时代感

新闻语言生命力的一个重要特征是要有时代气息。现在媒体上几乎每天都会有新词出现，词汇翻新很快。因为这种语言是社会语汇最直接、最真实、最迅速、最广泛的反映，

作为一名记者既应该保持对新鲜事物的敏感，也应该保持对新鲜语言的敏感。同时新闻报道的时效性与新鲜感，在一定程度上也需要通过有时代气息，包括社会上最新流行的语言传递出来。

（三）新闻语言应有不同的风格

在符合准确、简洁、鲜明、生动的基础上，针对不同的报道，不同的作者应该有不同的语言要求。

1. 新闻语言风格取决于人物报道中被采访者的语言个性

比如著名记者穆青就曾经比较过他的《县委书记的榜样——焦裕禄》和《为了周总理的嘱托》两篇人物通讯的语言风格。在《县委书记的榜样——焦裕禄》中，主人公焦裕禄不仅有与农民交谈时那种生动的口语，还有向干部群众做报告时富于鼓动性的语言，以及同人们说理时所带有的富有一些哲理的语言。作为领导干部，他又很注意语言逻辑的严密。在这篇人物通讯报道中，记者所用的句子一般比较长，有不少是结构复杂的复句。在语言上也比较正式，在不少地方还带有政论的语言色彩。而在《为了周总理的嘱托》中，因为主人公吴吉昌的语言是很生动的农民语言，因此该篇通讯的语言尽量接近吴吉昌的风格，多用农民的口语，句子明快、简短，有时还很幽默，多用单句，少用或者尽量不用那些带有修饰语、附加语的复句。

2. 新闻语言风格取决于新闻事件本身的基调

不同内容、不同体裁的新闻事实，它们的基调是不同的。例如有的新闻题材是严肃的，有的新闻题材是活泼的，有的新闻题材是华丽的，有的新闻题材是平实的，有的新闻题材是欢快的，有的新闻题材是凝重的等。准确地把握新闻事实，分清新闻题材的基调，对记者在写作中选用恰如其分的语言表现新闻事实有着重要的作用。也就是说，确定了报道题材基调，也就确定了撰写这篇报道时的新闻语言风格。

3. 消息与通讯对于语言的要求有所不同

一般来说，通讯的语言比消息更加形象、更加丰富，有更多的感情色彩。消息则比通讯更惜墨如金。消息的语言是一种具体陈述与抽象概括相结合的语言，而通讯承担着展开事实、描写事实、再现事实乃至解释事实的任务。它比消息报道的内容更详细、更深入，它是对消息提供事实进一步的必要补充，或是对消息所报道的全部事实或某一部分事实进行的“放大”。通讯报道的范围也比消息更广泛，因此，它可以，也必须更多地调动各种修辞手法，更多地借鉴文学写作的技巧。

（四）“白描”是新闻语言的主要特征

在新闻写作中，白描是指文字描写的具体方法，即不尚修饰，不用或少用渲染，以质朴的文笔，力避浮华、做作，简练而直接地勾勒出事物的特征。白描虽然是描写，但从形式上看，白描与直接叙述没有很大的区别。可以这样说，白描是直接叙述和描写的高度统一。它洗尽铅华、质朴平实、透明度高，有利于把复杂的问题用简单的方式来处理，进而突出事物的特征，即突出新闻价值，便于受众在快速交流中接受。

二、新闻语言的六忌

1. 忌含糊

语言含糊笼统，让人不得要领，这也是新闻语言的大忌。《湖南发现“妇女文字”》一文就有这样的毛病：

湖南省江水县举世罕见的“妇女文字”，已由中南民族学院宫哲兵整理成书，即将由中国展望出版社出版。

“妇女文字”是当地瑶族妇女都会的一种奇特文字，属表音文字，有600多个字形，有些与甲骨文、篆书相似，有些与楷书相似。它记录的是当地瑶族群众使用的一种“土话”。由于这种文字只在妇女中流行，当地称为“妇女文字”，简称“女书”。一些学者认为，这是一个惊人的发现，将引起人类学家和语言学家的关注。

1982年到1985年，宫哲兵曾六次到中国南方进行民族风情调查，其间发现了这种奇特的文字。

发现了一种只由女性使用的文字，这新闻确有惊人之处。也正因为它的惊人之处，人们便更想了解它。根据文中介绍，这种文字记录的是当地的一种土话，那么这种土话不可能只在妇女之间使用，为什么只有妇女会书写它们呢？男人们对它究竟是不得习用还是不愿习用？这其中必定有一些传统文化或习俗上的原因。另外，作为一种人类文化史上罕见的独特发现，它的发现过程也是读者关心的。宫哲兵是男是女，他（她）是怎样发现这奇迹的，对此作者也没做任何介绍。总之，读了这篇新闻，感觉作者也很糊涂，对所报道的事实所知有限，导致读者看完报道之后云里雾里，不知所云。

2. 忌矫饰

有一篇人物特写，这样描写一个女诗人：

所以，熟悉或不熟悉××的人，都感觉到××身上那种早晨般的清新和傍晚般的浑浊。这，正是诗人在自我和世界之间构筑的最佳对应关系，有识之士预言，××的世界是一片晨雾，一片永远不会数尽的晨雾。

……是从人的本质构成，准确地说是从一个女人感觉上的深处，去对生命原动力的把握和体验。……是一种神秘化的自然，是心灵更广阔的时空的冲撞。

……她以恬淡而优美的诗篇，使自己的灵魂挣脱肉体的躯壳而获得了独立的存在方式，她以定向不定量、内涵十分丰厚的诗的语言为媒介，再塑了自己傲然独立，超群脱俗的“内在生命”……

不要说在新闻中，这篇文章就是在文学那种强调语言的“陌生化”“反常化”的语境中，这也是雕琢过甚的败笔。别说新闻事实杳无踪迹，连抽象的概念也被撕扯成一堆玄虚朦胧的文字碎片。只觉一片华丽而浑浊的浓雾遮蔽了一切，真让人“不识庐山真面目”了。

3. 忌堆砌

在阅读新闻时，有时能见到这样一些句子：“天空的彩霞映照得场上格外通红。”这里面“格外”和“通”都是强调程度的副词，语意重复了。“胜利凯旋归来”中的“凯”就是胜利，“旋”就是归来，等于把相同的意思说了两遍。这样的废话说多了，篇幅大了，信息却没有增加。

除这样简单的语意重复之外，有时还会有不厌其烦地罗列细节和数字的现象，同样也是语言的堆砌。有一段文字这样介绍一位农民勤劳致富的事迹：

×××种承包地 55 亩，去年收小麦 1.25 万公斤，稻谷 1.15 万公斤，黄豆 1000 公斤，赤豆、绿豆等 500 公斤，山芋干 1000 公斤，花生 2000 公斤，共 2.85 万公斤，收入 1.22 万元；同时他利用余粮和稻谷，饲养耕牛 9 头，出售小牛 4 头，收入 2500 元；出售 6 头肥猪，收入 1400 元；出售 100 只家禽，收入 300 元；小四轮跑运输，收入 1800 元；利用板桥火车站一个货拉，（三人合伙）出售砂石，自己净得 1800 元，全年总收入达 2.28 万元。

这简直是一笔流水账，材料缺乏整理，语言更是缺少概括和提炼。这样写数字虽然很精确，但对主人公事迹的陈述却很模糊。

4. 忌混乱

说话和写文章都要注意语法、逻辑、修辞。这里所说的混乱，主要是指违背逻辑。逻辑混乱的文章，读者很难看得明白。下面就是一段逻辑混乱的文字

为达到赚钱目的，竟私刻杂技团公章，从濮阳市少林武术培训中心带走 6 名少年到南方“走穴”，谁知原定返校期限成了一纸空文。1 月底，记者从濮阳市区公安分局了解到，6 名被当成“摇钱树”的武校少年终于被救了回来。

这是一篇消息的导语。第一句话就漏掉了主语，让人搞不明白事件的行为主体是谁。经猜测，行为主体应该是犯罪嫌疑人——是他为达到赚钱的目的，私刻杂技团公章，骗走了 6 名武校学生。但接下来的一句是“谁知原定的返校期限成了一纸空文”，这很让人摸不着头脑。“谁知”表示没有料到，难道是犯罪嫌疑人没有料到吗？当然不是。这真是“你不说我还明白，你越说我倒越糊涂了”。那么到底是谁没有料到？读者只好再猜：是武校方面没有料到竟被人骗了。

这段文字的主要问题是叙事角度的混乱。在一句话中，作者一会儿站在犯罪嫌疑人的视角上说话，“为了达到赚钱的目的”；一会儿又站在武校的视角上说话，“谁知原定返校期限成了一纸空文”。读者因此找不到观察事物的立足点了，感觉自然是一片混沌。另外，“期限成为一纸空文”的说法也欠斟酌——期限是文书吗？

5. 忌语病

或许是由于新闻写作讲究出手成章，在语言的推敲上无暇过细的原因，目前在报刊广播中出现的病句实在太多，应该引起新闻界的注意。例如下面这些句子：

××国艺术家的演出，博得了各界观众热烈的欢迎，对这次成功的演出给予很高的评价。

像一阵春风吹遍了全县的每一个乡镇，开遍了每一个村庄。

他们在全厂推广了技术革新。

“演出”可以博得欢迎，但不能对自己给予评价，因此可见第一个例子犯了句子成分残缺的毛病，它的后一个分句缺了主语。第二个例句中的“春风”可以“吹遍”但不能“开遍”，主语和谓语明显搭配不当。第三个例句中的谓语“推广”只能带名词性宾语，而“技术革新”是主谓词组，带有动词性，属于动宾搭配不当。

【本章小结】

1. 选择确定新闻体裁的时候，必须根据受众的实际需求与新闻内容的要求而定。

2. 新闻写作要按照用事实说话、简短、生动活泼这三点作为基本要求

3. 新闻主题能够清楚地表达新闻报道的中心思想和基本观点，包括记者对客观事实的看法、态度和通过事实的报道所表达的主观意图，在新闻中起主导作用，贯穿全文、支配写作，是新闻构思、选材、表达和运用语言的依据。

4. 新闻主题要从新闻事实中挖掘、提炼出来。

5. 新闻材料的选择要从围绕主题、真实准确、典型、较大新闻价值、新颖生动、符合政策、不重复这几个方面入手。

6. “白描”是新闻语言的主要特征。

【案例分析】

外国小伙扶摔倒中年女子疑遭讹诈

12 月 3 日早上 5 点多，由中国国际广播电台主办的中央重点新闻网站“国际在线”发布了一组“老外街头扶摔倒大妈遭讹”的图片，图中大妈一脸痛苦，外国小伙一脸无辜。报道称，一名东北口音女子在经过一个骑车老外旁边时突然摔倒，随即瘫软倒地不起。外国小伙下车急忙搀扶女子，却被女子一把揪住，自称被老外撞到腿部受伤无法行走，需要该老外负责。外国小伙大惊失色，却被女子死死拖住。最后双方在调解下，外国小伙不得不给付 1800 元“医药费”，女子方才作罢自行离开。

人民日报官方微博当天 7 点 48 分转载了此组图片。随后，这条新闻被广泛传播。凤凰网联系到了图片拍摄者李先生，据他介绍，12 月 2 日上午 10 时 30 分许，他驾车路过北京朝阳区香河园路与左家庄东街路口时，看到一名四五十岁的女子摔倒在路上，一名外国男子将其扶至路边，两人发生拉扯。凤凰网记者还联系到了外国男子的女友王女士。她证实，经检查，女子有轻微的皮外伤。稿件还证实，支付 1800 元是在警方的调解之下。

然而，北京警方 12 月 3 日晚回应称，外籍男子因存在无证驾驶、驾驶无牌照摩托车及交通肇事行为，将被进行处罚。在警方监控探头拍摄的画面上，可以清晰地看到，12 月 2 日 10 时 33 分许，一辆载有两人的摩托车转弯时在斑马线上撞上一名身穿黑色大衣的女子。该报道被证实为虚假新闻。

（《半岛晨报》2013 年 12 月 4 日）

这则案例中，记者对于新闻真实性的认知不足、职业素质的缺失，导致了新闻报道未经核实就随意发布，仅通过片面的采访和图片就断定事实，从而写出带着巨大偏颇性的报道，给当事人带来了恶劣的影响。

作者生产虚假新闻的原因主要有以下几个：

其一，责任心不强或知识能力不足。目前媒体从业者大多较年轻，流动性较大，有些记者涉世不深，经验尚浅，知识也不全面，缺乏对新闻事件、信息的敏感，对于某些方面的虚假新闻，不能及时准确地鉴别。还有些记者没有认真了解事情的来龙去脉，仅凭片面的采访写新闻，结果产生虚假新闻。

其二，为追求轰动效应或个人名利，不辨真伪虚实。在日趋激烈的新闻竞争中，有的记者对新闻时效性、可读性的考虑往往超过了对真实性的追求。有不少虚假新闻，记者或编辑只要再多花一点功夫核实一下，就很容易发现漏洞。但是出于追求轰动效应，“抢新闻”

的考虑，有些记者宁愿先登出来再说。虽然吸引读者“眼球”的目的达到了，但却违背了新闻必须真实这个最基本的原则。另外，有些商业机构或个人为了自我利益或其他目的，不顾公德，制造新闻事件提供给新闻媒体。虽然很多谎言漏洞百出，但新闻媒体为了在受众中引起轰动，不辨真伪虚实，甘被诱惑，结果产生了虚假新闻，误导和愚弄了广大受众，破坏了媒体的公信力。

其三，为谋取私利，恶意歪曲事实或杜撰事实。此行径虽然只是极个别现象，但其危害不容小觑。有的记者由于利益所诱，任意虚构情节，添枝加叶，夸大细节，添油加醋。

【课内实训】

1. 新闻写作的实时热读并分小组讨论，追踪一份报纸，找一篇你感兴趣的新闻报道，分析该文章的新闻写作特点。

2. 分享新闻写作的经验。说出你所看过印象最深刻的 2 个新闻作品，并谈谈它们带给你的感受。

【思考题】

1. 怎样全面、正确认识采访与写作之间的关系？
2. 人物消息的写作应该掌握哪些要点？
3. 新闻写作的价值取向是什么？
4. 怎样合理地运用新闻背景材料？
5. 分析下面这篇消息，看看写作中存在什么问题？

本市“抗癌明星”参选人员逾 150 名

本报讯

本市“抗癌明星”参选人员已逾 150 名。这些抗癌战线上英勇拼搏者中，包括了乳腺、胃、直肠、肺、鼻咽、淋巴、喉、甲状腺、脑、骨、子宫、膀胱、肾、食道、扁桃体、何杰金氏、白血病等 26 个病种；Ⅱ、Ⅳ期生存五年以上的有 125 人，最长的为有 36 年癌龄的华膜肉瘤患者张圣贤，至今仍坚持工作，最年轻的是 26 岁鼻咽癌患者刘俊秀，她已和疾病作了 6 年斗争。

参选人员中有 86 岁的老将军，以及工程师、教授、作家，也有普通工人、农民、学生。他们的抗癌经验包括了中西医药、饮食、气功等综合治疗方法，取得了明显的效果，大大丰富了我国抗癌康复工作的实践。

（圣才学习网）

第九章　消息结构

【知识学习目标】

通过本章学习，掌握消息的写作方法。

【能力培养目标】

所学知识进行新闻消息的写作。

【教学重点】

1. 消息导语的写作
2. 消息主体的写作
3. 主体展开常见的结构

【教学难点】

1. 消息标题的构成
2. 直接性导语和延缓性导语
3. 新闻的结构

【开篇引例】

创造港珠澳大桥的"极致"

世界最长海底隧道"最终接头"二次"精调"实现毫米级偏差

本报讯（记者 陈新年 廖明山）港珠澳大桥海底隧道工程近日完成"最终接头"的安装，已经可以步行穿越了。昨天，记者来到这条世界最长的海底隧道采访，除了兴奋之外，还得到了一个令人震惊的消息：在"最终接头"成功安装后，还进行了一次耗时34小时"返工"式的精密调整，最终误差缩小到了"毫米"，建设者们说："我们没留遗憾"。

港珠澳大桥海底隧道是世界最长的海底深埋隧道，沉管总长度5664米，由33节混凝土预制管节和1节12米长的"最终接头"组成。其中，"最终接头"所采用的"小梁顶推"技术和装备为自主研制并属世界首创。

5月2日，"最终接头"在10多位外国专家和99名媒体记者的见证下，在28米深的海水中实现成功安装，南北向线形偏差控制在正负15厘米的标准范围内，实现了"日出起吊、日落止水、滴水不漏"的奇迹。

欢呼祝贺过后，最终接头的线形偏差引起了争论。"港珠澳大桥是120年设计使用寿命的超级工程，就像之前曲曲折折的33根沉管安装一样，这一次也绝不能留下任何遗憾。"3日早上，中国交通建设股份有限公司总工程师、港珠澳大桥岛隧项目总指挥林鸣提出了一个大胆的想法——重新安装调整。

"这么好的结果，我反对再调整！"决策会上，"最终接头"止水带供应商荷兰特瑞堡公司工程师乔尔表示，“虽然止水带仍然可以再压缩一次，但是为了精调一个方向，就可能将这些来之不易的完美重新置于不确定性之中，一旦发生碰撞，不仅损失超亿元，甚至会造成重大事故。”

上午10时许，多方讨论的结果是“偏执”占了上风。乔尔被这些为了精益求精而甘愿承担极大风险的中国工程师情怀而感动，他感叹“这是一个非常艰难的决定”。

4日晚8时43分，执着的大桥建设者经过34小时的奋战，将“最终接头”的线形偏差成功缩小到东侧0.8毫米、西侧2.5毫米。

“这就是我想要的结果”，一天没上厕所、连续34个小时没合眼、指令发出上万次的林鸣终于笑了。“在我参与的15座沉管隧道建设中，这个是最棒的，没有之一，港珠澳大桥是世界造桥技术的最高体现，”乔尔感慨万千。

荷兰隧道工程咨询公司TEC是世界沉管隧道领域的佼佼者，曾笑称“中国企业不会走路就想跑”。5日，该公司发来贺电，向精准完成这一世界级难度安装的工程建设者们致敬。贺电中说，中国建设者的最终接头施工方案，是对世界沉管隧道技术的重大贡献。

（《珠江晚报》2017年5月2日）

在港珠澳大桥海底隧道最终接头的海量报道中，该消息另辟蹊径，以记者现场穿越海底隧道的最新事实为由头，引出“二次精调”这一鲜为人知而又惊心动魄的创举。从中既可以感受到记者在“走转改”活动中积极深入一线的采访作风，又让读者读出了敬业、严谨、果断的大国工匠精神，切身感受到超级工程建设的伟大成就和重大意义。该报道题材重大、采访扎实、视角独到、语言精练，背景材料运用得当。尤其是引用新闻当事人必要的话语，增强了可信度和现场感。

这也是消息的魅力。在众多新闻体裁中，唯有消息能够及时地用滚动传播的方式报道突发事件、正在进展中的事件，冲在新闻的最前端，承担“第一报”的任务。

本章将重点分析消息的特征和写作方法，使初学者掌握这一新闻报道的“常规武器”。

第一节　新闻结构

新闻结构是新闻作品谋篇布局的整体设计。它没有一成不变的固定模式，它处于不断的发展变化之中。记者在采写新闻时，要根据内容决定形式的原则，选择最佳的新闻结构去灵活多样地表述新闻内容。

一、新闻写作的结构

新闻写作的结构分为新闻内部结构和外部结构，内部结构包括标题、消息头、导语、主体、结尾以及背景，等等；外部结构就是新闻外部形态，包括倒金字塔式结构，等等。

（一）新闻的组成

新闻一般由五部分组成：

1. 标题

标题应浓缩新闻的核心内容。新闻的标题就如人的眼睛，要能传情达意，帮助读者迅速了解新闻的主要内容，以吸引读者了解详情。如《人民解放军百万大军横渡长江》的标题就直接告诉读者“百万大军横渡长江”的真实事件，表达出了这篇新闻最核心的内容，精炼准确。

2. 导语

导语应扼要揭示新闻的核心内容，先声夺人。导语是新闻开头的第一段或第一句话，它主要是告诉读者这条新闻的内容是什么，制造适当气氛，使读者乐意读下去。它要求用简洁、生动的语言把最新鲜、最重要的事实放在前面，以便先声夺人。例如《人民解放军百万大军横渡长江》中的第一句“人民解放军百万大军，从一千余华里的战线上，冲破敌阵，横渡长江”就是导语，扼要揭示了全文的核心内容，给读者营造了一种紧张的气氛，先声夺人。

3. 主体

主体是新闻的主干，它要承接导语，用真实的、典型的、具体的材料，印证导语中的提示，对导语的内容做进一步的扩展和阐释。它必须内容充实，层次清楚，语言简明。例如《中原我军解放南阳》分五层叙述了我军占领南阳的过程，内容翔实，层次清晰，语言简明。

4. 背景

背景的作用是烘托和深化主题，但不能喧宾夺主。任何新闻都是在一定的环境和历史条件下产生的，这就是它的背景。好的背景，能烘托和深化新闻的主题，同时增加知识性和趣味性，帮助读者更好理解新闻的内容。《中原我军解放南阳》中介绍南阳为古宛县的桥段即为背景材料，这则材料说明了南阳的位置的重要性，也烘托和深化了主题。需要注意的是，背景只是新闻的从属部分，不能喧宾夺主，也不是每条新闻都一定有背景，要根据需要而定。

5. 结尾

结尾要注意简要概括，进行评论或提出希望。结尾是整篇新闻的收笔之处，它的作用是阐明事实的意义或指出事件发展的趋向，可以给读者以完整的结局，也可以给读者留下思索的余味。结语一般有对事实结果简要概括、对主要内容进行评论和根据报道的内容提出希望三种形式。背景和结语暗含在主体中。

新闻一般由标题、导语、主体、背景和结尾组成。但不是每篇新闻都具有这五个部分，有的新闻就没有导语和背景。还有的新闻把背景和结尾暗含在主体中。所以要具体情况具体分析。

（二）常见的新闻结构

新闻结构即新闻文体的组合形式。常见的几种新闻结构有以下几种：

1. 倒金字塔式结构

这种组合形式是把最重要的内容放在新闻的最前面，随后按重要性依次排列其他内容。它的优点是能迅速地把最新鲜、最重要的事实，开门见山地告诉读者，使读者一目了然，节省时间。

2. 金字塔式结构

这种结构又称“逆转倒金字塔式”，即把最重要、最精彩的内容放在后面，按时间顺序依次叙述。

3. 菱形式结构

这是一种“两头小、中间大”的结构。因为新闻的主要内容比较复杂，也不能概括表达，适合在主体中分段叙述。

4. 并列式结构

把众多主要事实并列叙述。适合报道事实各部分重要性相等或相似的新闻，多见于公报式新闻。

二、新闻报道的结构

新闻写作的结构主要是从文体框架的角度做的定义，而报道结构则更多从内容出发，考察报道客体与主题的整合。

（一）报道结构的特质

由于报道的客体、主题等不同，报道结构也不尽相同。其不同点主要体现在以下六个特质上：

1. 时间

时间指报道在时间延续方面表现出的特质。大多数策划性报道都有或长或短的时间延续性，对于突发事件的追踪报道、对于重大社会问题的深度报道、对于一些重大会议或活动的连续报道，在时间延续方面一般尤为突出。报道规模这个概念也与时间要素相关。时间要素的内涵，包括报道全程跨越的时间和报道刊播的时间频率即密度这两方面含义。

2. 空间

空间指报道在媒介空间位置方面所表现出的特质。报纸在这方面尤其明显，如报道在版序上、版面位置上的安排；网络新闻传播也在空间位置上有所表现，如报道内容放置的网页层次；广播电视新闻报道在空间概念上的意义则主要体现在通过各个栏目、节目的组合，形成立体化的报道格局。

3. 角度

角度指报道在反映客体的着眼点和侧重点方面所表现出的特质。报道可以从客体的某一侧面或要点切入，也可以从多个侧面、多个要点切入，有些持续较长时间的报道，角度还可能在报道进程中有所变化，如从一个侧面转向另一个侧面，或由一个侧面转向多个侧面。

4. 广度

广度指报道在集纳有关客体的横向信息方面所表现出的特质。任何报道客体都是存在于一定的社会系统中的。客体的发生、变化与周围环境具有千丝万缕的联系。新闻报道不仅要揭示客体自身的现状，有时还要揭示与其相关的其他客体的现状，即提供受众有关报道客体的环境性信息、相关性信息，这类信息的结合构成了报道的广度。

5. 深度

深度指报道在集纳有关客体的纵向信息方面表现出的特质。报道客体的发生与发展都有从量变到质变的演化过程，而新闻报道只能在事物发展变化过程中的某一时间域内展示客体。因此，要让受众全面准确地了解报道客体，有时还要提供客体的背景性信息和前景性信息。这类信息的结合构成了报道的深度。

6. 符号

符号指报道用以展现客体的符号所表现出的特质。不同的媒介有不同的符号系统，而具体到每一个报道，所采用的符号又有各自不同的组合方式，比如报纸在进行新闻报道时，对文字、照片、图表、线条、色彩能够灵活组合使用，电视新闻报道中现场实录图像、字幕、三维动画资料、主持人形象等使符号的运用更加繁杂多样。

以上六方面因素的组合变化，使报道结构呈现出千姿百态的样貌。

（二）常见的报道结构

尽管很难描述所有报道在结构上的林林总总，但考察我国各类新闻报道，还是能够对其结构模式做一个大体的分类。

1. 线型结构模式

这种模式的特点是选择某一个角度切入客体，追踪反映客体的发展变化，直至客体变动告一段落。报道依时间延续，表现出单向型、直线型的发展轨迹。线型模式在一些事件性报道、问题性报道、活动性报道中都有广泛的运用。它表现出报道活动与报道客体的同步推进，以连续性的信息组合展示客体变化过程及其本质的特色。

如《宁波晚报》用近一个半月刊登纪实报道《花烛泪述人间情》以及与此相关的连续报道，讲述余姚农村一个农民家庭悲欢离合的故事。其特点是选择某个角度切入客体，对客体的发展变化进行跟踪反馈，直至客体变动告一段落。

2. 放射型结构模式

这种结构模式的特点是选择某一角度切入某一客体，跟踪反映这一客体的发展变化，但会随着报道的进展拓展报道客体，转向对更多相关客体的反映，报道依时间延续呈现出由线到面的放射状特色。这样的结构设计合乎人们对事物的认识，由表及里、由浅入深、由此及彼的自然规律。放射性报道结构对展示和剖析比较复杂的事件与问题有重要作用，它能够由点带面，扩大报道的社会影响力。

3. 收束型结构模式

这种报道模式的特点是从多个客体切入，以多种事实的变动指向某一共同的主题，使这一主题得到深入挖掘和充分展示。报道随时间延续表现出由面到线或由面到点的特色。从不同客体切入主题的做法，有利于全面反映问题，引起社会关注，这对报道后期主题的聚焦和深化具有重要作用。

4. 网状结构模式

这种报道模式的特点是从多个客体、多种角度切入，报道随时间延续，或追踪、或拓展、或沿着客体各自的方向发展，表现出相互烘托、交错递进的特色。特别重大的报道如战争，在结构上采用网状结构模式的较多。网状结构模式较之前几类模式要复杂得多，或者说，它将前几种报道结构糅合在了一起，客体的多元化、角度的多样化以及报道进展过程中各个条块的相互应和，使报道具有特别突出的气势。

需要说明的是，以上归纳的四种结构模式只是对目前我国常见的媒介报道结构的一种粗线条的勾勒，因为构成报道结构的因素很多，某一因素又会有很多变数，报道策划者完全能够在这些模式框架中灵活变通，不拘一格。但万变不离其宗的是，任何报道结构的选择和设计，都是依据报道选题和报道效果目标的设定而操作的，不能是也不应该是策划者随心所欲的结果。如果违背了这一原则，比如以复杂的网状结构对一个意义不大的小事件进行报道，或者以简单的线型结构报道错综复杂的社会问题，都将无法恰到好处地揭示客体的全貌和本质，不能获得理想的报道效果。

第二节　消息标题的写作

消息标题是在一篇或一组消息正文之外，用以揭示消息内容或特点、区别于正文字体或字号的简要文字。

标题被称为消息的“眼睛”，是对消息内涵的高度概括和浓缩。消息的内涵包括两个方面：一是新闻事实，二是媒介对新闻事实的评价、态度。

标题具有概括内容、表现特征、阐释意义、美化版面等重要作用，能够满足读者多方面的需求。制作标题是一门艺术，同时也是一门学问。一个成功的标题能够瞬间抓住读者眼球、激起读者的阅读兴趣。“题好一半文”，一篇消息能否有效传播，在很大程度上取决于标题的魅力。

一、消息标题

（一）标题的组成

标题的组成成分主要有主题、引题、副题、提要题（后三者合称辅题）四种。一条消息的标题可以由主题构成，也可以由主题加上不同的辅题构成。

1. 主题

主题又称主标题、正题、母题，它是消息标题的核心、骨干，是不可替代的。一则消息，可以没有引题、副题、提要题，但绝对不能没有主题。如果消息采用的是无正副、主辅可言的单标题形式，这个标题就相当于正题。如果消息采用的是多题式，那个字体最醒目、字号最大的标题就是正题。

主题通常是揭示新闻中最重要、最吸引受众的信息。从表达上看，主题可以是实题，即叙述新闻事实；也可以是虚题，即评价新闻事实，揭示其意义或隐含的观点。但在单独使用时，应是实题或有叙有议的虚实结合题。例如：

A.　榜上无名　脚下有路

——青工董云峰业余发明获两项专利

B.　严于律己　三次让房

标题 A 中，前为引题，是虚题；后为主题，是实题。虚实结合，受众能清楚地认识事实的意义。若只取前者为主题，受众则会不知所云。标题 B 是虚实结合的，所以可单独使用。

在排版中，主题位置居中，字号大于辅题。主题是独立句，表达一个完整的意思，通常为一行，例如：

A. 2200 万元罚单开出 9 个月一文未到

B. 研究生蔡成龙回乡当农民

C. 浙江：93 名农民上大学由政府“埋单”

D. 陕西赢取世界苹果价格主导地位

有时也会出现两个主标题的情况，分别介绍两个并列的事实，但并不多见，例如：

（引）塑城市核心部位特色景区
（主）龟山综合整治工程启动
（主）蛇山显山透绿打通节点

从句子结构上看，主题可为单句，也可是复句，通常为一个独立的句子；从外在形式看，主题可占一行，也可是两行或三行，但以一行为主，一般不宜超过两行。主题要做到一目了然，独立成句。

主题制作要注意以下两点：

（1）完整清楚地表达新闻事件。主题不能依赖引题和副题而存在。相反，引题和副题是依赖主题而存在的。主题要能较完整地表达新闻事件。

（2）可以虚实结合，但要以实为本。为了写得新颖活泼、生动有趣，主题可以采用虚实结合的写法，但必须以实为本。

这里的“实”，是指直述其人其事；“虚”，是指运用比喻、象征、双关等修辞手法，间接揭示事实。

2. 辅题

辅题是用来辅助主题，对主题进行引导、补充、说明以及解释。常见有引题、副题和提要题三种。辅题不能独立存在，必须与主题搭配使用。在排版中，辅题字号小于主题。

（1）引题

引题又称肩题、眉题、上辅题，位于主题之前，是主题的先导，一般用来交代主题所处的背景，说明主题发生的原因、提取重要事实、阐释新闻的意义或为主题渲染气氛。

如用来交代背景的引题：

A. （引）衬衣短袖出场　冷饮墨镜抢手
（主）上海早春高温百年罕见

B. （引）200 多万户企业将得到同等市场准入待遇
（主）长三角市场一体化工程正式启动

用来说明原因的引题：

A. （引）参观考察似“走马灯”一年接待费上万元
（主）全国劳模杨洪不堪重负

B. （引）家庭开旅馆农民办公司
（主）青藏铁路正在改变农牧民生产生活方式

用来提取重要事实的引题：

A. （引）主任医师每月 6 万，副主任医师 4.5 万，中级医生 3 万，完不成任务扣奖金……

（主）肿瘤科竟给医生定“放疗任务”

B.（引）采用“刚性”办法实行一票否决

（主）大连工业投资立项需过“能评”关

用来阐释意义的引题：

A.（引）永嘉偏僻山村昨创下一个全国首例

（主）海归硕士当选村委会主任

用来渲染气氛（兼揭示意义）的引题：

A.（引）前滨一 6 岁女孩被轧车轮下，在这千钧一发之时——

（主）40 市民抬高公交车半米救女童

B.（引）好一幅农家健身图　好一道文明风景线

（主）上小潭村 34 年每年举办运动会

引题的字数不宜多，一般不超过一行。通常为一句话，也可以是大致对偶的两个分句，如果分成三个分句，注意各个分句要短小，彼此要大致匀齐。

引题，有两种情况，一种比较实，或者是对主要新闻事实的概括，或者是交代新闻事件的条件或是新闻事件中的主要人物等。例如：

A.（引题）上午回答清华学生提问，中午与江泽民话别，下午游八达岭

（主题）布什昨日满载而归

B.（引题）昨天，江泽民主席与布什总统共同会见中外记者时指出

（主题）中美间共同利益增多了

另一种比较虚，是从主要新闻事件中引申出来的思想、观念，等等。例如：

（引题）继承和弘扬邹韬奋真诚为人民服务的精神

（主题）首都各界纪念邹韬奋一百周年诞辰

（副题）江泽民李鹏题词　李鹏发表讲话

引题的作用主要为以下几个方面：

① 概括意义。把新闻事件的意义和价值用简要的语言概括出来。

② 说明来源。在引题中交代新闻事件或某一重要观念的来源。

③ 渲染气氛。先描绘出现场那种特有的气氛，然后在正题中叙述主要新闻事件。

④ 提出问题。新闻事实有时是由现实中存在的某问题引发出来的，把这个问题在引题中提出来，既能交代事实产生的根源，又能引起读者对这一问题的重视。

⑤ 交代原因。在引题中交代其新闻事件为什么会发生。

（2）副题

副题又叫子题、次题、副标题、下辅题。副题的位置位于主题后面，字号较小，用来补充主题信息或者阐释主题意义，使主题的意思更加明确、完整。例如：

A.（主）地学科研愁的是“没人花钱”

（副）“出多进少”导致我国传统地质学人才严重断层

B.（主）河北“硬措施”推进节能减排

（副）将选定能耗大的 30 个县市和 30 家企业重点突破

C.（主）85 名村干部考上公务员

（副）我省首次大规模从村干部中考录公务员

标题 A、B 中的副标题都是对主题信息的补充。标题 C 的副标题用来阐释主题的意义。

在复合结构的标题中，它与引题的分工一般是：引题主虚，副题主实。由于是实题，副题字数比主题和引题都要多，字号较小。根据需要可以做成多行副题。

副题的形式比较灵活，可以是一句完整的话，也可以是用逗号隔开的几个分句；可以在正题下面居中排印，也可以在正题下面像正文一样（但比正文字号大，字体也跟正文有明显区别）排印，一行印不完折到下一行，并不居中对齐。

副题，比较实，是主标题的具体化。主标题一般较短，副题和肩题往往比主标题长。有些副题，类似于新闻提要。例如：

（引题）坚决惩治腐败带头廉洁奉公 振奋党心民心保证改革开放

（主题）中共中央国务院决定近期做七件群众关心的事

（副题）中共中央政治局全体会议通过要做的七件事是：……

副题的作用就是对正题的补充。它通常比正题要具体，表现为以下三个方面：

① 做出评价。就是对新闻事件的性质和意义得出个结论，例如：

本报记者电话采访显示 2000 年文学期刊变化不大

表明文学期刊趋于理性，立足于自身定位

“文学期刊趋于理性，立足于自身定位”是新闻作者的认识和评价，这一补充可以帮助读者理解正题。

② 交代详情。对在正题中不能涉及的详细情况进行交代，例如：

我国自然保护区面积逐年扩大

占陆地国土面积 7.64%，超过世界平均水平

正题“我国自然保护区面积逐年扩大”是基本事实，有些笼统，在副题中补充一些详细材料，事件就清晰得多了。

③ 强调特征。对新闻事件的特点和特殊意义做些强调，例如：

我国传统医药研究与开发获重大成果

纯中药强力镇痛剂“康赛德”问世

首次以纯天然植物制成；打破吗啡类药物一统局面

“纯天然植物制成”是其独特之处，“打破吗啡类药物的一统局面”是其意义。

（3）提要题

提要题是对新闻要点的提炼或概括，一般置于标题下正文前，类似副题，但比副题长且详细，也有放在标题之前的，类似引题，也比引题长且详细，例如：

（引）中国画家作品赠送个人和博物馆收藏是两码事

（主）卢浮宫否认收藏李景革《八骏图》

（副）表示从不收藏 19 世纪以后的艺术作品，更不收藏远东艺术家的作品

（提要题）卢浮宫博物馆表示，画家李景革去年曾经将他的作品作为私人礼品赠送给该馆馆长，但这只是一次私人行为。一年前馆方就已经发现有关中国媒体就此事所发消息有误，曾特意做了澄清。

（二）标题的类型

从标题组合的角度来分，可以把标题分为单一型和复合型两种。

1. 单一型标题与复合型标题

（1）单一型标题

指只有主题而无辅题的标题类型。单一型标题要准确地概括消息内容，对记者理解和概括能力要求较高。例如：

A.　　刘翔夺金 创造世界高栏史传奇

B.　　控制人间禽流感大流行 国际协作至关重要

C.　　全国人大高票通过《反分裂国家法》

D.　　“院士崇拜”不可过度

（2）复合型标题

指主题和引题、副题组合而成的标题类型，有“引题+主题”“主题+副题”“引题+主题+副题”三种类型。其中“引题+主题”“主题+副题”又称双行标题，在消息中最常见，“引题+主题+副题”又叫多行标题或完全式标题，一般用于对重大事件的报道。

① 主引式：“引题+主题”。例如：

A.　（引）胡锦涛总书记在国际助残日前夕给聋哑儿童学生刘丹阳回信——

（主）我同你的爷爷奶奶一样爱你

B.（引）2007 希望工程“圆梦行动”接近尾声，60 天里共收到市民和企业捐款 369 万元。捐款登记簿上，一个感人的“名字”随处可见

（主）17 296 名市民捐款署名都是“圆梦人”

② 主副式：“主题+副题”。例如：

A.　（主）在苏民工领到了失业金

（副）50 万外来打工者参加苏州五大保险，和本地人一样享受失业保险

B.　（主）赣绣震惊四大名绣地

（副）一套该工艺刺绣作品《福娃》下月赠送北京奥组委

前无古人，绣国画于宣纸之上独辟蹊径，工艺首获国家专利

③ 完全式：“引题+主题+副题”。例如：

A.　（引）压缩军队规模 优化编成结构 精干领导机关 推进制度改革

（主）我军如期完成裁减员额 20 万的任务

（副）全能精简干部 17 万，总员额下降为 230 万，陆军部队占总员额比例降至历史最低

B.　（引）雪百年耻扬眉吐气迎新纪元普天同庆

（主）首都各界隆重庆祝香港回归祖国

（副）庆祝大会由中共中央全国人大常委会国务院全国政协中央军委举行 江泽民发表重要讲话 李鹏、乔石、李瑞环、朱镕基、刘华清、胡锦涛、荣毅仁等与各界群众八万人欢度良宵

标题 A，引题用排比的手法指出了裁军的效果，给人凝练利落、整齐爽洁之美感。主题概括新闻的主要内容——如期完成裁减人员任务，副题补充信息。引、主、副标题各司其职，各负其责，完整全面地传递了新闻的主要信息。

标题 B，引题采用对偶方式，既阐释了新闻的意义，又抒发了扬眉吐气的舒畅感情，渲染了一种欢快的气氛，烘托了主题。主题概括了新闻内容，副题补充事实，用事实指出了大会的重要性。

使用多行标题，要注意：

第一，标题应与消息的新闻价值、事件的规模相匹配，避免大“题”小“文”的情况。

第二要处理好引题、主题和副题的功能差异，三者应各司其职、形成一个有机整体，防止功能“串位”。

2. 实标题与虚标题

虚与实是拟制标题时经常提到的两个概念。大致来说，实指事实明确、语义清楚、不含糊，一读就明白所指。虚指抽象、含义模糊，不那么明确，必须依靠其他内容补充说明一下才能明白。一般来说，对事实进行如实的归纳与概括，可以得到“实”的效果。而对事实进行省略、变形、夸张、渲染或者形象化处理（比如通过修辞手法），使之变得抽象、隐晦，则可以产生“虚”的效果。

如果从“实”与“虚”的角度划分，可以把标题分为实标题、虚标题和虚实结合标题三种。实践中可以根据实际情况灵活拟制。

① 引题可以拟成实、虚或虚实结合三种形式。例如：

A.（引）七台河“11·27”矿难周年祭（实题）

（主）李毅中质疑：为何还没人被究刑责？（实题）

B.（引）“六朵金花”美“深闺出嫁”难（虚题）

（主）自治区蒙药化学创新成果转化遭遇坎坷（实题）

C.（引）惯看绿荫四季春 花丛摇曳更精神（虚文结合题）

（主）海工大栽植“多彩军营”（虚实结合）

A 的引题事实清楚、含义明确，是实题。B 的引题明显运用了比喻手法，不阅读消息，我们不知道“六朵金花”和“深闺出嫁”的所指（消息把六项蒙药创新成果比喻为“六朵金花”，把科研成果实现产业化比喻为“深闺出嫁”）。这种由于运用了修辞手法而产生的抽象效果就是“虚”。C 的引题绿荫、花丛是实在的、明确的，是“实”；“四季春”比喻校园四季绿荫常在，如同春天；“更精神”比拟鲜花怒放像人一样神采奕奕，修辞手法赋予绿荫和花丛审美的艺术感，这就是“虚”。

② 主题可以拟成实、虚和虚实结合三种形式。例如：

A. 青藏线将成为世界顶级旅游线路（实题）

我国发现世界上最古老类化石（实题）

B. 南沙耸起“数字礁堡”（虚实结合）

台账压垮“小巷总理”（虚实结合）

C.（主）公共财政“普惠”荆楚百姓（虚实结合）

（副）我省城乡社会保障体系初步形成（实题）

A 中两则主题都是实题。B 中两则标题中南沙和台账是实在的事实，后面的“数字礁堡”（比喻装备了数字化技术的南沙礁岛）、“小巷总理”（比喻居委会的负责人都运用了比喻手法，造成了“虚”的效果，两相结合，就得到了虚实结合的标题。C 的主标题则运用了借代的修辞手法（“荆楚”借代湖北），它与“公共财政”结合，就构成了虚实结合式的标题。

需要注意的是，由于主题承担传递消息主要意思的重任，含义必须明确，所以主题以单行形式出现时，不拟成虚题，以免读者不知所云。只有在双行和多行标题中，由于有其他标题的协助，主题才可以拟成虚题。如报道 1997 年 7 月 1 日香港回归中国，日本《每日新闻》拟的标题是：

（主）明珠闪耀巨龙腾飞

这个标题把香港比喻为明珠，把中国比喻为巨龙，是典型的虚题，在没有其他信息提示的情况下，乍看还真有些费解。《参考消息》转载这条消息时，用副题进行了限定，含义才比较明确：

（主）明珠闪耀巨龙腾飞

（副）日报认为香港回归为中国崛起提供新契机

③ 副题承担补充信息阐释主题的任务，多拟成实题，较少拟成虚实结合题，一般不拟成虚题。例如：

A. （主）连锁店将开遍“万村千乡”（虚实结合）

（副）三年内开办二十五万家，要盖全国百分之七十乡镇，百分之五十自然村（实题）

B. （主）285 万外来工免费享受五大保险（实题）

（副）宁波破解“全民社保”最后一道难题社会保障制度实现城乡居民全覆盖（实题）

这两则副题都是实题，分别发挥补充信息、阐释主题的作用。

二、标题的写作的要求

（一）两种思路的结合：抓特点+用技巧

1. 吃透材料，抓住特点

制作标题之前，必须吃透材料，寻找材料所蕴含的价值和特点（比如是否有与众不同的独特性，是否有经典话语，是否带有意义的数字，是否含有冲突性、对比性、趣味性、人情味的因素等）。如果有，就把这些独特的东西“拎”出来，制成标题。常见的方法有：

（1）浓缩：准确概括新闻的主要内容，制成标题。

A. 杭州女孩儿发现近地小行星美国专家发来贺电

B. 北京准许死刑犯临刑会见家属

C. 果洛州 23 个偏远牧业乡用上卫星电话

D. 中国民航拟允许招募外籍飞行员

E. 溆浦 16 位选民联名要求审查代表议案

（2）抓特点：抓住材料所蕴含的价值和特点。

A. 火车首次跨越“世界屋脊”

B. 国共两党基层交流开启首航之旅

C. （主）国家科技奖首次向普通百姓倾斜

（副）3 名工人农民摘得 3 奖项　李振声获 2006 年度国家最高科技奖

以上三则标题都抓住了“首次”这个独特性的信息，这正是这三篇消息的新闻价值所在。

（3）引用经典语言：引用材料中能够反映主题的经典语言。

A. （引）河南理二大学学生中流行一句话——

（主）有事情，找学生党员驿站

B.（引）毕业的日子越来越近却还不知道今年能否参加高考　三名全盲考生昨天致信本报

（主）我们也想参加今年的高考

C.（引）泸州市举行安全生产汇报会　多数单位的第一责任人没到会　全国“安全生产万里行”总指挥感叹——

（主）“看了签到单很心酸”

（4）巧用数字：运用材料中的数据，或者把材料中抽象、生僻难懂之物换算成数字，以方便理解。

A.　宏润靠创新一个三通卖到 120 万

B.　海拔 4161 米：总理跟我们合影

C.　3000 小考生“妖魔化”妈妈

（这个 3000 是算出来的，记者发现 4200 份参赛作文中，有 70%的小考生对妈妈的印象都不好）

D.　兵团节水灌溉一年“省”出五个天池

（5）抓住冲突性（对比性）的因素。

A.　为保他人地里苗　抽去自家鱼塘水

B.　广东“血汗工厂”公示满月　竟有工厂“不知”

C.　（引）出来带两只手回去盖一座楼

（主）无为保姆真有为

D.　（引）河南新安电力胆大妄为

（主）敢给五百条生命断电

（6）抓住趣味性、人情味因素。

A.　中铁三局丢了宁夏市场

B.　（引）500 多师生终日泡在毒气、扬尘、噪声里

（主）洋溪小学挺不住啦！

标题 A 带有深深的惋惜。标题 B 采用拟人的口吻，焦急呼唤，特别容易引得同情。

2. 灵活运用修辞技巧

在把握特点的同时，如果再使用一些技巧，两相结合，标题就会脱胎换骨，呈现出生动的效果，就特别能够“抓眼球”。常见的技巧是使用修辞手法，如比喻、比拟、借代、设问、反问、引用、反衬、反语、对偶、顶针、谐音、倒装、对比、夸张、双关、用典等。方法举例：

（1）比拟。例如：

A.　高考成绩滑坡成“地震”

B.　（引）2005 年第一份天象大餐

（主）新彗星约会七仙女

（2）对偶：有严对和宽对，严对是要求上下句必须符合字数相同、词性相对、平仄相反的要求。宽对只要求上下句字数相同即可。

（主）城门三破葡萄牙黄金失色

（主）豹尾一击爱尔兰利剑生辉

（3）设问、反问。可以造成悬疑的效果，例如：

（引）成本几多售价几多实重几多毛利几多

（主）酒楼物价：神仙数？

（副）本文所举三家店如何，其他店又如何，读者自可评“价”

（4）顶针。例如：

（引）越穷越不买书，越不买书越没文化，越没文化越不买书，越不买书越穷

（主）文化消费何时走出怪圈？

（二）制作标题的要求

标题的拟制，要准确、简洁（或说干净、凝练，意思相同）、生动、得体。四者中，准确是最起码、最基本的要求。准确是标题的生命，任何标题的拟制，都必须达到这个要求。一个标题如果连准确都做不到，是绝对不合格的。而简洁、生动则是更高层次的要求。

1. 准确

（1）准确是消息标题写作最基本的要求。一是准确概括、反映新闻事实；二是要准确评价事实；三是运用语言要准确。例如：

（主）武汉出现一内脏裸露婴儿

（副）此乃产妇孕期与宠狗接触所致

标题断定婴儿内脏裸露的原因，是孕期与宠狗接触所致，但根据正文的报道，专家只是推测与接触宠狗有关，并未确证，所以不能下此断语。（改成“疑孕期与宠狗接触有关”就准确了）。又如：

（引）一比一逼和上届奥运会冠军

（主）科威特队首战告捷

从新闻内容来看，科威特队1∶1逼和捷克斯洛伐克队，这只是打平，并不算“告捷”。而且从文中看，科威特队也没有降低过“标准”，认为打平就是“胜利”。这个标题的概括显然是歪曲了事实。

（2）遣词造句要准确到位，避免歧义或引发错误，例如：

海军游泳队与上海队比赛传捷报

这则标题至少可做两种理解：一是“海军游泳队战胜上海队，传捷报”；二是“海军游泳队与上海队在各自比赛中双双获胜，都传捷报”。显然，这是表达不准造成了歧义。又如：

坚决刹住随便打骂群众的歪风

这种标题让人费解，而且很易出现误导。“打骂群众”可以分为“随便”和“不随便”吗？“随便打骂群众”是歪风，那么“不随便打骂群众”是不是歪风呢？要不要刹住呢？难怪有人指出：这种标题是在宣扬一种错误的观点。再如：

“县太爷”嫁“千金”鸦雀无声

消息报道的是一个县委书记为女儿办婚事，既不请客，也不收礼，带了好头，树立了新风气，但是这个标题非常不好：一是“县太爷”带有浓厚的封建色彩，现在常用作贬义词，用来表扬党的干部，不伦不类，效果适得其反；二是用“鸦雀无声”来形容“婚礼悄悄办”，明显用词不当。

2. 鲜明

鲜明即指标题通过对新闻事实的选择、揭示和评价，表现出来的对事实的态度立场要明确，不能模棱两可、含含糊糊。鲜明包括态度、立场的正确性，一般有三种情况：一是肯定的态度，如歌颂、赞扬、支持、同情等；二是否定的态度，如怒斥、揭露、嘲笑、讥

讽等；三是既不肯定也不否定的态度。例如：

A. 伊拉克总统说伊朗的进攻被击退
伊朗说收复三百多平方公里失地

B. 壮哉教师于元贞勇斗窃贼身亡
悲哉数百围观者竟无一人相助

C. 一位普通工人竟然写出电影剧本

以上标题A是既不肯定也不否定的立场，是合适的；标题B对事实有肯定有否定，态度鲜明；标题C则态度含糊，不鲜明。

3. 简洁

恩格斯说："标题愈简单，愈不费解，便愈好。"讲的就是简洁。简洁是指简明扼要、言简意赅、短小精悍，用尽可能少的字数，表达尽可能多的内容，读者一瞥之下，即明了全部内容。要简洁，可以采用以下方法：

（1）采用减字法，除掉一些不必要的字，或适当采用简称。例如：

遗留化武可能达500枚

需要注意的是，文字的减省不是无限度、无原则的，减省要以不费解、不产生歧义为前提。当省则省，不当省的一个字都不能省。如果一味图省略，标题可能就会不准确、模糊、引发歧义，影响读者阅读，比如下列标题：

A. 空军奖励知识分子

B. （引）世界"知识爆炸"
（主）论文一天八千

C. 市民大兴摘走西瓜400万公斤

第一则标题省略了"优秀"二字，表达不准确。第二则标题中的"八千"，究竟是八千"字"还是八千"篇"，没有表达清楚。第三则标题产生了歧义。消息内容是讲北京市大兴区西瓜丰收，吸引游客纷纷前来旅游采摘，体验农家生活；但不知情的人看了标题，可能会认为是大兴发生了市民哄抢西瓜的闹剧，标题在批评市民道德素质低劣呢。

（2）处理好关键信息与非关键信息的关系。关键信息是指凸显新闻特点的信息，在标题中非但不能省略，反而还要多多介绍，这样才能增加标题中的有效信息量。试比较：

A. 美国天文学家发现一颗宇宙中最大的星体

B. （引）美国天文学家又有新成果
（主）新近发现一颗宇宙中最大的星体

C. （主）美国发现比太阳大3500倍星体
（副）认为是迄今发现的最大最亮的星体

对于非关键信息，如消息的来源，不必要的议论，说明性、解释性或是交代场景、烘托气氛的内容等，可以放在正文中交代，没有必要放在标题中，以免淹没关键信息，比如：

（引）节省处事经费节省时间精力
（主）我国礼宾改革已有一定成效
（副）国宴规定四菜一汤，仪仗队鸣礼炮使欢迎仪式更隆重

这则标题，引题的议论、副题中的说明性信息就是非关键性信息，放在此处反而将核心信息冲淡了，把它们都删去，只突出关键信息，效果就好多了，修改如下：

（引）我国续作礼宾改革

（主）国宴实施四菜一汤

4. 生动

生动是更高层次的要求，指表达独特，富于形象感、艺术性、趣味性和感情色彩的一种表达效果，读者一看就有强烈的阅读欲望、不忍离去。使用描写的表达方式、动词以及修辞手法都可以产生生动的效果。例如：

A. 一窝"油老鼠"落网

B. 马歇尔歇马 华莱士来华

C. 工程师三代破屋两间 副局长一家新房四套
市有关部门的调查结果竟是"分配基本合理"

D. 会翁之意不在会 在乎山水之间也
青岛会议知多少 请看会议一览表

以上标题A、B、C分别用了比喻、回文、对仗方法，D则引用名言，故而生动耐读。

但运用这些方法时要注意恰当、贴切。如"中国黑姑娘远嫁阿根廷"这一标题，看了正文才知是指中国煤炭销往阿根廷，实在牵强。"九辆汽车搞死亡之吻"这一标题，将一起严重交通事故说得如此轻佻，实不可取。

5. 得体

标题的拟制还要考虑题材的要求，要符合题材的性质和气氛要求，如公告性新闻或政治性、政策法规类的消息，特别是会议报道和领导活动报道，标题制作应该以严谨朴实为特征，不宜过于雕琢和口语化。标题的拟制还要防止装腔作势、低级趣味、耸人听闻等不良倾向。

三、消息标题的作用

消息标题的作用主要体现在以下方面：

1. 帮助读者尽快选择信息

人们总是根据自己的需要有选择地接收信息。哪些看，哪些不看；哪些先看，哪些后看；哪些粗看，哪些细看，各人不同。标题，由于它是新闻事实的浓缩，所以能够满足读者选择的需要。

2. 帮助读者理解消息主旨

标题投射着媒介对新闻事实的评价，凝练了报道的主旨，便于读者理解。

3. 向受众广告消息内容

在消息中，哪些是最有价值的内容，往往是报道意图的集中体现，也是受众最关心的东西。但是，它往往会被隐藏在长篇的文字叙述之中，不容易为人们所注意。因此，标题在此方面所起的作用就尤为重要。

4. 强调和评价核心内容，吸引读者注意

消息标题的字号比行文的字号大，加之版面编辑常常给标题加上一些装饰图案，使标题显得很打眼，吸引读者去看。

同时，标题还对所报道的事实有评价作用，如下列两标题，非常吸引读者：

A. 雅安地委领导班子深入基层形成风气

B. 吓得鸟兽直跳脚　拔得孔雀羞见游人
“人与动物同过年”活动惨遭夭折

5. 满足读者了解基本新闻事实的需要

有的读者时间很紧迫，不可能把一张报纸从头看到尾，浏览标题可以使他们尽快了解一天中的大事，了解一张报纸的主要信息。一些完全式标题所陈述的往往是消息的核心，看一眼这样的标题，也就了解了消息的基本内容。

6. 突出重点美化版面便于阅读

标题是消息的“眼睛”，一则消息的“眼睛”加上栏题、通栏题，构成了报纸版面的“眼睛”。倘若没有这些“眼睛”，整版文字黑压压一片，令人感觉沉重，分不清眉目。各种标题大小相应，疏密相间，错落有致，再加上文字符号变化，线条、图像以及色彩等手段的运用，使版面主次分明，富于变化，呈现动态，既能给读者以美的感受，又能方便读者阅读。

一般情况下，报纸的正文都是用五号或小五号宋体排印，显得整齐、庄重，阅读时的视觉感也比较舒服，不易疲劳。但是，如果标题也这样，就太死板了。消息标题的排印，字体字号和版式都丰富多彩。仅从字体上说，目前常用的就是标宋、黑体、楷体、魏碑、准圆、舒体、隶书、隶变、行楷、琥珀等，再加上字号大小的变化，版面显得十分活泼美观。

一个版面上如果有几个精彩的标题，马上就能吸引读者的注意力，使他迫不及待地开始阅读。

四、好的消息标题的标准

一个好的消息标题不仅要符合新闻事实，还要有好的思想内容。标题必须有很强的表现力和吸引力，还要有一定的感染力。为此，在标题制作时，应从这几个方面努力：

第一，要生动传神。标题如消息的眼睛。眼睛是心灵的窗户，最能传神。要选取那些最能传达新闻事实和消息主题的词语写入标题。如四川某执法部门去打假，制假者反诬打假者损害了其名誉，影响了生产，遂起诉打假者。某报刊曾报道此事，题为《打假者成了被告》。上海的《报刊文摘》转载此消息时，加了一个“竟”字，标题为《打假者竟成了被告》。加上一个字，整个标题活了，把此事的荒唐和报道者的愤慨全部表现出来了。

第二，要简洁工整。消息标题用字不宜太多，特别是主标题，语句要求十分凝练。修辞上还讲究对仗、押韵，有些好的标题，直接点化古诗词名句。例如：

三番五次凌绝顶　为何不能过小山

这是《中国体育报》上的一个标题，文章报道的是邓亚萍对日本选手小山智丽的一场比赛。标题由杜甫《望岳》诗意点化而成，“小山”二字双关，简洁明快，对仗工整，且十分贴切。

第三，标题制作要新颖别致，敢于创新。新颖别致的标题，能给人耳目一新之感，自然能先声夺人，吸引读者的注意。例如：

《小朋友》今年六十岁

这是上海《新民晚报》报道儿童刊物《小朋友》创刊六十周年庆祝纪念的消息标题。它利用“小朋友”和六十岁这一矛盾来作题，生动形象，风趣幽默。这个标题发表后，仿效者如《少儿出版社今年三十岁》《“月老”今年一岁》之类，显然就失去了新颖感。

第三节　消息头

新闻媒体上刊登播发的消息，其开头部分往往冠以“本报讯”“本台消息”或“××社××地×月×日电”等，这就是“消息头”。消息头是消息的标志，正规的新闻报道均有消息头。这也是消息架构中不可缺少的一个零件。现在有一些媒体，特别是企业报，没有“消息头”这个零件，这是不规范的。

一、消息头的类型

消息头的形式主要有“讯”和“电”两大类。

“讯”，主要是指记者通讯员在本地向编辑部传递的新闻报道。这样的消息头，一般都应标明“本报讯”“本台消息”的字样。

“电”，主要是指记者、通讯员在外埠以电讯手段向编辑部传递的新闻报道。这样的消息头，也称为“电头”。电头一般由新闻发布单位的名称（多用简称）、新闻发布的地点、新闻发布的时间三个要素组成。

“讯”与“电”（或“专电”）只是地域及传递及手段上有所区别，其性质和作用则是一样的。为了表述上的统一与方便，人们把它们统称为“消息头”。

有的还在消息头上加括号，有的不加；有的在紧随其后的记者或通讯员的名字上加括号。这些可由发布媒体自定，其实并不重要。例如：（新华社上海×月×日电）、成本报上海×月×日专电（记者×××、通讯员××）。

再有一种情况是，一些新闻媒体，把“本报讯”或“本报电”改成“×××报讯”或“××××地×月×日电”。例如：《每日新报》的消息写成“新报讯”或“新报上海×月×日电”。

二、消息头的作用

（1）是区别于其他文体的标志之一。消息以外的其他新闻体裁以及新闻媒体上刊登的文艺类作品等均没有此标志。

（2）是“版权所有的标志”。消息前面一旦标明“本报讯”或“本台消息”，就表示此消息是本报、本台独家采访的新闻，拥有版权，其他新闻媒体不得随意转载、抄袭。各通讯社的“电头”与此相同。对于通讯社的电讯稿，媒体采用时需保留电头，这是对版权的尊重。内容无权任意增补更改，但可以删节。经过删节的消息必须在消息头标明“据××社××地×月×日电”或“××报社电”。如转发其他媒体的新闻，也要用“据××报道”。

（3）表明消息来源。有时，我们会在同一报纸上看到刊登了好几个国家通讯社或不同媒体的新闻稿，它们虽谈及同一事件，但说法各异，甚至是互相矛盾的。在这里，消息头变成了区别不同媒体的一个标志，同时也有利于读者对消息真实性与权威性做出判断。

（4）消息头与新闻发布单位的声誉紧密联系在一起。有了消息头，它会迫使新闻发布单位更谨慎地对待每一条新闻。若报道失实，读者一目了然，马上就会知道这是哪一家新闻单位的责任。

第四节　消息导语的写作

导语是消息开头用来提示新闻要点与精华、发挥导读作用的段落。导语被称为新闻的"橱窗"，它的主要作用是展现新闻重要事实、概述新闻的主要内容、揭示新闻的意义，以激起读者的阅读兴趣。

一、导语的作用

导语是一篇消息的先导，位于消息的开头，是紧接电头的第一句话或第一段文字（一般是第一个自然段或头几个自然段）。它用最精粹的文字，或者写出消息中最主要、最新鲜的事实，或者揭示题旨、制造悬念，唤起阅读兴趣。其主要任务是用最少的语言传达尽可能丰富的信息。

研究导语这一概念，以下几点是不容忽视的：

（1）它是新闻、消息体裁所特有的；

（2）它处于文章的开头部位；

（3）与任何文章的开头不同，它是（新闻事件或问题的）结果、提要或高潮。

（4）激起受众的好奇心，吸引他们继续看（听）下去。

二、导语的产生和发展

导语的发展迄今已经历了三代。

第一代导语（19世纪60年代到20世纪40年代）又叫"全型导语"或"晒衣绳导语"，其特点是具体、完整、六要素俱全。缺点是冗长，主次不分，重点不突出，不能给读者留下深刻印象。例如：

今晚大约9时半，在福特剧场，当总统正同林肯夫人、哈里斯夫人和罗斯本少校同在私人包厢中看戏的时候，有个凶手突然闯进包厢，向总统开了一枪。

20世纪30年代起，有人主张简化导语的写作，根据新闻的特点，只选取一两个最能激起受众兴趣的要素写进导语中，其余的要素放在主体部分去交代，由此形成了被称为"部分要素"导语的第二代导语。这种导语简练、干脆，颇受读者欢迎。例如：

（美联社1945年8月14日电）日本投降了。

第二段写道："杜鲁门总统今晚7时宣布，日本已无条件投降，造成历史上空前巨大破坏的战争也随之结束，盟军陆海空军已停止进攻。""when"这个很重要的要素被放在了第二段，因为消息想突出的是何人、何事这两个要素。

又如美联社报道肯尼迪总统遇刺的消息时，导语写道：

肯尼迪总统今天遭枪击身亡。

这种导语一经形成，即刻传遍世界。又如：

一个高尚而完美的灵魂永远地走了。

（《深圳特区报》2006 年 4 月 26 日《一座城市向一位普通市民告别》）

第三代导语（20 世纪 90 年代）被称为丰富型导语。这一阶段的导语勇于创新、大胆突破，特点是：不再局限于只突出一两个要素，而是根据需要突出某几个要素；将多种表达方式和表现手法熔于一炉，在叙述事实的同时，敢于对事件的价值和意义进行阐释、评论，字里行间甚至融入了感情；除了直接叙述或评述新闻事实的导语类型之外，还出现了迂回展现新闻事实的延缓式导语。总体来说，这一阶段的导语整体上呈现灵活、自由、丰富、多样的特点。具体情形将在下文分别阐释。

三、导语的分类

导语可分为直接性导语和延缓性导语。

（一）直接性导语

直接性导语是大多数消息采用的导语形式，指在导语中直接展现一个或几个最精彩、最关键、最重要或者最有价值的事实（比如新闻的概况、结果、场景、人物的典型话语、新闻的价值、新闻的特点等）。展现的方法可以是概述、直述、描写、对比、引用、设问、议论等，也可以将这些方法结合起来使用。具体如：

1. 概述式导语

是通过用直接摘要或归纳概括叙述的办法，以一句话概括通篇报道内容或其中的精华，把新闻中最新鲜、最主要的事实，开门见山、简明扼要地写出来，给受众一个总的印象，以便提纲挈领地阅读全文。将新闻的主要内容浓缩在导语中，使读者仅读导语就知道整篇消息的梗概。

（1）4 月 9 日 16 时，在哈尔滨市香坊区省儿童中心对面马路上发生了惊险和感人的一幕：一名 6 岁女童因捡纱巾不幸被辗在行驶的公交车车轮下，车上乘客和过往行人奋力将公交车抬起，从车轮下救起了受伤的女童。

（《中国妇女报》2007 年 4 月 11 日，《哈尔滨一 6 岁女孩被辗车轮下，在这千钧一发之时——40 市民抬高公交车半米救女童》）

（2）昨日上午，方山县委、县政府在麻地会乡石湾村隆重举行了悼念仪式，为一生义务赡养了 27 位孤寡老人的李月生送终。从四面八方赶来的一千多人含泪与这位“全国敬老好儿子”告别。吕梁市委、市政府发来唁电并送了花圈。

（《山西日报》2006 年 9 月 12 日，《生前他为二十五位老人送终，身后一千多人为他送行“全国敬老好儿子”73 岁的李月生献身祭孤途中》）

2. 直述式导语

直接导语是导语的主要形式，即直接叙述新闻事实的导语。它在新闻写作实践中被广泛运用，主要适用于时效性强的新闻和硬新闻，以及广播、日报等快捷的媒体。

（1）用具体的而非抽象的事实概述。

人们认识事物的规律是由具体到抽象。具体的事物不但容易理解，也容易引起人们的兴趣。写作中，应选择典型的、具体的材料在导语中加以叙述。

（2）增强提炼与概括的能力。

记者要在纷杂的材料中提炼出精华，以平实自然的语言加以概括和直接陈述。

直接导语的特点是开门见山，直奔要害，简洁明了。例如毛泽东亲自写的消息《中原我军占领南阳》的导语：

在人民解放军伟大的胜利的攻势下，南阳守敌王凌云于四日下午弃城南逃，我军当即占领南阳。

一般来说，直接导语叙述的事实是非常单纯的，只包含一个明确具体的新闻事件，如：

美国白宫5月11日发表声明宣布，布什总统当天签署法令，对叙利亚实施经济制裁。

直接导语也可以将两个新闻事实合并在一起叙述出来，但这两个事实必须有紧密的关联，如：

考察养猪丁磊走遍全球，“网易猪”明年出栏。

直接叙述新闻中一个或几个最精彩、最关键、最重要或者最有价值的事实（如新闻的结果或其他事实）：

（1）截至去年12月31日，我军圆满完成军队体制编制调整改革方案确定的任务，如期裁减员额20万。新年伊始，全军已全面按新的体制编制稳健运行。

（《解放军报》2006年1月8日，《我军如期完成裁减员额20万任务》）

（2）最近，省人民医院肿瘤科（肿瘤诊疗中心）的医生反映，并非每个癌症病人都应做的放射治疗（简称放疗）却成为医生们的定额任务，压得他们“喘不过气来”。

（《楚天都市报》2007年1月19日，《肿瘤科竟给医生定“放疗任务”》）

（3）记者昨天在天津市行政审批许可中心大厅看到，企业在环保局审批窗口排起长队。站在这里，听到最多的字眼就是“节能环保”。据市环保局有关人士指出，现在新项目上马，市委、市政府最关注的就是是否“节能环保”，凡是高污染、高能耗的项目我们要一票否决。今年以来，本市环保部门已否决了49个这样的项目，平均一周否决一个。

（《今晚报》2006年12月29日，《“遗祸”项目，一个都不能上》）

3. 描写式导语

使用描写的手法，展现新闻中一个或几个最精彩、最关键、最重要或者最有价值的事实。描写具有形象、生动、具体的效果，能够产生画面感和图画感，使读者有身临其境之感。

（1）玉兰迎风摇曳，垂柳婆娑起舞，环湖路如黑色绸带缠绕，投入400多万元全面改造后的紫阳公园，5月1日将对市民免费开放。武昌区园林局长徐利华昨日介绍，这是该区推进“绿色充盈武昌”计划以来，今年实施的又一大手笔。

（《长江日报》2005年4月15日，
《一街一品一路一景提升绿化档次　武昌区强化绿化精品意识》）

（2）呈现在眼前的是一栋典型的苗家吊脚楼，长长的柱子紧依山势悬空吊下，楼上住人，楼下堆放柴草、圈养牲口。用桐油刷过的木壁被风雨打磨得白一块、黑一块，大门上铁锈斑斑的门环松散地牵拉着。正欲进去一窥究竟，一位衣着时尚的女郎忽然跑过来，倚门而立，对同伴道：“快给我照张相，这吊脚楼太有意思了！”这是5月5日，记者在靖州苗族侗族自治县藕团乡看到的情景。

（《湖南日报》2005年5月6日，《靖州兴起城乡换位游》）

制作描写型导语要注意：描写要为表现主题服务，不要泛泛而写，看到什么写什么；

描写可用简笔勾勒，也可用工笔细描；描写要把握特征，抓住典型细节，不要胡子眉毛一把抓。

4. 对比式导语

对比式导语是从事物本质出发，运用对比的方法，把新闻中最新鲜、最主要的事实提炼出来，一般用以突出强调被报道新闻的不同之处。

（1）一般说来，能获得国家科技奖的幸运儿，不是著名的专家，就是专职科技人员。但27日揭晓的2006年度国家科技奖名单上，3名普通工人和农民却榜上有名，摘得3项国家科技进步奖二等奖。

（2007年2月27日新华社，《国家科技奖首次向普通百姓倾斜　3位工人农民榜上有名》

（2）主动地拿出自家的抽水设备，抽取自家鱼塘中的水，帮助村民抗旱，保证村民们的果树和庄稼得到了灌溉，自家鱼塘中的鱼却因为缺水而大量死去。8月6日，正在长寿区江南镇扇沱村采访的记者，看到了这感人的一幕。

（《重庆日报》2006年8月8日，《为保他人地里苗抽去自家鱼塘水》）

（3）47年前的这一天，两岸之间炮声隆隆，硝烟弥漫，47年后的这一天，国共两党在厦门的凤凰树下紧握双手，开启了两党基层交流的“首航之旅”。

（《厦门日报》2005年8月24日，《国共两党基层交流开启“首航之旅”》

5. 设问式导语

用设问的方式，展现新闻中一个或几个最精彩、最关键、最重要或者最有价值的事实。设问能够造成悬疑的效果，引起读者的好奇心。

（1）曾经因方便群众、办案效率高而活跃在内蒙古草原的“马背法庭”，经过五十多年的风风雨雨，是否仍一如既往呢？记者今日从内蒙古自治区高级人民法院获悉，如今，“马背法庭”已升级为“车载法庭”，办案手段、审判职能已经发生了重大变化，群众诉讼更加方便了。

（《法制日报》2006年12月13日，《马背法庭升级车载法庭》）

（2）自古以来，人们都是在丝绸布料上刺绣，有谁听说过在纸上绣花？最近，南昌赣女绣庄接受了北京奥运经济研究会邀请，将在5月举行的“中国首届企业参与奥运经济高层论坛”上举办“中华一绝——宣纸艺术刺绣赏鉴会”。届时，赣绣传人顾玉纯历时5个月绣制的一套大型宣纸艺术刺绣《北京奥运吉祥物——福娃》，将赠送给北京奥组委。

（《江西日报》2006年4月25日，《赣绣震惊四大名绣地》）

（3）冬天，如果没有燃煤、燃气或电力供援，人们还能享受到温暖舒适的生活吗？答案是：可以！

（《长春日报》2006年3月13日，《脚下的土壤能供暖》）

（4）9月23日，广东省劳动部门在全国首次对20家违反《劳动法》的“血汗工厂”进行“曝光”。整整一个月时间过去了，“曝光”的效果怎样？记者电话联系这20家工厂后发现，整改状况不容乐观。尽管有的工厂正在进行整改，但也有工厂竟然表示“不知道”，而一些工厂无法联系，据说负责人已经逃匿。

（《工人日报》2005年10月24日，《广东“血汗工厂”公示满月竟有工厂“不知”》）

（5）农业税全面取消后，乡镇政府职能该如何定位？

甘谷县六峰镇为此提出“三问”，大胆探索，采取四项改革措施，积极推进乡镇职能转变，取得了明显效果。

（《甘肃日报》2005年8月12日，
《甘谷县六峰镇：“三问”问出改革方向“四改”改出干部新貌》）

6. 引用式导语

引用式导语：引用人物话语，展现新闻中一个或几个最精彩、最关键、最重要或者最有价值的事实。

（1）这些天，堆龙德庆县丹增贡嘎老人家开办的家庭旅馆忙得不可开交。时值西藏旅游旺季，客人走了一拨又来一拨，旅行社的导游还特意带着游客来他家的旅馆参观，看他们表演民族歌舞。“青藏铁路修到家乡，火车来到家门口，这条‘幸福线’让我家的生活越过越幸福!”丹增贡嘎乐呵呵地说。仅在拉萨火车站附近，像这样的农牧民家庭旅馆就有40多家。

（《西藏日报》2007年6月17日，《青藏铁路正在改变农牧民生产生活方式》）

（2）“缺乏对中国传统思想的吸收，缺乏对中国传统文化和现代企业管理的系统研究，在管理教育和研究中言必称哈佛是没有出路的。”中国人民大学校长纪宝成在今天开幕的第八届中国MBA发展论坛上发表主旨演讲时提出，学习和运用西方管理思想，必须充分考虑中国的国情，中国的实践，绝不能全盘西化，只能有选择地吸收，而且要有创新。

（《光明日报》2007年5月20日，
《MBA教育不能言必称哈佛　东西方管理思想交汇与融合是方向》）

（3）“老太太坐在家里边看电视边削马蹄，一天至少也能挣一二十元钱，全县有5万农民这样为县里4家大型马蹄罐头厂工作。可以这样说，食品工业的发展不仅壮大了荔浦县域经济，而且，给几个乡镇的农民增收带来了最直接的好处。”9月14日，荔浦县中小企业局黄局长说起该县的马蹄产业时，当即委托有关人员带记者去乡村“眼见为实”。

（《广西日报》2006年9月，《荔浦5万农民坐在家里“变”工人》）

7. 比喻式导语

比喻式导语即采用打比方的方式写作导语，此类导语可以使消息形象生动。如1986年8月24日《文汇报》刊载的《森林公园的特色》一文的导语：

听说上海一东一西镶有两块玉，西边是块“汉白玉”，即波光粼粼的淀山湖；东边是块“祖母绿”，那就是满园覆翠的“森林公园”。

8. 单元素导语

亦称一句话导语，或单因素导语。即在导语中只表现一个新闻事实。理想的单元素导语所表现的这一个新闻事实，应当是新闻中最新鲜、最重要、最有新闻价值的核心事实。如按新闻五要素来区分，单元素导语具体又可分为：

（1）何人导语

这种导语一般来说，只在突出报道显要或影响大的新闻人物时采用。因为这些人从事的活动比一般人做的事情更能引起读者的关注。

（2）何事导语

一般说来，新闻事实本身的重要性或影响力超过了其他新闻要素，应当用这种导语。

（3）何时导语

读者关心的事情什么时候会发生或进行，可用此种导语。

（4）何地导语

报道一些重要或有特殊意义的地方发生重大变化的消息，常用此种导语。

（5）为何导语

当报道一个事件的起因比其后果更能引起人们的关注时，可用这种导语。

9. 多元素导语

一则导语中，用几个事实组合而成。这是由于客观事物是复杂的，有的新闻导语难以用一个主要事实来表达，因此，导语中需要写三个以上的主要事实时，就会用多元素导语，亦称成套式、多因素（多段落）导语。写这类导语，应防止平铺直叙，罗列事实，而应按照新闻事实之间的内在逻辑联系，有机地组合起来。

（二）延缓性导语

延缓性导语又可称为间接导语。它不直接叙述新闻事实，而是通过描绘场面、渲染气氛、解释概念、介绍背景、引用典故等方法，先作铺垫，然后再说出新闻事实来。这样写的目的是增强阅读的趣味性。延缓性导语的类型比较多，常见的有以下几种：

1. 评述式导语

用夹叙夹议的方式，先叙述新闻中一个或几个最精彩、最关键、最重要或者最有价值的事实，然后对事实进行评价，指出它的新闻价值，揭示其意义。

（1）“我做梦也没有想到草原深处的牧民会穿着民族的服装载歌载舞地步入大都市。我们渴望外面的世界多年，没想到是民族的传统文化牵着我们的手走出了草原，开了眼界。”呼伦贝尔市鄂温克旗锡尼河西镇牧民合唱团的蒙古族小伙子华塞道恩德格对记者这样说道。9月5日，记者在呼伦贝尔市采访时获悉，呼伦贝尔市鄂温克旗锡尼河西镇牧民合唱团以蒙古族布里亚特民歌、民俗作为股份与上海长兴岛前卫公司合作建立了桔洲夸庐股份有限公司。双方商定，牧民的原生态民族艺术无形资产投资占公司股份的20%。由此，牧民合唱团挺进上海演艺市场，在民族文化产业化和市场化运作方面开辟了一条新路子。

（《内蒙古日报》2006年9月8日，《布里亚特牧民合唱团以民族艺术入股上海大公司》）

（2）6月2日，在呼图壁县农村社会养老保险办公室（以下简称农保办），记者看到了这样一张借款凭证：借款时间为1998年7月29日，借款人是该县大丰镇高桥村农民何正智。因为这张借据，何正智成了受益于中国农民养老保险证质押贷款的第一人。

（《新疆日报》2005年6月13日，《“呼图壁模式”破解中国农民养老难》）

（3）张丹腾空、旋转、落地、摔倒、受伤、站起，慢慢地滑到场边，又回到赛场；音乐再次响起，掌声如潮，张丹再次跃动在冰面……中国三对选手尤其是带伤的张丹和赵宏博今晚在都灵冬奥会双人滑比赛中以悲壮和出色的演出震撼了现场观众，并勇夺第二、三、四名。他们不是冠军，却是人们心中的英雄。

俄罗斯名将托特米亚尼娜马里宁凭借无懈可击的完美表现获得金牌。

（新华社都灵2月13日体育专电《张丹等中国双人滑选手的悲壮演出震撼都灵》）

评述型导语的优点：

（1）制造气氛，吸引读者

此评述型导语中的评，可以发挥“深奥、玄妙”的作用。此处指新闻事件深层的、一般不易为读者所注意、所了解的含义。通过导语中的议论，在消息的开头就将其昭示给读者，可以使读者一接触新闻就获得某种启迪，从而对消息全文产生兴趣。

（2）发表意见，影响舆论

评述型导语可以引起共鸣，可以令读者对导语之后的“如何”以及“为何”产生兴趣。

① 评述型导语中的评，应是言人之所未言，深刻而有新意。

② 评述型导语中的评，应是少而精，点到为止，不宜展开。

③ 为了使导语中的评更具客观色彩、更有说服力，有时，也为了防止因记者直接评论而招致被动，可以使用引语方式发表意见。

2. 橱窗式导语

有如橱窗展示样品、由典型事例构成的导语为橱窗式导语。

橱窗式导语多用于综合性新闻。其特点在于：它不是靠描写或议论，而是靠讲故事吸引读者。写入导语的具有代表性的故事，有如一只小小的麻雀，五脏俱全，可供解剖。通过讲述这个典型事例，读者可以了解事物的细微部分，获得具体的印象，受到感染，为之感动，产生兴趣，进而由感性认识转入理性思考。

写作橱窗式导语，关键是注意故事的典型性、人情味及趣味性。

3. 悬念式导语

这种导语用令人惊讶的元素把读者吸引到报道中，导语的第一句话成为引入不寻常事情的一个悬念。如：

这是一个不同寻常的公共图书馆。

首先，书架上只有四本书。其次，你在其他图书馆或者书店找不到这些书，也不会有批量新书补充到这里的书架上。

那是因为上周末在这里开业的 Brautigan 图书馆有一个独一无二的规定——它只接纳从未被发表的书籍。

4. 提问式导语

以提问的方式写作导语，有助于受众把握新闻要点，有助于调动读者的阅读兴趣。同时，也可以促进记者抓住要害，明确消息主体的写作方向。例如：

（美联社 1991 年 5 月 23 日电）一位女顾客拿着一条亮闪的红皮带问道：“这是用鱼皮制的？那些鱼鳞是怎么处理的？”

从上述例子可以看出，直接性导语的主要特点是开门见山，直奔新闻；延缓性导语正相反，它曲径通幽，先讲一个人物故事，勾起读者的阅读欲望，再迂回到新闻本身。

在应用中，要注意延缓性导语的适用范围。

第一，延缓性导语适用于时效性较弱的新闻和软新闻——快新闻和硬新闻无暇迂回，最好是直截了当，较慢的新闻和软新闻则可以从容地曲径通幽。

第二，延缓性导语适用于周刊、杂志等出版周期较长的刊物——因为出版周期长，报道的新闻一般都落在别的媒体的后面，就必须靠加强趣味性来赢得读者了。

四、导语的写作要求

导语写作，要突出“精、新、短、活”四字要求。

1. 凸现事实精华，揭示新闻主题

导语写作最基本原则是一定要展现新闻中一个或几个最精彩、最关键、最重要或者最有价值的事实。所以，写作导语之前必须要明确两个问题：一是消息的主题是什么？二是围绕这个主题，最精彩、最关键、最重要或者最有价值的事实有哪些？回答好这两个问题，才能写出精彩的导语。如消息《自治区蒙药化学创新成果转化遭遇坎坷》的导语：

“六朵金花”美，“深闺出嫁”难！5月26日，从北京一个科技博览会上失望而归的自治区蒙药创新带头人博格日勒图博士，用一句形象的比喻道出了蒙药创新成果转化的艰难。在内蒙古大学高分子化学及蒙药研究所，博格日勒图和助手们的6项蒙药化学创新成果，因为缺少成果转化经费和相关政策的支持，面临着“锁在深闺人未识”的窘境。

（《内蒙古日报》2006年5月31日）

这则消息报道的是蒙药由科研成果转化为产业过程中面临的种种困难。导语首先转述了蒙药创新带头人博格日勒图博士的一句感慨，这句感慨形象凝练，遗憾深深，有很强的感染力，很能够吸引读者。然后概述了蒙药产业化的困境。这两个事实紧扣主题，都非常精彩。应该说，这则导语体现了“精”的要求。再如：

7日，武昌杨先生带着2岁的女儿到市儿童医院看病，没想到看了个“咳嗽”就要花1000多元。因此，他于昨日投诉到本报“新闻110”。

（《武汉晚报》2002年8月10日，《看个“咳嗽”要掏1065元》）

看个咳嗽要1000多块，简直令人匪夷所思！这个事实暴露了当前卫生体制改革的背景下，医院用“大处方”换取“医药回扣”的黑幕，是对医疗黑幕的一个经典体现。导语选用这个事实体现了“精”的要求。

2. 突出最新事实，强调最新时间要素

导语写作要“新”，就要传达新事实、新信息，强调最新的时间要素。我们经常在导语中见到诸如“昨天”“最近”“近来”“不久前”之类词语，都是不符合“新”的要求的。

如果我们要报道一条漏报的新闻，如何在导语中体现“新”的要求呢？这时候就要善于寻找新闻由头——即用现在发生的事实（可以是一个事实，也可以是一个场景）引出过去的新闻。比如，有这样一条导语：

州长昨天做出每月节约25 000美元的工资开支的决定，州公路局因此裁员10名。

这条导语时效性明显弱了，见报时改为：

今天，10名公路局的职工卷起铺盖离职了。他们是州长为了每月节约25 000美元的工资开支所做决定的牺牲者。

用今天发生的事实引出昨天的“旧闻”，用“新”引“旧”，化“旧”为“新”，这就是“新”的表现。

3. 行文简短扼要，表达具体清晰

导语要短，是指这样几个方面：导语要突出典型事实，少写附属事实或琐碎细节；删去那些表面上很华丽，实际没有什么实质内容的废话、套话，使导语尽可能精炼；导语里

的人名、头衔、单位名称、专用名词等不要太多，否则会淹没或冲淡事实，造成读者阅读困难。例如有这样一条导语：

记者从国家环保总局、中华环境保护基金会日前启动的“碧海行动宣传”系列活动获悉，为遏制海河水域污染的趋势，国家环保总局组织国家发改委、科技部、财政部、建设部、交通部、水利部、农业部、林业局、海洋局及天津市、河北省、辽宁省、山东省人民政府联合制订，并报国务院正式批准实施《渤海碧海行动计划》。这项计划总投资500多亿元，项目400多个。到2015年，将从根本上扭转渤海污染日益严重的状况，达到海域生态系统初步改善的目标。

（《中国青年报》2005年5月1日）

这则题为《“碧海行动”500多亿改造渤海》的消息，198字的导语，光是单位名称就出现了16个，读者不得不在大量单位名称中寻找新闻事实，太费劲了。试改为：

记者从国家环保总局、中华环境保护基金会日前启动的“碧海行动宣传”系列活动获悉，为遏制海河水域污染的趋势，国务院已正式批准实施总投资500多亿元、包含400多个项目的《渤海碧海行动计划》，预计到2015年，将从根本上扭转渤海污染日益严重的状况，初步改善渤海海域的生态系统。

4. 文字简洁生动，诱发阅读兴趣

在平时的阅读中，我们会有一种感觉：有的导语，不但能迅速激发我们的阅读兴趣，还能使我们感受到栩栩如生的“画面”感。非但如此，透过文字，我们还能够领略到流淌在字里行间的浓浓兴味和情趣。而有的导语却不能给我们这种感觉，除了得到一系列抽象信息之外，我们基本感受不到诸如画面、兴味、情感之类的东西。这些差异让我们疑惑：为什么会有这种差别，造成这种差别的原因何在？

究其原因，主要是由于思维的差异造成的（当然还有其他因素）。一般说来，如果诉诸形象（如场景、人物）、冲突（包括对比）和情感，语言就比较生动。反之，如果诉诸抽象，语言就比较乏味。这种差异提示我们，要想使语言变得生动，就必须把握形象、冲突和情感要素。所以，在导语写作中，如果突出场景、细节（如动作、语言、外貌、神态等）、冲突、对比或情感性的事实，导语就会比较生动。比如下面这个写场景的导语：

“看到了，我们看到了!”晨曦初现的草原上传来惊喜的欢呼声：“神舟回来了!”

清晨6时23分，经过绕地14圈飞行，中国首位航天员杨利伟乘坐“神舟”五号飞船，在东经111度29分、北纬42度06分的飞船着陆场安全着陆，距理论着陆点仅48公里。返回过程非常顺利，返回舱完好无损，航天员自主出舱，身体状况良好。北京指挥控制中心宣布：我国首次载人航天飞行获得圆满成功!

（《人民日报》2003年10月16日，《我国首次载人航天飞行圆满成功》）

“神五”是首次载人飞行，飞船能否顺利返回、人员能否平安返回？这些问题牵挂着人们的心。一旦看到飞船平安出现，大家都情不自禁发出欢呼。这惊喜的欢呼，既是对胜利的欢呼，更是对生命的关注、对英雄的礼赞。这惊喜的欢呼，情真意切，饱含深情。消息把这个期待、欢呼的场景写入导语中，就使导语特别有感染力。

再看下面这个写动作、外貌和神态细节的导语：

陶璐娜以390环打进决赛时，她只知道自己是第一名，却不清楚比对手多几环。当然，看到教练许海峰的眼神后，她明白打好决赛每一枪都是自己该做的事。如往常训练般打完最后一枪后，观众席爆发出热烈的掌声，陶璐娜转过头来试探性地向记者席伸出一个手指，在得到确认后，圆圆的脸上露出了笑容，随后向鼓掌的人群挥了挥手。

（《中国青年报》2000 年 9 月 18 日）

这个导语用细节还原了陶璐娜夺金的情景，有两个细节尤其精彩，一是陶璐娜确认成绩时的疑惑；二是陶璐娜得知成绩后的笑逐颜开。读者阅读这些细节，既重新“目睹”冠军产生的过程，也不知不觉被冠军前后转折的心路历程所吸引，阅读自然也就“沉浸其中”。这样写就比“陶璐娜以××环成绩夺得××项目金牌，这是中国在悉尼奥运会上夺得的第×枚金牌”更加吸引人。

再比较下面的两则导语：

A.“啊，新娘子，让我看看你的脸蛋吧!”正在中国访问的大平首相夫人大平志华子，7 日访问北京动物园，看望赠送给日本的熊猫“欢欢”。

（路透社东京 1979 年 12 月 7 日电）

B. 大平首相夫人大平志华子，今天下午由邓小平副总理夫人卓琳陪同到北京动物园观看中国人民的礼物——大熊猫。

（新华社 1979 年 12 月 7 日电）

导语 A 引用大平志华子的话，大平志华子的话轻松愉悦，令人舒畅，她更称呼熊猫为“新娘子”，更使读者感觉到情感的亲昵。相比之下，导语 B 是单纯的概述，只注重传递信息的要素，却少了感情因素，消息的感染力大大减弱，也就谈不上什么生动了。

五、消息导语的写作手法

（一）简练生动，突出情节

简练生动，突出情节是把新闻事件浓缩为一个相对完整的精短小故事写出来作为导语。下面这则导语虽不长，但情节相对完整。

9 月 11 日，温州瑞安塘下镇上潘村一电梯门开了电梯却没来，乘坐电梯的一对母子一脚踏空从 6 楼坠落，母亲不治身亡，小男孩是颅骨骨折。

（《南国都市报》2012 年 9 月 14 日，《小区电梯悲剧如何避免？》）

（二）提出问题，启发读者

在导语中提出问题，可以对新闻事实起到强调的作用，同时启发读者的思考。但是导语不能只单纯地提问题，问题必须和新闻事件结合起来。或者先用问题引起读者的兴趣，紧接着叙述新闻事实；或者先叙述新闻事实，接着有针对性地提出问题，促使读者思考新闻事实的根源和意义。

例如，下面这段导语就是先说出事实来，再提出问题引发人们的思考。

据哈尔滨市石油公司反映：目前全市有私人轻便摩托车 5300 多辆，而上半年到石油公司来买汽油的还不到 70 户，那么，天天在街上跑的 5000 多辆“轻骑”都烧谁的油呢？

而这则新闻则是先提出问题来，再由问题引出新闻事实。

美联社纽约电（原电发电日期不明）假如你经营一家旅馆，你怎样使房客把房间里的电灯自动关掉同时并不少收他的钱？

常驻新加坡的联合国开发计划署专家奥芬·巴尔发明了一种节省能源的装置。他说，你可以让房客把钥匙放到一个特别的锁孔里，就能达到节省电的目的。这个锁孔实际上是与房间里的电气系统联结在一起的一个小盒子……

（三）略做描写，生动传神

消息是一种多用叙述、少有描写的文体，其导语更不能展开精雕细刻的描写。但用三言两语，或者一两个生动传神的词汇略做勾勒，不违背简练务实的原则，又达到生动传神的目的，对于导语来说不失为一种可取的写法。

请看下面这则解放战争时期新华社电讯的导语：

新华社西北 1947 年 10 月 29 日电　西北联防军司令员贺龙将军 20 日赐见清涧战斗中放下武器的蒋军 76 师中将师长廖昂。会见时，廖垂手鞠躬，局促不安，贺龙将军与之握手。

在贺龙接见时，廖昂“垂手鞠躬，局促不安”八个字，活灵活现地表现了国民党降将廖昂在强大的解放军的威慑下内心的惊恐，在被著名战将贺龙将军接见时又有些受宠若惊的姿态和神情，可谓有声有色，形神兼备。其实算得上“描写”的只有这八个字，其余文字都是叙述。

（四）运用对比，突出价值

把有明显差异的事物、行为或评价组织在一个导语之中，这样，彼此之间就形成了鲜明的对照。

下面这段导语，采用肯定的对比，写了人们对新闻主体人物的不同的评价和态度，也间接表明了作者的态度。

本报讯（记者　孙凯）35 岁的回族中医马牧西现在在兰州可算是一个新闻人物。有人说他胆大胡整，给病人所下的药量之大像是治牲口，可是更多病人又是那么信服他——整夜整夜排队挂他的号。

下面这段导语，用当前前景来对比，表明现代科学技术的提高。

本报讯　鲁山县辛集乡由于盖房材料匮乏，多数农户不得不用土坯和麦秸垛成简陋的草房。然而，在 160 米的地下，科学家们发现了大量的新型轻质建筑材料——石膏。

下面这段导语，今昔对比，通过巨大反差来调动读者的阅读兴趣。

合众国际社伦敦 1979 年 5 月 15 日电（记者格兰·布莱克蒙）阿瑟·弗洛莫过去以“5 美元一天”的价格组织游客游览欧洲发了大财。而今天，一般游客在欧洲每天至少花费 10 倍的钱。

弗洛莫公司现在组织欧洲旅游，每天收费 130 美元。

（五）巧借典故，引出事实

在实际写作中，巧借一段与新闻事件有关的历史典故或传说故事，可以增强读者的阅读兴趣。例如：

山西古典蒲剧《蝴蝶杯》中，描写男主角田玉川有传家之宝“蝴蝶杯”，非常神奇，只要斜酒入杯，就有五彩缤纷的蝴蝶在杯中翩翩起舞，杯中酒干，蝴蝶也隐去。

（六）引用原话，真实可信

这里所说的引用原话，是指将对方的语言原原本本地重述一遍。所引的原话，或者是对新闻事件的描述和介绍，或者是对新闻事件的认识和态度，或者是与新闻事件密切相关的富有个性的情感流露。例如：

市委书记×××今天在视察××乡××村的时候说："一个一千多人的大村子，十几年来没有发生过一起刑事案件，应把这里普法教育的经验推广出去。"

当然，导语写作的手法不会仅限于以上几种，而且在具体运用的时候，往往几种手法会同时出现。

六、消息导语写作要有动态意识

消息写作不同于叙述式文体的写作，消息的第一句话必须强调最重要、最有新闻价值的要素。一条动感十足、生动活泼的导语往往能够抓住受众的目光，而一条刻板老套的导语则可能使受众失去继续阅读的兴趣。

这是一条来自美联社的经典导语：

如果石油是液体，美国政府就应该知道每一滴是从哪儿流出来的。

这篇报道写于美国石油危机期间，当时有车族要在销售汽油的地方排长队购买汽油。联邦政府花费了大笔的钱去跟踪和打击石油黑市的买卖,但在石油勘探方面的投入却少得可怜。

好的导语看上去简单得令人难以置信，因为它们非常自然流畅，绝不生硬做作。好的导语有一种很强的韵律感、结构感和步调感。它不强加给读者任何东西，而是以离奇、戏剧性和幽默感抓住读者，使读者面对一个关键性的决定：我要不要读下去？

陈望道先生曾说过："所谓流动，就是文章中事迹时时开展进行，事迹进行没有停顿的意思。我们整理记叙文的材料，必须使这流动在记叙文中处处寻觅得出。"新闻是源于记叙文的一种报道事实的文体，又是侧重于反映客观事实变动的，因此，尤其需要体现出这种"流"来，需要具有动感。作为新闻第一个层次的导语部分，情况也是如此。这就是说，在导语的写作中，既要在内容上着力提炼出新闻的精髓，也要在表述上力求有动有静，动静结合。

新闻导语一旦具有流动感，往往也会使新闻活泼、有生气，一开始就给读者以鲜明生动的形象，从而使新闻赢得更多的读者。之所以如此，不仅在于一切人或事件的特征容易在运动过程中显露出来，并带上各种不同的强烈色彩，还在于运动着的或将动欲动的事物比较惹人注意。为什么英雄人物的雕像大都是动中取势，正聚精会神或神采飞扬地做某个动作，如骑马的话那战马也是扬起前蹄？答案就在于动态的东西更会引起人们的注意。

新闻导语要想吸引受众的注意力，就必须从流动中展现出事物发展的状态。

第一，可以用最近时间点上事物的具体变化，来反映处于变动中的事物状态。例如：

5分钟前，一列银灰色的地铁列车，在仅距地面2.8米的地下，首次穿过世界最大的广场——天安门广场。

（《人民铁道》1999年9月29日，《中国地铁列车今天穿过天安门广场》）

这样写来，就使地铁线路开通的新闻事实有了鲜明的动感。类似的还有：

昨晚9点40分，引滦入津输水隧洞铺完了最后一车洗凝土。至此，长达9.69公里的引水隧洞全部完工。

这个导语也使隧洞完工的新闻事实带上了动的色彩，读者看得见，摸得着。这种写法除了具有流动感外，还能显示出时间上的新，有浓郁的"新闻味"。

第二，用形象感的动作表示某种难以具体描绘的事物变动，同样能使导语产生动感。如：

北京市北海公园“园中之园”静心斋，11 月 30 日摘下了长期悬挂的“游人止步”牌子，国务院机关事务局正式将这个名胜归还给北京市政局。

用人们比较熟悉的“摘下‘游人止步’牌子”的动作表示静心斋实行对外开放，使导语有动感。

在表现主要新闻事实之前，描写了一系列感人的细节，充分反映出深情热烈的现场气氛。有了它，导语生动活泼，饱含情感，引起读者感情上的共鸣。

第三，以动写静，化静为动。从新闻语言表述来说，活的东西不能写死，静止的却要求写活，使之跃然纸上。例如：某年上海民间艺术展览在旧金山开幕，新民晚报上一则消息的导语是这样写的：

多么威武神气的猫头鹰！一对大眼睛正在扫射着什么，翅膀微微耸起，看来它准备振翼飞扑过去，抓住那狡猾的大田鼠。这只用棕榈树桩因材施艺而雕琢成的人工猫头鹰，最近飞越太平洋，在美国旧金山的中国上海民间艺术展览上栖息。

这条导语将无生命的静态的事物当作有生命的能活动的事物来描述，非常有活力。

第四，运用贴切的比喻、顺乎情理的联想来达到静中见动。比如：

标志着公路通车的红色蛇行线条，在广西壮族自治区的地面上正迅速向边远山区伸展。

这里用红色蛇行线条迅速伸展来显示公路建设的成就，使表面上看来处于静态的事实呈现出动态，富有吸引力。

如何使导语变静态为动态，具体手法是很多的。只要运用得当，都会产生古人所说的“板者活之”“枯者腴之”的效果，深深吸引读者的注意力。

第五节　消息主体的写作

主体是消息的主要部分。它承接导语，阐述导语所揭示的主题，或回答导语中提出的问题，对消息事实作具体的叙述与展开。有了它，新闻才显得完整和充实，主题才有可能得到具体的揭示和深化。

主体是消息的躯干，所用文字最多，位于导语以后、结尾以前，是消息的重要组成部分。其承担的主要任务有两个：一是进一步阐述导语中的事实，使新闻内容更加明确。二是运用背景等材料补充导语，使消息的根据更确凿、内容更丰满。要注意，主体中不要再重复导语。

一、消息主体的作用

1. 为导语展开丰富的材料

导语虽然叙述了主要的新闻事实，但是十分简略，不会提供事件的全部过程，不会把涉及的方方面面一一讲到，更不会提供翔实的数据和丰富的细节。而主体的最明显的作用，就是为导语中已经表达过的主干事实提供较为丰富的材料。

2. 解释证明导语中提出的观点

导语中提出来的观点，要在主题中得到充分的证明。导语中可能引起疑问的地方，在主体中要有充分的解释。

3. 满足读者了解新闻详细内容的欲求

读者如果对某一新闻感兴趣，他就不会满足于导语所提供的那些简单介绍，作者有责任在主体中向读者提供详细的内容。

二、消息主体的写作要求

写作消息主体时应注意的要求主要有以下内容：

1. 与导语相辅相成

导语是主体的提要和浓缩，主体是导语的展开和深化。一篇消息的导语和主体必须是互相支持、互相扶助、互相印证、互相参照的。因此，主体要按照导语规定了的方向行文。

2. 主题集中明确

一篇消息，或直接、或间接，总要表达一定的思想、见解或态度，这就是消息的主题。消息的主题，要写得集中、明确。集中，就是消息要围绕一个主题来写，不管有多长的篇幅、多丰富的材料，都只能有一个中心。要围绕这个中心选择材料、使用材料。明确，就是说消息的主题即使不能一目了然，也应该让人在稍加思索后就豁然顿悟。

3. 材料典型充分

典型材料，就是那些有广泛的代表性、强大的说服力的材料。生活中的现象往往是琐屑的、不典型的，但我们在消息主体中使用的那些材料，是从浩如烟海的现实生活中及时发现的精华。它们不但能表达某一种现象，还能揭示这一现象的本质。

4. 结构层次分明

消息虽然篇幅短小，主体部分也要有不同的层次，而且要做到层次分明。各层意思之间，或者是并列关系，或者是递进关系，要有很强的逻辑性。

5. 写法勇于创新

作为记叙文，消息的写法本是无一定之规的。不过，消息由于篇幅短小，体式规范性较强，在写作手法上就有许多承袭来的、模式化的东西，如概括叙述的表达方式、直接写实的表现手法等。即使如此，它的写法也不是完全公式化的，还应体现“大体须有，定体则无”的文法基本规律。这就要求作者要勇于创新，大胆尝试新的技巧。

三、消息主体的展开

主体的展开是很有讲究的，并不是随意的，而是要使用一定的方法和策略组织材料，巧妙展开的，以便顺畅和完美地表现主题。这种组织、巧妙展开材料以表现主题的方法和策略就称为结构。结构是导语和主体的内在组织形式，而导语的选择和主体的展开方式则是结构的外在表现。

主体展开常见的结构方式有以下几种：

（一）倒金字塔结构

1. 倒金字塔式结构的特征

倒金字塔式结构是消息写作中一种影响深远、使用广泛的结构样式。它最显著的特征，就是依据重要性递减原则来安排事实，即把最重要的事实放在消息的最前面（从标题算起），次重要的事实放在稍后的段落，更次要的放在消息的尾部，形成“头重脚轻”的结构。这种情况颇似一个倒置的金字塔：在前的基座大而重，在后的顶端小而轻，所以叫“倒金字塔结构”。

2. 倒金字搭结构的优点和局限

倒金字塔式结构的优点：第一，有利于读者快速抓住消息最重要的事实，读者即使不阅读全篇，也可知道消息最重要的内容。第二，便于记者写稿和编辑编稿。记者写稿时，只需判断事实的主、次、轻、重，便可写作，不需要在谋篇布局上多费心思。编辑若要压缩稿件，从后面删去不重要的事实即可，也不影响稿件的完整性。

倒金字塔式结构的局限：第一，适合报道那些受众想知道关键信息的新闻报道，如时政、灾难、体育报道等；不适合报道故事性强的事件新闻，因为这类新闻具有明显的时间线索和丰富的情节，需要讲述事情发生、发展的过程，这恰恰与倒金字塔式结构相反。第二，事实安排头重脚轻，后面的事实势必越来越平淡，吸引力逐渐减弱。第三，写作中标题、导语容易重复，运用时要注意避免。

有些新闻稿并不是典型，但也是倒金字塔结构编排，我们来看下面的例子——获第 18 届中国新闻奖三等奖的消息。

【案例 9-1】

大陆蔬菜缓解金门“菜荒”
厦门启动新一轮直供金门蔬菜贸易　首批蔬菜运抵金门

本报讯（记者 林世雄 通讯员 林法戴 俞丹军）昨日，金门人家的饭桌上摆上了由厦门输送过来的新鲜蔬菜。这批大陆输送来的新鲜蔬菜，共有 23.54 吨，是经两岸贸易商共同商定，6 月 30 日中午由厦门海关和检验检疫机构加班验放后，从同安大嶝码头通过厦金海域输往金门的。这是今年大陆首批出口金门的蔬菜，将大大缓解金门的“菜荒”，也标志着新一轮对金供应蔬菜贸易正式启动。

据出口商厦门农产品有限公司介绍，因前阶段我国南方普降大雨，金门地区蔬菜供应不足，菜价飞涨，当地居民出现吃菜难的问题。大陆有关方面得知这一情况后，紧急组织了一批全国各地的优质蔬菜增援金门。由于交货期紧，须于 6 月 30 日（星期六）送到金门，同时为保证新鲜，蔬菜存放于厦门同安马巷蔬菜批发市场的保鲜库内，要当天才能运到码头。为确保金门百姓及时吃到新鲜的蔬菜，厦门海关和检验检疫部门立即开通了“保鲜通道”，安排人员加班，并到船边进行现场验放。此次出口蔬菜包括高丽菜、白菜、荷兰豆、白萝卜、胡萝卜、白花菜、红辣椒、青椒。总重量 23.54 吨，价值 7916.43 美元。

据了解，因受台风、暴雨等气候影响，每年 6—10 月台湾金门地区均会遇到蔬菜供不应求的情况，在两岸相关部门、企业的共同努力下，自 2006 年开始，祖国大陆通过厦金海域向金门出口蔬菜，2006 年共出口 224.3 吨，价值 4.97 万美元。

另据了解，预计今年下半年平均每月还将有 2～3 个航次出口，厦门海关和检验检疫机构表示，将继续采取便利措施，提高通关和检验检疫速度，确保蔬菜能新鲜进入金门居民的“菜篮子”。

（《福建日报》2007 年 7 月 3 日）

这条消息的段落结构如下：

第一段的导语采用评述式写法，交代了三个重要事实：第一，金门百姓吃上了来自厦门的蔬菜，这个事实充当新闻由头的作用。第二，蔬菜的数量、检疫过程和输送路线。第三，大陆蔬菜运往金门的意义。

第二段对导语事实进行解释和补充——为什么要出口蔬菜到金门：为了让金门居民吃上及时菜新鲜菜；大陆相关部门如何组织、库存、检验检疫这批蔬菜；介绍蔬菜的种类、重量和价值。

第三段为背景材料，介绍金门地区这段时间天气的特点，解释金门缺少蔬菜的深层原因。

第四段为预测性信息——下半年平均每月还会出口，以确保蔬菜能够进入金门居民“菜篮子”。

以上四段所涉及的事实，都是围绕主题（即大陆蔬菜缓解金门“菜荒”）而设，但它们与主题的密切程度（即重要性）是不同的。新近发生的事实带有“新”的特点，更受读者关注，新闻价值自然高，所以排在前面。而背景材料和预测性信息与主题的关系明显较远，新闻价值相对较低，所以排在后面。从这个例子可以看出倒金字塔式结构的写法。要吃透新闻素材，摸清事实的新闻价值大小，掂量出各种事实的分量，然后才可以对它们进行合理的安排。

（二）正金字塔式结构

1. 正金字塔式结构的特征

又叫编年体式结构，与倒金字塔式结构相反，它最大的特点是按照事件发生的时间顺序来写作，先发生的放在前面，后发生的放在后面，事件的开端就是消息的开头，事件的高潮就是消息的高潮，事件结束，消息自然结束。这个结构适合那些时间线索明显的社会性新闻，如案件侦破、灾难报道、参访、视察、现场目击等。

2. 正金字塔式结构的优点和局限

时间顺序结构的优点是时间线索清晰，读者很容易把握新闻事件的发展过程。这个结构也有缺陷：一是容易写成平铺直叙、波澜不惊的流水账；二是高潮、结果在后面才交代，读者要耐心看完整篇报道，才明白事件的结果，对于没有耐心的读者，可能会失去吸引力。

要克服波澜不惊的缺陷，需要在写作技巧上下点功夫：注意挖掘事件的情节点或故事色彩；运用设问、悬疑等技巧，有意识地营造起伏、掀起波澜；运用长短句来变换节奏，形成舒缓急切交替的效果；描摹细节，绘写场面，增加消息的现场感和画面感。

【案例 9-2】

今年“两会”代表委员车辆运行时间将大大缩短

“动静小了，心里踏实了”

本报讯（记者　胡果　张涛）3 月 3 日下午，政协十届二次会议在人民大会堂开幕，载着委员的车辆，从一家家宾馆驶出，悄悄汇入了京城的滚滚车流。

没有闪亮的警灯，没有鸣响的笛音。红灯停，绿灯行……

今年“两会”期间，北京市交管部门精心做了交通保障预案。给代表、委员乘坐的车辆配备了卫星定位系统，适时调控车速；主要路口，会议车辆与社会车辆交替放行，每次放行社会车辆的时间不少于30秒。目的只有一个：既不误“会”，又不扰民。

车队悄然驰过。不平静的，是人们的心。

以前“两会”期间，市民缓行、绕道，给大会车队让路，多年来已成习惯。

“每到这时，心里都不是滋味。”王渝生委员感慨。“现在呢？”“动静小了，心里踏实了!”

静悄悄的变化，没能逃脱北京人的眼睛。

东单路口，望着刚刚过去的车队，家住附近的林名和说，以前“两会”期间，交通时有堵塞，如今车队过得快了，市民等得短了，转变的不只是会风。

首汽一位出租车司机告诉记者，过去一到“两会”，他专拣胡同走，轻易不上长安街。“没想到今天车队过得这么快!路通了，心里也就不堵了。”

主会场周边地区交通管制时间压缩了；大会车队占道时间减少了；社会车辆可借道公交路线，道路利用率提高了；交通广播、户外电子显示屏、临时交通标志一起上，提前发布路况信息，透明度增加了……

不声不响的畅通，浸着无数汗水。

14时，王府井南口路口，东城交通支队帅府园队副队长陈和新准时到位。今天，帅府园队的干部全部上了一线，陈队长手里的步话机响个不停。

14时03分，东长安街双向路面车辆通行顺利。西城交通支队府右街队王川平队长发来消息：西长安街路面也通行正常。

14时07分，北京市交管局指挥中心通知：华润饭店驻地委员车辆出发。

14时08分，铁道大厦车队出发。

14时10分，21世纪饭店车队出发。

14时11分，指挥中心提醒各路口：车队通过时只腾一个车道，尽量不要影响社会车辆通行。

14时18分，由13辆大巴、6辆小巴组成的华润饭店车队全部通过王府井南口，用时仅55秒。

14时34分，北京市交管局指挥中心传来消息：所有驻地委员车辆全部顺利到达人民大会堂，车队运行时间由50分钟缩短为35分钟。

16时30分，政协十届二次会议开幕会在热烈的掌声中结束。

车队重新驶上长安街。依然是红灯停，绿灯行……

（《人民日报》2004年3月4日）

【案例9-3】

省长张左己履行率先喝水诺言

27日下午6时，在哈尔滨恢复供水约六个小时之后，黑龙江省省长张左己来到位于新阳路建河小区的庞玉成老人家中，并在这里实现了他“哈尔滨恢复供水后，我喝第一口水”的承诺。

11月13日，吉林石化公司双苯厂发生爆炸，松花江受到严重污染。以松花江水为主要城市饮用水水源的哈尔滨市，于23日凌晨开始全市大停水。在停水之初，黑龙江省省长张左己便公开表示：哈尔滨四天恢复供水后，我喝第一口水。

张左己说："在重新恢复供水的时刻，我们不想搞什么仪式，就想在这种家庭的气氛中，与普通市民坐在一起，在这种平静祥和的环境下，与大家共同喝一口我们盼望了三天的清水。"

约10分钟后，庞玉成老人的家人用玻璃杯将煮沸的水端到张左己面前，他马上喝了一口。

有人问，味道怎么样？张左己笑着说："很甘甜!这水已经卫生检疫部门检测，水质比停水前还要好，大家可以放心地喝。"

随后，在场的省市有关负责人与庞玉成老人也纷纷端起杯，喝起了期盼已久的水。

庞玉成老人显得很高兴，他对张左己说："您说话算数!"张左己则说："这是共产党说话算数!是政府说话算数!"

庞玉成老人接着作了一首打油诗道：喝下一杯放心水，心中感觉格外美……

（中新社2005年11月27日）

以上两篇消息都运用了顺金字塔式结构，我们来看看它们克服平铺直叙、形成波澜的一些办法：

第一，从新闻的选择来看，这两则消息新闻价值都很高，这使它们拥有很好的"卖点"，很具吸引力。第一则消息报道的是大众关注已久的一个问题：每次人大开会，交通管制，警车开道，目的是保证代表们顺利出行，其结果却是大大干扰了市民的正常出行，给市民带来很大麻烦。人大代表维护选民权益的职责与实际情况形成强烈反差。如何解决这个问题，新闻价值由此凸显。第二则消息报道的是生活水源受到污染，现在重新供水，水质如何？安全了没有？这件事情牵动千家万户，黑龙江省省长践行诺言、率先垂范，其一言一行、一举一动，无不引起人们的强烈关注。

第二，断裂行文，情境连缀（注意！不是情境连续）。不是机械地按照时间顺序一路写下来，而是依据主题的要求，把那些不能体现主题的非典型场景全部略去，只选择那些最能说明主题的典型场景，然后将其组合起来。这种连缀典型场景的做法克服了疲沓，加快了行文的节奏。这个特点以第一则最为显著。

第三，善于捕捉细节，描写场景，营造现场感。以第二则为例，描写了省长履行诺言、亲口喝水的场景。作者怎么展现这个场景呢？他运用了很多细节描写，比如人物的对话（大量的直接引语）、省长的动作和神态（马上喝一口、笑着说）、水的味道（很甘甜）、随行人员的表现（纷纷端起杯子喝起期待已久的水），庞玉成老人的神态（显得很高兴）、动作（作了一首打油诗）、心情（从诗的内容可见）等。这些细节使人如临其境、如闻其声、如见其人，生动真切地反映了党和政府言必行、诺必果，真诚守信，为民办事的爱民之心、亲民之情和为民之举。细节描写和场景描摹使消息情趣浓郁、兴味盎然。

第四，设问造成了悬疑的效果，掀起了波澜。

第五，背景材料的穿插和直接引语的使用也是本文的特点。背景材料增加了信息量，直接引语提供了大量信息，帮助营造现场感，克服了平直。

（三）沙漏式结构

沙漏式结构在开始时与倒金字塔结构很相似，在报道的开头，给出最重要的信息，然后按重要程序递减的方式组织几个段落。不同的是，当核心信息报道完毕后，主体余下的部分就按时间顺序叙述。

使用沙漏式结构的时候，新闻事件一般有戏剧性的情节，并且这个情节可以按时间顺序来叙述。

沙漏式结构与时间顺序结构不同的地方在于，时间顺序结构从主体开始就按时序行文，而沙漏式结构则是在主体中部才开始按时间顺序写作。

优点：

既有信息量大、节奏快的核心报道，又有按时间顺序写作的有故事性的内容。

缺点：

按时间顺序叙述的这一部分可能会重复报道开头提到的关键信息。就同一内容而言，报道篇幅容易较大。

适用范围：

法庭新闻常用此方式。

写作要点：

段落写得短一些。在开始叙述前，通常要给出一个消息来源，如“警察提供了以下事实”，之后就可以讲故事了。

（四）列举式结构

列举式结构不受事物发展时间顺序的限制，围绕一个大主题，将同一主题下的若干个点有序地组织起来，采用平行的方法可以铺排。

列举式结构中所列举的信息通常都比较简短，可以用圆点、小方框、对勾等符号突出强调。

优点：要点一目了然，信息量大。

缺点：行文不够灵活，容易程式化。

适用范围：报道中有几个要点要强调，关于政府会议的报道以及有许多要点要列举的技术研究结果的报道。

写作要点：列举条目最好限制在五条之内。每条单独成段，以并列的方式列出。

（五）华尔街日报型结构

这种结构基于特殊到一般的原则，往往以一个与报道主题相关的人物或者事件开头，通常使用的是延缓式导语，然后在核心段讲述报道主题。报道的主体部分有可能根据小标题安排，到报道结尾通常还要回到报道开头所提的人物或事件，全文就像绕了一个圈，结尾照应开头。

优点：从点到面，具体并且能实现一定的深度。

缺点：容易兜圈子，报道冗长，逻辑把握难度较大。

适用范围：现象类报道、趋势报道、特写报道等。

写作要点：延缓式导语开头，把焦点放在一个人物、场景或事件上面，导语选用的内容是受到核心事实影响的众多人或事物之一。

报道结尾要照应开头，可以使用导语中所提到的人物的引语或故事结果，也可以使用报道前面提到过的某件事情的未来发展。

采访时要找一个事件中的典型人物或者一则能够体现报道意图的事例。

这种结构由于《华尔街日报》的大量使用得名，目前被广泛地应用于各种消息和特写中。

（六）因果式结构

对于究因、探源式的新闻，可以采用此种结构。比如下面获得中国新闻奖的消息：

【案例 9-4】

舍弃 5000 万元年收益 留下惠及子孙好家园

兖州：2 亿吨大煤田不挖了

本报兖州 11 月 13 日讯 今天上午，一个出人意料的消息得到证实：兖州市顺从民意，叫停了境内已完成详勘的小孟煤田，全面封存。此举意味着兖州市损失了一个新的经济增长点——每年减少地方税收 5000 万元。许多人颇感诧异，兖州人哪根神经搭错了，“到嘴的肥肉”居然不吃？

带着疑问，记者直奔兖州。市委书记韩军指点着墙上的全市“经济地图”娓娓道来。兖州煤炭资源丰富，是全国八大煤田之一，目前辖区内有兴隆庄、杨村等六个煤矿，煤炭资源给兖州带来巨大财富，但也留下了触目惊心的环境包袱。今年省有关部门在兖州境内探矿时，发现了小孟煤田，勘探数据表明，这座方圆 120 平方公里的煤田探明储量 2 亿多吨，埋深不到 500 米，按年产量 200 万吨计算，可开采近百年。消息传出，台塑集团等多家企业争先前来洽谈合作开采事宜，而且都开出了很高的价码。

小孟煤田到底挖还是不挖？两种声音激烈交锋。有人说，开一个煤矿，不用费劲。一年就能增加 8 亿元的销售收入和 5000 万元的地方税收，这么大的“蛋糕”，诱人啊!也有人主张，兖州的发展不能再靠拼资源和牺牲环境为代价了，“煤炭依赖症”必须根治。当两种声音争执不下时，韩军悄然来到煤田所在地小孟镇，当地农民的一番话让他心头一震：“别再制造采煤塌陷地了，给子孙留下一片美好家园吧!”在当天的市委常委会上，一班人很快达成共识：“拉动经济增长固然重要，但实现可持续发展、科学发展，构建和谐社会更为重要。为了造福子孙后代，这大煤田咱不挖了!”

叫停小孟煤矿，实力是兖州人不可或缺的底气。近几年他们倾力发展替代产业，崛起了造纸包装、橡胶轮胎等新兴产业集群。在全国百强县排名中，兖州两年前移了 13 个位次，而与之形成对比的是，煤炭产业在其经济总量中的比重却从过去的 50%下降到不足 20%。国内著名煤炭战略管理专家牛克洪说：“兖州勇于放弃、成功转型的做法具有标本意义。建设资源节约型、环境友好型社会，不是一句空话，需要各地在执政实践中落到实处。兖州少开一个煤矿，收获的却是科学发展的理念和百姓的长远利益。”

（《大众日报》2006 年 11 月 13 日）

考察采用因果式结构的消息，我们可以发现，此类消息在写作上往往带有一些明显的寻因探源的标记：

一是标题带有“为什么”“为何”“何以”等形式的问句，如：“为什么捧余华？”（《北京晨报》2003 年 3 月 18 日）“泉州：大雨过后水为何还赖着不走？”（《东南早报》2003 年 8 月 7 日）“这里的农民工何以受欢迎？”（《人民日报》2005 年 2 月 21 日）

二是导语或主体中以问句提出问题，或者写着记者要去探究原因，如上面消息中提到的“许多人颇感诧异，兖州人哪根神经搭错了，‘到嘴的肥肉不吃’”。其他例子如“记者就此问题进行了采访”“这条投资 3000 万元的生产线为什么生产不出合格产品？记者近日到潞城市进行了暗访”“众多的企业为何面对巨大商机无动于衷呢？带着这个问题，记者走访了本市一些企业”等。

还有一种比较隐蔽的因果关系，文中没有出现寻因探源的标记，但是消息报道的事实存在明显的因果联系，我们也认为使用了因果式结构。

【案例 9-5】

研究表明：湖区地壳总体呈沉降趋势

洞庭湖面积有望“扩容”

据新华社长沙 11 月 28 日电（雷隆隆） 有关专家称，洞庭湖地壳总体呈沉降趋势。沉降特征表明，如果不再大规模围湖造田，并能有效减少泥沙淤积，洞庭湖面积不会继续缩小，而将进一步扩大。

这一结论是基于湖南省地质工作者刚刚完成的《洞庭湖水患区环境地质调查评价》课题而做出的。对定量数据的研究表明，洞庭湖区地壳总体呈沉降趋势，沉降速度最大地带集中于湖区北部偏东方向的华容砖桥—沅江漉湖断裂带与岳阳—湘阴断裂带之间，沉降速度每年可达 10～25 毫米。

根据湖区地壳的沉降特征推断，洞庭湖面积将会进一步扩大，而不会像有些人担心的那样逐年缩小，甚至消失。教授级高工皮建高等地质和水利专家认为，洞庭湖长期以来不断萎缩，并形成湖高垸低的“地上悬河”，是多年围湖造田和泥沙淤积等因素所致。这一最新研究成果为洞庭湖区综合治理提供了科学依据。今后洞庭湖治理应继续坚持合理疏导洪水，控制泥沙。在治理方法上，应结合湖区不同地域地壳的沉降规律，分类分区制订科学合理的治理规划，如“退垸还湖”，应尽量选择在地壳沉降且沉降速度较快的区段。

（《人民日报》2004 年 11 月 30 日）

这是一篇科技报道，标题和导语中的事实都存在因果关系。结果是洞庭湖面积将进一步扩大；原因是湖区地壳总体呈沉降趋势。主体详细地阐明了沉降将带来湖区面积扩大的因果关系。这种关系不在明处，而是隐含的因果关系，是我们通过分析得出的结论。

（七）场面转换式结构（场景截取式结构）

场面转换式结构，也称为“蒙太奇”式结构。因为它采用了电影、电视的表现手法，将发生在不同地点的新闻事实按横向空间顺序展开，“说完这边说那厢”，从一个场面转换到另一个场面，就像电视镜头一个画面接一个画面地扫描过来。

在这种结构中，随着新闻事件发展而转换的各个场面，多呈相互独立而又各有特色的状态。这些场面相互间不存在前因后果的关系，一个场面，一个镜头，多个场面相连，其结构样式宛如一串珠玉。这种结构乍一看比较松散，实则由一根主线相牵，形散而神不散。这根串连起一颗颗珠玉的彩线，就是新闻所要表达的主题。请看获第 14 届中国新闻奖一等奖的作品：

【案例 9-6】

三峡大坝昨下闸蓄水

千古峡江顿失滔滔高峡平湖初步显现

记者 剑文 三峡梯调中心 1 日 9 时电 三峡总公司总经理陆佑楣刚刚在这里下达了三峡大坝下闸蓄水的命令。从这一刻开始，中华民族“高峡出平湖”的百年梦想渐渐变成现实。未来 15 天内，蓄水将达 135 米高程。

中心多媒体屏显示，此刻三峡坝前水位 106.11 米，上游来水量 12 万立方米秒。

记者 礼兵 三峡大坝 1 日 9 时 20 分电 此刻，大坝第 20 号导流底孔弧形闸门在强力液压启闭机作用下紧紧闭合了，刚才还巨流喷涌的 20 号闸室外已波平浪静。

三峡大坝 22 个导流底孔只保留 3 个宣泄江流，流量控制在 3500～4000 立方米秒，以保证葛洲坝电厂发电和下游通航。

记者 忠贤 葛洲坝 1 日 11 时电 三峡大坝下闸蓄水两小时后，葛洲坝二江电厂中控室电脑屏幕显示：入库流量 3713 米秒，葛洲坝坝上水位 66 米，坝下水位 39.4 米。值班员赵阳说，现在流量刚好达到发电最低要求，葛洲坝 21 台机组中有 10 台在运转发电。

1 小时前，二号船闸送走了驶向下游的 3 条机驳拖船。

记者 周芳 秭归港 1 日 11 时电 温驯的江水已经漫过港口的 6 级台阶，比上午 9 时涨了约 1 米。

“我亲眼看到江水一点一点爬上台阶。”茅坪居民熊宇平兴奋不已。她 5 岁的女儿却不高兴：小蚂蚁跑得太慢，淹死了好多。长江 5 号飞船经理张宏斌盼望水早点蓄到位：“到那时，风平浪静的江面会让旅客感觉更舒适、更安全。”

记者 志兵 归州 1 日 14 时电 归州水位较上午 9 时上涨了 1.5 米。当靠江最近的副食店老板郑家运卖出今天第 4 包香烟时，江水终于淹没了原秭归县实验小学校址。

老归州城边的鸭子潭已与长江完全融为一体。江边看水的彭树淼老人有些惋惜：“再也看不到人们成群结队到潭中舀桃花鱼的景象了。”

记者 月波 巴东港 1 日 15 时电 尽管江水在迅速上涨，但巴东港并未受多大影响，西上东下的客船不时停靠。巴东旧城遗址已淹没大半，江面宽了 70 多米。

对岸神农溪口已展宽至 400 多米，江水倒灌约 10 公里。约 1 小时前，县旅游部门成功炸除了溪中张水后碍航的“神农石”。

记者 剑军 巫山 1 日 17 时 30 分电 由宜昌开往重庆的“江山 1 号”客轮在长长的汽笛声中驶离巫山港时，港口通往县城的“人”字形路分叉部分已全部没入水底，巫山水位较上午涨了近两米。

记者 立新 奉节 1 日 19 时电 瞿塘江水已失去了往日的汹涌，只在江风吹拂下泛起涟漪。据航道部门测定，夔门水位已升至 108 米。

落日余晖下，有不少摄影爱好者在拍摄夔门摩崖题刻，风箱峡段也有不少游客在参观、留影。

记者 礼兵 三峡大坝 1 日 24 时电 此时大坝中央控制室电脑屏幕显示：坝前水位 108.89 米，过去 15 个小时蓄水 2.78 米。值班人员说，首日蓄水达到预期。

截至记者发稿时，蓄水仍在进行中。

（《湖北日报》2003 年 6 月 2 日）

这则消息写作形式十分新颖，以九个消息头，将三峡大坝开始蓄水后，长江沿岸八个不同场景水位上涨的情况生动地展现在读者面前，似摄像机的镜头，依次转换场面，一个一个特写镜头呈现在读者面前，各个场面的描写都十分生动逼真，读来层次清楚，清晰明白，如在眼前。

场面转换式结构在新闻事件发生的时间跨度小，而场地、场景转换频繁的参访、游览等题材的消息中最为常见。使用这一结构，要注意观察现场，抓住典型场面和典型细节，再现现场和环境，使作品直观、形象，具有生动的现场感和浓郁的环境气氛，使读者如临其境，如见其人，如闻其声，这样才能大大增强消息的可读性。

第六节　消息的结尾

消息结尾是指为了深化新闻主题、强化新闻价值或扩大消息的信息容量，记者根据新闻内容精心设计的消息的收结部分。它通常是消息的最后一段或最后一句话。

并非所有消息都必须具备的这样独立的组成部分。新闻实践表明，同消息的简洁明快、干脆利索、用事实说话等基本特征相适应，相当多的消息可以是表述完新闻事实便就此收住，可以不必有结尾。但有些消息是可以有结尾，甚至必须有结尾的。

只有在结尾能够加深读者对新闻的感受和理解，能够深化新闻的主题、增强新闻报道的社会效果，能够恰当地、增加消息的信息量，或者是为“后续报道”做伏笔等情况下，消息才有必要写结尾，并要尽力写好结尾。

必要的消息结尾，如同消息的其他部分一样，要发挥表述新闻事实、提供信息和表现新闻主题的功能。消息结尾应当做到：要紧扣新闻事实，而不要来一通“套话”“空话”；要能增添新闻信息，而不要同义反复；要善于启发诱导，而不要生硬说教、强加于人；要力求新颖别致，而不要平庸老套、千篇一律；要精粹有力，而不要拖泥带水、絮絮叨叨。总之，既然消息要有结尾，就要努力使其成为“豹尾”。

一、消息的结尾的意义

新闻要讲究写好导语，要把正文（展开部分）写得充实。如果能把结尾写得有力、耐人寻味，那么就可以使稿件获得“锦上添花”的效果。

长期以来，特别是“倒金字塔”结构出现后，新闻结尾没有引起重视和研究。有人觉得它无足轻重。有的新闻写作讲义把新闻的开头称为“虎头”，把新闻的结尾看作“蛇尾”。这是不准确的。每一条新闻都是一个整体，哪怕只有一段、一句话，它也必须是有头有尾的。一条新闻的开头以重要、新鲜的事实吸引住读者固然是必要的，但还需要一个耐人寻味的结尾，把新闻写得更完整、更严密，更能烘托新闻主题。好的新闻结尾能使新闻的感染力全部发挥出来。总之，好的开头与好的结尾是前后呼应、相辅相成的。新闻写作有它固有的规律与要求，这是新闻的特点和读者习惯、爱好、心理等条件决定的。新闻的导语、正文也是古今中外新闻工作者从新闻写作实践中摸索出来的规律和经验。同样，新闻的结尾也应给予研究、探讨和总结，决不能轻视它。

穆青在《关于新闻改革的一点设想》中写道："新闻报道不仅要注意开头，还要注意结尾。"这就是说开头和结尾都要写好。我们写新闻不能"顾头不顾尾"，而是要首尾相顾。新闻采访与写作人员费尽心血写导语是对的，若凑凑合合写结尾，是不可取的。我们写新闻应提倡"虎头""豹尾"。即使是一句话或几句话的短新闻，也要努力写好开头和结尾。

二、消息结尾的方法

消息的结尾有其特殊性，即以事实结尾。事实该讲到哪里，消息就在哪里结尾，无须再添加议论或抒情的文字。但这并不意味着写消息可以不注意结尾，如果结尾能选择一个合适的事实，可以使消息的主题更鲜明，使报道有回味的余地，甚至也能给报道带来审美价值。

结尾被称为永恒的印象。对于许多写作者来说，结尾同报道的开头一样重要。遗憾的是，许多读者不会读到结尾，但是如果他们读了，就应该用一个值得回味的结尾来回报他们。下面来介绍几种新闻的结尾方法。

1. 意尽则止式结尾

这种结尾从表面上看好像还没有写完，其实事物已有了结局，在恰到好处的地方收笔。

2. 循环式结尾

如果使用华尔街日报结构报道的话，结尾一般又回到导语，将导语中提到的人物或场景进行进一步补充，以取得首尾相应的效果。

3. 用引语结尾

消息报道最普遍的结尾方式是用引语结尾，寻找一条能够总结报道基调或者主要观点的引语放在最后，能让受众对报道的主旨加深理解。当使用引语作为结尾时，一般把消息来源放在引语之前；如果用两句引语作为结尾，消息来源就放在第一句引语后面。不要让"他说"成为读者记住的最后一句话。

4. 用高潮结尾

这种类型的结尾多出现在悬疑小说写作手法的报道中，让读者把悬念一直带到结尾。这种结尾更适合叙述式的特写报道或者那种在一开始就抓住读者并驱使读者找出真相的短新闻。它往往采用的是时间顺序结构，让读者把悬念一直带到结尾。如下面这则新闻：

本来以为办手续应该非常顺利，但看到民警不停地询问，吉姆有些紧张，手就不由自主地摸下巴，结果民警发现吉姆的下巴上有一个小痦子，而护照照片上则没有。在北京边检总站民警的连续追问下，杰姆承认使用了弟弟的护照。

5. 用未来行动结尾

新闻报道以一个事件的下一步发展情况来结尾，这种技巧只有在报道本身具备未来发展动向时才有效。如果下一步对于追踪报道至关重要，它在报道主体中的位置应该更靠前，但是如果它以自然结论的方式起作用的话，它就可以成为结尾。这种结尾可以采用陈述的形式，也可以采用引语的形式。例如：

武警水电部队一总队三支队支队长矢国良告诉记者，唐家山堰塞湖泄流槽原计划施工时间是 10 天，如果天气良好，设备及时调运到位，有可能 5 至 7 天就完工。

6. 用背景事实结尾

强有力的事实陈述有时可取代结尾，用总结报道的基调直接结尾也是一种常用的结尾方法。它们比引语结尾更难写，但是如果处理得好，它们会给读者强有力的震撼。事实结尾力求浓缩一个非常短而精湛的句子，一定要选择一个意味深长的事实，这个结尾才能留给读者持续的印象。

如 2001 年有一篇报道西藏互联网普及的消息《雪域高原互联网上拜年忙》，最后以西藏通讯基础建设的背景结尾，让人感受到西藏的变化之大。

据自治区邮电通信部门的负责人介绍，作为祖国西部经济发展相对落后的一个省区，近年来西藏一直努力夯实基础，在邮电通信方面实施适度超前发展战略，各地区所在地相继开通了光缆，基本实现县县通电话，并进入长途自动交换网。目前仅拉萨市就有网吧 38 家。

7. 感情激射式结尾

这种结尾的特点是包含了情感，以情感激射读者。它以或含蓄、或深沉、或热情、或委婉的手法运笔，使读者受到感情的激射，并发人深思。

8. 用悬念结尾

悬念技巧更普遍地用于结尾，尤其经常用在连载的系列追踪报道中。这一技巧也能用在分节式报道中彰显魅力，每小节的结尾都设置一个悬念，这样就迫使读者继续阅读下去，它的吸引力就是："下一步将会发生什么？"

9."燃气用完"式结尾

这个方法适合于硬新闻报道，尤其是使用概括式导语和按重要程度降序排列信息的报道。结尾可以是一句引语、未来行动或报道中的其他事实。

10. 启发式结尾

这种结尾形式是在结尾时交代作者的感受和态度，或者表示作者的希望，让读者明确方向，唤起读者的联想、启迪、思考，加深印象。

此外，还有叙述式、点题式、反问式、广告式等多种结尾，但不论采用哪种形式结尾，都要力求新颖、生动、风趣、别致，或者耐人寻味，或者引人深思，或者激人奋进，或者戛然而止，或者动之以情，或者画龙点睛，总结全文。

三、结尾的作用与写法

1. 补充读者关心的事实，回答读者的疑问

对于正在发生的但没有结束的事件，在结尾补充交代事件目前的进展，以满足读者的关注和疑问。例如：

目前，中国石油集团已派人员正式进驻 PK 公司，相关业务正在交接中。PK 公司生产经营运行平稳，员工队伍稳定。

（《中国石油报》2005 年 10 月 28 日，《中国石油集团成功收购 PK 公司》）

在结尾使用背景材料，交代更多关于新闻的信息，以满足读者的信息渴求也是常用的结尾方法。

2. 点明或深化主题

有些消息在结尾处，使用议论、描写、引用等手法，点化新闻的主题，以加深读者对新闻的了解。例如：

李月生去世的噩耗传来，县里的领导，村里的乡亲，赡养过的老人，熟悉的不熟悉的，都从四面八方涌到了英雄的家里，结果令人吃惊的是：李月生的家庭状况竟然非常清贫，窄小的院子里只有两孔破破烂烂的土窑，窑洞内泥皮斑驳，除了一台14英寸的老式黑白电视机外，再也找不到一件像样的东西。作为一名乡镇干部，李月生的收入非常有限，月工资在20世纪90年代初只有60多元，去世前他每月的退休金也只有500多元。睹物思人，大家怎么能够不明白呢？多少年来，李月生把自己所有的钱都用在了孤寡老人们的身上，他是用无私的爱撑起了一片七彩的天。

（《山西日报》2006年9月12日，《“全国敬老好儿女”73岁的李月生献身祭孤途中》）

结尾在事实的基础上评价李月华的行动，抒发对李月华的讴歌与赞美，也是对本文主题的直接点破。下面两则结尾借用专家意见，也起到点题的作用：

华中科技大学教育专家郑丹丹认为，3000考生不约而同地“妖魔化”妈妈，反映了妈妈们在当代社会面临的共同困惑，也说明构建和谐母子关系迫在眉睫。

（《武汉晚报》2005年4月25日，《3000小考生“妖魔化”妈妈》）

教育界近来似乎刮起了复古之风。对这种现象，有关专家认为，学习古汉语和古代文学要注意导向。北京师范大学古汉语教授王宁说：“学习古代汉语的目的是阅读古代文献和加深对现代汉语的理解，小学、初中阶段可以阅读一些好的诗词和文言名篇。”

（《北京晚报》2001年8月1日，《让孩子读四书五经该不该？》）

汇报会开到将近12点半，记者听到走出会场的各部门领导纷纷议论：“我们以后开妇工委和其他有关妇女儿童的会一定要自己来，决不派人代替，以免出丑。”“督导组认真专业、一丝不苟，这样的督导实打实!”

（《中国妇女报》2006年8月21日，《“两纲”督导动真格个别汇报卡了壳》）

在陕西省实施“两纲”汇报座谈会上，秘书代替领导出席，汇报工作时又机械地照本宣科，答非所问，这些情形引起了督导组的强烈批评。汇报会结束了，与会代表边走边谈，感慨良多，记者抓住了几则有代表性的谈话作为结尾，实际上是用这些言论揭示主题——开会就得自己来，汇报工作要认真。这个结尾用直接引语代替记者的议论，既达到了客观的效果，又表明了倾向性，这是一种高明的写法。又如：

兵团工会主席蒋建勋说：“兵团还将通过进一步健全维权服务机制，让更多的农民工认识到加入工会的重要性，使他们在有效维权的同时，在工会组织中感受到党和政府的温暖。”

（《兵团日报》2006年12月3日，《异乡有新家权益得保障兵团三十七万农民工入工会》）

“自己损失七八万元，去为别人的田地浇水，值得吗？”

面对一些人的不解，孙世忠的回答简单而响亮：“作为共产党员和移民致富带头人，我这时候不站出来，什么时候站出来呢？”

抽水机还在轰鸣，鱼塘里的鱼儿还在挣扎，孙世忠则在担心：如果还不下雨的话，鱼塘里的水一旦被抽干后，村里的人畜用水就成问题了。

（《重庆日报》2006年8月8日，《为保他人地里苗抽去自家鱼塘水》）

阳光下，深圳殡仪馆内外，丛飞的“只要你幸福”这首歌久久回响。

（《深圳特区报》2006年4月26日，《一座城市向一位普通市民告别》

结尾描写一首歌久久回荡的情境，既代表市民对丛飞绵绵不尽的哀思，也表明丛飞精神如同音乐，永远不死。这个结尾融情入景，含义隽永、意境深远，起到深化主题的作用。

又如：

一声尖厉的哨响，打断了我们的采访。64岁的普家根老人说，篮球赛要开始了，他该上场了。看着篮球比赛双方队员中老少皆有，服装各异，大家开心地大笑起来……

（《江西日报》2005年12月15日，《上小潭村34年每年举办运动会》）

3. 留下思索

某些开放性的问题，还处于争论或者变动状态，一时还没有定论。记者把各方观点、意见罗列在文末，以提醒人们继续关注、思考这一问题。如：

采访中，不少干部和奶农表达了同样的担忧：加入WTO，市场变化系数更多，农产品竞争更加激烈。如何帮助农民走“有效供给”之路，是当前亟待破解的难题。

（《湖北日报》2002年4月26日，《5万公斤鲜牛奶倒进农田》

4. 展示前景

有些消息在叙述完事实之后，会在结尾对事物的前景进行展望或预测，指出下一步将会怎样，将要发生什么等。如：

人与自然在洞庭湖开始和谐相处。随着治理的深入，烟波浩渺的八百里洞庭将再现人间。

（《湖南日报》2001年12月26日，《洞庭湖长大五分之一》）

市建设局副局长杨胜军表示，串通投标是一种严重的违法行为，不仅应当受到行政处罚，情节严重的，还将追究刑事责任。违法违规企业的不良行为也将被记录在案，并在深圳建设信息网上公示。

（《深圳特区报》2002年9月4日，
《两公司玩猫腻　丰通投标遭查处　10名瞎眼评标专家被请出局》）

四、消息结尾应遵循的原则

结尾的形式可以多种多样，但这并不是说可以随心所欲，想怎么写就怎么写，而应遵循一些基本的原则。

1. 紧扣主题，切忌漫无边际

不少新闻工作者感到，稿子写到最后该好好“发挥”一下了。这一发挥可不得了，天南地北，不着边际。有的认为稿子写完了，该加一个好的结尾吧！于是为结尾而结尾，表面上写得花里胡哨，实际上离题万里，让读者摸不着头脑。稿子的结构要具有完整性、统一性，应把结尾作为全文的有机组成部分，使其在文章中发挥应有的作用，而不应将其游离于主体之外，变成“独立王国”，否则其结果必然形成“稿子是稿子，结尾是结尾”的难堪局面。有的记者在写稿前，已经准备了一些“得意之笔”，只是在正文里无处下脚，吃之无味，弃之可惜，那就放在结尾吧，给稿子添点彩。然而这些东西之所以在正文里没有地方放，正说明它们与稿件的主题联系得不很紧密，应该坚决舍弃。硬要在结尾处加上一段，只能是狗尾续貂、画蛇添足。在结尾写作中，一定要把结尾纳入文章的整体结构考虑，无论是内容，还是形式，都应与稿子的整体一致起来，与稿子的其他部分一起，为表现主题思想增砖添瓦贡献才力。

2. 增添信息，切忌重复

一些稿件之所以败在结尾上，很多时候是因为结尾重复絮叨，了无新意，要么对前文进行概括总结，要么对前文中的某新闻事实进行再叙述。稿件中每一部分有每一部分的功能，每一部分有每一部分的作用。结尾也是一样，应结合它在稿件中所处的地位和作用，精心设置其内容和形式，确保结尾能提供更多的新闻信息，帮助读者对稿件的新闻价值有更深刻的认识，以增强稿件的表达效果。

3. 顺势而行，切忌节外生枝

不管是根据时间的推移，还是按照空间的转换，每篇稿子都有其内在的叙述线索，都是通过起承转合、起伏呼应，展现新闻事实间的内在逻辑关系。有的先抑后扬，有的先扬后抑，有的平铺直叙，有的跌宕起伏。作为结构内容的结尾，应沿着稿件的表达线索，顺势而行，该抑则抑，该扬则扬，“击首则尾应，击尾则首应，击腹则首尾应”。要防止为结尾而结尾，即正文写正文，结尾写结尾，出现前后“两张皮”的局面。

4. 遒劲有力，切忌拖泥带水

简洁明快，是结尾写作的一个基本要求。有的作者稿子写到最后，突然“文思泉涌”，于是东拉西扯，势必冲淡主题；有的写到最后，感到主要任务已完成，就草草收笔；还有的不注意选材，按照主题表达需要，故事本来已经讲完了，可又像拍电视连续剧似的写起了续集，影响了稿件的表达效果。结尾应按照稿件的叙述节奏，简要明了，遒劲有力，给人回味，给人启迪，不应该拖泥带水，没完没了。

五、结尾写作应注意的问题

1. 忌生硬。本来可以自然结束了，硬要再加上一段结尾。

2. 忌拔高。文章结尾时归纳全文、点明主题是可取的，但是点明主题也要与全文的内容相协调。如果离开文章内容这个基础去“拔高”，只会事与愿违，就像“揠苗助长”，有害而无益。应该知道：主题是从内容中提炼出来的，不是从外面贴上去的标签。

3. 忌空泛。结尾要实在，要摈弃诸如“受到一致好评”“前景看好”“调动了广大职工的积极性”“一致表示”“为……作出了贡献”“促进了……的发展”“具有重要的意义”“受到群众的欢迎”之类的空话、套话、口水话，而应该代之以实在的新闻事实、背景材料、场景或者人物引语。

4. 要贯彻消息写作“用事实说话”的要求，尽量不要用直接议论（如评论、希望、总结、警告，除非确实要评述事实的意义）的方式，而应该采用场景描写、背景材料、引语（直接或间接）或者直叙事实等方式，把记者的观点融入事实中，这样才符合新闻写作的规律。

第七节　消息的背景

任何新闻都不是孤立产生的，与之存在密切关联的一定的社会环境与历史条件便是新闻的背景。新闻背景虽不属于新闻事件本身，但它有助于对新闻的认识和理解。作为消息结构中的一个重要组成部分，也有人称新闻背景为“新闻背后的新闻”。

新闻背景包括的范围很广，有历史、地理、人物、自然科学、社会科学及新闻产生缘由等多个方面，特别是那些新闻中涉及某些不为一般人所熟悉的专业知识，更是不可避免地要插入新闻背景。但不管作何交代，目的只有一个，都是为了帮助读者更清楚、更深入地了解新闻。

一、消息背景的作用

1. 对比与衬托

在消息写作中，通过今与昔、此与彼等差别明显的事物间的对比与衬托，凸显新闻的价值与意义。

昔日伐木建功　今朝栽树“还债”

本报讯　一位82岁高龄的离休工人，在大半辈子的伐木生涯中，为国家采伐原木3.6万多棵，成为闻名全国的劳动模范，14次受到毛泽东、周恩来等老一辈革命家的接见。离休后，他带领全家历经20多个春秋的风风雨雨，又在荒坡上种下了3万多棵树木，了却了多年的夙愿，还上了一笔他心中的“欠债”。他，就是黑龙江省伊春市铁力林业局的老工人马永顺。（导语）

……

马永顺是新中国的第一代林业工人，曾靠弯把子锯在一个冬天采伐木材1200立方米，1人完成6人的工作量，创下了全国手工伐木产量最高纪录。时至今日，马永顺还忘不了1959年全国群英会上周总理对他说的一番话：“林业工人不但要多生产木材，还要多栽树。”总理教诲印在了他的心底，从那时起，栽“还债”树成了他念念不忘的心事。（部分主体）

（《工人日报》1994年11月17日）

导语和主体中都穿插了关于马永顺当年伐树创下“全国第一”壮举的新闻背景，也更加衬托出老人离休后二十多年坚持种树“还债”的感人业绩，且升华了马永顺今日此行此举的新闻价值。

2. 交代与揭示

许多新闻的产生都是有前因、有来龙去脉以及有周围多种因素的关联与影响的，或纵向，或横向。把这些缘由交代揭示出来会有助于读者对当今所发生的新闻事件中深刻意义的理解。

下面是毛泽东同志亲自为新华社撰写的消息《中原我军占领南阳》中的一段：

新华社郑州1948年11月5日电　在人民解放军伟大的胜利的攻势下，南阳守敌王凌云于4日电下午弃城南逃，我军当即占领南阳。（导语）

南阳为古宛县，三国时曹操与张绣，曾于此城发生争夺战。后汉光武帝刘秀，曾于此地起兵，发动反对王莽王朝的战争，创立了后汉王期。民间所传二十八宿，即刘秀的二十八个主要干部，多是出生于南阳一带。（背景）在过去一年中，蒋介石极重视南阳，曾于此设立所谓“绥靖区”以王凌云为司令官，企图阻遏人民解放军向南发展的道路。（部分主体）

……

（新华社 1948 年 11 月 5 日消息）

该篇主体部分穿插的背景材料曾被誉为新闻学的“经典之作”。背景中所引两个典故“曹张之争”与“刘王之战”，揭示了南阳自古以来就是兵家必争之地，战略地位非同一般。同时也充分显现了我军解放南阳的重要战略意义。此背景材料的运用对主题起到了很好的点题与深化作用。

俄确定明年接受外劳数量

俄塔社莫斯科 11 月 16 日电 根据俄罗斯联邦政府总理弗拉德科夫签署的政府令，2006 年，不超过 32.93 万名外国劳动力可通过官方邀请前往俄罗斯打工。（导语）

政府每年都会确定外国公民到该国务工人数。2005 年向 21.4 万名外国人发出了邀请。（主体）

这是一条小消息。文中第二段以背景作为主体，提供的是上一年的招工数字。供人的背景材料在消息中起到了一个补充交代的作用。

3. 注释与说明

消息写作中常常会涉及某些一般人不太了解的知识，有自然科关方面的，也有社会科学方面的，如政治、经济、历史、地理、生物，医药、天体……为了不让读者产生阅读障碍，便以插入背景材料的形式对这些知识做必要注释与说明。

《人民日报》曾有一篇关于天津“狗不理”包子的报道，文中探究了“狗不理”包子生意兴隆的奥秘。但很多人对“狗不理”却是只知其名，而不知其源，于是其中穿插了如下一段注释：

“狗不理”的历史可谓久矣。它的创始人高贵友开办此店是 140 年前。由于手艺独到，袁世凯曾将他做的包子进贡给慈禧太后并获得“龙颜大悦”。当初店铺的字号“聚德”也逐渐被掌柜的小名“狗不理”代替了。

有了这段背景材料，人们从中既看到了新闻，又长了知识，更平添了对“狗不理”的兴趣。

下面一篇是关于苍南叫停大渔湾围垦工程的报道：

苍南叫停大渔湾围垦工程

本报讯“美丽的大渔湾，终于能留给子孙后代了!”这些天，随着苍南县叫停大渔湾围垦工程，这一消息在当地不胫而走。

11 月 22 日，苍南县向省海洋与渔业局上报：县委、县政府经审慎研究，做出放弃大渔湾围垦工程的决策，以保留原生态的自然海湾。

“围或不围，其实是两种发展理念之争。”苍南县委书记黄荣定说，生态环境用之不觉、失之难存，再不能走粗放发展的老路。县里对实施这项重大工程一直在犹豫，党的十九大把绿色发展提到新高度，促使县里下决心停了工程。

大渔湾位于苍南东部海岸线中心，全长约 39 公里。作为温州最大的海湾之一，这里浅海滩涂资源丰富，拥有鱼类、甲壳类等近百种底栖生物。但当地土地资源稀缺，10 多万农民的人均耕地不到一分。早在上世纪 80 年代，就有县人大代表联名要求围垦，解决人多地少难题，但因资金和技术问题没有进展。（背景）

2008 年，苍南县经论证正式启动大渔湾围垦规划，并获国家海洋局批复。这一项目总规划面积达 2.48 万亩，围堤约 6543 米，总投资超过 10 亿元。项目建成后，可望新增建设用地上万亩。县里准备在此新建一座农民城，带动周边产业发展。此后，当地修建了两条简易施工公路，为工程做前期准备。（主体）

……

（《浙江日报》2017 年 12 月 18 日）

消息中，在主体里插入了一段有关大渔湾地理背景的注释材料，从而让读者更加清楚了大渔湾围垦工程的原因。

至于在新闻写作中让背景材料发挥什么作用，是对比与衬托、交代与揭示还是注释与说明，要视内容需要而定，可以只用一种，也可以多种混用。

二、背景的选择

新闻背景除了某些专有名词术语的技术性解释之外，绝大部分由事实构成。它们虽然不是处于前台的新闻事实，但却是与新闻事实有关、为新闻事实服务的事实。新闻写作的基本方法是选择事实，这对于组织背景来说也是一样的。

1. 选择能说明问题的背景

通常情况下，记者之所以需要背景，是因为仅有新闻事实本身无法将问题说清楚，无法让受众理解。基于此，在选择背景时应该首先选择那些能解答事实本身疑点的背景。

不少新闻作品在背景写作中出现问题，往往就是因为没有抓住新闻事实的“问题点”在哪里，不能提供有针对性的背景。

2. 选择有新闻价值的背景

新闻背景虽然不是新闻事实本身，但作为新闻作品的一个有机组成部分，记者应该尽可能地选择有新闻价值的背景，以增加报道的吸引力和说服力。

3. 注意背景的广泛性和多样性

记者在选择新闻背景时，应该注意来源的多样性，应当不拘一格，旁征博引。它们可以是某人的口述，也可以是文献资料、统计数据，甚至可能是一句歌词、一则顺口溜，只要能对说明新闻事实有帮助，就可以纳入选择的视野。

三、背景的使用方法

背景写作没有固定的格式，巧妙穿插是背景写作的基本特点。也就是背景写作依需要而定，它是为说明、补充烘托新闻事实服务的，因此在消息中多呈跳跃式，哪里需要背景出场，背景就应该在哪里出现。

在实践中，记者们创造出了多种背景的使用方法。

1. 天女散花式

天女散花式是指背景写作犹如飞天仙女散出的花，五彩缤纷、飘飘洒洒，有背景定语、背景句、背景段，位置灵活，随处可见。

（1）作为定语的背景

背景材料用来修饰和限定新闻事实或人物，起到一定指称的作用，为新闻事实或人物的出场打下基础。

例如消息《再见，莫尔斯电码》的导语，就使用了背景作为定语来修饰“莫尔斯电码”：

路透社伦敦2月14日电　发出泰坦尼克号遇难信号和第二次世界大战结束消息的莫尔斯电码，昨天成为科学技术无情发展的牺牲品。

（2）作为句子的背景

在段落中陈述一个背景句，让背景与新闻事实进行某种对比或对照，以引起读者的注意。例如：

新华社合肥5月16日电　过去安徽曾有一些地方为获得国家各种补助，出现争戴“贫困县帽”的怪现象。近年，安徽省通过改革财税体制刹住了这一怪风。全省50多个财政困难县90%消除了赤字，去年全省财政增幅名列全国前茅。

（3）作为段落的背景

作为段落的背景可以提供更多的内容，帮助受众理解新闻的内涵。

缤纷的背景穿插于报道所需要的任何一个地方，可以是导语，也可以是主体、结尾，就像天女散花一样自如。

2. 一线穿珠式

一线穿珠式背景处理法是以时间顺序作为红线，把事物发展的前因后果、来龙去脉穿起来，并集中地在报道中提供。

如《西安发现两千多枚秦代封泥》这则报道，中间有一段组织了多个背景，表现这两千多枚封泥发现的过程：

这批秦代封泥1995年首次出土于西安北郊秦代宫殿章台遗址附近，为相家苍农民在田中挖肥料坑时所发现。后辗转流入北京文物市场，北京古陶文明博物馆馆长路东之慧眼识珠，多次出资搜购看来“不值钱的泥块”1000多枚。随后，西安书法艺术博物馆馆长傅嘉仪从农民处收了600多枚。西安市文物局又派出考古人员到出土之处进行科学发掘，又获得数百枚。目前总计共达2000余枚。

这些背景信息每一条就像一颗小珠子，通过时间线索串起来后，可以表现事物发展的过程。

3. 众星捧月式

如果把新闻事实比作月亮，那么可以围绕这一核心新闻事实，组织相关的一些背景材料，起到烘托的作用。这一方法常见于累加式背景的使用。如汶川大地震发生后的第二天，北京的《京华时报》就推出了六个版的报道。其中，在汶川地震的消息后，配上了“近一年来五级以上地震”的新闻背景，通过罗列这些地震的震级、发生地点、损失等情况，让受众对汶川当时报道的地震震级有一个评估和定位。

四、背景材料的定义与作用

背景材料是对消息中某些冷僻、专业、抽象、陌生或者难以理解的事实进行对比、说明、解释的材料。背景材料在新闻写作中作用很多，它可以解释情况，加深读者的理解，可以增加信息量，增加新闻的厚度，还可以起到增加趣味、深化主题、隐蔽地表达倾向性的作用。

五、背景材料的种类

背景材料可以分为以下几种：

1. 衬托对比性材料

作者在报道某一新闻事实时，为了突出其性质、特点和意义，运用今—昔—今、正—反—正的思路，对新闻事实的历史形态或相反情况作一定的介绍，运用与之相反的事实来对比或衬托，突出两者的矛盾、差异，显示事实的特点和价值，这样的背景材料叫衬托对比性材料。例如：

在南沙，“家书抵万金”绝非一句空话。一封书信从大陆的任何一个角落出发，到南沙官兵手中至少也得几个月时间。“夏天家书秋日到”，官兵们等信盼信竟成南沙一道风景线。南沙官兵不敢谈对象，并非条件不好，他们说：“哪个姑娘愿意几个月才等来一封情书？”2003 年 7 月，总部和海军首长多次派人来礁盘调研，想方设法开通了卫星电话。现在，官兵们想和亲友联系，打个电话即可；想和女友说句悄悄话，打个电话就行。两年多，卫星电话成就了七八对小夫妻的美事。去年春节，东门礁官兵还通过卫星电话，与远在北京的海军首长通了电话。

（《人民海军报》2005 年 10 月 22 日，《南沙耸起“数字礁堡”》）

2. 注释说明性材料

对文中涉及的历史、地理、政治、思想、人物、事物、术语、专有名词、科技成果、产品等进行说明解释，以说明事物产生的各种因素，帮助受众正确理解消息所提供的新闻事实，揭示事物发生和变化的意义。使用到的背景材料叫注释性材料。例如：

（1）人物背景

10 月 4 日，45 岁的前中国乒乓国手韦晴光宣布退役。在日本东京举行的挂牌晚会上，面对从中国和日本各地赶来的近百名昔日队友和教练，韦晴光感慨万千，数次落泪。

“当了 30 年运动员，现在退役了，心里真舍不得。”韦晴光在电话里对记者说。

韦晴光 8 岁学打球，15 岁进广西队，24 岁进国家队。在进国家队一年后的 1987 年世乒赛上，韦晴光与陈龙灿搭档夺得男双冠军。1988 年汉城奥运会上，韦晴光再度与陈龙灿携手，为中国首夺奥运会乒乓球金牌。

韦晴光于 1991 年从中国国家队退役，前往日本能本，为寿屋公司队效力至 2001 年。1997 年，韦晴光加入日本国籍，改名伟关晴光。在长达 30 多年的运动生涯中，韦晴光代表中国夺得过世乒赛男双冠军、奥运会男双冠军、亚运会混双冠军各一次，代表日本取得过 1998 年亚锦赛男单亚军，1998 年亚运会男团季军及 2000 年世乒赛男团季军。

1991—2006 年，在日本的 15 年间，韦晴光四次获全日本选手比赛男单冠军；五次获日本顶级 12 强赛冠军；两次获全日本社会人单打冠军；三次获日本联赛 32 强个人赛冠军，并创下了以 42 岁“高龄”夺得全日本男单冠军的纪录。

（新华网 2007 年 10 月 23 日，《善良又凶悍的韦晴光》）

（2）史地背景

南阳为古宛城，三国时曹操与张绣普于此城发生争夺战。后光武帝刘秀，曾于此起兵，发动反对王莽王朝的战争，创立了后汉王朝。民间所传二十八宿，即刘秀的二十八个主要干部，多是出生于南洋一带。在过去的一年中，蒋介石极重视南阳，曾于此设立所谓绥靖区，以王凌云为司令官，企图阻遏人民解放军向南发展的道路。上月，白崇禧使用黄维兵团三个军的力量，经营整月，企图打通信阳、南阳间的运输道路，始终未能达到目的。最近蒋军因全局败坏，被迫将整个南部战线近百个师的兵力，集中于以徐州为中心和以汉口为中心的两个地区，两个星期前已放弃开封，现又放弃南阳。

（《中原我军占领南阳》）

融安县城所在地长安镇，是近代广西四大名镇之一，昔日商贾云集，繁华一时。曾有诗赞云："久慕融安风物优，来观处处别开眸，千山莽莽连黔楚，一水滔滔下广州。迎远客，送飞舟，往来商贾货如流。深山仅是摇钱树，只在人间善策谋。"

如今斑驳陆离的骑楼街在目睹了"广隆""兴记隆""裕生""建成"等老字号商铺兴极而衰之后，也见证了融安县城这颗"桂北明珠"新的城镇风貌——街道绿了，亮了，美了。2004 年长安镇荣获了自治区"卫生镇"和自治区"文明镇"称号就是一个最好的佐证。

（《人民日报》2006 年 5 月 18 日，
《一水滔滔下广州，往来商旅货如流——广西融安县县域经济发展纪实》）

六、背景材料的表现

1. 内容较少，则用定语、状语的方式随文交代。一般形成长句，例如：

（1）20 年前曾经在"最美丽婴儿"比赛中获得第一名的 22 岁的简波艾因小姐今天就向霍尔顿医生索赔 15 000 美元一事，向法院提出诉讼。

（2）66 年前李鸿章从外国买来的一台造纸机，现在还在生产，每天生产的纸张比他年轻的时候还要多三倍。

2. 内容较多，则单独交代，一般占据较多篇幅，如一句、几句、一段或者几段。

3. 内容较多、放在文中可能占用较长篇幅而影响阅读的顺畅，则单独附在文末，冠以"新闻链接、小背景、小知识、小资料、新闻背景"等名目，专门进行解释。

七、背景材料的穿插

在使用到金字塔式结构的消息中，背景材料相对来说是最不重要的，所以它常常放在最后。不少人由此产生一种错觉：背景材料只能放在最后。这种看法是错误的。

背景材料具有说明、解释和对比的功能，只要文中某个事实需要进行说明、解释或者对比，就可以用到背景材料。背景材料的这个特色使它具有一种任意穿插的神奇本领，它可以灵活穿插在导语、主体或结尾以及任何必要的地方，所以它的位置不一定只在最后一段，不同的情况有不同的位置。比如：

1. 背景材料插在导语中

远离大陆 1400 公里的南沙，千百年来一直被外界称为"世外礁盘、信息禁区"。如今，这个偏远的礁盘上，已被“数字化、信息化”覆盖。10 月 8 日，南沙永暑礁会议室，守礁官兵守在电视机前，乐呵呵地盯着荧屏，国内 30 余家电视台的节目让他们看得眼花缭乱。

（《人民海军报》2005 年 10 月 22 日，《南沙耸起“数字礁堡”》）

这则直接性导语中交代了三个事实：一是南沙千百年来被称为“世外礁盘、信息禁区”；二是如今南沙已被“数字化、信息化”覆盖；三是一个简笔勾勒的场景，展现了“数字化”覆盖下官兵生活。第一个事实就是一个背景材料，与第二个事实构成了对比，是一则对比性背景材料。

2. 背景材料插在主体中

吴邦国在随后的讲话中指出，《反分裂国家法》“表明了全中国人民维护国家主权和领土完整，绝不允许‘台独’分裂势力以任何名义、任何方式把台湾从中国分裂出去的共同意志和坚定决心”“充分体现了我们以最大的诚意、尽最大的努力争取和平统一的一贯主张”“具有重大的现实作用和深远的历史影响”。

台湾问题是 20 世纪 40 年代后期中国内战遗留的问题。两岸虽然尚未统一，但台湾是中国一部分的地位、大陆和台湾同属一个中国的事实并未改变。中国将“解决台湾问题，完成祖国统一大业”确定为 21 世纪三大历史任务之一。

“法律展现 13.1 亿中国人民的共同意志，符合中华民族根本利益。”台湾省籍全国人大代表杨国庆针对法律内容表示，“它充分考虑和尊重了台湾民众的福祉和意愿，相信会得到他们的理解和支持”。解放军代表团的赵克石代表认为，“采取非和平方式是在和平统一的努力完全无效的情况下，不得已做出的最后选择”。

（新华社 2005 年 3 月 14 日，《全国人大高票通过〈反分裂国家法〉》）

第二段就是插在主体中的背景材料，是对《反分裂国家法》所针对的台湾问题的解释，属于说明解释型背景材料。

3. 背景材料在结尾：

（1）作为中国 MBA 最具影响力的全国性活动，中国 MBA 发展论坛始于 2000 年，由中国人民大学主办的本届论坛主题为“东西方管理思想的交汇与融合”，旨在促进中西方管理思想与方法的融合，推动中国 MBA 教育事业跃上一个新台阶。来自中国内地的 96 所 MBA 培养院校及美国、加拿大、韩国等国家和地区商学院的近千名代表出席了本届论坛。

（《光明日报》2007 年 5 月 20 日）

（2）据了解，自 2003 年起，我省组织和人事部门就开始积极探索从优秀村干部中选拔公务员的办法和途径，并在部分市州开展试点。据不完全统计，此前，各地已从村干部中考录公务员 80 余名。

由于我省这项工作走在了全国前列，今年被中组部、人事部确定为 5 个试点省之一。

（《湖南日报》2007 年 7 月 21 日）

这几则背景材料是对主体事实的补充，由于它们的重要性不高，所以都放在末尾了。

八、使用背景材料的注意事项

（1）树立读者意识，回答读者关心的问题。写稿时要树立“解释、解释、再解释”的意识，把稿子写得通俗易懂。这就要设身处地站在读者的立场考虑：哪些地方可能不太好懂，需要背景材料。

（2）要有明确的针对性。不同的媒体有不同的读者对象，他们对新闻背景有不同的要求。比如同样一条科技新闻，科技类报纸刊发时有关背景材料可以简略点，而晚报的稿子则应该更通俗、周详一点。运用背景材料要弄清读者的特点，要有针对性，要尽量让外行人看得懂，让内行人不觉得厌烦。

【本章小结】

1. 新闻一般由标题、导语、主体、背景、结尾五部分组成。

2. 常见的新闻结构有倒金字塔式结构、金字塔式结构、菱形式结构以及并列式结构。

3. 标题的组成成分主要有主题、引题、副题、提要题（后三者合称辅题）四种。

4. 消息的标题可分为单一型和复合型两种，也可以分为实标题和虚标题。

5. 标题的拟制，要准确、简洁、生动、得体。四者中，准确是最起码、最基本的要求，而简洁、生动则是更高层次的要求。

6. 消息头的作用往往是表明消息的来源，它与新闻发布单位的声誉紧密联系在一起。并且它是区别于其他文体的标志之一，是“版权所有的标志”。

7. 导语的发展迄今已经历了三代。第一代导语在 19 世纪 60 年代到 20 世纪 40 年代，被称为“全型导语”或“晒衣绳导语”。第二代导语被称为“部分要素”导语，于 20 世纪 30 年代起。第三代导语出现在 20 世纪 90 年代，被称为丰富型导语。

8. 导语的写作，要突出“精、新、短、活”四字要求。

9. 消息主体的作用分别是为导语展开丰富的材料、解释证明导语中提出的观点以及满足读者了解新闻详细内容的欲求。

10. 消息主体的写作要求：第一，与导语相辅相成；第二，主题集中明确；第三，材料典型充分；第四，结构层次分明；第五，写法勇于创新。

11. 消息的结尾，是指为了深化新闻主题、强化新闻价值或扩大消息的信息容量。

12. 背景材料可以插在导语中、主体中以及消息结尾。

【案例分析】

新华社北京 4 月 22 日电（记者胥金章）74 岁的军队医学专家、解放军 302 医院原专家组成员姜素椿，以高度的责任感，奋不顾身投入“非典”防治工作；被感染患病后，又以无私无畏的精神，在自己身上大胆实验，注射“非典患”者康复后的血清。经过治疗，目前已经康复的姜素椿又回到了工作岗位，为攻克防治“非典”作贡献。

这条导语冗长、芜杂，使用了多重句式，以及大量主观性套话如“高度的责任感”“奋不顾身”“无私无畏”等，弱点是不言而喻的。

分析一下《中国青年报》2003 年 4 月 2 日的这则消息：

我国将开展防治非典型肺炎药品和相关商品价格专项检查，以保障供应，维护市场稳定。

国家发展和改革委员会有关负责人介绍说，这次检查的主要内容是：所有防治非典型肺炎药品，包括……

新闻来源“国家发展和改革委员会有关负责人”被放在了第二段，与导语中的预见分离，虽然原因可能是新闻来源字数较多所致，但这种情况仍应避免。在消息导语中，对复杂的新闻来源一般是先概括指明，后详细陈述。比如上例可以这样处理：

一名政府官员说，我国将开展防治非典型肺炎药品和相关商品价格专项检查，以保障供应，维护市场稳定。

国家发展和改革委员会有关负责人介绍说，这次检查的主要内容是：所有防治非典型肺炎药品，包括……

这样就能清楚地表明将要发生的事件不是记者的预测。

以直陈主动句开头的导语往往使事实更为清晰，试比较两例：

A. 65岁以上的美国人称，社会犯罪并非是他们最大的担忧，两名社会学家今天报告说。

B. 65岁以上的美国人称，他们最大的担忧是健康和贫穷，两名社会学家今天报告说。

在A例中，“社会犯罪”并非是“65岁以上的美国人最大的担忧”，但到底什么是“最大的担忧”并没有马上说出来。在强调趣味性的软新闻中，这种吊胃口的导语可能比较吸引人，但在硬导语中，要避免兜圈子而延宕主要事实，B例的导语显然更为直截了当。

试看下面的导语：

一名61岁的老人今天用玩具手枪抢劫了一家银行。

修订后的导语：

一名61岁的老人今天说他用玩具手枪抢劫了一家银行——他甚至提前将时间和地点告诉了联邦调查局——因为他想在联邦监狱中度过他最美好的时光。

一个老人用玩具手枪抢银行够奇特了，比这还奇特的是他甚至将作案的时间和地点事先通知给官方，但更奇特的是老人的作案动机居然是要在狱中度过他人生的黄金岁月！为报道这些反常因素，记者确实下了一番功夫。

【课内实训】

1. 结合本章知识，评析下面这几则消息标题。

（1）邓亚萍三番五次临绝顶，为何不能过“小山”？

（注：这是1994年广岛亚运会上邓亚萍迎战小山智丽失利后的一则新闻标题。）

（2）（主）一街一品一路一景

（副）武昌区强化绿化精品意识

（3）（引）世界杯揭幕战出人意料

（主）非洲新军“黑”了上届冠军

（4）唐国强、潘虹大玩间谍与公安展开特殊较量

（注：内容是写唐国强、潘虹出演一部反间谍题材电视剧）

（5）不恋“天南海北”主动申请到“新西兰”

（注：两个引号中，前者指的是天津、南京、上海、北京，后者指的是新疆、西藏、兰州）

2. 结合所学知识，试评析下面的四条导语。

（1）吉林省白河林业局和黑龙江省友好林业局42万公顷森林，今天通过了森林管理委员会（FSC）的认证评估。这意味着这两家单位生产的木材产品贴上了绿色通行证，可以顺利销往国际市场。

（《人民日报》2005年4月20日，《东北42万公顷森林通过FSC认证》）

（2）一名16岁的初三学生于5月10日携带近700元离家出走。昨日，焦急的家长在

东莞中学初中部、石碣中学等数家学校派发了多张寻人启事，寻找至今未归的孩子。

（《南方日报》2005 年 5 月 17 日，《疑心被评 C 等生 16 岁少年出走》）

（3）在新修的房子里，大家整齐地排列着，拿着工具一边唱歌，一边伴随着极具节奏和韵律的舞蹈捶击地面……这种“打阿嘎”的场面对西藏人民来说实在太熟悉了。

（《西藏日报》2003 年 11 月 6 日，《“阿嘎士”在古建筑维修中重放光彩》）

（4）昨日下午 2 时，北湖街居委会群干易静找到了陈桃婆婆。81 岁的孤老坐在一家开着空调的小商店门口，“借凉意”避暑。听说接她去纳凉点，老人眼泪涌出来。她租住的铁皮房，热浪灼得人眼睛生疼。

（《长江日报》2003 年 8 月 2 日，《酷暑无情　政府有情　三万市民喜得清凉　武汉为困难户开辟六百空调纳凉点》）

3. 根据以下材料，写出两条角度不同的导语。

2006 年是实施“十一五”规划的开局之年，是举办“奥运”盛会的关键之年，为推动建设资源节约型、环境友好型社会，北京市人民政府于 2006 年 6 月 13—18 日，在全国农业展览馆举办 2006 北京国际节能环保展览会，集中宣传国家及北京市节能环保法规、政策，展示、采购节能环保技术、设备和产品，为中央国家机关、北京市政府节能改造工程、奥运场馆建设提供服务。

这次展会本着“凝聚一批国际国内节能环保知名企业，筛选一批先进适用的节能环保新技术新产品，推介一批适合百姓家居生活的节能环保新产品，打造一个有国际影响力的节能环保年度品牌展览”的目标，精心组织，使展会在规模和档次上比 2005 年北京节能技术展览会有了一个质的提高。整个展览分为综合区、国际区、环保区、可再生能源区、绿色奥运区、节能区、资源综合利用区、节水区、生活节能区和馆外大型设备区十个展区。

此次展览是 2006 北京节能周的重头戏之一，免费对市民开放。展区分布在一号馆、二号馆和馆外，占地面积 8000 余平方米，共有 300 多个展位，是去年展览规模的 4 倍；参展企业达到 130 多家，是去年的 2.6 倍，包括远大空调、西门子、飞利浦、松下等在内的国内外知名公司都将带来最新的节能环保技术和产品，给京城的百姓端上一道节能大餐。

【思考题】

1. 什么是消息？
2. 制作标题的要求有哪些？
3. 消息头的形式主要有哪两大类？
4. 消息导语的写作手法是什么？
5. 消息比较通行的结构类型有哪四类？
6. 消息结尾应遵循的原则是什么？
7. 背景材料可以穿插在什么地方？

第十章　消息写作

【知识学习目标】

通过本章学习，掌握事件性与非事件性消息新闻的含义，了解报道事件需要注意的问题，明确非事件性新闻注重的要素。

【能力培养目标】

能够清晰地辨别事件性消息与非事件消息，具体掌握非事件新闻的写作报道模式和规律。能独立完成事件性新闻与非事件新闻的写作。

【教学重点】

1. 事件性消息与非事件性消息的含义
2. 事件性消息与非事件消息的写作
3. 事件性消息写作时需要注意的要点
4. 非事件新闻写作需注意要素

【教学难点】

1. 报道事件需注意的问题
2. 区分事件性消息与非事件性消息
3. 非事件性新闻的写作报道模式和规律

【开篇引例】

海军组织航母编队实际使用武器演习

辽宁舰沧海亮利剑　歼-15穿云试战刀

辽宁舰，沧海亮利剑；歼-15战机，穿云试战刀……今天，海军航母编队实际使用武器演习在渤海某海域举行，歼-15舰载战斗机分批次从辽宁舰起飞，展开空中拦截、对海突击等打击行动，成功运用导弹摧毁空中靶标和海上靶船。

寒冬的渤海某海域，朔风呼啸。辽宁舰与数艘新型驱逐舰、护卫舰组成战斗编队，斩浪前行。

“组织航母编队实际使用武器演习，犹如为利剑开刃，对航母编队形成作战能力，有着十分重要的意义！”辽宁舰上，一位作战参谋说。

11时20分，伴随着编队指挥员的指令，新型预警机和警戒直升机相继升空。在预警机成功实现与编队指挥所组网建链之后，一张无边无形的侦察预警大网，悄然在海天之间铺开。

“发现目标！”“歼-15飞机出击！”巨大的引擎轰鸣声中，3架歼-15战机依次从辽宁舰滑跃升空，对来袭之“敌”实施空中拦截。

在预警机的精确引导下，歼-15战机进入攻击航路。锁定目标，装订发射数据，飞行员果断按下了发射按钮，随着战机腹部火光闪烁，空空导弹呼啸而出，由靶弹模拟的来袭“敌”机，瞬间凌空开花。

空中激战正酣之际，海面敌情接踵而至：“敌”水面舰艇正高速向航母编队接近，妄图进行偷袭！

着力打击“敌”水面舰艇，两批次歼-15战机从辽宁舰上起飞迎敌。

空中集结，编队航行，低空突防，战机准确锁定“敌”水面舰艇。

“发射！”空舰导弹扑向目标，准确命中海上扮演“敌”舰的靶船。

战斗仍在继续……

“发现目标，方位××，速度××……‘敌’导弹来袭！”辽宁舰对空雷达屏幕上，出现数个目标亮点。

“雷达跟踪好！”“发射！”数枚新型防空导弹从辽宁舰腾空而起，直奔来袭目标。

“哒哒哒……”近程反导舰炮系统开火了！强大的火力，在辽宁舰周边形成一道密织的防御弹幕。模拟“敌”来袭导弹的无人靶机被击中，一头栽进大海……

“此次演习，共动用各型舰艇数十艘、飞机数十架，发射空对空、空对舰和舰对空等型导弹10余枚。”演习结束之际，随舰跟训的海军参谋部训练局领导告诉记者，“各参演要素高效协同，配合默契，打击准确，较好地检验了武器装备性能和部队训练水平，达到了预期目的。”

（《人民海军报》2016年12月5日）

获悉海军将首次组织航母编队实兵实弹（实际使用武器）演习这一重大新闻信息后，报社立即抽组精干力量，积极争取海军有关部门支持，文字记者和摄影记者登上辽宁舰，亲眼见证此次演习全过程，并迅速形成文字稿件，传回现场照片。编辑部迅速对稿件进行打磨、包装，以图文并茂的形式在一版头条位置刊出，及时充分地展现了我国航母战斗力建设阶段性成果，展示了人民军队矢志强军的丰硕成果。

第一节　事件性新闻

事件性新闻是以反映事件为主要内容的报道。其事物变动的时态是突发性或跃进性的。

一、事件性新闻的含义

事件性新闻也称事件性消息。它是以一个独立的新闻事件为核心而展开的新闻报道。它十分强调新闻的时效性，其新闻价值、生命力同及时密切相关，要求迅速地反映新闻事件的发生、发展过程。事件性新闻包括大量的动态消息和现场特写性新闻等。

二、事件性新闻报道常见的两种角度

一种是对事件的面貌或场景作横断面式的报道，如一些小特写、现场短新闻；另一种是对事件发生、发展过程作纵深式报道。

（1）对事件的横断面式的报道，主要借助某些有深刻意义的典型现象的描写，真实地

再现新闻事件的生动情景，在突出表现新闻事实外部特征的同时，引发人们的思考，深入了解新闻事实的深层内容。对事件进行直观、形象的动态性描写。

（2）对事件的纵深式的报道则要求完整叙述过程，对事件进行全景式的描写。

【案例 10-1】

安徽全椒：社区助力“陪读妈妈”居家就业

中新网安徽滁州 8 月 15 日电（沈果 赵俊杰）“多亏了社区的干部们，他们安排我到县里的保洁公司当保洁员，现在我每个月有稳定的收入，还能照顾家里，日子越过越好了。”安徽省全椒县石沛镇孤山村上贾组的何家云说道。

何家云是孤山村贫困户，一家四口人，小儿子在上初中，大女儿目前正在南京晓庄师范学院读大三。一家的开销全靠丈夫一个人打工维持，家里的负担很重。2017 年，何家云的小儿子转学到县城的初中来读书，为了照顾孩子，何家云也来到县城居住，由于没有工作，一家人的日子过得更拮据了。社区干部们了解到她家的情况后，主动询问她的就业意愿，把她推荐到离家不远的物业公司当保洁员。现在何家云每天都能按时上下班，既能照顾丈夫和孩子的起居，每月的工资收入也比以前稳定多了。

近几年来，随着农村外出和进城打工的人越来越多，许多农民工选择将子女送到县城就读，许多农村留守妇女也跟随子女进城陪读。针对县城陪读人员越来越多且大多数没有就业的现状，全椒县人社部门积极组织县城 13 个社区就业专管员，深入辖区内，摸清陪读人员就业意愿和培训需求情况。

对于有培训需求的，全椒县人社部门根据她们年龄偏大、文化低、技能少、闲时多和家政市场需求大、好就业的实际，专门开设家政服务培训班，通过培训帮助她们“学技术、增本领”，找到增收的路子。县人社局充分利用周末时间，聘请专业授课教师，采取集中面授与业余自学相结合、理论教学与实践操作相结合、现场实习和经验交流相结合的形式，按照“早上课、下午练”的学习模式开展培训，内容包括保洁、育婴、护理、按摩、烹饪、礼仪等内容。

培训结束后，对有就业意愿的人员，主动帮助她们就地就近联系企业，提供居家就业岗位，优先选择玩具制作加工、服装辅助加工、商贸服务等工作，就业时间、地点均比较灵活，方便他们照顾读书子女的同时为其提供了一条增收渠道。2017 年以来，通过社区帮扶，全椒县共帮扶 206 名“陪读妇女”通过居家灵活就业，实现了“陪读”就业两不误。

在当前“大众创业、万众创新”浓厚氛围下，全椒县还通过发放创业担保贷款、开展创业培训等举措，积极发挥能人创业的引领示范作用，激励能人创业带动就业，竭力拓展“居家就业”空间。2017 年以来，该县共开展创业培训 210 人，拨付教师培训费、人员食宿费 28 798 元，发放创业担保贷款 1680 万元，直接扶持 34 家农业合作社、家庭农场、种养业大户发展壮大，共计带动居家就业 407 人。

（中国新闻网 2018 年 8 月 15 日）

三、事件性新闻的分类

事件性新闻又分为突发性事件和非突发性事件。

（一）突发性事件

1. 突发性事件的概念

突发性事件是指突然发生，造成或者可能造成严重社会危害，需要采取应急处置措施予以应对的自然灾害、事故灾难、公共卫生事件和社会安全事件。

2. 突发性事件的分类

（1）社会政治事件。例如全国两会召开，选举产生新一届国家领导人。

（2）经济事件。例如2009年春天由美国金融危机引发的全球经济衰退大潮。

（3）重大自然灾害。例如2017年8月8日四川九寨沟7.0级地震。

（4）重大交通事故。例如2018年11月3日，兰海高速公路兰州南收费站发生一起重大交通事故，造成14人死亡、34人受伤。

（5）爆发性流行病。例如2003年春天我国数个省市发现的大规模“非典型性肺炎”流行病。

（6）重大刑事案件。例如因防卫过当，以故意伤害罪改判有期徒刑五年的“2017年6月23日于欢故意伤害案”。

（7）重大科技事件。例如2017年10月30日我国中车株洲电力机车研究所自主研发的全球首列智轨列车正式上路运行。

（二）非突发性事件

1. 非突发性事件的概念

非突发性事件，指在人为安排下发生的事件。

2. 非突发性事件的分类

（1）体育赛事。例如2018年平昌冬奥会。

（2）科学试验。例如2017年5月广谱抗癌药Keytruda获批上市。

（3）重要会议。例如博鳌论坛2018年年会专题。

四、事件性新闻的写作特点

（1）一事一报，事件单一。一篇新闻都只是报道一件事，简单明了。

（2）及时报道，讲求时效。每一篇消息都表明了具体的新闻发生的时间，报道非常及时。

（3）客观报道，不加议论。新闻讲求用事实说话，记者不直接出面，不对新闻事件做任何评论。但意在言外。

（4）要素齐全，真实第一。五个“W”俱全，体现了新闻的真实性原则。

（5）标题写实，叙事朴实。

（6）导语扼要，开门见山。

五、事件新闻写作基本要求

（1）有物性。抓住重大事件，迅捷报道。天下大事、国家大事、民生大事是新闻报道必然追逐的“香饽饽”，只要是事，媒体都会迅速反应，穷追不舍。这是消息的基本使命。

（2）有序性。区分轻重缓急，注意叙事次序。不但要把事情讲清楚，还要把隐含在事物表象下面的重大意义显现出来，就要通篇谋划，层次合理，详略得当。

（3）整体性。因果、情景、影响，面面俱到。不但新闻要素齐全，连必须交代的细微部分都不能忽漏，做到轮廓清晰，细节分明，精彩纷呈。

（4）多维性。围绕主题，多维度报道事实。多维，指的是多侧面地反映事件，尤其要见事见人，以人为焦点，反映人在事件中的活动、心态，关照事件结果对人可能产生的影响。

六、报道事件需注意的问题

1. 事实要交代得一清二楚

（1）清楚交代各新闻要素和事实轮廓。

（2）不可忽视某些必须交代的细微部分。

（3）注重事实的具体内容、事件的来龙去脉。

2. 尽可能体现深度

记者应是观察家与思想家，应当能够透过事件的表面现象看到其深层的含义，预见到它的影响，并用准确的语言将事件的意义、自己的发现告诉读者。这样，消息才会有思想性、有深度。

3. 见事见人

（1）以人的命运为焦点报道事件。

（2）关照事件结果对人可能产生的影响。

（3）反映人在事件中的活动、心态，丰富事件性新闻的内涵。

4. 慎重报道恶性事件

（1）不要煽情。

（2）不要无意中传播作案手段、泄漏破案方法。

（3）注意保护当事人的名誉权、隐私权。

（4）关注事件成因。

第二节　非事件性新闻

非事件新闻指的就是报道社会问题、社会现象、社会风情、风尚，或者某些可供参考的信息、方法等的消息类型。

非事件性新闻注重事物渐变过程中对某些带有规律性内容的揭示，综合归纳多个事件或事实，具有新闻性，以写实为主，表现方法上描述、概括兼而有之，是一种透视性的新闻报道。

一、非事件新闻的概念

非事件新闻是在表现内容与表现方法上都有别于事件消息的新闻报道的统称。

这种围绕着一个主题，通过一定时间或一定空间内的诸多事实、情况的综合而写出来的消息，在内容上比动态消息报道的面要广，因而篇幅比动态消息长些。这类消息，既有点的具体事实，又有面的一般情况，点面结合，叙议结合，使报道既有广度又有深度，给人留下比较完整的印象，有较强的思想性和指导性。

二、非事件性新闻的分类

非事件性新闻，分为经验性消息和评述性消息。

（一）经验性消息

1. 概念

经验性消息是我国独有的消息类型。经验性消息是用新闻的形式来反映某地、某单位观察执行党的路线、方针和政策在某一方面取得成功经验和明显效果的一种消息体裁。其目的是推动全局，指导实际工作。有人称它为典型性新闻。

2. 特点

（1）介绍经验集中。

（2）具有明显的典型性、针对性和指导性。

（二）述评性消息

1. 概念

述评性消息，又称述评新闻、记者述评、解释性报道。它是一种边叙边评、夹述夹议的报道。述评性消息既报道新闻，又解释新闻。

2. 特点

（1）题材重大，影响深远。

（2）述与评相结合，夹述夹议。

（3）逻辑严谨，说理透彻。

（4）观点鲜明，具有明显的导向性和思辨性。

混改之后，联通如何发挥中国力量?

中国联通混合所有制改革获批以后，联通与入股的互联网企业在业务领域首次开展重大业务合作，联通与腾讯、阿里分别宣布在云计算和网络服务领域相互开放资源，推进深度融合创新，打造全新的“云、管、端”互联网产业生态平台。

联通是首批启动混改的国企。混改前，联通超过六成的股份为国有股，除了公众股东，缺乏战略投资者与大的财务投资者，A 股上市公司的董事会成员，除了独立董事，均为联通公司的员工。

混改前，联通就开始对外展开合作，与 BATJ（即在 BAT 基础上加上京东的 J）联合推出专属用户卡，合作贡献了六成以上的新增用户数。互联网时代，能带来用户的流量才是王道，过往互联网的并购、融合，大多围绕流量做文章，如京东接纳腾讯入股意在从腾讯导流，阿里愿意入股微博，也是看重微博的流量。

从宏观上说，我国经济已由高速增长阶段转向高质量发展阶段。怎么实现“高质量发展”？就需要转变发展方式、转换增长动力，不能按老皇历办事。就联通来说，进入互联网+、大数据、云计算时代，联通的传统电信业务遭遇瓶颈，需要能带来更多用户、更多收入的流量。

当前社会的主要流量都来自互联网巨头，与其合作是必然的事情，在混改推行之前，一些国企与富有创新能力的民营企业合作时，总会畏首畏尾。而混合所有制改革让他们成为利益共同体，更容易加深彼此的合作。从获批方案来看，参与联通混改的大多是之前的合作对象或者有合作可能的机构，可以想象，在腾讯与阿里之后，联通会与更多的股东公司展开合作。

混改使更多社会资本进入国企，为企业未来的发展带来更多的想象力。

但想象力要转化成为现实，还需要落地，例如业务如何转型、员工如何激励、如何应对即将到来的5G时代。这些都需要混改后的联通在机制体制改革、业务创新拓展、提高员工绩效等方面做出显著的改善。而这一切都要看联通能不能在竞争性的市场中胜出。

我们能看到联通混改在这方面的努力。混改之后，国有股、战略投资者与公众的持股三分天下，除了独立董事和6名国有股代表外，还有4名民营股东的代表，董事会的多元将为联通带来新的发展思路。

发展混合所有制经济，是深化国有企业改革的重要举措。“国字号”和创新型互联网企业合作，取长补短，把中国力量、互联网力量发挥出来，就一定能培育出具有全球竞争力的世界一流企业。

（澎湃新闻 2017年10月22日）

三、非事件消息的基本特点

（一）关注规律性内容

任何区域、战线、单位、部门的变化、发展，都具有规律。把这些规律真实地显现，使消息具有指导意义。

（二）关注具有新闻性的渐变事实

新从何来？从变化的事实、从差异的事实比较出来。

（三）关注多个事实与事件，进行综合归纳

非事件消息不是一事一报，而是多事一报。它把多个局部组合成为一个整体，让受众获得“更上一层楼”的认识。

（四）关注新闻由头与发表时机

非事件消息有时要抢“第一时间”，有时则暂时搁置。它需要倚借合适的新闻由头而不失时机地发挥作用。

（五）客观写实为基础，提炼分析为手段

在具体写作时，它不能像写工作总结那样只写抽象的认识，而是通过事实提出问题和解决问题，让受众从事实中获得启发，接受道理，同意消息中所得出的结论和提出的观点。

无论从一般到个别（经验到事实），或是从个别到一般（事实到经验），都需要有客观写实作依托和说明。

（六）表现方法：描述与述评结合

描述能还原新闻场景，能真实细致地展现细节变化，适当的述评能展示出新闻的思想性，描述与述评结合能更好地体现新闻的舆论导向性，将宣传作用发挥到最大。

老人婉拒让座，是以善回应善

“尊老爱幼”，言下之意应该是，“老”应该爱幼，“幼”应该尊老。

江西南昌，一女孩等公交车时在公交车站做物理作业，上车后继续做作业。随后见到一老人上车，女学生欲让座，老人婉拒，称学生写作业要紧。

这一幕，虽琐碎却让人温暖。实际上，跟“老人逼着让座”画风相悖的新闻不少，比如此前在郑州，就有老人走上街头举牌呼吁老年人给年轻人让座，倡议年轻人“尊老”的同时，年长者也要“爱幼”，当时也挺暖心。

毋庸置疑，孩子应从小养成尊老的品德，主动给老人让座也是种美德，但老人如果不是确实身体虚弱到无法站立，婉拒让座，也能体现“爱幼”。

都说“尊老爱幼”，这其实包含着两面约束的互动型道德关系，在这层关系里，“老”和“幼”都有着自己的义务和责任。但现在出现了少数老人逼人让座，年轻人不让或让得不及时骂人或打人的情形，这也成了当下部分老人被污名化的一个由头。本质上，这些人只在乎让别人“尊老”，却忽略了自己也应“爱幼”。

对社会而言，形成尊老爱老的氛围很有必要。但对老人来说，也要如俗话所说的那样“老有老相”，也就是体现出自己的品德自持，做年轻人的表率和楷模，多体谅关心爱护年轻人。

在让座问题上，“让座是美德，不让座是权利”是基于权利义务视角的应有认知。而在道德自觉角度看，最好的局面也应是，年轻人自愿或经善意提醒让座，老人则表示感谢。如果一些年轻人因疲累或其他情况没有主动让座，老人应予以充分理解。

之于老人，为老更应“自尊”而不能不尊，这样也更有利于全社会尊老爱老风气的形成。在这方面，这位婉拒让座的老人就以一种善来回应另一种善的做法，做了个表率。

（《楚天都市报》2018 年 5 月 10 日）

（七）新闻性质：透视性报道

非事件消息可以在大背景下分析事实，并能透过表象挖掘新观点，不但以此充分说明新闻事件产生的必然性，还可以进一步拓宽新闻的报道面。这就有助于发挥媒体的“主流意识”，可以为媒体采制独家新闻创造条件。例如：

相机中上千张照片不翼而飞 买家诉小米公司索赔万元

北京晨报讯（记者 黄晓宇）张先生称，他为了留下与儿子毕业旅行的珍贵纪念，在小米官网购买小米微单相机一台，岂料旅行过程中拍摄的上千张游览照不翼而飞，使得张先生及家人遭受重大精神损失，故张先生将销售商小米科技有限责任公司与生产商上海小蚁科技有限公司诉至法院，要求将小米微单相机作退货处理，赔礼道歉，赔偿往返路费、住宿费、景点门票费及精神损失等共计 13 716 元。日前，海淀法院受理了此案。

张先生诉称，他的独生子恰逢小学毕业，一直很想去北京爬长城、游故宫。妻子与父母因故不能同行，嘱咐张先生多拍些照片。为此张先生特意从小米官网购置可拍摄4000余张照片的小米微单相机一台。后张先生陪同儿子在北京游览多天，并拍摄了上千张游览照片，本想与家人共享，孰料上千张照片不翼而飞。

原告张先生认为，上千张照片如果一张张删除，没有个把小时是不可能的，照片突然丢失只可能是相机在某个时刻出现故障致使卡自动格式化或执行了全部删除。此外，相机的无线LAN功能及视频拍摄亦存在问题。因此，张先生以相机存在质量问题在小米官网申请了7天无理由退货，被客服以是否存在误操作推脱，故诉至法院。

日前，该案正在进一步审理中。

（《北京晨报》2018年10月4日）

四、非事件性新闻写作基本要求

1. 对比、显现

对比就是在新闻的本质中提炼突破口，运用对比的方法突出显被报道新闻的新奇之处，突显新闻价值。

如《上海人与“快”同步》中第五段：

上海速递行业的兴起，同样叠现出上海人追求效率的匆匆脚步。1980年上海邮政局速递公司率先成立时，只接受到一些海外公司的国际特快专递，年收入不足1000元。而在速递公司星火燎原般发展到40多家的1995年，上海邮政速递公司的收入超过了1.3亿元。

2. 量化、集中

事象分散不易让人看到问题的全貌，非事件性新闻的写作必须将散在的事象加以概括和集中。集中的有效手段是总体量化。

总体量化即以抽象了的全局性数字反映某些社会问题、社会现象的总体态势。

如《我国吸烟人口呈低龄化》：

本报讯 记者 白剑锋 从昨天召开的中国吸烟与健康协会成立10周年庆祝会上获悉：我国吸烟人口呈低龄化，青少年吸烟上升，吸烟人数达5000千万。专家呼吁：让青少年远离烟草危害。

我国是世界烟草生产和消费大国，现有吸烟者35亿，占世界吸烟总人数的1/4。据全国第三次吸烟行为流行病学调查，15岁以上人群总吸烟率为37.62%，和1984年相比，开始吸烟者年龄提前了3岁，吸烟者日均吸烟量增加了2支。其中，青少年吸烟率上升明显。……

（《人民日报》2000年4月11日）

3. 以点带面

它是非事件性新闻写作尤其是综合消息写作的重要方法。点，即个别的典型的事例；面，是全局情况。

4. 提出问题，回答问题

非事件新闻写作的重点在于正面反映这些新的情况和问题，它在提出问题的同时，也应当适当地对问题做出解释和说明。

五、非事件新闻的写作模式和规律

把握非事件新闻基本的写作报道模式和规律，增强报纸对舆论的导向功能，要从以下几个方面着手：

（一）选择好两类素材

非事件新闻要注重两个要素：情节和情感。

注重情节就是要注重细节充实、结构井然的故事，注重情感就是要把人置于真正的新闻中。换言之，非事件新闻必须见人见事。非事件这个“非”字，在这里并没有表达“不是”这层意思，它的含义是“没有结束，正在发展和不断变动”。从哲学意义上讲，起点和终点是可以重合的。在这个层面上看，“非常事件”和“事件”也同样可以重合。“非事件新闻”是比“事件新闻”更为包容的概念，“非事件新闻”是由一个个不显著（或发掘不深入）的事件性新闻构成的。所以，必须从“人物”“故事”这两个核心环节入手进行写作。

1. 以动态事件中的典型故事为切入点

如《新京报》刊发的《在读博士假日兼职当官》，典型故事成为报道的亮点，增强了可读性和说服力。报道中写道：

中部本来就是一个发展洼地，要正式招来一名博士很费劲。滁州市委副书记毕美家说。2004 年 10 月，安徽省面向全国选拔厅、处级干部时，滁州市上报了四个副处级岗位，最后引进 3 名博士。滁州市建委副主任倪立峰，是这次引进的 3 名博士之一。当时，28 岁的倪立峰刚从东南大学获得博士学位，在其攻读博士期间，曾挂职担任江苏淮安市楚州区副区长。在经过考试、面试等程序后，除州市决定录用倪立峰。但江苏省委组织部闻讯后，直接推荐他担任省内某市规划局副局长。这时的倪立峰开始犹豫了。滁州市委组织部部长找他沟通，未果，然后，分管组织的市委副书记毕关家与他长谈，列举在除州、江苏两地的差异性，并以情、以诚相说。春节一过，倪立峰正式履新徐州。

这样的故事体现出非事件新闻立意的高度和深度，发人思考。

2. 以动态事件中的典型人物为切入点

以典型人物为切入点，一般以小见大，能给读者以具体、实在的阅读体验，如中国新闻网一则非事件性新闻《浙江 25 岁的哥开车敷面膜 因存安全隐患被停运三天》。

浙江 25 岁的哥开车敷面膜 因存安全隐患被停运三天

中新网台州 10 月 23 日电（见习记者　范宇斌）穿工作服的出租车司机敷着面膜在开车，近日，这张照片在网上流传。记者 23 日从事发地浙江临海市古城交警中队获悉，照片中的的哥叫陈毅群，25 岁，交警 22 日下午已对他和所在公司负责人进行约谈，因开车敷面膜存在安全隐患，陈毅群被在单位内部通报并处以停运三天。

据陈毅群告诉民警，19 日 18 点 30 分左右，他在开夜班车，一时没生意，想起包里有一片从家里带出来的药用面膜，对缓解脸部过敏有帮助，就拿出来敷在脸上，然后去加油。

等红灯时，他注意到另一车道上的出租车后排乘客对着自己边拍边笑，就赶紧摇上车窗。随后，他发现自己的照片开始在微信朋友圈、当地论坛流传。

陈毅群是临海人，此前在外地做化妆品代购，对面膜、护肤品颇有研究，在临海开出租车刚一个月。据交警转述，他20岁以后开始注重保养，基本两三天敷一张面膜，前几天，因白班夜班颠倒，作息不规律导致脸部皮肤过敏，长了不少痘痘。

警方表示，出租车司机在运营时不宜敷面膜，因为面膜有突然掉落的可能，会对驾驶人视野造成影响，带来安全隐患。不过，对驾驶员贴面膜开车的行为尚无法律法规约束，一般以批评教育引导为主。

（中国新闻网）

人物和故事实际上有一体化倾向，选择谁作为切入点，关键在于回答人物个体和人物群体谁更典型这个问题，如果个体显著，则由人物切入；如果群体显著，则适合由故事切人。

（二）策划好两种报道

在讲故事中夹叙夹议，带出记者的观点、专家的视点，让读者从中接受报道所蕴含的主题。这种非事件新闻报道模式较好地解决了可读性问题，业界普遍认同。但这样也有两个问题：一是在新闻故事中夹叙夹议，故事累赘，观点视点等解释性的文字不易说透，而文章偏长，难免影响读者的阅读兴趣。二是对一些反映时代发展脉搏的主题，靠单篇报道，比较零碎，难以实现效果的最大化。应对措施包括：微观层面即战术上策划，以组合式的系列报道，合理配置和运用新闻资源；中宏观层面即战略上策划，组织大规模的系列专题报道，扩大舆论影响力。

1. 组合式的系列报道形式

这样处理新闻故事本身不累赘，新闻分析更加有的放矢。必须注意的是新闻故事与新闻分析虽已分开，但要有很高的关联度。在战术策划中要抓住两点：一是新闻资源在配置形式上创新，让新闻故事、新闻背景、新闻图片与新闻分析四个部分互为补充，互为印证；二是在新闻资源的运用上，采写好新闻故事，目的却在于做好新闻分析，为读者提供与其他媒体不同的新闻产品。在谋篇布局上，可以更加深入一步，系统地提供新闻事实背景、各方人士的看法以及其他可比照的做法，进行分析解读，从而扩展和深化报道的内容，给读者更多的启示。

2. 策划系列专题报道

以整体的运作，深化对重大主题的宣传，舆论声势大。但必须认真琢磨，注意角度的选择，在主题宣传和提高公信力上取得双赢。

（三）处理好五种关系

做好非事件新闻报道，要妥善处理好破与立、旧与新、浅与深、分与总、虚与实等五种关系。

一是破与立，即处理新闻资源要摆正抛弃和继承发展的关系。非事件新闻是对发展过程中某一阶段的报道，要重视客观事物的可持续发展，对旧事物的否定要有分寸，对在哪个层面上否定要做辩证思考，不能片面处理。

二是旧与新，在树立新观念、采取新措施时，要注重事物发展的延续性，注重对旧事物的批判性继承。

三是浅与深，事物发展往往分很多层次，有许多表象。非事件性报道要注意选择能揭示和解释事物发展深层次因素的表象。

四是分与总，影响事物发展的有很多相互关联的因素，不一定都处在同个发展阶段和同一个发展层次。要注重梳理这些关联因素之间的统分关系，清晰把握事物发展的脉络。

五是虚与实，在客观事物发展进程中，有些表象只是假象，它们并不反映事物的发展方向。要注重识别事物发展中方向性、实质性的发展，抓住事态进程中的关键，阐述其本质和发展。

六、非事件新闻的特殊价值

非事件新闻的特殊价值如下：

（1）非事件新闻以消息体裁报道非事件性事物，可进一步拓宽新闻的报道面。

（2）非事件新闻可以促使采访者和媒体不待事件召唤，主动寻找报道体裁，就是说，它有助于发挥媒体的主体意识。

（3）非事件新闻富有趣味性，可以给读者带来精神的愉悦。

（4）非事件新闻可为媒体采制独家新闻创造条件。

【本章小节】

1. 事件性新闻报道有两种常见的角度：一种是对事件的面貌或场景作横断面式的报道；一种是对事件发生、发展过程作纵深式报道。

2. 事件性新闻分为突发性事件和非突发性事件。

3. 非事件新闻是在表现内容与表现方法上都有别于事件性新闻的新闻报道的总称。

【案例分析】

中小学生少用手机 先从改变父母做起

中小学生过度使用智能手机，是一个让学校和父母焦虑的话题。近日，一项中美日韩网络时代亲子关系的对比研究报告的调查结果再度引起人们关注。据《中国青年报》报道，该报告调查发现，中国中小学生智能手机拥有率为68.1%，高于美国的61.4%和日本的42.1%。按照这个结果，国内中小学生使用智能手机的状况值得引起关切。

不过，我仔细看了这份报告的主要调查数据，其实，智能手机拥有率最高的并不是中国，而是韩国（87.2%）。不知道这是否能够让家长们稍微感到放心。此外，中国中小学生的触网率最低，其中原因可能在于中国地区发展不平衡，有些中西部落后地区网络尚未普及。若以国内城市为样本，比例应会大幅提高。试想，现在哪个家庭没有电脑、智能手机呢？

智能手机是现代科技进步的产物，是互联网科技的集大成者。在短短几年时间内它不仅改变了互联网生态，更改变了社会沟通方式与产业发展方向。如今，由于手机购物的便利，无论是工业制造还是销售、消费环节，都在经历着深刻的变化，而且这场变化依然看不到终结。它最终会将社会引向什么方向，仍然是一个谜。

正因如此，对于智能手机的评价呈现出两极分化。作为智能手机的拥趸，眼里看到的是智能手机的各种便利之处，比如现在看新闻、刷朋友圈、听歌、购物、查违章、交话费，都可以在智能手机上完成；又如自拍一族，随时随地可以来张自拍上传。而对高科技始终保持警惕的人，则更多看到智能手机的负面影响，比如让人沉溺于网络，沉迷于游戏，以及因为玩手机而忽略了与人的真实沟通。

同样，家长们对智能手机也是又爱又恨，只不过是自己用的时候爱，孩子用的时候恨。如今的许多场景是，大人都是一边刷着手机，一边辅导小孩做作业；或者一边玩着手机，一边漫不经心地与孩子说话，而当小朋友捧着手机的时候，许多家长都会叮嘱：只能玩 10 分钟啊……这句话真的是软弱无力，根本无法约束孩子。何况，小朋友对智能手机几乎就没有隔阂感，我见到的小朋友，只要手机一上手，玩起来根本不需要有人在边上指导。这就造成许多小孩因为玩手机时间太长影响了学习，也影响了视力。

所以，对于智能手机，并不是如何禁止的问题，而是怎样合理安排的问题。而在这个事情上，其中主要推动力还是在于家长。要让孩子合理使用智能手机，关键在于父母自己改变行为习惯，不要在孩子面前做坏榜样——频繁使用手机，或者不看场合地玩手机。对小朋友使用手机，也没必要一刀切地禁止，毕竟这就是他们所处的时代特征，也是他们的一种学习途径和社交方式。只是要做好规矩，什么时候可以玩，什么时候不能玩，而且说到就要做到，而不能随意改变规则。

中国中小学生智能手机拥有率高过美日，换个角度看并非坏事，实际上日本、美国的智能手机普及率本身就不如中国，所以出现这个结果并不奇怪。这反过来也说明，国内中小学生对智能手机等科技产品的接受度更高。这对培养新一代科技人才，说不定也有好处。

（浙江在线）

这篇非事件新闻的时间跨度是“在短短几年时间”，无具体点的时间；空间跨度是全球范围；行为主体也并非个人或单位；新闻所反映的是一个大范围的变化，一种新的社会面貌。

非事件新闻的特点就是这样：它与事件新闻不同，往往没有明确的行为主体，没有时间所具备的明确的时间和空间界限，缺少具体的发生、发展过程。

【课内实训】

1. 事件性新闻写作

选择一个你身边发生的材料完成写作，必须有新闻要素，具体写明该新闻的来龙去脉。

2. 非事件写作分析

根据一个非事件新闻案例，分析文章段落在全文所起的作用。

【思考题】

1. 事件新闻是什么？
2. 事件性新闻写作需注意哪些问题？
3. 非事件新闻的含义是什么？
4. 怎样确定一则新闻是事件新闻还是非事件新闻？
5. 非事件新闻写作报道需要注意什么要点？

第十一章　通讯写作

【知识学习目标】

通过本章学习，掌握通讯的写作方法。

【能力培养目标】

用所学知识进行新闻通讯的写作。

【教学重点】

1. 新闻通讯的特点与分类
2. 人物通讯写作方法
3. 事件通讯写作方法
4. 工作通讯写作方法

【教学难点】

1. 消息与通讯的异同
2. 新闻通讯提炼主题的方法
3. 不同类型通讯写作方法的区别

【开篇引例】

普吉沉船：高中毕业旅行，四个男孩“丢”了一个同伴

五个男孩搭着肩膀站在船头，面向美丽的安达曼海，留下一张合影。

折返时，游轮连人被巨浪掀翻。

照片中的一名男孩下落不明，至今已超过40个小时。

2018年7月5日17时45分许，两艘载有127名中国游客的船只在返回泰国普吉岛途中，突遇特大暴风雨发生倾覆。

7月6日20:45，中新网援引外电消息称，遇难33人，全为中国公民，有23人失踪。7月7日中午，设在查龙码头的救援指挥中心召开新闻发布会，现场张贴的数字显示：遇难33人，失踪23人，幸存93人。

上述五个男孩均来自广东肇庆，他们刚参加完高考，来到泰国进行毕业旅行。其中，小林、小张、小何、小赵等四人来自端州中学，小周来自另一中学。

他们提前定好了全部酒店和机票，计划玩六天：普吉岛四天，曼谷两天。潜水票也早从淘宝上购买——潜水是普吉岛的经典旅游项目。

7月4日晚上，五个男孩从香港搭机，到普吉岛时已是7月5日凌晨，入住在AIRBNB订的别墅。

天亮后，淘宝店家派车来接，送他们上“凤凰号”游轮。

当地华人后来告诉《南方周末》记者，之前天气预报告知当日有雨。他们养成了一种习惯：只要下雨就不出海。

五个男孩还是跳上了船。

“凤凰号”游轮先前往小皇帝岛潜水，再到大皇帝岛的海滩。

阳光、碧海、蓝天——和想象的一样，一切顺利、美好。五个男孩并排站立船头，留下了那张合影。

下午4点，游轮启程从大皇帝岛回普吉本岛。回到游轮上时，天开始下雨。

“船员和我们说‘没事，已经出了海，就走得了’。”小林回忆。

回程需要一个多小时。但走了15分钟后，情况就不对劲了——他们的船，“驶入了一片乌云”。

顷刻间，风雨大作，骇浪扑来，足足有两层楼高。船上的游客都在尖叫。

船体倾斜，并传来玻璃碎裂的声音。那是进水的信号。

终于，当船的一半没入水中，救生衣传递到游客手中。看到向导穿上救生衣，男孩们跟着穿上。

根据小林的描述，最初，没人被告知要穿救生衣，船上没人穿，向导、船员也不例外。当地一位华人导游说，因为怕热，这里不喜欢给游客穿救生衣。

等到危急时刻来临，也没人告知究竟发生了什么，如何逃生。那时，可能所有人都自顾不暇。

事后回想，小林觉得自己很幸运。他坐在舱门不远，几步就夺门而出。而他身后的更多人，前面的人挡着，中间的人被夹住，后面的人出不来。

小林当时大脑一片空白，但几乎是一种本能反应，他没做更多停留，直接越过栏杆，拼命往上爬。

向导叫大家镇定点，自己却跑到二楼，“他跑上二楼，我就跟着上了二楼”。

到二楼时，水也漫了上来。向导跳下了海，“他跳了我们也跳”。

不巧的是，背包带这时偏偏勾住了栏杆。那一刻，小林觉得自己要死了，这辈子完了。他当时只想，万一活下来，一定要孝敬父母。

大概十秒不到，整个游轮呈一个长方体的平面九十度侧翻，把所有人全部甩到了水里。

现在难以估计，当时究竟有多少人被困于船舱中，随着游轮沉入大海。

事后，小林在脑海中修正那最后一刻——“五六秒钟”。整个过程就只有这五六秒钟，来不及做任何设想。奋力挣脱之后，他才漂了上来。

小张则是“悬”着，后来游了上来。

小何一度也觉得自己快死了，用拳头打碎了玻璃，才游了上来。

在往上游的时候，有人脚被人用手抓住了——这种做法往往可能酿成更多伤亡。可人的求生欲望，谁能苛责呢？

茫茫汪洋中，不知东南西北。浮出水面的人们扒着尚未完全沉没的游轮船体，支撑着，等待着。

终于，他们看清了游轮自带的那两艘救生艇，在“挺远的”地方。

男孩们奋力游了过去。

上了救生艇，小林才发现，自己躺在血泊里——周围很多人都受伤了，有手裂开的、腿裂开的、脸裂开的，甚至，头部裂开的。

所有人都在叫同伴的名字。有人得到回应，也有人没得到回应。

“当时我看到有一个人还在旁边漂着，人的本性促使着我把他拉了上来。”小林说。

小林也曾喊同伴的名字，感觉都有呼应。事后证明，或许他的脑子真的凌乱了。

小周——几个男孩的同伴，不知所踪。可那时，没人意识到。

大概半个小时后，两艘渔船赶来。由于风浪过大，人们花了二十多分钟，才把渔船和救生艇绑在了一起。

小林登上了渔船。是刚才救下的那个陌生人，用肩膀把他托上了渔船。

所有人全身湿透，瑟瑟发抖，只能贴近渔船的发动机来取暖。

除了浑身发抖的冷，小林感受不到任何疼痛。后来在医院里，他才察觉到自己身上有多处划伤。

渔船靠岸时大概是晚上六时许，天已黑。部分游客被送到最近的普吉府医院，离码头只有十多分钟路程。

医院此时人满为患，到处都是伤员，做手术得排队。

……

照片里，面朝大海、憧憬着大学生活的五个男孩，小林19岁，其他四人都是18岁——包括仍处于失联状态的小周。

（《南方周末》2018年7月7日）

这是一篇通讯稿件，通讯作为一种详尽、深入、生动报道客观事实的体裁，是读者全面了解事实来龙去脉、背景结果的重要渠道，是新闻中必不可少的重要体裁。本章将对通讯的特征、类型和写作方法进行具体介绍。

第一节 通讯写作概述

一、通讯的概念及特点

（一）通讯的概念

通讯是综合运用多种表达方式，详细深入而又生动形象地报道新近发生的事实的一种常用新闻体裁。暨南大学程天敏教授曾将通讯定义为：“通讯是一种比消息更详细生动地报道客观事物或典型人物的新闻体裁。”具体来说，通讯的概念包含了以下要素：属于一种新闻文体；以客观事物或典型人物为报道对象；内容较为详细生动。通讯不仅告诉受众发生了什么事，而且会交代事情的来龙去脉、背景、细节以及情感。通讯是在消息的基础上产生的，是消息的延伸。可以说，通讯是形象化的消息，是详尽具体、形象生动、扩展了的消息。

通讯是我国新闻界自创的一种新闻体裁，在西方新闻界并没有通讯这一概念，他们主要将新闻分为两种：一种是消息（News），即“硬新闻”；而消息之外的新闻统称“特稿”（Feature），即“软新闻”。这里的“特稿”指的是具有趣味性内容、可读性较强的长篇报道。我国之所以会出现通讯这一体裁，是因为消息体裁比较短小精炼，信息容量不够，无法满足受众的需求，因此便衍生出一种信息容量更大、细节更多、手法更灵活，并且具有一定思想内涵的新体裁——通讯。

（二）通讯的特点

通讯与消息是我国新闻界使用频率很高的两种体裁，两者具有很多相同之处，也具有各自不同的特点。消息的特点我们在上一章已经讲过，这里我们通过将通讯与消息进行对比，来概括出通讯的特点。

1. 通讯与消息的相同之处

一是都要求客观真实。通讯和消息一样，都是基于新闻事实的客观报道，因此两者都要求真实准确，用事实传递信息，不允许虚构。

二是都讲究时效性。虽然通讯的时效性要求没有消息高，但通讯仍然要求具有时效性。一般而言，在新闻报道中，媒体会先发布短而快的消息，利用时间进行深入细致的采访，获得大量事实材料之后，再撰写通讯进行发布，因此通讯的发布时间比消息稍晚一些。不过这个时间也不会太久，若一个事件发布消息一年后再发布相关通讯，便不具有时效性，也失去了报道的意义。

三是都注重凸显新闻价值。消息和通讯都要求报道为受众所关注的、具有社会意义的人物和事件，也就是要具有新闻价值。消息重在对事件的报道，而通讯不仅需要报道事件，还要通过对事件中的人物行为、思想等作较为细致的描写来体现新闻价值。

2. 通讯与消息的不同之处

曾任《人民日报》副总编的梁衡说过：“我们决定写通讯时，并不是因为它‘块头大’，而是因为它既涵盖了消息的信息，又延伸了消息所没有的东西。”与消息精简、浓缩式报道相比，通讯涵盖的信息量更大、结构更加多样、表达方式更加灵活，更多地体现新闻事实的整体面貌和全过程，也更加重视对细节和情节的描写。具体来说，通讯和消息有以下几点不同之处。

一是写作侧重点不同。消息重在叙事，大量篇幅是交代性文字，目的是告知受众发生了一件什么事。通讯中交代性文字较少，描写事件发生过程的文字更加详细，不但要告诉受众发生什么，还要阐述事件如何发生，并且揭示其社会意义。

二是结构形式不同。消息具有严格的结构要求，通常由导语、主体、结尾、背景材料等几个部分组成，需要包含何时、何地、何人、何事、何故五大新闻要素。在消息中，无论运用“倒金字塔”结构还是其他结构，导语都是不可或缺的。围绕导语进行写作，使消息形成了较为稳定的结构形式。而通讯的结构则没有严格的要求，既可以按时间顺序、空间顺序行文，也可以按顺叙、倒叙、插叙结构行文，还可以多线条交替叙述。此外，通讯还有一些比较特殊的结构，如蒙太奇结构、时空倒错结构等，可见通讯的结构是随机应变，“见招拆招”的。

三是表述方法不同。消息一般是简洁明快地概括一件事，有时甚至只报道一个片段，通常只用到叙述这一种表达方式。通讯不仅叙述得更加具体和详细，还会综合运用描写、抒情、议论等多样手法，表达方式比较灵活。

通讯有这几大特点：一是内容的扩展性。通讯的内容具体详尽，选材丰富全面，或者报道事件的来龙去脉以及全过程，或者报道人物的多角度、多侧面。二是时效的适度性。通讯的时效性更强调报道的时机，不是一味求快，而是力图求好。三是手法的多样性。通讯可将叙述、描写、议论、抒情等表达方式融为一体，在满足受众新闻需求的基础上，还力图实现受众的精神享受。四是结构的灵活性。通讯没有严格规定的结构形式，遵循“大体须有，定体则无”的原则，结构灵活，富于变化。

二、通讯的主题

主题是通讯想要表现的中心思想，是通讯作者经过对现实社会的观察、体验、分析、研究，通过对通讯素材的提炼和组织，所表达的对客观世界的一种认识或一种思想观念①。通讯的主题是贯穿通讯写作全程的一条重要线索，是决定其材料取舍、组织结构、选择表现形式等一系列问题的内在依据，是通讯的灵魂和统帅②。

（一）通讯主题的重要性

通讯的主题是作者从新闻素材中提取出来的、用来烛照全篇的、可以给人以启发的理念，是作者通过事实想要说的“话”中最为关键、最为重要的“话”。通讯主题的提炼决定着思想的阐发、材料的取舍、结构的安排、语言的表达等诸多方面，确立和提炼主题是通讯写作中极为重要的环节。

可以说，通讯主题是人们评价一篇通讯的首要评价标准。看一篇通讯的质量高低、价值大小，主要看其主题的文化价值和思想意义。一篇好的通讯报道会因其主题深刻、意义深远、感情动人等因素而受到好评。因此，通讯作者在下笔之前，必须确定想要表达什么样的主题。

通讯写作往往素材、内容都十分广泛，既有新的事实，又有大量相关背景，还有记者采访的人物对话、现场观察的细节等。如果没有一个合适的主题来统帅，这些材料就会变得凌乱无序，毫无章法。只有确立了合适的主题，一篇通讯所使用的材料才有了灵魂，文字才有了凝聚中心，行文才有了逻辑。可以看出，主题的提炼无疑是一个关键环节，它直接决定着通讯写作的成败。

（二）提炼通讯主题的要求

主题在通讯中起到了不可或缺的重要作用，因此也具有较高的要求，主要体现在正确、鲜明、集中、深刻四个方面。

1. 正确

正确是通讯主题的基本要求。主题正确，是指主题在内容导向上的正确性，即要有科学的思想和正确的舆论导向，要符合时代和现实的需要，要符合党的方针政策和有关法律法规，要回应人民群众关切的问题，要弘扬社会主义核心价值观，具有鼓舞人们积极进取和昂扬向上的正能量。通讯有了正确的主题，才能具有新闻的社会价值，产生良好的新闻效应。反之非但不能写出好的通讯作品，甚至可能造成负面社会效应，影响新闻媒体的公信力。

2. 鲜明

鲜明是指通讯的主题鲜亮明确，让读者能够理解、明白，从而引发读者的思考和启迪。

---

① 曹志平．谈谈通讯报道的主题先行[J]．广西大学学报：哲学社会科学版，2006（S2）：19-20．

② 魏霞．论通讯的主题及其提炼[J]．咸阳师范专科学校学报，2001（03）：33-35．

通讯是一种新闻体裁，不同于文学作品的含蓄朦胧，而是要明确地表现作者的中心思想，更好地实现其新闻价值和社会价值。

3. 集中

集中是指通讯主题应该主要宣传一种思想，提出一个问题，总结一项经验，只能有一个主题，不能出现多个主题。主题尽可能做到单一、集中，解决最突出、最重要的问题，把问题写深写透。我们在通讯写作中应杜绝东一榔头西一棒槌，胡乱堆砌材料，使读者不知所云，不得要领。

4. 深刻

深刻是指通讯能够全面、准确地反映客观事物和事件的最本质特征，给受众以启迪、教育和昭示。通讯主题的提炼要有深度，不能就事论事，停留在表面现象，而是由表及里，透过现象看本质，反映出事物包含的深层次意义。一篇好的通讯不仅要体现人物或者事件的特色，还应该将新闻题材隐含的深层次意蕴挖掘出来，揭示其所具有的深刻意义或者普遍意义，体现出国家精神和时代精神。

汶川大地震发生后，新华社记者张严平赴地震灾区采访，灾区人民的英雄斗志深深感染了她。回京后，她一气呵成地写就了万字长文《遍地英雄》，但稿件上交后却遭到新华社社长李从军的质疑："这篇稿子到底想要表达什么呢？"李从军指出，这篇稿件的人物众多，形象也很生动，但是结构杂乱。更大的问题是，文章虽然很有激情，但是主题不鲜明、不集中。李从军对张严平说，文章的立意构思、主题提炼需要做到"驭文之首术，谋篇之大端"，需要有一个中心思想和立意来引领全篇文章的布局，让文章处处都能体现作者想要表达的精神内涵。张严平经过思考后，对文章进行了修改，最终以《献给汶川：明天，太阳照常升起》为题刊发。稿件发表后，受到读者的广泛好评，中央领导也专门进行了批示，认为此稿"感人至深、催人泪下""抗震救灾报道就要有更多这样的好稿子"。

（三）提炼通讯主题的基本方法

提炼主题，是通讯作者必须要面对的重点，也是难点。提炼通讯主题的方法很多，基本方法包括以下三种：

1. 基于事实确立主题范围

通讯的主题不是通讯作者凭空想象的产物，而是对采访得来的大量事实和感性材料进行逻辑分析和理性升华的结果。因此，通讯主题的提炼，首先要从事实入手，要用科学的思想和方法，对新闻事实作最本质的分析和最深层的透视。例如，我们在写一篇人物通讯时，任何人物都能被归入一个大的主题范围之内，如雷锋的奉献精神、邱少云的革命精神、钱学森的探索精神等。在确立了这样一个大的主题范围之后，再具体问题具体分析，根据事实材料，对主题进行进一步的提炼和升华。

2. 着眼全局挖掘材料特点

在主题提炼的过程中，我们不仅要着眼于事实材料本身和当下，还应该对其进行历史的纵向比较和社会的横向比较。将报道对象进行今昔对比，可以找出其存在什么新变化、新特点。将报道对象与同类型的事件或人物进行对比，可以寻找到其不一样的个性特征，由此确立出的主题更具有新意，也更加鲜明。

3．深入分析提升主题内涵

一个好的主题不是凭空想象的，也不是刹那间便能得出的，需要作者对写作材料进行认真分析和研究，在写作过程中不断修正和完善，由浅入深、去粗取精。在这个反复熟悉、不断挖掘的过程中，作者会对主题有更深层次的思考，以感性的素材确认、修正、支撑理性认识，再以理性认识指导感性素材收集、整理、取舍。经过这样的精雕细琢，完成主题的确定和升华，提炼出一个深刻的主题。

三、通讯的分类

（一）按内容分

通常，人们按照报道对象的不同，将通讯分为了四大类：人物通讯、事件通讯、工作通讯和风貌通讯。下面我们来分析这四类通讯的主要区别。

1．人物通讯

人物通讯以记人为主，是以写人物的思想和事迹为主的通讯。它以人物的新近行动为新闻，重在表现人物的品质、性格和精神面貌，通过个别显示一般，通过平凡突出伟大，达到揭示时代特征、感染并且教育读者的目的。

2．事件通讯

事件通讯以记事为主，是报道具有典型意义的新闻事件的通讯。它重在完整地记叙事件发生发展的情况和过程、原因和结果、意义和影响，总结出一定的经验或者教训，并揭示其社会意义。

3．工作通讯

工作通讯以记经验为主，是直接报道实际工作中的经验，探讨工作中的难题，反应工作中的问题和教训的通讯。工作通讯的政策性、指导性较强，是报纸上经常用来指导工作的重要报道形式。

4．风貌通讯

风貌通讯是一种报道现实生活和自然生活中的新风貌、新变化的体裁形式。它往往用具体的事例来叙述和描写一个地区、一条战线、一个单位、一个群体、一个点或者一个方面的风貌特点，展现时代的步伐和人的思想面貌的变化。

（二）按形式分

通讯若按文体或者形式，还可分为记事通讯、纪实通讯、侧记、速写、素描、新闻专访、散记、漫记、杂记、随记、游记、纪行、掠影、剪影、巡礼、见闻、集纳、花絮、一瞥、拾零、拾趣、拾萃、小故事、小通讯、采访札记、记者手记、记者来信、读者来信、幽默通讯等。其中，小故事和侧记在媒体上运用得比较多，以下具体说说这两类。

1．小故事

新闻中的小故事是一种最基本的叙事文本，反映现实生活中的一个片段，通常表现为一人一事，线索单一而有故事情节，短小精悍，生动活泼。说到小故事，不得不提及美国著名的《华尔街日报》。该报纸以善于讲故事著称，逐渐形成了一种独特的文体——华尔街日报体。

2. 侧记

侧记，即从一个侧面记叙，从一个侧面反映新闻事件或新闻人物的通讯。侧记的选材比较自由，无须反应事件的全貌，但须抓住事物的特点和读者的兴趣。侧记的写作往往夹叙夹议，兼谈感受。如 2003 年 3 月 4 日《人民日报（海外版）》刊登的第十届全国政协开幕的会议侧记《百姓与委员的心声交汇》写道：

这是不平凡的发展历程，半个多世纪的人民政协参政史，一个主题穿越时空恒久不移：把握人民意愿，建言国计民生。

这是不平凡的会前瞬间，全国政协十届一次会议开幕前一个小时，新华社记者走进北京的街市、医院、学校、北京中央商务区，走近学生、民工、下岗工人……

百姓的酸甜苦辣通过会内、会外记者的电话连线，迅速反映到人民大会堂东大厅里的委员中间。政协委员与群众的心声，在这个春天交汇……

这则侧记通俗易懂，文字优美，看似平淡，却暗藏着深刻意义，让读者在享受优美文字的同时，思考着到政协对于人民群众的重要意义。

四、通讯的表达方式

与消息不同的是，通讯的写作可以综合运用叙述、描写、议论、抒情等多种表达方式，也可以适当借鉴文学、政论、影视、摄影、美术等的技巧，更好地提高表达效果，为表现主题服务。

（一）叙述

叙述是消息文体和通讯文体主要的表达方式。新闻报道要求“用事实说话”，必须要把事实交代清楚，而交代事实最常用的表达方式就是叙述。通讯文体的叙述，是指记者对人物、事件、环境等所做的概括性交代和介绍，是陈述人物经历和事件发展变化过程的一种表达方式。与文学作品或者消息中的叙述不同的是，通讯中的叙述兼具真实和具体两个特点。它不像文学作品中的叙述带有虚构成分，而是严格遵循新闻事实。它也不像消息中的叙述那样单一直白，而是较为生动形象，具有趣味性。通讯常见的叙述方式有顺序、倒叙、插叙。按叙述的详略可分为详述、简述。

具体来讲，通讯可以通过以下几种方式进行叙述。

一是开门见山，平铺直叙。这种叙述方式的优点在于不兜圈子，让读者一目了然。

二是设置悬念，扣人心弦。这种叙述方式的目的是在文章开头埋下伏笔，留下悬念，吊起读者的胃口，吸引读者继续往下读。第十四届中国新闻奖一等奖作品《医药代表向“老百姓”下跪——老百姓大药房杭城奇遇记》（《浙江日报》2003 年 2 月 25 日）以医药代表向“老百姓”大药房负责人下跪和制药厂竟要封杀“老百姓”大药房这样的平价药店这两件既典型又奇特的事件为切口，揭露了药价虚高的内幕，极具冲击力。文章在开头部分这样写道：

日前，在新开张不久的杭州“老百姓”大药房内，一位来自哈尔滨某药厂的医药代表面对满屋人，竟痛哭流涕地向药店采购部部长下跪。

是他想求“老百姓”大药房买他的药吗？不是。恰恰相反，他是想求“老百姓”大药房别再卖他的药了！

作为医药代表，药品销售越多，利润无疑越丰厚。他为何会为了把药拿下柜而“屈膝”。这到底是怎么回事？

医药代表为什么要下跪？为什么让大药房别再卖他的药？这样一个悬念，扣人心弦，让人读了之后欲罢不能，产生浓烈的探知结果的欲望，同时也有利于促进情节发展，深化主题。在悬念之后，作者紧接着进行了回答，让这个悬念有一个合理的理由：

原来，“老百姓”大药房从哈尔滨某药厂购进了一批“牛黄消炎片”，每盒进价 0.8 元，经核算后销售价定为 1.2 元。应该说，50%的毛利非常可观了，没想到这个价位却引起了该厂驻浙江医药代表的恐慌。且听听这位医药代表的哭诉：“人家都卖 4.8 元，最低也在 3.5 元以上，你们只卖 1.2 元，还让不让人活了？”

原来是嫌卖得太低！

事实上，这位医药代表还有一个说不出口的苦衷：老百姓大药房从外地购回的“牛黄消炎片”是 0.8 元一盒，而杭州许多医药批发公司从他那里拿的却高达 2.8 元。“老百姓”大药房大幅降价、不按常理出牌的做法已严重影响了他的收入，威胁到了他的生存。据悉，该代表已多次到“老百姓”大药房哀求，希望能停售这种药，或至少将价格提高到 2.8 元以上，否则，他每天都要到“老百姓”大药房来下跪。

看到这里，读者才松了一口气，总算搞清楚了医药代表下跪的原因，然后再放松心情继续阅读后文，了解医药代表下跪的前因后果。

三是先抑后扬，详略得当。欲让“红花”红，必先“绿叶”绿。抑和扬是一对矛盾，在通讯写作中，对某人或某事要进行表扬，正面叙述是一种方面，但更高明的作者常采用先抑后扬的方法，以凸现其矛盾冲突，从而使文章形成波澜，吸引读者。

新华社 2015 年 10 月 28 日发布的《在这里，忠诚坚守——武警广东总队陆丰中队建队育人记事》便是用了先抑后扬的反差对比的手法。文章开篇就便读者展示了中队所处恶劣环境的强烈反差的矛盾关系：

这里曾被称作“黑色制造”的重镇，这里曾生产了全国近 1/3 的冰毒，这里个别承担反毒防毒责任的人竟成了毒贩的“保护伞”。

紧接着，文章又交代了中队官兵与看押目标“涉毒嫌犯”的交集与矛盾及其结果：

常年看管着数倍于己的涉毒嫌犯，在“红”与“黑”的对决之中，洁身自好，保持了 66 年无一名官兵违法违纪，无一起执勤安全事故的战绩……

这种先抑后扬的叙述手法，一上来就将读者引入到一个凶险境地，接着又交代中队官兵和凶险环境以及与涉毒嫌犯之间的关系，将中队官兵与“涉毒嫌犯”紧密联系在一起，无疑就像电影大片一样紧紧地吸引着观众。

（二）描写

描写是对事物的具体状态做描绘和摹写。通讯中的描写，就是用细腻生动的语言，对人物、景物、环境和细节的具体描绘和刻画。描写是除叙述外，通讯最为常用的表达方式。通过叙述，作者能阐述事实的来龙去脉，让读者对事实有全面了解。通过描写，作者能生动形象地刻画人物和环境的状态，让事实具有画面感。通讯描写的类别，从不同的角度可以有不同的划分方法。按照描写的视角可以分为直接描写和间接描写；按描写方式可分为细描和白描；按描写对象可分为肖像描写、语言描写、动作描写、心理描写、环境描写等。

一般而言，一篇优秀的通讯会综合用到多种描写手法，全方位、立体化地刻画人物或者环境。在第十六届中国新闻奖一等奖通讯《索玛花儿为什么这样红——记优秀共产党员、木里县马班邮路乡邮员王顺友》中，作者将人物的肖像、语言、动作和心理活动穿插进行描写，细节丰富，浑然天成，使主人公的形象饱满立体，形象生动，打动人心。

1. 肖像描写

肖像描一般从人物的容貌、体态、服饰、神情、音调等方面入手，目的是深刻地表现人物思想、性格特征，突出主题思想。通过肖像描写，作者不仅能直接描绘出人物的外表形象，还能侧面展现人物的行为特点和心理活动。一段成功的肖像描写，不仅能使人物性格表现得更鲜明，也能使作者的思想感情表现得更明确。如新华社记者于磊焰、刘志权采写的《中国人的骄傲——“杂交水稻之父”袁隆平》一文，对袁隆平的肖像如此描写：

这位声震世界的“杂交水稻之父”皮肤黝黑，头发花白，古铜色的面庞上印着道道深纹，显得与他 59 岁的年龄不太相称。记者见到他时，他穿着一件浅色短袖衬衫，露出粗黑的脖子，看上去根本不像一位满腹经纶的大专家，而言谈举止倒更像一个淳朴憨厚的庄稼汉。

在这段肖像描写中，作者用寥寥数语刻画了一个真实饱满的袁隆平形象。虽然他是科学家，但由于经常在田间地头搞科学研究，袁隆平的晒得“皮肤黝黑”的面庞呈现“古铜色”，“印着”道道深纹，“露出粗黑的脖子”；由于日夜操劳，他已经“头发花白”。这些细致入微的肖像描写，让一个为了研究杂交水稻，常与田地为伴，像一个“淳朴憨厚庄稼汉”的袁隆平形象跃然纸上。

2. 语言描写

言为心声，语为人镜。语言描写是塑造人物形象的重要手段。语言描写包括人物的独白和对话，独白是反映人物心理活动的重要手段。对话可以是两个人的对话，也可以是几个人的相互交谈。语言是人物思想的外壳，描写人物的语言不但要求做到个性化，还要体现出人物说话的艺术性。作者对人物语言的描写，并不是胡乱堆砌的，而是要真实、自然、巧妙地表现人物性格特征。成功的语言描写总是鲜明地展示人物的性格，生动地表现人物的思想感情，深刻地反映人物的内心世界。

刘云山在新华社担任记者时写过一篇通讯报道《夜宿车马店》。这篇通讯全文不足 1000 字，描写了刘云山 1981 年冬的某一天在县城车马店住宿时的所见所闻。全篇没有作者的一句议论，更没有一句空洞的政治口号，只是通过农民的言谈话语来反映了党的十一届三中全会以来农村的可喜变化。这篇通讯里有大篇幅的语言描写，故事情节以对话形式展开，语言独具个性特点，有着浓厚的乡土气息，读来非常亲切。这些朴实的语言，将农村人民真实的一面展示给读者，他们的话语里充满对丰收年景的喜悦，充满对美好生活的满足之感。

3. 动作描写

动作描写是刻画人物的重要方法之一。人物的每一行动都是受其思想、性格制约的。因此，具体细致地描写某一人物在某一情况下所做出的反应——主要是动作反应，就势必显示出这一人物的内心活动、处世态度、思想品质。成功的动作描写可以交代人物的身份、地位，可以反映人物心理活动的进程，可以表现人物的性格特征，有时还能推动情节的发展。如《光明日报》曾刊登的文章《“飞天”凌空——跳水姑娘吕伟夺魁记》中对中国跳水队员吕伟动作的描写：

轻舒双臂，向上高举，只见吕伟轻轻一蹬，就向空中飞去。那一瞬间，她那修长美妙的身体犹如被空中托住了，衬着蓝天白云，酷似敦煌壁画中凌空翔舞的“飞天”。

紧接着，是向前翻腾一周半，同时伴随着旋风般地空中转体三周，动作疾如流星，又潇洒自如，一秒七的时间对她似乎特别慷慨，让她从容不迫地展开身体优美的线条：从前伸的手指，一直延续到绷直的足尖。

还没等观众从眼花缭乱中反应过来，她已经又展开身体，笔直地像轻盈的箭，“味”地插入碧波之中，几股白色的气泡拥抱了这位自天而降的“仙女”，四面水花悄然不惊。

在这段动作描写中，作者把跳水一瞬间的镜头分为了飞天、转体、落水三个“镜头”来描述，从多方面调动读者的视觉、听觉以及想象力，形象而逼真，让读者有身临其境之感。

4. 心理描写

心理描写是指在文章中，对人物在一定的环境中的心理状态、精神面貌和内心活动所进行的描写。心理描写常起到表现人物的精神面貌、刻画人物的性格特征、突出作品的主题思想等作用。作为现实生活客观反映的新闻，可以通过心理描写的方法，打开人物心灵的窗户，表现矛盾冲突中的人物，让读者了解支配先进人物这样做的思想基础，增强人物通讯的可读性和艺术感染力。通讯写作中的心理描写通常包括通过人物独白展示心理、借助梦境幻觉反映心理、间接描写人物心境以及通过刻画神情、动作表现心理等。

5. 环境描写

环境描写包括对自然环境的描写和对社会环境的描写。对自然环境的描写可以展现人物活动和事件发展的背景，渲染各种气氛，通过景象构成的意境来烘托人物性格，预示事物发展。社会环境的描写，是指对人物活动或事件发展的社会背景的描写。它包括某一历史时期、某一特定地区或场景的社会关系、人物活动和风俗习惯等，有着鲜明的时代特色和地域气息。第十三届中国新闻奖二等奖作品、《经济日报》记者马秀莲采写的《在延安的山村里——下乡采访笔记》用了很多笔墨进行环境描写。

在描写自然环境时，作者这样写道：

出了延安，前往延川。我开始知道什么叫黄土高坡。未曾绵绝的山，裸露着大片大片黄色的肌肤，一星半点的绿，不过是其上的一点点缀。公路旁的沟谷，蜿蜒着一条快干涸的黄泥的浊流，上面卧着的石头，如刀削一般的条条缕缕，十分苍厉。这就是河。

这段文字里，记者用“绵绝的山”“黄色的肌肤”“蜿蜒”“浊流”“苍厉”等词汇，细致描写出黄土高坡上沟壑纵横的场景。

在描写社会环境时，作者写道：

人们在一切可以种植的地方进行耕植，而其实很难看到一块平坦的地方。在此黄土高坡，60%的土地都是大于25度的坡地，并不宜于种庄稼。99.9%的耕地都是旱地，靠天吃饭，而延川又十年九旱。并且，产量是极低的，所种的麦子与谷子，亩产通常只有百把来斤。”

这段话里，记者用简单的文字展现出一幅西部大开发中西部农村、农民和农业经济的现状图，展现老少边穷地区令人忧心的赤贫状况。

（三）议论

议论是一种评析、论理的表述方法，其特点是以理服人，用说理的办法，以概念、判断、推理等逻辑形式，直接对客观事物进行分析、评论、证明。一篇人物通讯写到关键处，如果不加一点恰如其分的议论，就不能加重通讯的分量，不能加深读者对人物、事件本质意义的理解，会让人感到言犹未尽。因此，为了使读者和记者一样动感情，在必要时就需要使用饱含哲理的议论。人物通讯中的议论不可滥用，要掌握得恰到好处，起“画龙点睛”的作用。因此，很多通讯作者都用夹叙夹议的方法，叙中有议，议中有叙，一边摆事实，一边讲道理。《光明日报》记者孟勇于 1993 年发表的三篇“反腐败启示录”可谓夹叙夹议中的佼佼者。这三篇分别以《警钟长鸣》《公费奢侈风当煞》《万众齐心刹歪风》为题的通讯，一方面概括叙述当前像毒菌一样蔓延的腐败现象，一方面用舆论监督的解剖刀，深刻地分析了腐败现象产生的根源、危害及根除措施。

在《公费奢侈风当煞》中，作者这样写道：

事情的另一方面是，现在有些人请客送礼，挥霍公款，也是出于无奈，是对不正常的社会风气的默认与屈从。有一个城市的政府部门工作人员到上级部门去办事，请客吃饭花掉 4000 多元，当事人说：“我们也心疼呵，可有什么办法呢？不这样办不成事。”不良的社会风气，迫使好人办错事。树立以俭为荣、以奢为耻的社会风气，是人民心里的呼唤，是国家利益的需要。

这段话一共四句话，第一句话是议论，表明作者立场——公款请客送礼是对不正常的社会风气的默认与屈从。第二句话是叙述，列举了公款请客送礼的案例，以及这类人员对自己行为的辩解。第三句和第四句话是作者对这种行为的评述，鲜明地展示自己的态度：谴责这种不良的社会风气，呼唤以俭为荣、以奢为耻的社会风气。

在对一些先进人物的报道中，为了升华主题，歌颂人物体现的精神品质，一些通讯会在结尾处对所写人物做一个总结式的评价。此类篇末式点评，往往用精炼的几句议论高度概括先进人物所代表的人格特征与时代精神，让作者报道的主旨和思想得到升华，使读者对其报道的人物有更深刻的认识和思考。

（四）抒情

抒情，即表达情思，抒发情感，是指以形式化的话语组织，象征性地表现个人内心情感的一种表达方式。它与叙事相对，具有主观性、个性化和诗意化等特征。通讯是一种可以较多地包含抒情成分的新闻文体，且在很多时候可借助议论、叙述、描写来抒情。如 2008 年 5 月 31 日在《人民日报》上刊登的长篇通讯《永远和人民在一起》，荣获了第十九届中国新闻奖特别奖。这篇通讯文字均饱含深情，令人动容，歌颂了奋斗在汶川大地震最前线，舍己为人、无私奉献的中国共产党人。

整篇文章情感浓烈，感染力强，那一个个抗震救灾的故事让人感觉真实、生动、感人。文中运用了大量抒情化语言，诸如提到六次“敬礼，伟大的中国共产党人”，用充满激情的述说、昂扬亢奋的呐喊，让读者热血沸腾、心潮澎湃，使报道在感人的同时，主题也得到了升华。

五、通讯的写作要求

1. 主题要深刻

主题是通讯的灵魂。优秀的通讯作品都有明确、深刻、新颖和独特的主题。提炼好通讯的主题，通常是通讯成功的关键。这就需要深入分析事实的特点，了解发生的背景和时代精神。

撰写一篇通讯，首先要在深入采访和充分占有材料的基础上，对所获材料进行认真分析、比较，抓住材料所反映的本质特点，从中找到比较新颖的报道角度。其次，确立主题要“以小见大”，从小处着手，挖掘深刻主题。“以小”，就是选取的角度要小，即抓住最能反映事实本质的一点或一个侧面；所谓“见大”，就是能使读者透过“小”角度，由此及彼，由点到面，达到借一斑以窥全豹的目的。最后，作者要选择当前群众最关注最感兴趣的问题，选择对实际工作有较强的指导意义的问题，选择对人们有较大的教育感化作用的问题。新闻工作者有“铁肩担道义，妙笔著文章”的美誉，就是要通过一些积极向上的主题，满腔热情地歌颂新时代生活中的新人新事新风貌，积极地传播实现中华民族伟大复兴的中国梦道路上的新气象、新成就、新经验。同时，又要通过一些针砭时弊的主题，正确地、旗帜鲜明地开展舆论监督，揭露、批评、鞭挞各种社会丑恶现象，催人醒悟。

2. 结构要合理

通讯的结构就是写作思路的表现形式，是根据主题，把材料组合成一个有机整体的方式，也叫作谋篇布局。结构组织的好坏，对于文章内容的表述、读者接受文章信息的传递和作者观点的表达有很大的影响。合理的结构安排符合客观事物的构成、发展，符合人们的认知规律①。

一方面，通讯的结构要服从于表现主题的需要。一篇通讯，先说什么，后说什么，怎样开头、怎样结尾，需要划分几个段落，是按时间顺序写，还是按逻辑关系写，或将二者相结合，这些结构都需要围绕主题思想进行安排。

另一方面，通讯的结构要完整、严谨、巧妙、和谐。通讯文体在文本结构方面，既有某些应当遵循的套路，又不必过分拘泥，可在文无定法的理念下进行创造，力求做到严密妥帖，层次分明，脉络清晰，波澜起伏，富于变化。

3. 选材要典型

写通讯要严格选材，力求用最少、最典型的事例来深刻说明事物的本质。写作时，要选择最典型的材料，精选事例，以一当十。写作时，如果不注重选材，堆砌了一大堆例子，不但不会深化主题，反而会适得其反。

通讯的选材，首先要围绕主题进行，凡是与主题无关或者关系不大的材料，都可不作考虑。其次要选用最典型的材料，尽量不用一般化、大众化的事例，以求达到选材要精的要求。最后要使材料和结构有机结合，以丰富的材料从不同侧面表现主题。

4. 语言要形象

语言是思想的“外衣”。通讯的写作，在语言上除了要像消息等新闻体裁那样，注重准

---

① 刘海贵．新闻采访写作新编[M]．上海：复旦大学出版社，2004：212．

确、简练和通俗以外，还应做到形象、含蓄、委婉，富有感情色彩和美感。

在写作过程中，要适当采用比喻、对比、烘托、排比等修辞手法，使不好理解的抽象概念变得形象具体、生动活泼，易懂好记；要赋予客观景物以灵气，使静物化为跃跃欲动、栩栩如生的精灵；使语句多变，富有音韵节奏。

写作完成后，还要对用语进行反复推敲，注意剔除其中的陈词套语，代之以新鲜活泼的语句。对使用频率很高的一些描述，可以换换说法，或者反复对语言进行美化、加工，使其“旧貌换新颜”，呈现出不同的美。

5. 细节要充分

一篇好的通讯需要用大量的细节描写来支撑。生动的细节，可以为一篇很普通的人物通讯报道增色不少，也可以让很鲜活的通讯报道更加富有感染力。著名记者穆青曾说：“有时，一个细节比千言万语生动得多、有力得多。”没有细节描写的报道，犹如镜花水月，缺乏真实感。

很多优秀的通讯作品都会运用细节描写。即使有些细节只有三言两语，但也正是整篇通讯中的灵气和精神所在，刻画了事实特点，丰满了人物个性，能够吸引和打动读者，增强文章感染力。

通讯的细节首先要为主题服务，能够揭示和表现主题。通过细节描写，将客观事物的特征形象地再现出来，使受众得到鲜明的印象和深刻的感受，使主题得以突出。其次，通讯的细节要注重现场感。记者在采写细节的过程中，要善于观察并且细致入微，再现现场捕捉到的具体环境、人物的行为、现场的声音等各种细节，给读者带来身临其境的感受。最后，细节描写还要真实传神，呈现出具体的、真实的细节，使读者能够“闻其声，辨其骨，睹其貌”。

第二节　人物通讯

人物通讯是指反映新闻人物为对象的通讯。它是以人物为中心报道对象，通过一个人物或一组人物新近的行动来反映时代特点和社会面貌的一种通讯形式。这里的新闻人物可以是一个人，也可以是一群人或一类人。人物通讯是报刊、广播、电视上最为常见的通讯形式之一，它以人物的新近行动为新闻，重在表现人物的品质、性格和精神面貌，通过个别显示一般，通过平凡突出伟大，达到揭示时代特征、感染并且教育读者的目的。

人物通讯包括系统报道某个人物或某个群体先进事迹的长篇通讯，以及表现人物的片段事迹的人物素描、人物特写、通讯小故事等。人物通讯具有形象性、生动性、时代性、典型性等特点。人物通讯在新闻报道中十分常见，很多著名的人物通讯为人们所铭记，具有很大的社会影响力。

一、报道对象类型

在改革开放以前，我国的人物通讯主要报道各类先进模范人物。随着时代的变迁，我国人物通讯报道的对象和理念逐渐发生变化。改革开放后，一些普通群众也进入媒体的报道视野，人物通讯开始“讲老百姓自己的故事”，选择更加多样化。新闻中的人物不再只是展示是“高大全”的完美人物，而更多地塑造人物的多方面形象，并不避讳先进人物的缺点。

一般来说，人物通讯报道的对象可以分为以下几个大类。

1. 先进人物

先进人物是代表时代发展方向的英雄人物，这些人物的身上集中了劳动人民的本质特征，他们身上闪烁着时代精神的光辉。报道他们的事迹，能鼓舞人民群众的斗志，推动历史前进。这样的先进人物、典型人物是我国新闻媒体尤其是报纸人物通讯最重要的报道群体。

雷锋、焦裕禄、孔繁森、吴吉昌、李素丽、张海迪、任长霞等人物都是通过媒体报道为人们熟知的。每年由各行各业评选出的先进人物，如“感动中国年度人物”“全国劳动模范”“全国优秀科技工作者”“中国十大杰出青年”等都是新闻媒体的重点报道对象。这些人物带有时代的印记，反映了时代的风貌和精神。报道他们的事迹和思想，对树立学习的榜样标杆起到了积极作用。

2. 反面人物

反面人物这类通讯报道包括腐败、堕落的贪官，行凶、杀人的罪犯以及其他违法犯罪等的坏人等，是相对于正面典型人物报道而言，针对触犯法律的罪犯分子的报道。这类报道主要揭露反面人物的犯罪事实，剖析其堕落、蜕变的轨迹，谴责其对社会的侵害，揭示产生同类现象的社会土壤，从而实现媒体的舆论监督功能，达到警示大众，推动民主法治社会进程的目的。

上文提到，改革开放以前，我国新闻媒体的人物通讯以报道正面人物为主。自党的十一届三中全会确定了“解放思想、实事求是”的思想路线后，新闻媒体越来越敢于揭露腐败、进行舆论监督，成了“群众喉舌，政府镜鉴，改革尖兵”。

3. 新闻人物

上面提到的先进人物和负面人物属于两种类型的典型人物，他们本身便具有新闻价值。有些人物通讯中的人自身并没有新闻价值，但由于他们和社会重大热点事件或者热门主题相关，于是便被赋予了报道的价值。

2003 年，有关“非典”的新闻报道铺天盖地，跟“非典”相关的人物和事件，都受到社会各界的广泛关注。因此，和“非典”相关的人物，便是这一时期值得媒体报道的新闻人物。获得第十四届中国新闻奖二等奖的通讯《广州市第一人民医院护士长张积慧日记——对抗“非典”难忘那 46 个日日夜夜》(《人民日报》2003 年 4 月 15 日）和《追踪 SARS 的传播途径——访海淀区流行病学调查大队》(《中国日报》2003 年 5 月 16 日）便是其中的代表作。

另外，诸如“5 · 12”大地震、北京奥运会、全国两会、党的代表大会等重大事件中，抗震救灾的官兵、获得奥运金牌的运动员、新当选的人大代表以及参加党代会的官员等，他们平时的工作和生活可能不具备报道价值，也因身处这些重大事件之中而具备了新闻价值。

4. 凡人逸事

改革开放以后，随着“解放思想”观念的深入人心，人们的独立意识、民主意识和创新意识加强，新闻媒体逐渐确立了受众本位思想，开始重视新闻的平民化视角。人文关怀和平民意识成为各媒体奉行的价值标准和实践准则，“讲述老百姓自己的故事”成为众多媒体的报道宗旨，普通人的命运受到了媒体前所未有的关注。人物通讯更多地贴近群众、贴近生活，关注更多平凡人的人性与人生，并通过多角度、多侧面地挖掘人物的精神、命运、人格、情感、感悟与经验，凸显新闻所蕴含的社会价值和时代意义。这一时期，《人民日报》开设了“普通人的故事”“凡人新事”等专栏；《解放军报》也开设了“遥望星空”“我的一段情”等栏目，报道普通士兵。《中国青年报・冰点周刊》以“更多地关注普通人的生存状态和想法”为新闻报道方针，将“平凡人”“平凡事”作为了新闻诉求的对象。据统计，第十六届到十八届中国新闻奖的获奖作品中共有 52 篇人物通讯，其中以普通人为报道对象的就占了 33 篇。

报道平凡人，要比报道先进人物、反面人物和新闻人物更难，因为他们身上的经历和所具有的品质并不是浮于表面，而是隐藏在身后的，需要记者去深入挖掘，选取独特的报道视角，展现出报道对象身上的闪光点。

二、人物通讯的写作概要

人物通讯，作为最常见的通讯题材，其写法多样，不一而足。人物通讯的写作需围绕人物以及与人物相关的事件来写。不同人物具有不同的事实材料，因此会产生不同的写法。即使是同一个人物，由不同记者采写，也会写出迥然不同的报道。人物通讯没有固定的写法，以下针对一些人物通讯写作上的共性要求做简要分析。

（一）凸显人物时代精神

前文提到过，主题是一篇文章的灵魂，一篇通讯想要获得社会良好反响，离不开一个好的主题。这样的主题一定不止步于一个人，而是能够回应人民群众最关心的问题，能够满足广大读者的愿望和要求，能够反映一个阶层、一个国家或者一个时代。

著名记者穆青的人物通讯便具有强烈的时代性和现实针对性，因为他在写作中着重依据人物事迹材料提炼主题，并且通过人物通讯的主题充分适应时代的需要，传达人民群众的期盼和呼唤。穆青曾说：“人物通讯要成为我们时代的宝贵记录和鼓舞人民前进的号角。”这就要求我们在认识和判断一个典型人物时，要根据时代的要求给予人物正确的评价，并且高瞻远瞩地提炼出反映时代特征的主题，凸显人物身上体现出的鼓舞人心、催人奋进的时代精神。

作为中国当代新闻界最杰出的代表，穆青在不同的历史时期都有催人奋进的新闻力作问世。曾有媒体界人士评价称：“读穆青的作品，总感到有一种正气，一种风骨，一种时代精神。”在 1996 年建党 75 周年之际，穆青在自己写过的人物通讯里选取了 10 篇典型报道结集出版，书名叫作《十个共产党员》。他曾说：“这十个人当中，除了焦裕禄、郑永和是县级领导干部，其他几位都是最普通的共产党员。他们的精神，集中到一点，就是无私奉献。真正的共产党员是什么样的人，在他们身上几乎都可以找到答案。他们是中国的真正脊梁。这本书虽然只写了十名普通共产党员，是沧海一粟，但是它反映的是整整一个时代、整整一代人。有了这样的人，我们的国家才有今天的辉煌成就和胜利；有了这样的人，才改变了我们国家的历史进程。现在，有些人已经逐渐把他们淡忘了，甚至怀疑世界上是否真有那样无私奉献的人，怀疑共产党员是否真能做到那样公而忘私。我之所以把这十名共产党员事迹集中成册，就是想让大家看看真正的共产党人是什么样子，就是想重现共产党人的光辉形象，就是想说明这些几十年前的典型人物的现代意义，就是想借他们的榜样力量来鼓舞今天正在为建设中国特色社会主义而奋斗的人们的信心……”

无论是写战争年代的先进，还是写中华人民共和国成立后社会主义建设各个时期各条战线上的模范，他们“反映的是整整一个时代、整整一代人”。正如穆青在其书中所写：“对于党和人民的新闻记者来说，我们不能满足于单纯地讴歌我们时代的英雄，还必须着眼于透过人物去反映我们的时代。用一句大家熟悉的话来说，就是要充分反映时代精神。这就要求记者敏锐地抓住具有典型意义的真人真事，同时还要善于把人物推上广阔的时代舞台，发掘孕育和诞生人物的时代和社会的本质”，进而“反映出时代精神的强大回声。”①。

当然，并不是所有人物通讯都必须有宏大的时代背景，在平常生活中的一些可贵的精神品质也同样值得赞颂。无论是通过先进人物的优秀事迹来鼓舞人心、激励斗志，还是通过反面人物的错误行为来引以为鉴、启迪思想，人物通讯的社会功能都是影响人。因此，即使没有特殊的时代背景和宏大的主题，只要那些人物的事迹能够彰显为人敬仰的善举和美德，都是值得我们去挖掘和探索的。我们需要通过传扬这些人物的故事，传播引人向上的精神力量，比如艰苦奋斗的精神、攻坚克难的勇气、坚韧不拔的毅力、扶危济困的善良等。这些精神品质能够使读者得到启发，进而影响他们的人生。

（二）彰显人物独特个性

人物通讯作为一种着重写人的新闻题材，如何生动地刻画出一个人物形象，这需要通过一定的人物性格来表现。人类社会纷繁复杂，人物性格千差万别，历史事件千姿百态。每一个人物和事件都具有区别于其他人、其他事件的特质。有人曾作过形象的比喻：“写人物不写性格，纵能上天入地，也是行尸走肉。”文学作品把塑造出个性鲜明的人物形象作为成功的最主要标志，如果没有个性鲜明的人物，即使故事再曲折离奇、引人入胜，也不能算是上乘之作。新闻作品尤其是人物通讯中的人物也是一样，如果没有个性，人物形象就活不起来，就是僵死的东西，不可亲、不可近、不真实。

要写好一篇人物通讯，必须把握住人物和事物的特点，找出人物区别于其他人、其他事的特质，才能展示作者最独到、最深刻的认识，才能刻画出一个与众不同的人物。如著名记者艾丰写的通讯《温州奇人——记全国优秀企业家滕增寿》，读罢会让人感受到滕增寿这个人鲜活真实、与众不同。

这篇通讯文章不长，作者用 5 个小标题展示滕增寿生活中 5 个小镜头，折射出主人公目标、理论、性格、干劲儿、领导风格等 5 个侧面，用生动的语言或者细腻的描写，刻画出人物独特的个性，让人物就一下子从纸里“跳”了出来。

如文章写滕增寿在职工大会上讲：“我要是完不成任务，到时候就买一把快刀，站在这个院子中间，抹脖子！”写他夜以继日研发产品，为了不影响工作，“他拿了一把消了毒的剪刀，一咬牙划开了自己的腿部，连脓带肉瘤，一次清除”。写一群造反派闯进工厂，要砸烂设备时，“滕增寿闻讯，呼地冲出门，拦住来人大声喝道：‘谁要砸烂我的锅，我就砸烂他的头’”，传神地展现出滕增寿见义勇为、敢作敢当、爱憎分明的个性特点。

---

① 穆青．穆青散文选[M]．北京：人民文学出版社，1984．

（三）讲述人物动人故事

人物形象是否塑造得有血有肉，是否能与读者产生精神共鸣，都是判断人物通讯成败的主要标尺。这种精神共鸣，很多时候可以通过讲故事来引发。我国著名记者、清华大学国际传播研究中心主任李希光教授曾说："新闻记者的核心任务是做好邮递员，准确无误地传送信息。但是，传递信息的新闻报道仅仅是完成了记者的一半工作，另一半工作是在这篇报道里讲一个能渗入读者或听者灵魂的好故事。深入读者的灵魂，也就是打开读者的心灵之窗，需要记者把新闻写作当成艺术那样，用艺术家那种苦心孤诣的精神，钻研写作艺术，勇于探索，尽善尽美，不留遗憾。用人性的观点和一套娴熟、敏捷和精确的手法采写你的作品。"

一篇优秀的人物通讯应该是一个生动的人物故事，在讲故事的过程中，字里行间又渗透着人物的思想和个性。读者轻松地看完这个故事后，人物的思想和成功的经验已不知不觉地印进他的脑子，影响了他的内心。讲好一个感人的故事，能够传播真善美，弘扬正能量。如获得第二十六届中国新闻奖一等奖的通讯《马氏"兄弟"跨越二十年的诚信》讲了河南开封人马保东和新疆哈密人马奋勇之间"欠债还钱"的故事。

"哥，你还记得我吗？我是保东，欠你 5 万多元的保东啊……你让我找得好苦啊！"电话里的马保东激动得语无伦次。

"哥，我终于能还你钱了。我要还本钱！还利息！还要加感情！我要还你 100 万！"马保东一口气说了好几个"还"。

电话那头的马奋勇也十分激动，连说："使不得，兄弟，使不得。说真的，失而复得的朋友比失而复得的金钱更珍贵。"

马保东告诉马奋勇，是他激励着自己奋斗了这些年，自己现在已是河南东信建设集团公司的董事长。"'东'是我的名字，'信'就是诚信。"

这篇通讯围绕两个普通百姓之间借钱还钱、诚信做人的故事展开，让读者在这个看似平淡无奇的借钱还钱故事中，感受到做人要诚信，诚信是做人的基本准则和信条，从而折射出社会主义核心价值观已经深深根植于群众心里。

1. 要有贴近性

故事讲得再多、再细、再生动，如果通过人物反映出来的主题不贴近现实，不贴近生活，不贴近群众，就没人愿听、愿读。这就要求记者一定要在贴近性上下功夫。

如《人民日报》发表的长篇通讯《一个人，一辈子，一道渠——贵州遵义老支书黄大发的无悔人生》里这样写道：

1990 年，大旱。

蝉喘雷干，焦金流石，100 多天，草王坝村滴雨未下。龟裂的大地仿佛历经风霜后老人脸上的皱纹，清晰而深刻，无奈又哀伤。

"撑不住了，孩子们没水喝一直哇哇叫""没粮食没水，连包沙饭都难吃得上""这是老天爷把咱们往死路上逼"……

难道草王坝人只能安于宿命，甘心祖祖辈辈受穷？黄大发手一挥，脚一跺，心一横："再修一次渠！"

1990 年冬天，寒风怒号，折胶堕指。从草王坝村通往县城的崎岖小路上渺无人烟，可有一个矮小佝偻的身影在这条小路上走了整整两天——这条路他走过一次又一次——黄大发要去县水电局给饮水工程立项。这一路怀揣着的是草王坝人千百年的梦，是草王坝村家家户户的命。

徒步跋涉了两天的黄大发，下午终于走到了县水电局。此时，瘦弱的身躯已经没几分人样，可眼神并不改当初，一样铿锵、坚定。不巧的是，水电局领导当天下乡了，不在单位。黄大发就打听到县水电局副局长黄著文的家庭住址……

晚上7点，黄著文回到家。在家门口，他看见一个瘦弱的身影在寒风中瑟瑟发抖，身上穿着破烂单薄的衣服，脸上冻得红一块紫一块，一双磨破了的解放鞋，露出脏脏的脚趾……

"我是草王坝村的村支书黄大发，来找你给我们村的饮水工程立项。"

这篇通讯写的是黄大发带领村民历经千难万险修渠致富的事迹，上面这个片段讲述了黄大发冒着寒风，徒步两天，到县水电局请求给草王坝村修渠的故事。黄大发坚忍执着的行为并不是为了自己，而是为了整个草王坝村，正如文中所写："这一路怀揣着的是草王坝人千百年的梦，是草王坝村家家户户的命。"这样的故事片段，让一个情系群众、为民排忧的老村支书形象跃然纸上，也让读者对这一人物感到亲切与敬畏。

2. 要有新鲜感

对一个典型人物，通常很多媒体都会进行报道。如何在报道中避免"炒冷饭"，写出与其他媒体与众不同的内容，这是记者们应该重点思考的问题。

采写了优秀人物通讯《爱人者，人恒爱之——廖俊波的大爱人生》一文的人民日报社记者姜洁曾透露，为写好廖俊波这个典型人物，平均每天被安排的采访对象都超过20人。姜洁深感这种七嘴八舌座谈式采访很难搜集到更有价值的素材，便先后通过各种方式找到廖身边工作过的同志、当地记者等，获得了许多一手的独家信息，挖掘到集体式采访得不到的细节和鲜为人知的故事。同时，对一些集体采访时不够充分的重点采访对象，例如廖俊波的妻子、女儿、秘书、司机和曾经同吃同住过的老同事等，姜洁又进行了补充采访，还在回京的火车上进行电话采访，对细节进行核实，写出了廖俊波身上很多不为人知的故事。

3. 要有思想性

一篇新闻稿件是否具有思想深度，决定着其是否有价值。没有思想的头脑，就像没有蜡烛的灯笼，没有思想的故事，同样没有存在的意义。

廖俊波和黄大发这两个人物典型，紧扣人民至上、不忘初心、从严治党的当代中国主题。高尚品格背后的大爱至诚、无私精神背后的党性本色都与时代背景相契合，以小人物为象，与大时代共振，为改革克难提供了强大的精神动力。

获得第二十三届中国新闻奖一等奖的通讯《老红军和他的三个兵》(《辽宁日报》2012年12月15日)，全篇由"送自己去当兵""送雷锋去当兵""送郭明义去当兵""送老儿子去当兵"四个小故事组成，没有对老红军余新元的精神发表议论，但这四个故事读下来，我们能从平淡的叙述和故事的描写中，看到了余老战争年代出生入死、奋勇杀敌，和平时期送"两代雷锋"当兵，几十年如一日传播雷锋精神的传奇经历，真切地感受到了一名共产党员的浩然正气。

（四）描写人物精彩细节

生动、细腻、富于表现力的细节对于通讯作品来说，就像枝枝叶叶。只有枝叶丰满了，树木才能显得茂盛；只有细节丰富了，文章才能显得“好看”。一篇人物通讯是否有现场感、立体感，能否达到生动感人的效果，往往取决于细节描摹是否精彩。法国启蒙作家狄德罗曾说过：“正是细节的真实使人们的心灵容易接受伟大故事的强烈印象。”传神的细节能够引发人们的共鸣和丰富想象，有助于增强文章的可读性与可信性，还能够强化读者的印象和记忆。人物通讯中的细节描写可以分为场景细节、动作细节、语言细节等种类。这些细节在深化主题、塑造人物形象、烘托典型环境等诸多方面起着举足轻重的作用。

1. 运用具象的场景细节有利于烘托环境氛围

茅盾曾经指出：“作品中的环境描写，不论是社会环境或自然环境，都不是可有可无的装饰品，而是密切地联系着人物的思想和行动。”①通讯作品与文学作品具有一些共性，即在塑造典型人物的同时，需要有一个典型环境相烘托，离开了典型环境，典型人物也就成了无源之水、无本之木。在人物通讯中，与主人翁事迹相适应的典型环境必不可少，它往往体现着人物事件的重要、紧迫、艰难、危险性。如果把这种典型环境用细节描写出来，就会产生与之相适应的意境，有利于烘托环境氛围，为表现人物形象奠定基调。

如在《县委书记的榜样——焦裕禄》一文中，作者在文章开头部分就用了这样一段细节描写：

24 年前，当我们第一次踏上兰考这块苦难的土地，兰考的“三害”——内涝、风沙、盐碱还在猖獗地为害人民。一年 365 天，多一半漫天黄沙飞扬。我们住在县委招待所，清晨起床，被褥总是蒙着一层黄尘。白色的盐碱每年不仅要碱死几万几十万亩禾苗，还侵蚀着千家万户的墙脚和锅台。内涝渍死了大片庄稼，有幸捉住苗的，一亩地打下几十或上百斤粮食就是上好年景。

在这一段对现场场景的描述中，作者用“漫天黄沙”“被褥蒙着黄尘”“盐碱侵蚀墙脚和锅台”“内涝渍死庄稼”等一个个具象的细节，对兰考的生态环境进行了具体的阐释，营造了一个绝望而又荒凉的氛围。面对这个极端恶劣的环境和极端贫困的生活现状，焦裕禄并没有退缩，而是以更昂扬的姿态、更踏实的作风，数十年如一日地带领农民对抗“三害”，带领农民脱贫致富。这段情节描写，不仅让兰考“三害”的现实更加真实形象，也让焦裕禄亲民爱民、艰苦奋斗的形象更加高大。

2. 运用生动的动作细节有利于深化文章主题

通讯中任何细节描写的最终目的都在于表现主题，所以细节描写不能偏离主题，最精彩的细节应该是那些最能表现主题的细节。动作细节描写指把人物的言语、动作用准确生动的语言描绘出来。动作描写并不是简单的动作堆砌，而是要作者通过深入观察后，选择那些关键性的动作，即最生动、最精彩、最能体现人物性格的动作，以便更好地为突出主题而服务。

《县委书记的榜样——焦裕禄》这篇通讯的主题，表现的是焦裕禄忘我工作、鞠躬尽瘁、死而后已的精神。作者选取了焦裕禄在同兰考“三害”的斗争中肝病越来越重的细节来表现主题：

很多人发现，无论开会还是做报告，他经常把右脚踩在椅子上，用右膝顶住肝部。他棉袄上的第二个和第三个扣子是不扣的，左手经常揣在怀里，人们留心观察，原来他越来

① 汤世英，等. 新闻通讯写作[M]. 北京：中国人民大学出版社，1986：279.

越多地用左手按住时时作痛的肝部或者用一根硬东西顶住右边的椅靠上，日子久了，他办公室的藤椅上，右边也被顶出了一个大窟窿。

在很多时候，细节描写可以起到“借一斑略知全貌，以一目尽传精神”的作用。上文中作者对焦裕禄忍住疼痛、忘我工作这一细节的描写，小中见大、见微知著、感人肺腑，用很小一个段落，便衬托出焦裕禄公而忘己的高贵品格，细腻传神地表达和深化了文章的主题。

3. 运用细腻的肖像细节有利于刻画人物形象

人物通讯的肖像细节描写包括人物的身材、容貌、姿态、神情、风度、语言、服饰等。肖像描写要“以形传神”，以肖像之“形”，反映人物的个性、修养、气质、精神，反映报道的主题。

人物通讯是文字类的新闻题材，如果能在无声的文字里面写出有声的人物形象，让读者仿佛听到了新闻人物在说话，那便更能体现作者的水平。如新华社记者李普在《陈毅将军印象记》中这样写道：

他并不算很高。但他的茁壮的身躯，和那戴着一顶大遮风毛皮帽的硕大的脑袋，却处处给人一种深刻的印象。他稳重沉着，彷佛一座山一样。等到听见他谈话，好了，你就发现这座山正被明朗的阳光照耀着而且长满了青葱的树木，带给你一种生气勃勃的喜悦。

在这段文字里，作者将陈毅的声音比喻成被阳光照耀着的青葱树木，呈现出勃勃生气。我们可以透过这样的描述可以想象出陈毅将军声如洪钟、精神饱满的状态。

4. 运用恰当的语言细节有利于突出人物个性

人物通讯中的语言细节描写，就是指对人物之间互相谈话内容的描写。语言细节描写是塑造人物形象、表现主题思想的重要手段。生动的语言细节描写能鲜明地展示人物的性格、思想、动机，准确地表现人物的思想感情，深刻地反映人物的内心世界，使读者“如闻其声，如见其人”，获得深刻的印象。

善用人物语言，最大的妙处在于使文中的主人翁活了起来，是描写刻画人物思想境界、心态、爱憎、个性的最好手法。言为心声，使用人物的语言进行描写，不仅能够形象地展示人物的内心世界，还能跳跃式地推进事件的发展进程，省去大段的文字叙述，避免过多地使用叙述性语句而使文章陷于呆板，使得文章文笔简练流畅，字段疏密得当，让人读来轻松自然。

值得注意的是，在写作时，我们要尽量做到用个性化语言来写人物，克服“千人一面、百人一腔”的脸谱化毛病。人物个性化的语言，要做到“言为心声”“文如其人”。所谓个性化的语言，就是从语句的思想内容、遣词用句到说话的口气腔调，都要符合人物的身份、修养、性格和职业特点。比如写焦裕禄的通讯中，有一句话叫作“吃别人嚼过的馍没味道”。这句话只能是焦裕禄说出来的。一个“馍”字，充分体现出河南人的“味”。通过不“吃别人嚼过的馍”又展示出焦裕禄敢于创新的典型性格。这是一句很有个性的语言。因此，在写作时，切忌不管报道什么人都用一样的“学生腔”和“八股调”，那就丧失了人物的个性特征[①]。

① 刘保全. 中国新闻奖精品赏析（三）[M]. 新华出版社，2018：69-70.

第三节　事件通讯

事件通讯是报道具有典型意义的新闻事件的通讯。它要求记者选择某一典型事件，完整、客观地记叙事件发生发展的情况和过程、原因和结果、意义和影响，集中、深刻地揭示其思想主题和社会意义。

事件通讯与上一节讲到的人物通讯有共性也有区别。共性是二者皆写人写事。区别在于前者更多以展现主体为前提和重心，来思考事件所涉及的人的表现，即由“事”及“人”；后者更多是以表现人为前提和重心来思考其所作所为，即由“人”及“事。

社会是在解决旧矛盾、迎接新矛盾的过程中不断前进的，因此事件通讯的题材非常广泛，既可以报道国际国内重大事件，如伊拉克战争、汶川大地震、中美贸易战等，又可以叙写“凡人小事”，如一个感人至深的善举、一场激励人心的报告；既可以赞颂先进事物，又可以批评错误倾向。

事件通讯能够帮助广大受众了解到事件的整个进程，认识社会主义建设进程中的矛盾和斗争。很多事件不仅具有新闻价值、宣传价值，还具有历史价值，能够加深读者对事物的了解，让人们从中受到教育、吸取经验教训，感受到时代的脉搏，倾听时代的声音，看到时代的前进，鼓舞人民振奋精神、建设新的生活。

一、事件通讯的特点

1. 新鲜性

世界上每天发生着数不清的事件，并非每个事件都可写成事件通讯。事件通讯所写的事件，一是新近发生的，二是广大群众关注的，三是对社会进程或现实生活有一定影响的。如果是影响或作用重大的事件，不论是正面的还是反面的，是报喜的还是报优的，往往先发布消息，然后再以事件通讯作为新闻消息的发展和补充，系统地向受众报道事件的来龙去脉、结果影响，引发人们的思考或共鸣。因此，事件通讯的选材也必须新鲜。如果记者老拿“陈年旧事”来写，肯定无法引发读者的兴趣。

2. 新闻性

事件通讯的新闻性并不等同于新鲜性。也就是说，新闻性不能单纯地理解为只讲一个“快”字，更重要的是事件本身的重要性。如第二十五届中国新闻奖一等奖作品《一水激活万水流——吉林省“河湖连通”工程走笔》(《吉林日报》2014 年 11 月 4 日)，这篇通讯题材重大，对严重缺水、水污染也十分严重的我国来说具有全局性的意义。还有一些宏大题材的通讯，没有明显的时间节点，可选择合适的时机来发布，但一经发布，它就会产生很大影响。如《解放军报》获得第二十六届中国新闻奖一等奖的通讯《改革强军 奋楫中流——习主席和中央军委运筹设计深化国防和军队改革纪实》选择在 2015 年 11 月 24 日发布。这一天召开了中央军委改革工作会议，人民军队历史性改革拉开了序幕。在这个时机发布这篇通讯，顺势而为，紧跟当前的形势，聚焦在历史时刻，产生了强烈的社会反响。

还有些事件，可能相隔的时间很长，但由于某种原因未能披露于世，广大群众怀着极大兴趣欲知其详。像这样的事件仍不失其新闻性，有做文章的必要。

3. 连续性

任何事物都有一个发生、发展、变化的过程。事件通讯就是要具体地、详细地报道具有新闻价值的事件的全过程，对于正在发生并持续发展的事件在一段时间内进行多次、连续的报道。有些事件是完整的，时空跨度不大、头绪也不过于复杂，对其的报道可以毕其功于一役。有些事件由于事件重大、事件内涵丰富，一次报道不能满足读者的需要，或者在政治上、思想上需要扩大影响的，这就应做进一步报道。在报道事件过程中，我们要认真研究事物的发展过程，抓住事物发展过程中各个阶段的特点，根据报道需求来考虑是否进行连续性报道。

在我国，抗日战争和解放战争时期，事件通讯的连续报道也时常见诸报端，如新华社对人民解放军横渡长江、解放南京的报道。随着改革开放的不断深入发展，连续报道呈现出空前繁荣的局面。如 2016 年 12 月 15 日至 12 月 24 日，《楚天都市报》对武汉一名女性擦干眼泪，坚持每天上街出摊卖煎饼，为脑瘫儿子和白血病丈夫筹集康复和治疗费用的事件进行了连续报道。第一天，《楚天都市报刊》发《小小煎饼摊撑起一个家》一文；第二天，记者在煎饼摊前利用新媒体直播；第三天，推出了《本报视频直播帮“煎饼姐”吆喝》的报道；在后续的报道中，《楚天都市报》又推出了《煎饼摊前爱如潮水》《江城大 V 加入“全城吃饼”行动》《本报记者对话“煎饼姐”》《“煎饼姐”与网友面对面》《“煎饼姐”家的年夜饭》等多篇报道。这一系列报道引发了社会积极反响，许多慈善机构和网友自发组织捐款，帮助“煎饼姐”渡过难关。

二、事件通讯的类型

按照不同的分类方法，事件通讯可以分为不同的类型，具体见表 11-1：

表 11-1

分类方法	类型	案例
按内容分	突发性事件通讯	《新疆“7.5”打砸抢烧严重暴力犯罪事件目击记》
	政治性事件通讯	《从春天再出发——记邓小平南方谈话 20 周年》
	经济性事件通讯	《麦当劳降价洋快餐中国之战升级》
	军事性事件通讯	《桌上的表》
	社会性事件通讯	《总理为农民工追工钱》
	文化性事件通讯	《余秋雨：封笔是为反盗版》
按性质分	写正面典型事件的通讯	《为了 200 个呼吸器》
	写反面典型事件的通讯	《第一劫钞案》
按形式分	长篇通讯	《为了六十一个阶级弟兄》
	中篇通讯	《一水激活万水流》
	短篇通讯	《会计仔嫌我的油壶小》

由于事件通讯的类型多样，分类方法也很多，下面主要从内容分类上，对六类事件通讯做简要分析。

1. 突发性事件通讯

突发性事件通讯是指对突然发生，造成或者可能造成严重社会危害，需要采取应急处置措施予以应对的自然灾害、事故灾难、公共卫生事件和社会安全事件进行报道的通讯。由于其变化的迅猛性、过程的持久性，决定了突发性通讯报道不只是简单地罗列新闻事实，而要向纵深挖掘更为深刻的素材，找到隐藏在表象之下的本质。报道中通常会包含这些内容：交代事故发生的时间、地点及灾难造成的后果，写明引发事故的原因，描述事故现场和事故发生的过程，目击者的描述，知情人介绍情况。同时，一般遇到重大的突发事件，记者都会准备连续报道，不断逼近事件真相。

2. 政治性事件通讯

政治性事件通讯是指对重要政治事件和重大政治活动的通讯报道，包括正面的政治宣传报道，如《人民日报》在 1999 年 10 月 2 日发表的《为了世纪大阅兵》，新华社在 2012 年 2 月 20 日发表的《从春天再出发——记邓小平南方谈话 20 周年》、在 2012 年 8 月 16 日发表的《凝聚全党意志 承载人民期望——党的十八大代表诞生记》。体制、法制、作风和道德上的不良因素会给群众在生活和经济上造成重大损失和不良影响，诸如弄虚作假、贪污腐败等，这些是国家和人民最为重视和关切的事件。因此政治性事件通讯也包括负面的批判性、揭露性报道，如新华社在 2012 年 9 月 19 日发表的《在法律的天平上——王立军案件庭审及案情始末》等。政治性事件通讯的写作要求对所写的政治性事件有全面正确的认识，并且叙述描写尽量客观；要写出事件中最有特色、最有表现力的细节，并揭示其蕴含的时代哲理，给人以有益的启发；要敢于揭露实际工作中存在的问题。

如新华社 2012 年 2 月 20 日的报道《从春天再出发——记邓小平南方谈话 20 周年》是一篇重要的政治通讯。这篇报道是针对中国特色社会主义如何深入发展、怎么发展而写出的具有划时代意义的指导性报道。写这类重大报道的重点在于策划、确定主题。首先主题要有高度、深度；其次是采访；最后是写作技巧，包括驾驭历史与现实材料的能力。

3. 经济性事件通讯

经济性事件通讯是指关于社会经济生活和与经济有关的领域的通讯报道，包括从生产到消费，从城市到农村，从宏观到微观，从安全生产到服务质量，从经济工作到政治、社会生活中的相关领域。经济性事件通讯报道具有传递财经信息、指导经济行为、剖析财经现象、监督经济行为、解读财经政策、推进制度完善、传播财经知识、提高经济素养等功能。经济性事件通讯的写作要注重贴近实际，从经济实用信息出发，使受众有所启发；要贴近生活，便于受众理解和接受；要贴近群众，估计普通受众的认知水平，多使用短句，增强财经新闻的节奏感。

如我国知名财经类报纸《21 世纪经济报道》在吉利收购沃尔沃事件中刊登的报道《李书福最后的等待：吉利“融资突击”路径揭秘》，这篇通讯发布在收购协议签约后两天，以人们最关心的资金问题为主题，以融资为主线，对整个过程进行了梳理，在梳理已经进行过的融资事件后，预测了后期“50 多亿”资金的可能出处，消息来源涉及企业、政府、银行各个方面，涵盖范围广泛、角度全面，让受众对这一事件有一个全面、完整的了解。

4. 军事性事件通讯

军事性事件通讯是有关战争、军队建设、士兵生活和武装冲突的新闻，以军事机关、学校、基地、营房、库房、码头、武器、工厂及其他附属组织所发生的事态为报道对象。军事性事件通讯分平时与战时两大类。平时报道应注重部队建设，如训练、生活、思想以及新武器、新设施等；战时报道要注意分清战争性质、掌握军事动态，及时反映战事发展。在报道军事性事件通讯时要注意保守军事秘密，对没有把握的问题要及时请示有关部门或领导。军事记者除了一般记者所应具备的条件外，还应具有强健的身体、丰富的军事知识、勇敢机警的品格、吃苦耐劳的工作作风以及勇于牺牲的大无畏精神[①]。

5. 社会性事件通讯

社会性事件是指反映有代表性的社会现象、社会问题或社会风气的事件。社会性事件通讯是通过报道传达出社会特定的讯息、动态与发展趋向。这种事件在社会上具有代表性和典型性，报道事件的意义在于认清事件的重要性和严重性，以促成社会的关注和问题的解决。

如 2010 年 6 月 29 日，中国广播网发布的通讯《江西官员因被央视采访时讲套话遭人肉搜索》反映了“人肉搜索”这一社会现象。这类报道通过对历史的、当今的能够引起人们普遍关注或兴趣的事件进行报道，意在挖掘一个现象的本质和分析解决方法，厘清其与社会纷扰复杂的关系，促进社会问题的解决和推动社会进步。2012 年 6 月 6 日，《光明日报》刊登的《一座城送别一个人——写在最美司机吴斌烈士追悼会上》一文反映了人性真善美这种社会风气。这类报道通过对人性真善美的讴歌，能够促进人们思考和不断调整自己的言行，达到建设和谐社会的目标。

6. 文化性事件通讯

文化性事件通讯包括政治文化、社会文化和影视娱乐文化类型的通讯。文化性事件通讯报道的事件消费价值很明显，有趣味性、故事性等优势，可以填补人们的休闲时间。更重要的是它有一种观念的导向作用，通过对一些文化事件的报道，给人以影响，人们自觉或不自觉地进行选择，或接受或欣赏。这些报道很多是围绕公共知识分子的活动、访谈事件展开的，在社会上能造成较大影响。另外，演艺界、影视界的明星名人的活动事件也会成为报道的热点，这方面的文化性事件通讯大量涌现[②]。

《八卦话题“打败”抗日老兵》是一篇用批判性思维写出的文化性事件通讯。文章选取了电视剧《滇西 1944》首播式上的一则“花絮”来进行报道，角度新颖、思想深刻。电视剧《滇西 1944》是一部讲述中国远征军在世界反法西斯战争中驱逐日寇的故事。在首播式上，演员王学兵夫妇被媒体包围追问私生活，而 92 岁的中国远征军老战士却孤独地蹒跚步出会场。记者选取这个角度进行报道，呈现出一种巨大的反差和冲击力，在价值观的对比中折射出新闻娱乐化的“文化奇观”。

三、事件通讯的写作概要

（一）选材要精当

事件通讯要选择那些对社会有重大影响的，具有典型的启示、教育、认识意义的新闻

① 刘建明，王泰玄，等. 宣传舆论学大辞典[M]. 北京：经济日报出版社，1993.
② 薛国林，张晋升，陈娟. 新闻写作[M]. 广州：暨南大学出版社，2013：191-219.

事件。在选材上，主要包括以下方面：

1. 重大文献性纪实

这类通讯反映在时代进程中足以载入史册和文献档案的重大事件，回顾历史、记录现实以及展望未来等。这类题材多是对重大事件的一种概括、总结或梳理，对新闻时效性要求不高。如回顾中华人民共和国成立 60 周年、中国共产党建党 90 周年、改革开放 40 周年辉煌成就以及发展历程的通讯，其特点是篇幅一般较长。2018 年是中国改革开放 40 周年，各大媒体都围绕这一重点事件进行了报道。如《瞭望》杂志刊发通讯《改革开放 40 年，时代的传奇》，对我国改革开放以来的历史成就做了梳理和总结，将中国人民创造的一个个传奇展现在读者面前，读来令人热血沸腾、心潮澎湃。

2. 国内外发生的重大事件

这类事件通讯的选题要选能引起全国甚至举世关注的、在社会上有影响的重大政治、经济、文化、体育、军事事件，伟人辞世、金融危机、宇宙飞船升空、青藏铁路通车、港珠澳大桥竣工等事件通讯都属于这一类题材。如新华社刊发的通讯《港珠澳大桥："中国制造"撑起超级工程"世界之最"》。

3. 重大活动现场

这类题材要求记者对在我国举办的国际或国内重大会议、重大比赛、重大活动的现场进行全方位报道。报道北京奥运会、上海世博会、广州亚运会、国庆庆典以及各地文化节、旅游节、经贸洽谈会等活动现场的通讯都属于这一类。如《人民日报》刊登的《为了世纪大阅兵》、新华社刊发的《荣耀与梦想在今夜绽放——第 29 届奥运会开幕式侧记》等。

4. 重大事故及各种突发事件

这类通讯主要报道事故、灾害等造成的损失、救援情况以及查找原因，挖掘总结经验教训，引发人们思考如何不再让悲剧重演。如"非典"、汶川地震、天津大爆炸、台风、火灾、矿难等。

5. 有可读性的小故事

这类通讯又称为新闻小故事，其题材不一定是重大的，但事件应有一定的典型性、故事性、可读性，具有比较丰富和深刻的内涵，能引发受众的进一步思考，而不至于读完以后只是一笑了之。如《桌上的表》《夜宿车马店》《商业部长买鞋上当记》等。

（二）主题要明确

写事件通讯跟写其他体裁的新闻报道一样，必须有明确的目的，即要表达一种思想观点，表扬一种精神或批评一种倾向，也就是要有明确的主题。主题不明确，记事不但失去核心思想的指导，同时也缺少思想价值。

一个明确的主题可以从正确和鲜明两个角度来讲。一方面，主题要正确，这需要有两个标准：政治上正确、思想上积极健康。也就是说，一篇好的事件通讯的主题应符合党的路线方针政策，符合时代精神，有利于社会发展进步、和谐稳定。另一方面，主题要准确、鲜明。鲜明，就是赞成什么、反对什么、提倡什么，旗帜很鲜明，让人看了一目了然。也就是说，通讯的主题应符合新闻事件本身的实际情况和固有价值，而不能从外部添加，硬贴政治标签。特别是报道反面的、不好的事件，应谨慎地提炼主题。因为这类事件一般都具有两重性，光明与黑暗、正确与错误、先进与落后、进步与反动、正义与邪恶、科学与迷信、真善美与假恶丑等，往往交织在一起，相对立而存在，相斗争而转化。事件通讯的任务，就在于揭示客观矛盾发生、发展和转化的过程，宣扬其中的积极因素，批判其中的消极因素，对读者起到宣传、教育、鼓舞、启示、替示等积极作用①。

（三）叙事要完整

写事件通讯必须遵守新闻报道的一些共同原则，如新闻性、真实性、重要性、用事实说话、时效性、可读性。针对事件通讯的特点，我们还需特别注意叙事的完整性。事件通讯既然主要是写事的，主要是以确凿有力的事实教育、感染读者，以事实说明道理去帮助读者提高认识能力，那它就应当真实地反映事件的全貌，保持事件的完整性。同时，由于事件通讯的叙事比较复杂，在保持叙事完整的前提下，还要掌握一定的叙事技巧，合理地进行谋篇布局。

首先，事件通讯的叙事需要有完整的新闻要素，要以新闻事件为主线脉络，把何时、何地、何人、何事、何因（即“5W”）这些要素在叙事中进行合理安排，完整地呈现事件的全过程。无论写什么内容的事件通讯，都应牢牢掌握这五个要素：交代清楚什么时间，在什么地方，发生了什么事，有哪些人参与，事情的起因是什么，经过怎样，结果如何，给读者留下一个完整的印象。其次，事件通讯的叙事线索要清楚，既可以用单线式结构，也可以用双线式或者多线式结构。再次，事件通讯的层次要清楚。不同于消息的单一层次叙事，通讯的叙事更全面、完整，要围绕情节发展区分层次，从不同阶段、不同角度、不同侧面来叙事，使文章更有可读性。对此，中国新闻奖评审丁柏铨教授总结了几种常见的叙事安排方法：

“顺序法”，即从头说起，以时间为序。时间是最自然而又最重要的次序，这是事件通讯最常用的结构方式。

“倒序法”，即从尾写起。有些事件从头说起，既不新鲜，也不生动，因而不能吸引读者，因此可以把这类事件的结局或者事件发展中的精彩片段放到开头写，吊起读者的胃口，然后回过头来讲述事件的详细过程。

“分进法”，即以时间为序，分头并进。有的事件头绪较多，同时可能多事并起。在处理这种事件的叙事时，可以采用“花开数朵，各表一枝”的方法，分头来写。

“集纳法”，即围绕一个主题，集纳几个事件。有的事件通讯不是写一个事件，而几个事件，但它们具有共同的思想意义，集纳成一篇通讯，可以使主题表现得更为充分。这样的通讯自然应分写几件事，但要注意它们之间的内在联系，用开头和结尾贯通起来。

“交叉法”，即运用双线并进的叙事方法，叙事与交代背景交叉进行，时断时续，相辅相成。

比如《冰点周刊》1995 年 1 月 6 日的《北京最后的粪桶》一文用了“集纳法”，围绕“北京老知青返城成背粪工人”这一主题，安排了“跟着出车”“知青生活”“知青返京”“上电视”等事件。这些事件从多角度、多侧面反映了知青返京前后的生活和思想。文章从整体上是并列结构，在各个部分内部也是并列的。如“回来没有我们的位置了”一节，围绕没

① 杨锦章. 谈谈通讯的写作　第七讲　事件通讯写作提要（上）[J]. 新闻知识，1996（09）：27-28.

有回城知青的工作位置这一内在逻辑，分别写了樊宝发、殷健康和蔡三中三个人的情况。虽然三个人的具体情况不同，但是内在的实质是一样的，那就是他们都没有正式的工作，生活得非常艰辛，没有根，三个人的故事是并列关系。两种并列的结构同时使用，整篇文章的逻辑是清晰完整的。

事件通讯以典型新闻事件为线索安排文章结构，同时又要描绘人物群像，这就要求我们在谋篇布局时，既要考虑纵向的事件过程方面，防止把过程写得断续不清或写成流水账；又要考虑众多人物活动的横向的方面，防止文理不清。在事件通讯的写作中，事件发展的顺序和我们叙事的顺序往往是不一致的，我们会根据事件的重要程度来安排结构顺序。很多时候，发生在后面的事情会放到文章前面去叙述。从空间上来讲，也通常不会按照地点的远近顺序来安排。因此，在写作中，我们可以根据叙事需求，将事件发生的时间和空间进行重新排列，互相穿插、互相融合。如《南都周刊》2014 年第 2 期上刊登的文章《出法庭记》，在文章开头便将时空进行了重新组合，用简短的文字便交代了事件主人公的经历。原文如下：

广州越秀区华以泰国际大厦六楼尽头的一间律师事务所里。实习律师管志远办公桌后面，是一整面书架墙。“你看那边!”

他用手指着窗外数百米开外的一座大楼，“我租的房子就在那里”。

这是 33 岁的管志远从西南政法大学毕业 11 年后，第一次自己租住房子。6 个月前，广东省佛山市三水区法院知识产权庭副庭长营志远，在处理完手头最后一件关于仿冒纠纷的诉讼案件后，结束了 10 年法官生涯。

在脱下法袍前，难掩感伤的营志远在法庭上，留下最后的工作照。他把这张照片发到朋友圈，命名为“the last court”。在被处理成素描风格的照片里，身着法袍的法官营志远坐在原告与被告之间的审判席上。

结束了最后一次的审判，营志远正式递交了辞职信。他提着简单的行李，来到数十公里外的广州，租了一间不大的单身公寓，开始了实习律师营志远的新角色。

有些事件，虽然发生的时间不长，但是事件涉及的场面大、地区广、牵扯的单位和人物众多，情节又变换得十分迅速，如果按照一个线索去进行叙事，事件就难以叙述完整，因此这个时候我们需要进行立体交叉布局。

（四）写好人和事

事件通讯的写作不能单独描述事件，因为任何新闻事件的发生都离不开人的活动。人的活动产生了事件，推动着事件的发展，并且决定着事件的结局。因此事件通讯要以人记事，以事写人。俗话说：“事因人生，人以事显。”在事件通讯的写作中，要正确处理好事件与人的关系，在交代事件的发生过程时，要穿插人物的活动；在描写人物活动时，又应带出事件的进程。

事件通讯和人物通讯都要写人，但是两者在人物描写中有明显的区别。人物通讯无论是写一个人还是写一群人，一般都以一个人物或几个人物为主线，然后叙述与人物有关的事件，不过这些事件都是一件件具体的事，彼此之间有的有联系，有的没有联系。

事件通讯中的事件不是片段，要以一个事件为主线，贯彻始终，统领全文，写出事件发生、发展和结束的完整过程。事件通讯中的人物始终是围绕事件的发生过程来安排的，一般不只写一个人，而是一群人。在写人物时，事件通讯不能展开写其全部，不宜着墨太多，只能写人物在事件发展过程中的片段．而这个片段只能抓住有典型意义的行动或言语，用白描手法加以勾勒。

总的来说，人物通讯要给读者一个完整而鲜明的人物形象，事件通讯要给读者一个完整而鲜明的事件图像。在人物通讯中是让事跟着人转，在事件通讯中是让人跟着事转。由于事件通讯中涉及的人物较多，我们不可能把所有的人物都笔墨均匀地写上去，而是要根据主题的需要、故事发展的脉络以及人物与事件联系的紧密程度进行安排，对关键人物要多花笔墨，细微刻画；对次要人物则少用笔墨，只作粗线条勾勒；对再次要而情节中又少不了的人物，可以点到为止，一笔带过。

（五）注意穿插故事和细节

新闻记者的核心任务是做好“邮递员”，准确无误地传达信息。但是，记者通过新闻报道传递信息，仅仅是完成了一半的工作，另一半工作则是让这篇新闻报道抓住读者的内心，让读者受感染、受触动或者受启发。这就需要通过故事和细节来实现了。这种写作方法在西方新闻界很常见，如英国《泰晤士报》有一篇写伊拉克战争的著名文章《“我们向平民开枪”》因其故事性和突出细节而广为传播。

这篇报道中，记者马克·菲兰切尼用第一人称描述了他亲眼看见的画面：布满弹孔的车辆、横七竖八的尸体、穿着漂亮裙子但脑袋已被炸飞的女童、被坦克压过的妇女……在这篇文章中，记者不必用抒情笔调渲染现场的惨烈，只需要通过这些直观的描述便能直击人心，让读者受到强烈的感官刺激。

因此，在事件通讯的采写中，要注意寻找感性化的细节，且尽量采用那些能引发读者视觉、听觉、嗅觉、触觉和味觉的细节，让读者在你的叙述中有一种感官的刺激或经历。通过这些细节描写，即使记者不明确点出主旨，读者也能通过记者的客观描述来对人物和事件做出自己的判断，形成自己的思考。

即使去采写一个丑陋的人物、残暴的人或是卑鄙吝啬的小人，你只要通过对事实的选择，在旁尽量客观描述，读者自然会在你提供的事实和细节中对这个人物的性格和特点做出自己的判断。

第四节　工作通讯

工作通讯，是指通过报道实际工作中出现的新事物、新变化、新成就及其经验、教训或问题，以推动工作进展的一种通讯形式。

由于工作通讯能够较为直接地反映和指导实际工作，因此具有鲜明的指导性、较强的政策性、特有的探索性等特点。

从其特点可知，工作通讯具有三个主要功能：一是介绍和推广先进经验；二是发现工作中的问题，提出批评和建议；三是探讨工作中的新动向、新课题。

（一）工作通讯的主要内容

工作通讯报道的内容主要包括以下方面：

（1）报道各种生动、典型的事件或事实，介绍某项工作中先进做法和经验。如某省市或某单位贯彻落实党的十九大精神的优秀做法和具体经验，且这些经验须对其他省市或单位具有启发意义或借鉴作用。

（2）批评和揭露实际工作中存在的问题，研究解决这些问题的思路或对策。工作通讯汇总批评或揭露的问题必须具有一定的普遍意义，能够发人深省，引起警戒。

（3）对新形势下的新情况、新特点、新内容进行研究和探讨，以反映工作中的某些带倾向性的苗头，及时引起有关部门和单位的重视。

（二）工作通讯的类型

工作通讯根据不同的分类方法，可以分为不同的类型①。

因报道的写作手法的不同，工作通讯可分为三类，即报道型（报告型）、研究型（探索型）和札记随感型。

报道型（报告型）工作通讯：主要报道某项工作中比较成熟的经验或某地区、某单位和政治、经济、党风、民风、官风有关的重要问题。

研究型（探索型）工作通讯：重心不在报道情况而是探讨问题及其成因，研究解决问题的对策。一般针对全局性的、人们知其然但又不知其所以然的重大问题，通过高屋建瓴的纵向剖析和横向考察，追究其所以然，并对症下药，提出解决办法。

札记随感型工作通讯：写记者的所见所闻所感。有的侧重于记，纪实性较强；有的侧重于感，议论色彩较强，但是不同于研究型。研究型主要是对全局问题进行纵向和横向的探讨而以事实为依据，议论性较强；札记随感型多是记者本人对一些具体见闻所发的随感和评论。

根据报道的写作内容与方向目的的不同，工作通讯又可以分为经验性通讯、探讨性通讯、批评性通讯和社会现象性通讯。

经验性工作通讯：报道某一企业、部门、某一地区创造出的值得向全局、全省和全国推广的好的领导艺术经验、经营管理经验。

探讨性工作通讯：报道某一企业、部门或地区在实践工作中涌现出的一些尚处萌芽状态的、不成熟的、值得研究探讨的东西。

批评性工作通讯：报道需要提出批评的官僚主义、强迫命令、不正之风等行为。

社会现象性工作通讯：报道我们日常生活中，透过其可以反映出问题本质的某些现象。如曾大量报道过的房改、医改等直接关系到群众切身利益与群众生活密切相关的“热点”问题。

（三）工作通讯的写作要求

1. 总结有指导性的经验

总结的经验要能够给人以借鉴，给人以启示，能指导工作。这就要求记者具有较高的政策、理论水平；要站在全局性的高度，善于概括和提炼；总结出的经验要有导向性、创新性、超前性，是正确的经验，是新鲜的经验，是与时俱进的经验，能够起到引路的作用。

2. 抓住有针对性的问题

记者要有较强的政治敏锐性和新闻敏感性，要抓准问题，言人之所未言。提出的问题有现实性，即具有普遍意义和迫切意义，反映实际，立足于解决实际工作中的问题，应该

① 廖广莲. 新闻通讯传媒写作技巧与范例[M]. 北京：北京联合出版公司，2015：77-78.

有的放矢，有感而发。好的工作通讯一定是直面现实的。因此记者要关注当下，关注现实社会中的热点、焦点、难点问题，要善于发现问题，并提出解决问题的措施和办法。

3. 提出有理论性的思考

工作通讯具有理论性或说理性特点，这是它与人物通讯、事件通讯与风貌通讯相比所具有的最突出的特点。它具有浓厚的议论色彩，议论分析的文字占有很大的篇幅。工作通讯写作要把这一特点发挥得淋漓尽致，这就要求记者能够在复杂的现象中发现本质，不被事物的表面现象所迷惑。要善于进行理性思考和深入探究，不浅尝辄止；善于运用唯物辩证法去分析和解决问题，不以偏概全。

4. 运用生动活泼的手法

工作通讯可以有生动的故事情节，可以有人物的对话，也可以有相关知识和趣闻的背景穿插。避免抽象和空洞是写作工作通讯需要注意的问题，可以在叙述典型案例的基础上提出问题，分析问题，得出结论。写作工作通讯，记者可以直抒己见，也可以摆出事实和矛盾，让读者自己去思索；可以旁征博引，也可以用形象的比喻说明事理，力争把枯燥的问题写得鲜活有趣、有吸引力。工作通讯可以运用多种表现方法：在笔法上，可以是散文笔法、政论笔法、杂文笔法；在结构上，可以正反两方面对比，可以讲一个故事开头，也可以提炼若干小观点，列出小标题；在手法上，可以夹叙夹议，就事说理，也可以有场景的描绘，以景写情；在篇幅上可长可短，有的工作通讯可以一事一议，写得短小精悍；在题材上可大可小，要善于从日常生活的小事中取材。总之，在写作上应别具一格，生动活泼①。

（四）工作通讯的写作范例

2013 年 9 月 25 日，新华社刊发了由社长李从军带领记者团队采写的万字长篇通讯《“三北”造林记》。在当年第二十四届中国新闻奖的评选活动中，这篇文章被评选为通讯特别奖。该通讯再现了“三北”造林这一慷慨悲壮的历程，写出了一部改造环境的史诗、一部顽强生存的史诗、一部心灵成长的史诗、一部精神发展的史诗，发人深省，引人遐想。该文意象奇特，结构纵横捭阖，叙事天马行空，刻画细致入微，议论精彩迭出，语言行云流水，处处体现着高超的新闻艺术水准，是一篇具有巨大艺术感染力的新闻精品。

《“三北”造林记》作为鸿篇巨制的经典通讯，自刊发以来就一直被业界视为工作通讯的写作范例。具体说来，有以下特色值得学习：

一是开篇新颖，奇句夺目。大量的新闻实践表明，开头是文章写作成败的关键。《“三北”造林记》一文在文章开篇下足了功夫，十分吸引读者眼球。文章开篇如下：

为了生存，为了明天，一群蓑羽鹤振翅高飞，逆势而上，冲击地球之巅。它们亢奋的叫喊声，在喜马拉雅山群峰之间激荡回旋。

每年春天，这种候鸟都要从印度次大陆返回中国北方的繁衍地。

气流、天敌、折羽而亡，都无法阻断攀升前行的向往。它们挑战艰险，穿越极限，飞越珠穆朗玛峰，飞越九曲黄河，飞越万里长城，重返生命的起点。

在这里，在三北——西北、华北、东北，有一群人，如同这些悲壮的蓑羽鹤，为了生存，为了明天，艰难向上，奋力前行。漫漫 35 年征程，他们构筑着人类历史上最大的人工生态

① 柳邦坤．当代新闻采访与写作教程[M]．2 版．武汉：武汉大学出版社，2017．

林带——中国三北防护林。

这条绿色长城跨越三北，与古老长城共同挽起了这片土地的历史和未来，见证着中华民族的苦难、忧患、奋斗与梦想。

二是行文似绘，画画相连。这篇通讯对人物的描绘形象生动，用电影“蒙太奇”式手法，呈现出画面组接的艺术美，把肖像、衣着、神态、心灵、氛围、年境以及事情的发生、发展过程，生灵活现地再现于字里行间，如文中写道：

片段一：

满斟烈酒的七只土瓷大碗，高举在七双粗糙大手中，七张古铜色的脸凝如泥塑。

黄沙扑面，白日惨淡。

“死也要死在沙窝里！”头扎白羊肚毛巾的壮汉一声大吼——“这事干成，就没白活这一遭！”

酒碗相撞，一饮而尽。

空碗摔在脚下，碎片八瓣。

30年前那个春寒料峭的黎明，外号“石灰锤”的陕西定边农民石光银做梦都没有想到，自己成了全国联产承包治沙先行者。七勇士大战毛乌素沙地，就此开创一段石破天惊的历史。

片段二：

树真的种活了！在乡亲们惊异的目光中，石光银大手一挥，把招贤榜贴到乡政府门口：要想栽树你就来，我出树苗你来栽！

片段三：

邱建成潸然泪下，仰天呼啸。

——谁能救活我的树？谁能救活我的树？

残缺的手在枯萎的树干上颤抖地摩挲着，摩挲着……

三是议论精辟，画龙点睛。前面我们讲到，通讯写作不同于消息，可以集叙述、描写、抒情、议论等多种表现方式于一体。议论对于通讯来说，往往起到画龙点睛的作用。但它不能空洞地说教，而是要恰如其分地对新闻事实进行揭示、补充、或者说明，要据事说理，与事实相辅相成。《“三北”造林记》一文中的议论，让文章更加生动，更有感染力。例如：

英雄之心，比大漠更宽广；英雄之泪，如岁月般苍凉。

……

这是一个改革大潮奔涌的时代，这是一个造林英雄辈出的时代。

……

生命的色彩，让孤独者感受温暖，让悲哀者获得慰藉，让伤痛者重获生机，让艰难者看到希望。

……

饱蘸生命的颜料，造林人一笔一画勾勒出人生的画图。万千动人的色块，拼成了一幅恢宏的历史画卷。

四是情感充沛，文采飞扬。一篇好的新闻作品必须用新颖、生动、感人的事实和优美的文字来传播信息、反映和引导舆论。《“三北”造林记》一文在用语和用情上堪称典范。如文章用蓑羽鹤借物传情，表达对牛玉琴的敬佩之情：

半生坎坷，终成正果，渴望的却是重返人生的起点，依然在灵魂深处召唤着壮烈和孤寂。这是怎样的女人？

蓑羽鹤——我们联想起在哈巴湖见过的蓑羽鹤。

即便他乡水丰草美，仍然向往故园。纵然冻死累死，纵然魂逝风暴，纵然命丧雕口，也要向北方飞越。每一次悲壮的飞越，都可能是它们在天空中划出的最后一道弧线，但这一切都无法阻挡飞翔——飞翔，向着生命的起点。这，就是蓑羽鹤。

奋力拼搏，从不止步，超越极限，又重返人生的起点——这，就是牛玉琴。

获得第二十一届中国新闻奖二等奖的通讯《为人民管城市》也是一篇优秀的工作通讯。这篇通讯写了济南市城管工作探索出的经验。文章从济南市更新城市管理理念、探索城市管理规律、创新城市管理办法的探索入手进行采访，围绕“一堆渣土引发的波澜”“化堵为疏的‘地图思路”“市民投票选出四首洒水曲”等事件，生动、具体、令人信服地报道了济南的经验和做法，把这一“人民满意的城管”品牌推向社会。

《为人民管城市》一文开头写法很别致，有吸引力，通讯所讲述的一堆渣土的故事、“西瓜地图”的故事以及市民选出洒水曲的故事都很有说服力，很生动，写得鲜活有趣。在写作手法上，有叙有议，先叙后评，挖掘出了济南城管做法的典型意义和深层次价值，使得济南城管经验在全国都有重要的借鉴和推广价值。

通讯作为一种详细生动地报道客观事物或典型人物的新闻体裁，在我国新闻界被广泛运用。学习通讯写作并不是一蹴而就的，需要多看、多写，经常练笔，只有勤学多练，才能形成通讯写作思维，才能在采访内容、材料取舍、结构安排上游刃有余，才能选取好的角度，写出一篇好的通讯文章。

【本章小结】

1. 通讯与消息的相同点是都要求客观真实，都讲究时效性，都注重凸显新闻价值；二者的不同之处在于写作侧重点不同、结构形式不同和表述方法不同。

2. 主题在通讯中起到了不可或缺的重要作用，提炼主题的要求主要体现在正确、鲜明、集中、深刻四个方面。

3. 提炼通讯主题的基本方法有基于事实确立主题范围、着眼全局挖掘材料特点、深入分析提升主题内涵。

4. 通讯按内容可分为人物通讯、事件通讯、工作通讯和风貌通讯。

5. 通讯的写作要求主要有主题要深刻、结构要合理、选材要典型、语言要形象、细节要充分。

6. 人物通讯报道对象类型主要有先进人物、反面人物、新闻人物和凡人逸事。

7. 人物通讯的写作需要做到凸显人物时代精神、彰显人物独特个性、讲述人物动人故事、描写人物精彩细节。

8. 事件通讯具有新鲜性、新闻性和连续性等特点。

9. 事件通讯按内容可分为突发性事件通讯、政治性事件通讯、经济性事件通讯、军事性事件通讯、社会性事件通讯和文化性事件通讯；按性质可分为写正面典型事件的通讯和写反面典型事件的通讯。

10. 事件通讯的选材包括重大文献性纪实、国内外发生的重大事件、重大活动现场、重大事故及各种突发事件和有可读性的小故事。

11. 事件通讯的写作要做到：选材要精当、主题要明确、叙事要完整、写好人和事、注意穿插故事和细节。

12. 工作通讯的主要内容包括报道各种生动、典型的事件或事实，介绍某项工作中的一些先进做法和经验；批评和揭露实际工作中存在的问题，研究解决这些问题的思路或对策；对新形势下的新情况、新特点、新内容进行研究和探讨，以反映工作中的某些带倾向性的苗头，及时引起有关部门和单位的重视。

13. 工作通讯的写作要求总结有指导性的经验、抓住有针对性的问题、提出有理论性的思考、运用生动活泼的手法。

【案例分析】

老郭脱贫记

记者　马跃峰

贫困户吃低保，别人争得面红耳赤，老郭却总想让出去："脱贫靠劳动，不能躺在'政策温床'上！"

老郭叫郭祖彬，今年 56 岁，是河南封丘县王村乡小城村农民。年轻时的老郭并不穷，开四轮，拉红砖，日子过得去。没承想，儿子 3 岁患病，摘除脾脏，手术费花了 1 万元。老郭把积蓄拿出来，勉强渡过难关。10 年后，儿子再次病发，做心脏搭桥手术花了 6 万多元。这回，老郭借遍"村里一条街"，才凑够医药费。为了还钱，他到天津打工六七年，窟窿没补上，还落下脑梗病。乡邻们忧心地说："老郭脱贫——猴年马月的事！"

封丘是国家级扶贫开发重点县，建档立卡贫困户 1.86 万户，5.8 万人。该县对因病、因残等 7 种致贫原因分门别类，采取"1+2+N"帮扶模式，即每户 1 名帮扶责任人，2 项以上扶持政策，家庭成员每人 1 条帮扶措施。拿老郭来说，安排公益岗位，每月挣 400 元；孙子享受教育补助，每年 1000 元；儿媳转移就业卖手机，每月工资 1500 元。全家享受人身意外险、医疗补充险，阻断"因病致贫"。

政府"兜了底"，致富靠自己。封丘县实施产业扶贫项目 81 个，户均可享产业扶贫资金 8000 元。村支书郭祖良选定种植中药材，请来中医药大学教授，测土、配方。老郭一听，第一个报名。

4 月，是种地黄的最佳季节。可这时麦子已长到腿窝，首批报名的 50 户农民看不到效益，谁也舍不得铲麦子。

老郭的老伴儿着急了："万一出不来苗，地黄收不着，麦子也毁了。"

"村支书一心为咱，能把你带到沟里？"老郭坚持己见，并辞去公益岗，专心种药。

第一批 10 户，种了 50 亩，老郭种 4.5 亩。半月后，地黄没出芽。村民议论，老伴数落。老郭一天到地头转几遍，悉心照料。40 天，地黄出齐，一地绿色。老郭长出一口气："心里石头落了地，我瘦了 18 斤。"

村支书郭祖良压力更大："万一种不成，咋有脸见乡亲？"他请专家"把脉"指导，成立种植合作社，与安徽企业达成协议，以优惠价回收药材，让农民吃上定心丸。

12 月，地黄叶枯，眼看就到收获的季节。为解销路之忧，村党支部组织贫困户到安徽找市场。见中药材需求旺盛，更多贫困户以土地入股，加入合作社。如今，合作社种 3 种药材，共计 400 多亩，明年将扩至 1000 亩。依托中药材产业，村里将建中药材展馆，开设中医疗养一条街，发展"养生小城"特色游。

挖出一根弯弯的地黄，老郭算了笔账：4.5 亩药材，纯收入 1.8 万元。自己在合作社干工，月工资 1500 元；老伴在合作社除草、浇地，可挣 500 元；儿子开车耕地，也能收入 3600 元。加上养猪，全家年收入 5.6 万多元，家里 6 口人年人均纯收入 9300 多元。

（《人民日报》2016 年 12 月 25 日）

这篇通讯用以一斑窥全豹的手法，为读者讲述了一个典型的、生动的中国故事。故事真实、典型、鲜活，带着地气儿、带着泥土味儿。这个故事和人生、辛酸和欢喜之所以能让读者有切肤之感，是因为故事源自多情的土地和生活的深处。老郭脱贫的故事既浓缩了河南封丘模式，展现出贫困户“政府兜了底、致富靠自己”的脱贫决心，更能以点带面，体现出基层党支部的战斗堡垒作用。

讲故事易，讲好故事难，想要写好一篇人物通讯的故事，需要花费大量的功夫，要做到有贴近性、有新鲜感、有思想性。希望同学们多通过优秀的作品，摸索讲故事的角度，学习讲故事的方法，探索故事背后蕴含的精神和道理。

【课内实训】

班上同学分为四组，一组为采访问答组，另外三组为报道撰写组。

采访问答组成员负责选取一个和校园生活相关的话题（如毕业季、军训、校园文化艺术节等）进行问答。其中，一人扮演记者提问，其余人扮演话题相关的人物，作为采访对象接受记者的采访。老师根据记者和采访对象提问和回答内容的契合性、翔实度等方面进行评分。

报道撰写组成员需要全程聆听采访问答组的对话，做好记录，并根据问答内容，以组为单位，自选角度，自拟标题，撰写一篇通讯。老师根据所撰写文章的质量进行评分。

最终，由老师对各组表现进行点评，分析这一过程中的出彩之处和不足之处。

【思考题】

1. 通讯和消息在语言上有和差别？
2. 通讯主要有哪些类型？
3. 通讯中常用的描写方法有哪些？
4. 故事和细节在通讯报道中有什么作用？
5. 人物通讯中如何刻画人物细节？
6. 事件通讯中如何讲好故事？

第十二章　记者与记者素养

【知识学习目标】

通过本章学习，掌握记者的类型、职责，了解记者修养和名记者成功之路。

【能力培养目标】

能够准确叙述记者的职责及修养。

【教学重点】

记者的修养

【教学难点】

1. 记者的类型
2. 记者的职责

【开篇引例】

离死亡最近的人：战地记者简史

乔治·库克（George S.Cook）关心国家大事，南北战争爆发后他带领助手加入了战地摄影师的行列。他在南北战争时期的著名作品包括 1861 年 10 月拍到的查尔斯顿平克尼堡、1863 年的萨姆特堡的联邦军围攻，以及被认为是摄影史上第一幅战斗照片的 1863 年 9 月 8 日铁甲舰盟军射击莫尔特里堡。

图 12-1　1861 年查尔斯顿平克尼堡

图 12-2　世界上第一幅展现战斗的照片：铁甲舰炮击南卡罗来纳州萨姆特堡附近海岸

像所有的战地摄影师一样，库克必须冒着巨大的风险才能得到他想要的图像。他和助手不顾危险，见证着“一个个令人钦佩的战斗场景”，只为告诉世人战争残酷的真相。摄影史上最早的战地作品是由英国人罗杰·芬顿和助手 M·斯帕林 1855 年拍摄的克里米亚战争，拍摄时间长达三个月，获底片 360 张。归来后，于十月在伦敦举办了影展，该影展是世界首届新闻摄影展览，共展出照片 312 幅。

图 12-3　罗杰·芬顿的助手坐在摄影车上

这辆货车是特别设计用来作为摄影师移动暗房的设备。在这里，摄影师对在 1855 年拍摄的克里米亚战争的照片进行显影冲洗等操作。

图 12-4　罗杰·芬顿《死亡阴影之谷》（1855 年）

1854 年 9 月，英法联军入侵克里米亚，反对俄国侵犯奥斯曼帝国。几个月下来，由于组织混乱、装备不足、疾病流行、气候寒冷，联军陷入重重危机。由于一个英国军官的错误，使得在一次不到 20 分钟的攻击行动中，就造成了约 900 名英国骑兵的丧生（之后有学者专家指出，当时英军骑兵的死伤并不如外界所想象的多，事实上有八成左右的士兵最后安然抵返家园，九百多名的伤亡人数全是英国报纸渲染夸大后的数字）。当晚《泰晤士报》就报道了这个损失，在英国掀起了一场危机。英国政府为了安抚后方对战士死伤的不安情绪，派出摄影师罗杰·芬顿（Roger Fenton）前往克里米亚拍摄战争。在这场战争中，记者罗杰·芬顿还第一次使用了摄影技术来记载战争实况。这些照片被转换成木刻版，出版在《伦敦新闻画报》（The Illustrated London News）上。芬顿等人拍摄的照片极大地缓和了后方公众的情绪。而《泰晤士报》便成了战地记者首次参加并可在同日将战况报告给家乡的报纸。

1854 年 2 月英国《泰晤士报》记者威廉·霍华德·拉塞尔随英军远征马耳他，成为世界上第一名职业战地记者。1854 年 2 月，34 岁的威廉·拉塞尔作为特派记者随皇家近卫军前往马耳他。拉塞尔就是在马鞍上，或是用两只木桶加上一块木板做成的桌子上，发回来自战争第一线的报道。《泰晤士报》上发表了他那篇不朽的战地通讯名篇——《轻骑兵旅冲锋》。当拉塞尔于 1883—1884 年在埃及报道他目睹的第 10 场战争时，他已是 64 岁高龄了。报道战争当然也让拉塞尔获得了众多的荣誉：铁十字勋章、奥地利弗朗茨·约瑟夫骑士勋章、皇家维多利亚勋章、土耳其战争奖章、印度战争奖章、南非战争奖章，等等。

1925 年，小巧易携的徕卡相机面世，报道摄影的黄金时代随之来临。摄影师们生动而深刻地丰富了人类的战争备忘录，有时以生命作为代价。仅仅在报道印度支那战争的过程中，就有 135 位摄影师遇难或失踪。更有为数众多的摄影师在战争中心理饱受重创，留下了挥之不去的阴影。乔治·罗杰在拍摄了贝尔森集中营后曾发誓永世不再报道战争。

图 12-5　徕卡相机

……

在苏联卫国战争期间，《消息报》有 44 名记者牺牲；整个越南战争中有 63 名记者殉职；波黑内战前两年，死于巴尔干半岛的各国记者就已达到 68 人；1999 年北约对南联盟发动的科索沃战争中，在贝尔格莱德，南联盟就有 10 余名记者殉职。

对于报道战争的记者的身份，《日内瓦第三公约》和第 1 附加议定书是这样规定的：进行战争采访的新闻记者分为“一般新闻记者”和“战地记者”。敌对双方的“一般新闻记者”属于平民，应按照保护平民的规定，给予尊重和保护，但“一般新闻记者”不能从事“敌对行动”；“战地记者”则是经过其国家武装部队准许伴随部队参与行进的，虽不一定直接参加战斗行动，但若被对方俘获，也将成为战俘。

保护战地记者的国际条约早已有之。1907 年的《海牙第四公约》中明确规定：“不直接属于军队组成部分的随军人员，例如报社记者和通讯员、小贩、供应商，如落在敌军手中，而后者认为有必要予以拘留时，有权享受战俘待遇。”1949 年的《日内瓦第四公约》也对武装冲突中的新闻记者提出了保护性措施，强调：“应将在武装冲突地区担任危险的职业任务的新闻记者视为平民，这类新闻记者应以此享受各公约和本议定书所规定的保护。”

根据国际新闻协会和保护记者协会提供的资料显示，从 1987 年至今，已有超过 700 名的战地记者在报道战争和武装冲突的过程中丧生，仅 2014 年就有 16 名战地记者在叙利亚、伊拉克、巴以冲突和乌克兰危机中殉职。

著名的战地摄影大师罗伯特·卡帕一生一直坚守着自己的信条——如果你的照片拍得不够好，那是你离炮火不够近。1954 年，卡帕以美国《生活》杂志摄影记者的身份赶赴越南战场，采访法国军队在越南的军事行动。为了离炮火更近一点，卡帕随法军车队一起前行，在一次停车间隙，卡帕准备下车拍摄，结果刚下车就踩上了地雷，不幸遇难。

图 12-6　罗伯特·卡帕拍摄的抗日战争时期的照片

记者这个职业从诞生之日起就有自身的使命，因为报道领域不同，记者也出现不同类型。战地记者是记者类型的一种。那么，专业记者的类型有哪些？记者的职责和修养有怎样的要求？我们将在这一章来介绍。

第一节　记者的类型

随着人类社会政治、经济、文化的发展，社会分工越来越细。特别是在当代科学技术迅速发展的情况下，新闻报道队伍也随之更大，因而记者的工作也有不同分工。这一节我们将分别介绍记者的类型。

一、专业记者

（一）专业记者的含义

专业记者是指专门采访报道某一条战线或某一部门的记者。如专门采访报道农业的记者称农业记者，专门采访报道工业的记者称工业记者，专门采访报道文教的记者称文教记者，以此类推。新闻单位之所以设这样那样的专业记者，一是为了全面反映和指导实际，适应实际工作各业务部门对报道的需要；二是为了满足各方面读者对报道的要求；三是有利于培养记者成为报道某一方面的专家。

我国极为重视培养专业记者。1948 年 12 月，新华总社关于必须大大加强对工人、工厂和工业的报道指示中就提出："各分社有随军记者，有农村记者，但至今还没有听到有专任的工厂记者。这些都是不可容忍的现象，反映我们的新闻通讯工作中缺乏关心无产阶级的思想。"1949 年 1 月，新华总社关于工矿交通建设的报道意见中又指出："必须有计划地使编辑、记者逐渐专门化。各处地方的报纸和通讯社首先应该设立经济记者和编辑，专门从事经济新闻的采写和研究。"中华人民共和国成立后，1950 年 12 月新华社第一次全国社务会议上又提出记者专业化的问题，指出记者专业化，是十分需要的，专业化可以使我们的记者在某一个问题上具有专门的知识。在经常和有关方面保持密切联系的情况下，更能掌握具体政策，了解工作步骤。为培养专业记者，在 20 世纪 50 年代初期，新华社还做出计划，如用五年的时间培养七八十个熟悉工业情况、有较熟练工业采写能力的工业记者，等等。新华社还经常召开专业记者会，讨论某方面的报道，交流某方面的采写经验。

（二）专业记者的特点

专业记者的特点就是要专，要非常熟悉他所报道的专业情况、专业知识和专业政策。专业记者既要熟悉专门业务，又要研究我国的政治动向和党中央的方针政策。否则会使自己的限界狭小，写出来的专门性报道将不能适应当前的需要。

二、特派记者

（一）特派记者的含义

特派记者在中国报刊史上，也称特派员。特派记者是因特别采访任务而受编辑部派遣的记者。历史上还有一种解释，即把特派记者作为记者中高一级的级别。1946 年 4 月，解放日报社、新华社制定了一个关于编辑、记者的任用、培养、提拔等问题的暂行办法。办法根据新闻干部对宣传政策的水平、新闻业务的熟练程度和历史贡献的差别，将记者分为特派记者、记者、实习记者。

我国不少著名记者都当过特派记者。邵飘萍便是其中之一。1916 年，他任《申报》驻京的特派记者，给《申报》发专电、写通讯。他的《北京特别通讯》曾风靡一时。郁文、海皲、林朗等都曾以特派记者头衔在报上发表过通讯。

（二）特约记者和特派记者的区别

特派记者是社（报社、通讯社、电台等）内工作人员；特约记者是社外工作人员，是应约为报社、通讯社或电台完成一定的采写任务的。这些采写任务一般说来是比较重要的、有特色的，不同于一般通讯员的采写任务。

三、地方记者与机动记者

（一）地方记者的含义

地方记者是报纸编辑部派往某地的常驻记者，是为加强报纸同各地党组织和群众的联系，及时反映当地的情况，报道当地各方面的工作而设的。

（二）地方记者的发展

地方记者的历史可以追溯到抗日战争时期。1942 年，在党中央决定中央机关报《解放日报》同时又是西北局的机关报之后，西北局做出了《关于〈解放日报〉工作问题的决定》。解放日报为了加强采访通讯工作，在绥德、陇东、关中等分区设立了通讯处，派出了常驻记者。这些常驻记者就相当于后来的地方记者；这些通讯处就是后来地方记者站的前身。

（三）如何做好一名地方记者

（1）虚心向群众请教，丢掉旧的新闻记者的架子。

（2）尊重地方党委的领导，在工作中求得别人的信任和帮助。

（3）丢掉浮光掠影、走马观花式的采访作风。

（4）一定要深入发掘埋藏在群众生活中有积极意义的东西，在平凡的群众里去找出他们正在创造的新事物。

（5）要打破老一套的格式，废除新闻“八股”；要多写群众活动，多报告具体事实，少发表空洞的议论；要写出老百姓的语言，但是要反对庸俗。

（6）要培养地方通讯员。

四、战地记者

战地记者最早出现在西方国家，是随着摄影技术的发明和近代报业的发展而诞生的。一般来讲，1841 年产生的卡罗式照相法奠定了现代摄影的基础。不过当时大部分战地摄影记者更多的是采用工作室肖像创作，尚未真正走出工作室。直到美国南北战争时期，才有一线战地摄影师去记录拍摄战争的场景，如此算来，战地摄影师的诞生已逾百年。

五、驻外记者

驻外记者就是受编辑部派遣，常驻国外采访的记者。

中国报纸什么时候开始有驻外记者？准确时间有待考察，但从初步掌握的材料看，第一次世界大战爆发，再加上十月革命一声炮响，我国人民对世界大事日益关心起来。1919 年又爆发了五四运动，运动的狂飙促进了我国报刊工作的改革，一些报纸开始重视国际新闻报道。这种重视不仅仅表现在多登几条国际新闻，更重要的是驻外记者增加。

【案例 12-1】

著名驻外记者：史宗星

史宗星出生于 1943 年，退休前是《人民日报》国际部的高级记者。他说，他在人民日报从业 30 年，差不多一半时间在国外当记者。20 世纪 80 年代，他被派到南亚次大陆的巴基斯坦，在那里一干就是 6 个年头。20 世纪 90 年代，他再次“南下”，跨过赤道，去了南半球的澳大利亚，协助建立人民日报驻澳大利亚分社，并在那里工作了 4 年。2000 年，他转身“北上”，去了伦敦，在英国工作了 3 年多。这两次“南下”和一次“北上”，差不多勾画出他新闻生涯的主要轨迹。

有人问史宗星：“您做驻外记者那么多年，最深的感悟是什么？”他说：“对于我来说，外语条件不是很好，做驻外记者重要的是要有闯劲和拼劲。”史宗星从小穷出身，过的是苦日子。他两岁的时候，父亲在抗日战争中不幸牺牲，靠他乡下的母亲含辛茹苦地拉扯大。中华人民共和国成立后，他靠每月能领到的几元烈士子女补助金得以上学。1962 年，他从一个小县城的中学考上了北京大学，读的是哲学，学的是俄文。但“文化大革命”后，人民日报驻外记者多要求有一定的英文基础。史宗星的外语条件显然不是很好。

1978 年底，报社办了个学习班，抽调了十几人培训英语，说是要派到国外当记者，史宗星就是其中一员。对于年近 40 的他来说，从字母学起，相当吃力。学了两三年，他也没和外国人说过一句英语。后来有一天，时任国际部主任蒋元椿把他叫到办公室，对他说：“你不要再去学习班了，到巴基斯坦去常驻吧，那个记者站不能老空着没人（注：前任驻站记者钟逢准因车祸去世后报社一直没有派人接替）。”当时，他不敢相信自己的耳朵，有点懵了！等醒过神来，他说：“这怎么行，我这英语……”不等他把话说完，老蒋又说：“到那里一边工作一边学，兴许进步得快一些。部里已经决定了，你开始准备吧！”就是在这种情况下，史宗星硬着头皮以“闯”的劲头去了巴基斯坦。上飞机的那天，他心事重重、忐忑不安，生怕干砸了不好交代。然而后来的事实表明，这次“闯”是无比正确的选择，对他英语会话能力和实地采访都是个历练。他说：“有了在巴基斯坦的这段历练，之后去澳大利亚白手起家建站，去伦敦接手一个空了一年多的记者站，都比较顺利地完成了任务。”

常驻巴基斯坦期间，为了密切跟踪形势，写出好的报道，史宗星频繁奔波于伊斯兰堡和白沙瓦之间，跑阿富汗各抵抗组织的总部、跑难民营进行深入采访，对阿富汗战场形势和政治解决进程做了充分报道。这些报道，以其客观真实、评述恰当和判断准确，受到读者的关注和研究学者的重视。史宗星认为，当驻外记者，按部就班工作是写不出好稿的，需要一股闯劲和拼劲。他曾为了掌握阿富汗战场的一手情况，主动请求并经我国驻巴大使批准，于 1983 年和 1985 年两次扮装成阿富汗难民，冒着生命危险，率中国记者组越境进入阿富汗战场采访，发表了具有现场感的连载通讯，写了具有价值的“内参”。文中他介绍了当时人们热切关注的中国援助武器装备的使用情况、阿富汗抵抗组织的实力及其前景等，受到报社的通报表扬和中央有关部门的肯定。

为了三百万阿富汗难民

本报记者 史宗星

图 12-7　1983 年 7 月 30 日，《人民日报》6 版刊登史宗星《为了三百万阿富汗难民》一文

史宗星驻外期间，亲历并报道了许多重大国际性事件，如巴基斯坦取消军法管制、南亚区域合作联盟成立、苏联宣布从阿富汗撤军、澳大利亚1993年大选、中澳建交20周年、英国2001年大选、伊丽莎白女王二世登基50周年、口蹄疫肆虐英伦、欧元正式启动流通等。

泡沫 从郁金香热说起

口蹄疫肆虐 英农民遭殃

"上帝"变"猎物"

图 12-8　2001 年 2 月 26 日，《人民日报》7 版刊登史宗星《口蹄疫肆虐 英农民遭殃》一文

廿载沧桑话当年

——访澳大利亚前总理惠特拉姆

澳大利亚通讯

图 12-9　1992 年 12 月 20 日，《人民日报》6 版刊登史宗星
《廿载沧桑话当年——访澳大利亚前总理惠特拉姆》一文

（《人民日报》2017 年 4 月 5 日）

第二节　记者职责

20世纪报业巨头、美国新闻界最高荣誉奖普利策奖设立者普利策说："倘若一个国家是一条航行在大海上的船，新闻记者就是在船头上的瞭望者。他要在一望无际的海面上观察一切，审视海上的不测风云和浅滩暗礁，及时地发出警告。"不同类型的记者有不同的任务，但是不同类型的记者又有共同的职责。这个共同的职责概括说来，一是采写新闻报道，二是反映情况，三是做群众工作。当然，在履行这些职责的过程中，在不同时间和不同条件下，对不同类型记者的要求应有所区别，有所侧重。

记者这三项职责，不是由记者主观随意确定的，而是由新闻事业的性质和任务，以及记者在编辑部中所处的外勤工作地位决定的。同时，这三项职责也是对记者的基本要求。

记者如果不明确自己的职责，工作起来就没有方向，无所遵循。在明确职责之后，紧接着来的是如何正确对待和履行自己的职责，这是记者每天都要碰到的问题。新记者如此，老记者也不可掉以轻心。

下面就谈谈怎样正确对待和履行记者的三项职责。

一、采写新闻报道，追求事实

采写新闻报道，是记者的首要职责。

这里所说的新闻报道，不单是指消息，而是包括通讯、调查报告、记者来信、采访札记等在内的各种新闻体裁。采写新闻报道是记者的首要职责，正如教学是教师的首要职责一样。

为什么说采写新闻报道是记者的首要职责呢？这是因为新闻报道是公开宣传，是关系着千千万万读者、听众、观众的大事情。再说，如果记者不源源供给编辑部新闻，就会影响通讯社正常发稿、报纸正常出版、广播电视正常播出。新闻记者之所以叫新闻记者，顾名思义，是以采写新闻报道为职业，如果不把采写新闻报道放在首位，就没有抓住主要矛盾，就名不副实。

把采写新闻报道放在首位，意味着在一般情况下，记者要把较多时间、较多精力放在新闻报道上。这样说，是不是反映情况和做群众工作这两项职责就不重要了呢？也不是。反映情况和做群众工作也是重要的，是记者职责的有机组成部分，并非可有可无，而是不可缺少，并且不排斥在一定时间内因为需要而全力去完成反映情况的任务，或着重抓一下群众工作。

我们还应该看到，记者这三项职责是互相联系、互相依存、互相影响的。记者在工作中只有把它们有机地结合起来、统一起来，按照事物本身的规律办事，才能起到相互促进的作用。反之，人为地把它们分割开来，对立起来，重此轻彼，顾此失彼，都不利于记者工作，不利于全面发挥记者的作用。由此可见，我们一方面要强调记者把采写新闻报道看作自己的首要职责；另一方面又要求记者正确处理好三个职责之间的关系。

（一）履行采写新闻报道这个职责时的注意事项

1. 充分认识新闻报道的作用

在采写新闻报道时有高度的政治责任感。新闻报道的作用是和新闻工具的作用联系在一起的，新闻工具的作用又主要靠新闻报道来体现。新闻报道的主要作用是：

（1）宣传政策，指导工作；

（2）表彰先进，批评后进；

（3）交流情况，传播信息；

（4）宣传科学，传播知识；

（5）动员群众，形成舆论；

（6）团结人民，教育人民；

（7）揭露敌人，打击敌人。

总之，新闻报道同人民的生活和斗争还有国家的工作关系极其密切，是须臾不可离的东西。事实证明，新闻报道一旦做好，就能提高人民的思想觉悟，使人民开阔眼界，增长才干，并且团结起来，为实现目标而奋进，利党利国利民。一旦没做好，出了偏差和错误，小则贻误工作，造成局部损失，大则祸国殃民，后患无穷。可见采写新闻报道责任之重大。因此，记者要有高度的政治责任感，对党负责，对人民负责，并把对党负责和对人民负责统一起来，一字不苟。这也是记者的基本要求。周恩来同志曾经对《人民日报》一位记者说："你们是人民的记者，要对人民负责呢。"连新闻中的名字和排列次序，他都要求记者核对清楚，不要弄错。

2. 记者要发挥作为新闻报道主力军的作用

编辑部新闻稿件的主要来源，一是记者，二是报道组，三是通讯员。三者相比，记者是新闻报道的主力军，因为记者是专业的新闻工作者。在战争年代，新闻界曾经把通讯员比作民兵，把报道组比作地方部队，把记者比作野战军，以此来说明打新闻仗三者要互相配合，取长补短，协同作战，同时又要发挥记者主力军的作用。

"世界八大奇迹"——秦始皇兵马俑的发现来自一篇"内参"。

新华社记者蔺安稳1974年春回陕西临潼老家探亲时，得知有农民挖出几个陶俑。他以记者职业的敏感和丰富的历史知识，当即断言："这可能是稀世珍宝！"于是，连夜赶写了内参《秦始皇陵出土一批秦代武士陶俑》（第一篇关于秦俑发现的文字报道），受到中央领导（毛泽东、周恩来等）的重视。

后来有人说："甚至可以这样说，如果当初没有蔺安稳的那篇报道，就不会有今天的秦始皇兵马俑博物馆。"

（二）记者如何在新闻报道方面发挥主力军的作用

1. 要重视采写新闻

这里所说的新闻是指纯新闻，即消息，不包括通讯等其他体裁。报纸又叫新闻纸，报纸不登消息，尽是文章，无异于杂志。报纸登的消息少了还不行，因为它不能满足读者的要求，不能及时充分地反映国内外的新情况、新事物、新问题。消息在报纸上应占主要版面，好比一台戏，有主角、配角之分，消息应该唱主角。在通讯社发的稿件中，在广播、电视播出的新闻中，纯新闻也是应该唱主角的。从记者这方面来说，多写消息也有许多好处：可以增强记者的新闻敏感，培养记者紧急战斗的作风，训练记者写得快……强调记者多写消息，并不是说记者可以不写通讯，更不意味着反对记者写通讯。通讯也是报纸需要的，也是读者欢迎的一种体裁。内容决定形式，有些题材适合写通讯，写成消息反而不伦不类；有些记者擅长写通讯，多在这方面发挥些优势，也无可非议。但目前的问题是，有些记者不重视写消息，结果白白放过了好的消息材料；或明明是写几百字消息就能解决问题的材料，硬要拉长成两三千字的通讯。针对这种情况，强调一下记者要重视写消息是有现实意义的。

2. 不能漏重大新闻

西方记者漏报重大新闻，就有保不住饭碗的危险，我们的记者虽不到这种地步，但也应看到这是严重失职，不是一件小事。记者要非常敏锐，不让重大新闻在自己身边漏掉。

3. 对一些重大的、紧迫的、困难的报道任务，记者要勇于承担，主动出击

这些报道任务，一般报道组和通讯员由于种种条件限制，完成是有困难的，要靠记者去完成，或记者与通讯员合作完成。

4. 要带头深入采访，写好新闻，给通讯员做出榜样

（三）如何正确处理好记者与编辑部之间、记者与记者之间的关系

1. 服从编辑部调遣

记者是编辑部的成员，是在编辑部领导下进行采访报道工作的。服从编辑部调遣，按照编辑部在每一个时期的宣传计划来安排自己的报道，是一个记者的工作常识和起码的组织观念。

2. 从实际出发

在多数情况下，编辑部交给的任务是符合实际情况的。但也有这种时候，编辑部掌握的情况不充分，因而布置的任务、提出的要求与实际情况不相符。对此，记者该怎么办？有两种截然不同的态度：一种是从实际出发，经过深入的调查研究后，实事求是地向编辑部报告情况，要求改变任务，或改换题目，把对编辑部负责和对实际工作负责统一起来。另一种态度是：抱着单纯完成任务的观点，明知编辑部交给的任务与实际情况不符，也勉力去完成。这样做既是对实际工作不负责任，也是对编辑部不负责任。这两种态度，记者应该取哪一种，摒弃哪一种，是很清楚的。即使编辑部交给的任务符合实际，记者在执行时也有一个从实际出发的问题，因为编辑部不可能把每件事都交代得那么具体，更不可能把采写中碰到的种种具体问题在事前都想到。

3. 发挥主动性

记者工作最需要的是主动性。记者不能光靠编辑部给任务、出题目过日子。一个有作为的记者，应当发挥主观能动性，通过自己的深入采访，从实际中不断地发现新情况、新问题、新典型。

4. 处理好和编辑的矛盾

记者和编辑的矛盾往往发生在对具体稿件的处理上。例如稿件用与不用的问题，便是一个矛盾。稿件不用，一般有两种情况：一是记者没抓准问题，或者写得不好。如属这种情况，记者应虚心听取编辑的意见，从中总结经验教训，以求再战；二是记者抓准了问题，写得也不错，只是编辑缺乏慧眼，给错“枪毙”了。如属这种情况，记者应抱着商量的态度，说明理由，帮助编辑识别你写的稿件。又如，对编辑修改稿件，恰当不恰当，也会出现矛盾。记者如有不同意见，也应抱着商量的态度来解决。再如，编辑积压稿件的问题，这就要从编辑方面加速处理稿件来解决了。总之，编辑与记者之间、要互相尊重，互相通气，互相帮助，搞好内外协作。

5. 正确处理记者之间的关系

常常有这种情况：为了报道同一个会议、同一个典型、同一个事件，许多新闻单位的记者同时出动。这当中有报社记者，有通讯社记者，有广播电台记者，有电视台记者，甚至还有杂志社记者。再细分，有中央新闻单位的记者，又有地方新闻单位的记者，这样就发生了各新闻单位记者之间的关系问题。这个问题在今天各新闻单位都要办出自己特色的情况下，显得更为突出。我们是社会主义国家，我们的新闻事业是在党领导下具有社会主义性质的事业，记者之间的关系不同于资本主义国家记者之间的关系。我们的记者之间应

该有分工，有协作，有竞赛。有分工，是因为各新闻单位的对象不同，任务不同，强调的方面不同，采写应有所分工，不要搞成千篇一律的东西，要搞出各家的特色来。有协作，是指不要以邻为壑，互不往来，要互相通气。有一些难度大的报道任务，还可以共同研究，共同采写，几家一起署名，同时发表。有竞赛，就是要比一比高低。近几年把竞赛也叫作竞争。这种竞争和资产阶级记者之间那种不择手段、尔虞我诈，甚至一个吃掉一个的竞争，在性质上是根本不同的。对我们的记者，竞争是提高报道水平、促进记者之间相互学习的一个好办法。因此，不能借口竞争而互相封锁消息，更不应互相拆台。如果做到有分工，有协作，有竞赛，记者之间的关系就容易处理好。

（四）尊重事实是记者职业道德的底线

1. 新闻出版就是人类自由的实现

记者在建设和谐社会中，扮演着极为重要的角色，应该推动民主法治、公平正义和诚信友爱、营造安定有序的氛围，应该成为促进人与自然和谐相处的积极传播者。

记者要做到尊重事实，就要树立正确的人生观、世界观和价值观。记者要牢记新闻工作为人民服务、为社会主义服务、为经济建设中心工作服务的宗旨，爱岗敬业、刻苦钻研业务，把全部的精力都投入新闻工作中，将发生的新闻事件在第一时间真实传递给受众，以满足人民群众对新闻信息的需求。记者生产的是精神产品，而精神产品属于意识形态的领域，起着舆论导向和宣传教育的作用。新闻稿件的真正价值是它文字背后的所指，在于它所放射出的思想火花。因此，记者自身的道德修养尤为重要。

2. 真实是新闻的生命

新闻本源观是关于事实与新闻关系的科学认识，新闻的本源是事实。事实是第一性的，新闻是第二性的。事实是基础，起决定作用。新闻是事实的派生物，对事实进行客观的反映。记者最为重要的职责和任务就是采写报道，记者是读者与事实之间的桥梁。

有人形容，记者笔重千钧，笔下有财产万千，笔下有人命关天，笔下有是非曲直，笔下有毁誉忠奸。是的，今天的新闻就是明天的历史。当我们站在这个高度去审视新闻，我们没有理由不把“真实是新闻的生命”铭刻于心、落实于行。自觉维护新闻工作者的良好形象、促进新闻事业的健康发展，是每名记者应做的工作。

3. 新闻的真实具有独特的含义

新闻与哲学、文学、宗教、舆论、宣传等都反映社会生活的表象或表达形式，都有“真”的要求，但是内容是不一样的。

新闻的真实，是指报道事实的真实。李大钊说：“新闻是现在新的、活的社会状况的写真。”文学的真实，是指反映生活、反映自身感受与情怀的真实。宗教的“真”，是指善，以及信仰的真，所以有“诚则灵”一说。舆论是一种客观存在的多数人的议论，它的真在于自然显现了真实的社会情绪。宣传的真在于宣传者对所宣传的观念的热情和执着。真实是新闻的生命，是新闻采编工作的第一准则。这是不可置疑的公理。

从“纸馅包子”到“西安已被确定为国家第五个直辖市”，掀起了一个又一个虚假波澜，有的甚至引起了社会混乱。细看这些虚假新闻，不仅与事实和整个生活实际不相符，严重影响了媒体的公信力，而且与创建和谐社会的目标相背离。任其发展下去，虚假之风猖獗起来，真真假假难分辨，虚虚实实难认清，后果不堪设想。因此，对于虚假新闻必须及时予以打击和纠正。

二、反映社会问题、百姓心声

记者在采写新闻报道的同时，还要做好反映情况的工作。就广义而言，公开的新闻报道也是反映情况的一种方式。但这里所说的反映情况，区别于公开的新闻报道，它以写“内参”的形式，反映那些不宜公开发表，或暂时不宜公开宣传，但对编辑部和党的领导机关有重要参考价值的情况。

（一）怎样做好反映情况的工作

1. 记者要有很强的党性，敢于坚持真理、坚持原则

像采写公开的新闻报道那样，反映情况也要对党负责、对人民负责。在这方面，我们有许多记者是做得比较好的。新华社采写《延安调查》的记者就是一个。下面让我们来看看这位记者采写《延安调查》的经过。

老记者冯森龄从1937年到1949年，在陕北工作了整整十二个年头，他爱陕北的人民、陕北的土地，对陕北的山川草木有很深的感情。1977年底，他调到陕西分社作领导工作，就急着想回阔别多年的延安看看。正在这时，总社转来一封群众来信，反映志丹县的问题。他看了这封来信，心里很不平静。解放以来，党中央、毛泽东同志和周恩来同志都十分关怀陕北革命老根据地的建设和人民的生活，为什么志丹县的问题还那么严重？志丹县的问题在陕北有没有普遍性？1978年7、8月间，他带着这些问题到延安地区去调查，十四个县市他跑了十一个，发现志丹县的问题带有普遍性：整个延安地区的生产发展缓慢，人民生活相当困难。为什么会这样？他从调查材料中看到：主要是林彪、“四人帮”的干扰破坏造成的，而一些干部民主作风差，生产上搞形式主义，搞瞎指挥和“一刀切”，也是重要原因。要不要把延安地区的严重情况如实地向党中央反映呢？这个问题非常尖锐地摆在他的面前。他觉得反映了，肯定有些人不高兴。再说，五十年代他曾因向中央反映某地情况吃过苦头，人家到总社、中央告他的状，使他蒙受不白之冤，受到错误处分，直到1963年才平反。然而作为一个入党多年的老共产党员的党性告诉他，一个记者不能因考虑个人得失而趑趄不前，为了党的事业，要敢于坚持真理，坚持原则，不反映就对不起陕北人民，就没有尽到一个记者应尽的职责。就是在这种思想支配下，他写了几篇《延安调查》。材料送到中央，中央很重视；许多在陕北生活和战斗过的老同志看后难过得流泪。中共陕西省委很快把《延安调查》翻印，发给县委书记以上的干部学习。省委还专门成立了陕北建设委员会，由省委的负责同志任主任，决心解决陕北的问题。有些外地的老同志还向中央写信，表示要支援陕北建设。《延安调查》起了如此大的作用，是记者事前没有估计到的。通过这件事，记者也深受教育。他深有体会地说，记者要把对党负责和对人民负责一致起来，看到群众的疾苦，要有勇气向党反映。记者首先应该是个战士，是个革命者，然后才是记者。

这位老记者采写《延安调查》的经过和体会告诉我们，凭党性办事，敢于坚持真理，坚持原则，把对党负责和对人民负责统一起来，是一个记者极可宝贵的品质，是记者做好反映情况工作的前提。有了这个前提，即使受到打击，也不后退；即使身处逆境，也不动摇。同时，它还告诉我们，加强党性锻炼，增强党性，一切从党和人民的利益出发，不计较个人的得失，对一个记者来说多么重要！

2. 要如实反映情况，不夸大，不缩小，不歪曲客观事实映情况

如果记者反映的情况不实，或半真半假，或基本属实，但又渗了一些水分，不仅被反映的单位有意见，更为严重的是：如果党的领导机关依据这些情况做出判断和决策，那就会带来损失。所以，记者一定要对反映的情况的事实负责，一定要经过深入调查，反复核实，说明资料的来源。

3. 要采取全面反映情况的方针

事物总是一分为二的，工作总有两个方面，有好有坏，有成绩有缺点，有经验有教训，当然不是半斤八两，而是有矛盾的主次方面。因此，既要反映反面的情况，也要反映正面的情况，这就要采取全面反映情况的方针。

4. 要用发展的眼光看待被反映的单位的变化

这就是说，对那些有问题的单位，记者在反映了它们的问题之后，要注意它们的变化。如果那里的领导正确地对待记者反映的问题，不是讳疾忌医，而且用积极态度，采取有效措施，努力改进工作，并做出成绩，那么记者还可以公开宣传，作正面报道。

5. 要警惕坏人利用记者反映情况

有些坏人很懂得记者写“内参”的分量，他们千方百计编造假情况，企图蒙骗记者，利用记者，让记者给他们写材料向上反映，以达到他们不可告人的目的。记者要提高警惕，识别坏人。缺乏警惕、偏听偏信、不深入调查，就容易上当受骗，有的记者就有过这方面的教训。

三、做群众工作

本节所说的群众工作，不是指一般地方工作部门的群众工作，而是指新闻单位的群众工作。但记者的群众工作，又不完全同于编辑部群众工作部的工作。群众工作部的工作面向全体通讯员和报道组，除此之外还要处理读者来信、接待群众来访等。记者做群众工作一般只限于结合自己的采访活动，或者自己分工采访的地区、部门，重点做好通讯员（或报道组、作者积极分子）的工作。

1. 做群众工作要有一个长计划，短安排

一个记者在一个地方住上三年五载，就得有个长计划，每年做些什么；又要有个短安排。这个长计划、短安排，要在记者站总的计划指导下制定。有些记者报道有计划，可就是群众工作没计划，结果努力方向不明，常是想起什么做什么，走了这一步再看下一步。定计划要有雄图大略，又要有具体步骤，做到切实可行。

2. 要协助当地党委开展通讯工作

战争年代和中华人民共和国成立初期，地方记者曾用很大精力协助当地党委发展通讯员，建立通讯网。今天，通讯工作的重点已不是建立通讯网的问题，而是如何更好地发挥通讯网在实现中华民族伟大复兴的中国梦中的作用。地方记者应在这一方面协助当地党委做一些力所能及的工作。

3. 要经常联系一批骨干通讯员

记者初到一个地方，可先做些调查研究，然后取得当地党委的同意和支持，召开骨干

通讯员会议，一是见面，二是讨论如何开展通讯工作以及如何加强联系的问题。会后，记者还可分头拜访，深入交谈。有了几十个经常联系的骨干通讯员，这些通讯员又分散在各条战线的重要单位，记者工作起来耳目就灵了，帮手就多了。这些骨干通讯员还可以“滚雪球”，在他的周围又联系一批人，这样作用就更大了。记者要把编辑部每个时期的宣传意图、报道要点告诉给自己经常联系的通讯员，以便他们能及时掌握，进行报道。

4. 和通讯员合作写稿

通讯员比较熟悉本地区、本行业、本单位的情况，记者比较了解编辑部的意图和新闻任务。两方面合作，可以互相学习，取长补短，有助于又快又好地完成报道任务。所以我们提倡记者和通讯员合作写稿。提倡记者和通讯员合作写，并不是说在任何情况下任何一篇稿件都必须这样做。有些报道，通讯员不便参加，或没有条件参加，就不要勉为其难。需不需要合作，要从实际出发，不能一刀切。

5. 关于读者来信，群众来访问题

记者站一般没有处理读者来信、接待群众来访的任务。如果有读者来信，可转到编辑部处理；如果有群众来访，可让他们去找有关部门或编辑部。有一些特殊情况，群众一定要向记者反映，记者当然不能拒绝，要热情接待，认真听取反映，根据情况再正确处理。

地方记者开展群众工作的许多方法对专业记者也适用。专业记者长期分工一条战线或一个部门的报道，理应在群众工作方面有一个长计划、短安排，把基础打好。特派记者和机动记者，因为采访不固定，做群众工作有一些特殊性。对他们来说，应该强调采访到哪里，就把群众工作做到哪里，主要是处理好和通讯员的关系。特派记者和机动记者到一个新地方，人地两生，当地党委常常派通讯员或报道组成员陪同，以协助记者工作。通讯员也想借此机会向记者学习。碰到这种情况，特派记者和机动记者也应像地方记者那样，注意学习通讯员的长处。

第三节　记者的修养

记者在履行采写新闻报道、反映情况和做群众工作三项职责时，不能满足于一般性地完成任务，要有所作为，为国家、民族、社会多作贡献。怎样才能达到这个目的呢？从根本上说，记者要具备一定的修养。

记者的修养有六个方面：政治修养、道德修养、理论修养、知识修养、专业修养、作风修养。

一、政治修养

新闻工作具有很强的政治性。这种性质决定记者应有较高的政治修养。

党历来强调，在选拔和培养记者时，要把政治标准放在第一位。实践证明，一个记者的政治素质差，修养不够，就很难把握正确的政治方向，就很难胜任自己的采访报道工作，更不要说成为出色的记者了。从政治与业务的关系来看，记者只有具备较高的政治觉悟、饱满的政治热情、坚定正确的政治方向，才能更好地学习和掌握新闻业务，为社会主义服务，为人民服务。

二、道德修养

1. 尊重事实说真话

新闻记者一辈子与事实打交道，怎么处理记者与事实的关系，无疑是最重要的事。事实是新闻的本源，记者一定要尊重事实，而不能随便捏造事实，歪曲事实，颠倒事实，“制造”事实。各种形式的弄虚作假都是违背记者道德的。任何情况下都要根据事实说真话，这是记者基本的道德条件。

2. 不谋私利为人民，要立业为公

记者能否客观公正地向广大读者、听众、观众作真实正确的报道，关键是要去私心，大公无私，把自己的工作看作为人民服务，对社会负责，对党对人民负责。如果记者利用自己的职业条件为自己谋取私利，那就会从根本上毁掉自己的事业和前途。

3. 必须遵守社会的各种制度

特别是记者常常一个人在外活动，更要求做到慎独。不要以为周围同事不在，就随心所欲，为所欲为。新闻记者经常会接触到社会上的矛盾冲突，会遇到种种不平事。对此，要用一颗公平公正的心，敢作敢为，与一切错误、邪恶做斗争。记者应当是疾恶如仇的人，是有斗争性的人，是有正义感、热血的人，是大无畏的人。

三、理论修养

1. 记者要提高理论修养的原因

第一，历史的经验教训，因为理论水平不高，不仅会导致报道的思想水平不高，而且会导致在理论上犯错误；第二，宣传中常常出现片面性的问题和理论水平不高、思想方法片面等；第三，开创社会主义现代化建设的新局面，出现了许多新情况，新事物、新问题等，都需要在理论上进行说明；第四，读者的思想水平越来越高，识别能力越来越强，他们对报道中的错误有很高辨识能力。因此，较高的马克思主义理论修养是记者修养的第一步。

2. 衡量记者理论修养的标准

马克思主义的三个组成部分和新闻报道的关系非常密切，离开哪一个都不行。三个组成部分中，哲学是根本。辩证唯物主义和历史唯物主义是科学的世界观和方法论，是指导记者在采访和报道中正确认识和反映客观世界的锐利武器。

学习马克思主义，要和学习党的路线、方针、政策结合起来。党的路线、方针、政策是从中国的实际出发，并考虑到世界的情势，依据马克思主义的基本原理制定的。它是马列主义、毛泽东思想、邓小平理论、“三个代表”重要思想和科学发展观和习近平新时代中国特色社会主义思想的具体体现。记者工作忙，流动性大，在这种情况下，除了编辑部给记者创造条件去党校或理论学习班学习外，记者自己也要有计划和“挤”的精神。要读的东西很多。有了计划后，还要“忙里偷闲”，挤时间学习。

学习的目的在于应用，应用马克思主义的立场、观点、方法来解决采访报道工作中的问题，把报道搞好，在改造客观世界的同时，也改造主观世界，包括主观认识能力。

四、作风修养

记者的作风对于工作影响极大。去采访，一言一行、一举一动，都被人民所关注。有许多新闻素材，没有好的作风也抓不到。所以，记者要在作风方面严格要求自己、约束自己、锻炼自己。

1. 谦虚诚恳的作风

新闻采访要从别人那里采到东西，没有谦虚诚恳的态度和作风是不行的。人家和你谈话，可以倾心畅谈，可以敷衍应付，有时欲说还休，有时拒之千里……这全看以记者的态度和作风能否迅速取得采访对象的好感和信任。要用实际行动感动对方，使之向你敞开心扉。如果记者夸夸其谈，不懂装懂，自以为是，固执己见，那么，人家很可能产生讨厌、反感或鄙视的情绪，还能很好地和你交心畅谈吗？有些人接触新闻记者有经验教训，往往对夸夸其谈的人存有戒心和防范心，生怕提供了情况，被记者在新闻中言过其实地瞎吹一通。这就很难使采访深入下去。至于轻浮、油滑的新闻记者，更为有识之士所鄙弃。

2. 艰苦奋斗的作风

有许多重要的新闻素材在最艰苦、最危险的地方。记者如果害怕艰苦危险，就只好“望洋兴叹”。记者采访最平常的就是要跑路，有时要跋山涉水，有时要到枪林弹雨的前线或洪水火海的现场，有时睡不好觉或吃不好饭，有时要通宵达旦地赶任务。所以，一定要有艰苦奋斗的作风，有克服一切困难甚至牺牲个人一切的思想准备。

3. 文明礼貌的作风

记者是社会文明礼貌的促进者、宣传者，这就要求他在一切活动中是文明礼貌的表率和模范。记者要待人热情友好，彬彬有礼，落落大方，一言一行、一举一动都要力求给人们留下好印象。外表服饰也应时常注意，善于适应不同的场合、不同的要求：采访外事活动或出席宴会等可以西装革履或着比较高级雅致的服装；下农村或去矿区、牧区采访，则应朴素整齐，便于接近基层群众；采访重要的政治活动或去庄重的场合，记者的服饰要庄重、严肃而不轻浮；采写文字新闻、体育新闻或少年儿童活动，记者可以穿得活泼自然、丰富多彩，与环境相适应，与采访对象的心理相适应。新闻记者在整个活动中，不拘小节、行为轻浮、状貌落拓、蛮横放肆等恶习应一律摒弃。外界千百双眼睛，每天在注意着记者的形象。要使人感到新闻记者是有思想修养和文化修养的，像广大群众敬重的样子，像人民的代言人的样子。这既有利于树立新闻机关的信誉，也有利于新闻记者长久地开展新闻采写活动。

第四节　著名记者成功之路

一、埃德加·斯诺

埃德加·斯诺（1905—1972），美国著名新闻记者、作家。代表作《红星照耀中国》（又称《西行漫记》）是一部文笔优美、纪实性很强的报道性作品。作者真实记录了 1936 年 6 月至 10 月在中国西北革命根据地（以延安为中心的陕甘宁边区）进行实地采访的所见所闻，向全世界真实报道了中国共产党和中国工农红军以及许多红军领袖、红军将领的情况。毛泽东和周恩来是斯诺笔下最具代表性的人物形象。

1928 年，富有冒险精神的斯谐远涉重洋来到中国，担任上海《密勒氏评论报》助班编辑，以旅行记者身份在中国进行采访，同时兼任美国《芝加哥论坛报》驻远东记者。1930 年，担任美联社远东代表，在中国和远东各地采访。1934 年，斯诺应聘北平燕京大学新闻系讲师，兼任英国《先驱日报》特派记者。1936 年，斯谐访问陕甘宁边区，成为第一个采访红色中国腹地的西方记者，代表作《西行漫记》风靡中外新闻界。抗日战争爆发后，斯诺任《每日先驱报》和美国《星期六晚邮报》驻华战地记者。1942 年，斯诺任美国《星期六晚邮报》世界记者，足迹踏遍欧、亚、非。斯诺的新闻生涯诠释了记者的职业操守，是主持正义的新闻记者的楷模。探讨埃德加·斯诺的成功之路，会给我们带来一些有益的思考和借鉴。

由于国民党的新闻封锁和虚假宣传，中国共产党和红军的形象被严重扭曲。为了得出一个正确的判断，1936 年，斯诺冒着生命危险前往陕甘宁边区探寻红色中国的真相，其间经受了严格的挑战。为了安全跨越“雷池”，斯诺注射了多种疫苗，辗转到达苏区后，出现在斯诺面前的是一个全新的环境。对于一些未知的且有重大新闻价值的兴奋点，勇敢的斯诺没有轻易放弃。正是苏区之行掀起斯诺新闻生涯的一个高潮。

“构成斯诺性格的有许多，敢作敢为是其中最显著的。”斯诺的勇敢精神不但表现在其不惧险难、不计生命安危、深入现场所进行的目击采访报道上，还表现在他不畏强权、不媚权势、不怕孤立的敢于反潮流和揭露真相的激烈斗争中。

斯诺的无畏精神以记者的职业操守和良知为中心展开。因揭露皖南事变中国民党的卑鄙行径，当局责令其离开中国；麦卡锡主义盛行时期因同情和支持中国共产党，被迫离开祖国。20 世纪 50 年代，当他供职的《星期六晚邮报》成为冷战吹鼓手时，愤然辞去副主编的职位。斯诺把报道真相奉为记者的圭臬，认为违背良知歪曲事实趋炎附势是无耻行为，始终践行可贵的职业操守和主持正义。

（一）坚守新闻专业主义理念的内核和职业操守

斯诺之所以成为一个优秀的记者，与自身新闻专业主义的精神品质密切相关。斯诺的新闻作品能够经受住时代和历史的考验，关键在于他能够保持独立精神，通过深入调查研究，最终形成理性判断。

“新闻专业主义”是在美国政党报纸解体后在新闻界中发展起来的“公共服务”的信念，发轫于 19 世纪末，20 世纪上半叶日渐成熟。新闻专业主要的目标是服务于全体人民，而不是某一利益团体，其最突出的特点是对新闻客观性的信念，相信可以从非党派的、非团体的立场准确报道新闻事实。新闻专业主义的核心理念包括求实、客观、公正，但决不徇私、旁观、偏袒，其最高理想是传播真实、真相或真理。

1. 专业的新闻教育树立行动标尺

1925 年至 1927 年，斯诺就读于密苏里大学新闻学院。尽管斯诺在社会熔炉里接受的学问更多，但是斯诺在大学所受的专业教育对他日后从事新闻工作烙下了深刻印痕。

密苏里新闻学院建于 1908 年，是世界上第一所正规的新闻学院，全美高校公认的评语是——“新闻教育，舍我其谁”。创建者是当时世界媒体协会主席沃特·威廉斯，威廉斯院长撰写的“新闻工作者的信条”日后成为美国记者遵循的职业理念。威廉斯一向鼓励学生走出美国看世界，国际化专业已成为近一百年来密苏里新闻学院的一大特色。当年斯诺来到中国时，正是拿着威廉斯的介绍信去找《密勒氏评论报》主编、《芝加哥论坛报》记者约翰·本杰明·鲍威尔的。密苏里新闻学院的教育传统是倡导职业新闻工作者要有人道主义精神，报道要全面、真实、客观、公正；新闻从业者进行新闻报道时，要持客观的态度；应该先是一个观察家，其次是记者，最后才是分析评论家和倡导者。这些新闻专业主义的品质诉求已内化为职业道德规范被斯诺接受下来，在以后的新闻实践中，他始终恪守这一原则。

2. 真实准确客观公正的专业诉求

“写作关于中国革命的复杂情况，除了第一手材料外，都不可靠!”真实是新闻的生命，新闻专业主义以追求事实真相和真理为目标。为了保证新闻来源的真实性，斯诺总是设法获得第一手材料。斯诺初到上海时，没有像其他西方记者囿于各通商口岸，靠从外国商人、传教士、外交官或说洋文的中国官员那里打听情况，而是深入到现实的中国社会中发现新闻。在进行新闻采写时，斯诺常把写好的稿子交给翻译，一次次与被访者一起订正，力求准确无误。

斯诺是第一个冲破封锁进入中共苏区采访的新闻记者。中共领导人允许斯诺自由访问，并且相信这位正直的美国记者会做出客观公正的报道。事实证明，斯诺的确如实报道了中国共产党和红军，对中国革命的发展动向做出了独立的判断，成为报春的矫燕。中共领导人诸如毛泽东、周恩来、朱德等在斯诺的作品中以生动的形象出现。

为了保证新闻作品的客观性，斯诺在结束对苏区的访问后，把采访的素材带回北京整理、定稿。斯诺的苏区之行打破了红色未知区域的神秘感，他本人也更加确信最终决定中国命运的是中国共产党和广大人民群众。

斯诺为保持新闻的独立品格，不接受采访对象的资助，坚守新闻专业主义的道德底线。

（二）引人入胜的故事化报道模式

斯诺被誉为 20 世纪新闻写作的革新者，他的新闻写作技巧对 20 世纪新闻写作做出了重大贡献，美国麻省大学新闻学教授拉里·平克姆说：“作为一个纯新闻工作者，斯诺在技术上是无可挑剔的。”斯诺的代表作《西行漫记》的写作风格，历来为国内外新闻从业者所称道。在这部鸿篇巨制中，斯诺创造了对重大事件展开多层面的叙述方式，在新闻表现中，综合运用多种手法，把人物外貌刻画得栩栩如生，善于捕捉生动的细节，表现人物特有的魅力等。

斯诺驾驭语言的技术相当高超，故事化的报道模式是斯诺写作的典型特点。在保证新闻真实性的前提下，斯诺大胆运用文学艺术手段，增强了报告文学的艺术感染力。《长征——前所未闻的故事》的作者索尔兹伯里曾说“《红星照耀中国》的效果不仅在政治上意义是深刻的，而且也改变了美国报告文学的写作标准。”

（三）富有合作精神的社会活动家

记者的职业特征要求从事新闻工作的人必须是一个优秀的社会活动家，善于和形形色色的人打交道。

斯诺是一个杰出的社会活动家。作为一名世界记者，斯诺以宽广的胸襟对待不同种族不同国界的人们所从来的正义事业，并且竭尽所能给予帮助，这让斯诺赢得了普遍赞誉。

在中国采访时，斯诺夫妇和朋友艾黎在汉口、重庆等地组织发起了著名的“工合”运动，支持中国战时经济的发展。斯诺积极支持学生的抗日活动，“一二·九”运动前，斯诺就帮助燕京大学学生自治会在国外的报刊上发表了停止内战一致抗日的宣言；斯诺夫妇加入同学们中间讨论如何行动并提供了一些建议。斯诺和其他的西方记者跟着学生的队伍进行采访，将“一二·九”学生运动跨过国民党的新闻封锁，越过高山和海洋传到了全世界，极大鼓舞了青年学生。

为获得更多的国际友人的同情和支援，斯诺有意把青年学生介绍给外国友好人士如史沫特莱、《密勒氏评论报》主编的鲍威尔、德国经济学家韦特福格尔夫妇等人。

斯诺和宋庆龄、鲁迅等建立了亲密的友谊。斯诺把后者看作是“了解中国的一把钥匙”，并编详短篇小说集《活的中国》出版，向世界作广泛推介和传播。

斯诺留下的遗嘱是“我热爱中国”，作为中美两国人民友好的桥梁和纽带，斯诺是中国人民的美国朋友。

（四）永远思考和研究的“问题单”意识

“问题单”意识是一个成功的记者必备的基本素质。新闻记者凭借敏说的新闻嗅觉判断出事件是否具有新闻价值，在到达现场采访之前，头脑中应提前呈现一些关键的问题。当然，这些问题会随着事件的发展变化不断调整，“问题单”意识的意义在于带着问题去观察事态的发展，用多重视角报道事件的人物，逐步接近新闻的本真。

斯诺具有明确的“问题单”意识，这使斯诺形成了深入实际，注重调查的优良作风。

长期以来国民党控制的新闻媒体对共产党和红军的妖魔化非常严重，加之国民党严格的新闻封锁，中国共产党传递自己的声音较为艰难，外界无从知晓中国共产党的准确情况。斯诺带着诸多疑问历经周折进入中央苏区访问，在《西行漫记》中，斯诺系统而有针对性地提了 80 个问题，这正是受众亟须了解的问题。

斯诺在《鲁迅——白话大师》一文中写道“先生建议要思索，要研究社会经济问题。到千千万万毫无生气的村庄去走一走，先拜访那些将军，再去看看他们的受害者。擦亮眼睛，保持清醒的头脑，观察当前实际存在的事物，要为创造一个文明社会工作。但要永远思考和研究。”斯诺之所以成为新闻记者的楷模，与他不懈思索和脚踏实地研究现实的作风密不可分。

（五）发现新闻磁场的历史预见性

历史预见性是斯诺成为一个优秀的新闻记者最可贵的品质之一，也是成就其新闻事业巅峰的重要因素。所谓“历史预见性”，是指从历史航向的高度和坐标来认识所报道的新闻事件的意义和价值。

23 岁的斯诺初到中国时，本来是想做短暂的旅行，多旅行、多学习、多感受历史深入地了解世界一直是斯诺的愿望。后来在《密勒氏谬论报》主编鲍威尔的邀请下，斯诺答应担任《密勒氏评论报》的助理编辑，改变了原来只在中国逗留 6 个星期的想法，随即卷入到全新而复杂的中国事务中。

斯诺能够站在历史的高度来审视事件的意义和价值的能力并非与生俱来。这种品格的形成需要经过长时间的培养。《纽约先驱论坛报》的高级记者汤姆斯·弗·密勒是一个影响斯诺事业发展方向的关键人物。密勒是《密勒氏评论报》的创办人，也是斯诺的保护人。凭借丰富的经验，他告诉斯诺自己的预言“今后20 年里发生在中国的事情，将会是举世轰动的大消息”。密勒有意让斯诺接替自己的位置，但酷爱旅行的斯诺还是选择了游历更多的地方增长见识。

完成缅印的深访游历之后，斯诺深切感受到中国在亚洲格局的地位和作用。同时，斯诺在得知远在美国的母亲病故的消息后，放弃了回美国的计划，决定重返中国，一个在未来 20 年会发生举世轰动的大消息的国家。斯诺的抉择是正确的。

当斯诺携带着 12 本笔记本和 24 卷胶卷回到北京的时候，断定自己站在了成功边缘。在苏区，斯诺亲眼见到了一个充满活力的红色中国以及奋斗着的中国共产党领导人和红军战士。《西行漫记》一经出版，果然在世界范围内引起了巨大的反响。国外的民众从中国共产党和红军的身上看到了炽烈的战斗精神，使他们在反抗法西斯的迫害中受到了莫大的鼓舞，斯诺的远见卓识给世界人民带去了精神食粮。

二、爱泼斯坦

在中国，有这样一位令人尊敬的老人——他，来自另一个国家，却同中国人民一起参加了中国的革命和建设，并且为此经历了种种坎坷波折，甚至生死关头的考验，却始终坚定地与中国人民站在一起，并肩作战；他，是一名国际共产主义战士，更是一名出色的新闻记者，从 20 世纪 40 年代冲破国民党新闻封锁赴延安采访，再到报道新中国成立和初步建设，一直到新时期积极帮助中国完善对外宣传工作，他丰富的一生几乎覆盖到了中华人民共和国创建、诞生到初步发展各个阶段的新闻宣传工作；他，就是爱泼斯坦。

（一）结识宋庆龄，参与保盟工作

1938 年 9 月 19 日，爱泼斯坦见到了对他一生影响最大的人——宋庆龄。爱泼斯坦第一次见到并认识宋庆龄是在沦陷前的广州。1938 年 9 月 18 日夜晚，为声讨日本侵占东北三省 7 周年，广州市民举着火把在大街上游行示威。尽管日本飞机随时有可能前来轰炸，宋庆龄还是以大无畏的英雄气概走在游行的队伍里面。之后，她又召集一批中外人士，愤怒谴责日本野蛮轰炸的暴行。宋庆龄首次同爱泼斯坦谈了话，并邀请包括他在内的中外人士组建“保卫中国同盟”广州分部。这次会面成为爱泼斯坦“以后整个生涯和活动的分水岭”。与宋庆龄的相识使他对整个中国的革命有了一种全新的感受，并全身心地投入到宋庆龄的事业中。在香港，爱泼斯坦在宋庆龄的直接领导下主编了《保卫中国同盟通讯》，向全世界报道中国抗日战争的真实情况，广泛争取各国人民的援助。在此同时，爱泼斯坦还为《纽约时报》撰写了一系列关于中国解放区的第一手报道，并根据他所看到的中国抗战的情况，写出了他的第一本书——《人民之战》，宋庆龄称赞它“不同于其他外国人写的关于中国抗战的书，因为它是第一手的分析性报道，并把目前的斗争同过去的历史和对未来的展望联系了起来”。斯诺也说它“是一本极好的战争新闻，对中国所希望达到的目标充满了同情和理解”。1941 年 12 月，日军攻陷香港。爱泼斯坦在保盟的办公室里紧急销毁文件，为此错过了撤离的时机，被关进了日军设立的赤柱拘留营。在这里，他一旦暴露身份，就会受到严刑拷打甚至被处死。生死关头，爱泼斯坦显示了他的勇敢与机智。经过周密的策划与筹备，他和其他的四位难友一起，仅仅凭借一条被废弃的小船，逃出了拘留营。逃离香港的日本拘留营后，爱泼斯坦辗转来到中国战时的临时陪都——重庆，虽然经历了生死攸关的考验，他依旧全心全意投身于保盟的运动之中，因为他认识到，保盟的事业就是中国人民的解放事业。他与他的妻子邱茉莉自愿继续义务地为保盟工作。在重庆开展保盟的工作比在香港困难得多。没有办公场所，他们就在宋庆龄住所的起居室里工作；无法搞到印刷设备，他们就将宣传品托友人在旅行时带到国外，再由国外支持保盟的团体印刷出版。1944 年，中国抗战进入了一个关键时期。宋庆龄发表《致美国工人》，希望美国人民在物质上、道义上大力支持中国抗战，早日打败日本法西斯。爱泼斯坦通过联合劳动新闻社把这封公开信发到了国外。宋庆龄对保盟的宣传工作是非常重视的，因为只有把这个做好，把中国抗战的真实情况介绍出去，才能争取到国际的支持与援助。所以爱泼斯坦在宋庆龄的关怀、帮助和领导下，为中国人民抗战的胜利贡献着自己的青春。就这样，他们的关系延续了近半个世纪，结下了深厚的友谊。

（二）冲破新闻封锁，赶赴延安采访

1944 年，中国的抗日战争进入了第七年，这是一个十分艰难而又显露着胜利曙光的时期。那时，欧洲“第二战场”业已开辟，但德意法西斯仍然还在做垂死挣扎。在中国战场上，日军在华中、华南发动了全面的进攻，国民党军队则节节败退，以至于重庆国民党政府有摇摇欲坠之势。然而，中国共产党领导的敌后根据地却日益壮大。这时，英美盟军的注意力更多地转向太平洋战场，需要借助中国人民抗战的实力，因而迫切希望与中国共产党领导下的敌后抗日根据地取得联系。但是国民党当局以严密封锁来阻止这样的联系，并且对共产党极尽诬蔑攻击之能事。因此，打破对延安的封锁，成了国内外舆论的强烈要求，也是当时战争形势中矛盾最集中的一个焦点。在当时的陪都重庆，爱泼斯坦和一些美国记者首先发难，向国民党政府不断提出去延安采访的要求。为此，彼此之间的“舌战”长达数月之久。在国内外强大舆论的压力下，加上同盟国的敦促，同时也由于中国共产党方面所开展的大量宣传工作，国民党当局终于抵挡不住而被迫允许中外记者团去延安采访。当时延安的《解放日报》为此发表了经毛泽东亲自修改的一篇社论，认为这是“中国抗战以来最令人兴奋的一件大事”。果然，这次记者团的出访的确成为一次重要的突破。虽然总共只有六个记者，但是他们每个人都代表了不止一家新闻机构，其中包括主要的西方通讯社和苏联的塔斯社。像爱泼斯坦，就是代表了美国的《联合劳动新闻》，又兼任美国发行量最大的《时代》周刊和美国第一大报《纽约时报》的记者。因此，这些人所写的报道发表出去，将会在世界范围内引起何等反响，可想而知。1944 年 6 月 9 号，记者团到达延安受到中共中央领导人和延安军民的热烈欢迎。6 月 12 日，毛泽东在中共中央的大会议室接见了中外记者团的全体客人，并回答了记者们提出的问题。毛泽东的开场白说：“……我们有一个共同的目的，就是打倒日本军国主义和世界上所有的法西斯。为了这个共同的目的，你们来到了这里，这里是中国的一个偏僻的角落，既荒凉从历史上来说又比较落后，但在这里你们可以亲眼看到一种坚强的决心，那就是中国共产党和国民党要肩并肩地共同打击日本，你们会亲眼看到我们在这里正在抵抗日本侵略。”毛泽东发表讲话接受采访之后，又对记者们说，哪位愿意继续谈谈，单独地或几位一起，都欢迎。爱泼斯坦、福尔曼等外国记者十分高兴，要求单独采访毛泽东和其他中共党政军领导人。毛泽东、朱德等欣然答应。当记者团离开延安时，毛泽东到爱泼斯坦等人的住地和他们话别，并送给每人一幅在延安用石板印刷的画像，每张上边都亲笔签名。图片上的毛泽东带着沉思的神态，爱泼斯坦一直珍存着。1945 年到美国纽约后，他把毛泽东的这张画像挂在寓所的墙上，1951 年回到中国后又挂在北京寓所的墙上。在延安和敌后抗日根据地的几个月的采访之中，年轻的爱泼斯坦以非凡的旺盛精力，不惧危险，不怕艰难，不辞辛劳，执着地追求、探索真理。他常常是连夜在窑洞里的油灯下工作，以便及时地把稿子发出去。有时，他甚至不得不争取时间在马背上写稿。从这一时期的作品中，人们发现艾泼斯坦是以极其敏锐的眼光，在这个与国民党统治地区截然不同的地方，去发觉和捕捉一切新生的事物，然后用朴实的语言，具体生动地加以反映。他的特点是：既善于用事实说话，又擅长于从丰富的事实中摘取发人深思的事例。为了通过国民党的新闻检查，他不得不在文字上注意采用迂回的表达方式。但是，他从不在原则上迁就，也绝不掩盖真相。读者从他作品的字里行间，可以看到其中闪烁的真理，感受到里面蕴藏着的作者的真情。在短短的几个月里，从起程之前开始，直到结束对中国解放区的访问，爱泼斯坦发出了近 30 篇稿子。爱泼斯坦把在延安的所见所闻忠实地记录下来，经过深入地调查分析，通过自己的笔或打字机传给他的广大读者。实际上，他是用他的报道，把中国解放区人民同世界人民联系起来，也是把中国人民和世界人民反法西斯侵略的战场联系起来。在延安和敌后抗日根据地进行了几个月的采访后，他发现，那里的人都那样精力充沛、朝气蓬勃而且具有坚定的信念。对比之下，重庆则完全是另外一个样子，一切停滞不前，腐败不堪，消沉黑暗。他所写的大量生动翔实的报道和文章，为欧美有影响的报刊广泛刊登和转载，轰动一时，拨开了长期迷惑不解的浓雾，使世界人民看到了东方的黎明。

（三）创办对外刊物，传播新中国声音

成立之初，帝国主义对中国的舆论封锁非常严重，中国的声音根本无法传播出去。为了帮助各国人民了解新中国的真实情况，周恩来总理与宋庆龄商议，建议由她来创办一个对外宣传的刊物。在考虑办刊的人选的时候，宋庆龄想到了爱泼斯坦。1951 年的夏天，爱泼斯坦和夫人邱茉莉应宋庆龄的邀请，克服重重困难，由美国绕道波兰回到北京。当他们走下火车时，前来迎接的人递给爱泼斯坦一张名片，上面是他所熟悉的宋庆龄苍劲有力的笔迹“欢迎回家”。这让爱泼斯坦感到无比的温暖。此后的半个多世纪，爱泼斯坦留在了中国。创刊初期，他担任新中国出版的第一个对外宣传刊物《人民中国》英文半月刊的顾问，并亲自为它改稿。1952 年《中国建设》创刊之后，他更是全身心地投入到塑造这个刊物性格形象，使之能成为西方国家读者所接受的刊物，从而获得对中国的正确认识。《中国建设》开办初期，条件非常艰苦，工作人员很少，甚至连办公室都没有，只好到公园里去找个地方讨论工作。爱泼斯坦夫妇为办刊日夜辛劳。他们每个月都要在火车上颠簸四天四夜，赶赴上海去审校杂志的清样督印。靠着这样一种精神，《中国建设》不仅办起来了，而且越办越好、越办越大。如今，它拥有 7 种文字、8 种文版，成为行销一百几十个国家的颇有影响力的刊物。特别是在当时政治偏见非常严重的情况下，《中国建设》成功地让世界了解了中国。这本以宋庆龄个人名义创办的杂志，成为当时新中国对外宣传的唯一通道。在这个过程中，爱泼斯坦还着力培养了大批对外宣传人才。他告诫年轻的记者：“报道第一应该准确；第二应该使读者喜欢看。要有自己的思想、自己的经历。要有语言的新鲜感。要积累深厚的基本功，这就是丰富的知识……这样写出来的东西才会有吸引力，有价值……”当然，为中国的对外宣传，爱泼斯坦所作的贡献，远不止是写几篇文章或者办好一个刊物。应该说，这几十年来，他脑子里装的主要就是如何在世界范围内树立起新中国的正确形象。每次受到咨询，他都毫无保留地、并且十分坦率地发表自己的见解。如果发现带倾向性的、值得注意的大问题，他会主动提出意见，甚至以长篇的书面意见送交中央领导同志考虑。这样的事，已经不知多少回了，每每受到领导重视。送他一顶“中国对外宣传大师”的桂冠应该当之无愧。

第五节 中外名记者箴言

一、梁启超

衡量报纸好坏的四条标准：第一，“宗旨定而高”，以“国民最多数之公益为目的”；第二，“思想新而正”，宣传的思想不可不新；第三，“材料富而当”，报纸应“全世界之知识，无一不具备”，使“读者阅一字得一字之益”；第四，“报事确而速”，新闻报道必须准确，应不惜“费重资以求一新事”。

二、黄远生

新闻“第一义在大胆，第二义在诚实不欺”。记者当具备“脑筋能想”“腿脚能奔走”“耳能听”“手能写”的“四能”功夫。

三、邵飘萍

铁肩辣手，快笔如刀!

四、林白水

新闻记者应该说人话，不说鬼话；应该说真话，不说假话!

五、史量才

人有人格，报有报格，国有国格，三格不存，人将非人，报将非报，国将不国!

六、戈公振

“其实新闻学是每个青年都应该研究的，因为每一个人皆和报纸发生联系，而参与人类团体的生活……若使现在每一个国民，都能知道报纸从什么需要而来，报纸有何种力量，报纸受何种影响，那么，他才可以对报纸有理解和正确的态度……所以我敢说，新闻学是无条件一切国民的必修课”。

七、成舍我

你要享有自由，你就得用行动来证明自己配得上自由这两个字；你要享有自由，你就得与那些不让你自由的力量周旋到底。

八、邹韬奋

理论彻底，策略准确。然后以排除万难坚定不移的勇气和精神向前干去，必有成功的一日。

九、范长江

广博的知识，丰富的思想，广阔的活动天地，这对于一个记者是非常非常重要的。一个记者如果到最后变得知识很干瘪，思想很闭塞，活动领域很狭窄，我想这记者也就不大好当了!

十、范敬宜

离基层越近，离真理越近。年轻人不要只盯着眼皮底下 0.5 平方千米，应该放眼 960 万平方千米。

【本章小节】

1. 记者的类型有专业记者、特派记者、地方记者与机动记者、战地记者、驻外记者。

2. 记者的职责有三项：采写新闻报道——追求事实；反映情况——社会问题、百姓心声；做群众工作

3. 记者的修养有六个方面：政治修养、道德修养、理论修养、知识修养、专业修养、作风修养。

【案例分析】

水门事件

在 1972 年的总统大选中，为了取得民主党内部竞选策略的情报，1972 年 6 月 17 日，以美国共和党尼克松竞选班子的首席安全问题顾问詹姆斯·麦科德为首的 5 人闯入位于华盛顿水门大厦的民主党全国委员会办公室，在安装窃听器并偷拍有关文件时，当场被捕。由于此事，尼克松于 1974 年 8 月 8 日宣布将于次日辞职，从而成为美国历史上首位辞职的总统。水门事件之后，每当国家领导人遭遇执政危机或执政丑闻，便通常会被国际新闻界冠之以“门”的名称。

水门事件事件详细经过：

1972 年 6 月 17 日晚上，美国民主党总部的一位工作人员离开水门大厦后，偶然回头看了看自己的办公室，他惊异地发现，已经熄了灯的办公室里有几条光柱在晃动。他马上回到水门大厦，把疑点告诉了保安人员。保安人员立即搜查了有关的房间，抓到五个戴着医用外科手套、形迹可疑的男子，其中一人名字叫詹姆斯·麦科德，自称是前中央情报局雇员。其实，他是尼克松总统竞选连任委员会负责安全工作的头头，奉命到水门大厦民主党总部安装窃听设备。第二天，《华盛顿邮报》在头版显著位置报道了这一事件。

尼克松第二天就返回了华盛顿，与助手们连夜商讨对策。经过长时间的讨论，最后决定把水门事件解释成古巴人为了自己的民族利益而进行的窃听活动。

助手们分头行动，尼克松自己也在第一次竞选连任的记者招待会上，信誓旦旦地向美

国公众表示："白宫班子和本届政府中，没有一个现在受雇用的人卷入这一荒唐事件。"他还故作镇定地表示，"令人痛心的不在于发生了这类事，因为在竞选中一些过于热心的人总会做些错事。如果你企图把这类事掩盖起来，那才是令人痛心的。"

一系列的活动，特别是总统的表演，暂时欺骗了公众。大选结果，尼克松以少有的压倒性优势击败了民主党候选人乔治·麦戈文，获得连任。正当尼克松和助手们弹冠相庆、得意忘形的时候，一封又一封匿名信寄到法院，密告水门事件还有隐情。民主党占优势的国会，决定成立一个特别调查委员会，对总统竞选活动进行彻底调查。果然，1973 年 3 月 23 日，麦科德在法庭上将白宫法律顾问迪安暴露了出来。尼克松决定弃车保帅，让迪安当替罪羊。

迪安可不是任人宰割的角色，他不甘心束手就擒。在得知他的罪行可判四十年徒刑时，他主动向检察官做了三小时的交代和揭露，想将功赎罪，换取赦免。

为了挽回局面，尼克松再次发表声明，表示事先不知道水门事件，事后也没有任何阻挠调查的行为，并为窃听活动辩护，说这些都是为了国家安全，是合法的、必要的，从罗斯福总统时开始，每一个总统都这么干。他企图再次利用美国人民对他的信任来蒙混过关。

不幸的是，一枚更大的定时炸弹爆炸了。水门事件委员会掌握了一个新的情况：尼克松从 1971 年年初起，为了记录与手下的谈话和电话内容，下令在白宫办公室里安装窃听系统。委员会要求尼克松交出有关的录音带和文件资料。尼克松以行政特权为理由拒绝交出，并将事情闹到上诉法院。不料，在经过三星期的考虑后，多数法官认为总统也要受法律的约束，必须交出录音带和文件资料。

尼克松恼羞成怒，下令免去调查水门事件的特别检察官考克斯的职务。这一下可捅了马蜂窝，美国各电视网立即中断正常节目，向美国公众报告这一爆炸性新闻。公众的反应就像火山开始喷发，抗议电报像雪片一样铺天盖地，舆论将尼克松与希特勒相提并论。连宗教界和原先支持尼克松的出版物，都愤怒地指责尼克松。血气方刚的大学生则组织了大规模的示威游行。整个美国像开了锅一样，群情激愤。在民意的推动下，众议院决定对总统进行弹劾。尼克松决心顽抗到底，他一面销毁录音带上对他不利的内容，一面继续强调行政特权，表示"将遵循从华盛顿到约翰逊历届总统所遵循与捍卫的先例，决不做任何削弱美国总统职位的事情"。他交出的电话记录千疮百孔，大量重要的内容被诸如听不见、无情报价值等字眼代替。尼克松的行为进一步激怒了公众，最高法院首席大法官裁决尼克松必须交出有关的录音带。

1973 年 10 月 31 日，美国众议院决定由该院司法委员会负责调查、搜集尼克松的罪证，为弹劾尼克松做准备。1974 年 6 月 25 日，司法委员会决定公布与弹劾尼克松有关的全部证据。7 月底，司法委员会陆续通过了三项弹劾尼克松的条款。尼克松于 8 月 8 日 11 点 35 分致信国务卿基辛格宣布将于次日辞职，从而成为美国历史上首位辞职的总统。

这就是新闻史上著名的"水门事件"。记者引导社会舆论，将媒体职责发挥到了极致，就连一个大国的总统都无能为力。

（根据百度百科整理）

【课内实训】

搜集著名记者手记，和同学分享。

【思考题】

1. 为什么要强调记者加强自己的修养？记者修养包括哪些基本内容？
2. 怎样处理好政治修养和业务修养的关系？
3. 知识经济时代的到来，对记者知识面提出了哪些新要求？
4. 培养一支“政治强，业务精，纪律严，作风正”的新闻队伍有何现实意义？
5. 记者应该做哪些工作？怎样使自己成为复合型人才？

参考文献

[1] 丁柏栓．新闻采访与写作[M]．北京：高等教育出版社，2003.
[2] 白庆祥，刘乃仲，郑保章．新闻采访写作编辑案例教程[M]．北京：新华出版社，2003.
[3] 丁柏铨，胡翼青．新闻采访与写作[M]．苏州：江苏教育出版社，2001.
[4] 刘大椿．科学活动论 互补方法论[M]．桂林：广西师范大学出版社，2002.
[5] 丁柏铨．新闻采访与写作[M]．北京：高等教育出版社，2014.
[6] 刘海贵．中国新闻采访写作学[M]．上海：复旦大学出版社，2011.
[7] 温浩．浅论新闻采访中的现场观察[J]．黑河学刊，2016（3）.
[8] 彭兆伟．浅谈基层新闻记者如何增强新闻敏感性[J]．西部广播电视,2018（21）.
[9] 刘敏．新闻敏感性——记者的生命力[J]．各界，2018（20）.
[10] 梁建增，孙金岭．责任在肩[J]．新闻记者，2005.
[11] 李希光．初级新闻采访写作[M]．北京：清华大学出版社，2013.
[12] 许颖．新闻采访与写作[M]．北京．中国传媒大学出版社，2013.
[13] 欧阳霞，张晨．新闻采访与写作[M]．2 版．北京：清华大学出版社，2014.
[14] 周胜林．高级新闻采访与写作[M]．3 版．上海：复旦大学出版社，2006.
[15] 蒋贻杰．新闻采访与写作教程[M]．北京：北京师范大学出版社，2010.
[16] 郭光华．新闻写作[M]．2 版．北京：中国传媒大学出版社，2014.
[17] 蓝鸿文．新闻采访学[M]．3 版．北京：中国人民大学出版社，2011.
[18] 高钢，潘曙雅．新闻采访与写作[M]．北京：中国人民大学出版社，2018.
[19] 胡小英．新闻传媒写作精要与范例实用大全[M]．北京：中华工商联合出版社，2017.
[20] 柳邦坤．当代新闻采访与写作教程[M]．武汉：武汉大学出版社，2012.
[21] 章玉兴．人物新闻采访与写作[M]．北京：人民日报出版社，2014.
[22] 廖广莲．新闻通讯传媒写作技巧范例[M]．北京：北京联合出版公司，2015.
[23] 杨江科，熊志华．新闻采访与写作[M]．北京：北京理工大学出版社，2014.
[24] 武斌．新闻写作案例教程——范例、思路与技巧[M]．广州：南方日报出版社，2014.
[25] 吴麟，张玉洪．新闻采访与写作[M]．北京：中国传媒大学出版社，2014.
[26] 詹新惠．网络新闻写作与编辑实务．[M]．北京：中国传媒大学出版社，2011.
[27] 西蒙．罗杰斯．数据新闻大趋势：释放可视化报道的力量．[M]．北京：中国人民大学出版社，2015.
[28] 刘建华．一本书学会新闻写作．[M]．北京：人民日报出版社，2011.
[29] 程天敏．新闻写作学[M]．太原：山西教育出版社，1999：275.
[30] 曹志平．谈谈通讯报道的主题先行[J]．广西大学学报：哲学社会科学版，2006.
[31] 魏霞．论通讯的主题及其提炼[J]．咸阳师范专科学校学报，2001.
[32] 穆青．穆青散文选[M]．北京：人民文学出版社，1984.

[33] 汤世英，等．新闻通讯写作[M]．北京：中国人民大学出版社，1986.
[34] 刘保全．中国新闻奖精品赏析：三[M]．北京：新华出版社，2018.
[35] 刘建明，王泰玄，等．宣传舆论学大辞典[M]．北京：经济日报出版社，1993.
[36] 薛国林，张晋升，陈娟．新闻写作[M]．广州：暨南大学出版社，2013.
[37] 杨锦章．谈谈通讯的写作　第七讲　事件通讯写作提要（上）[J]．新闻知识，1996.
[38] 廖广莲．新闻通讯传媒写作技巧与范例[M]．北京：北京联合出版公司．2015.